U0844929

当代中国重大教育问题史系列研究丛书

国家“十一五”重点图书出版项目

学校管理问题研究

总主编　方晓东

王　鑫　著

大象出版社

图书在版编目(CIP)数据

学校管理问题研究./王鑫著.—郑州:大象出版社,
2010.11
(当代中国重大教育问题史系列研究丛书/方晓东总主编)
国家"十一五"重点图书出版项目
ISBN 978-7-5347-6017-4

Ⅰ.①学… Ⅱ.①王… Ⅲ.①学校管理—研究—中国
Ⅳ.①G47

中国版本图书馆CIP数据核字(2010)第178159号

责任编辑 燕 楠
责任校对 钟 骄
封面设计 张 帆
出 版 大象出版社(郑州市开元路9号 邮政编码450044)
网 址 www.daxiang.cn
发 行 河南省新华书店
印 刷 河南新华印刷集团有限公司
版 次 2010年11月第1版 2010年11月第1次印刷
开 本 787×1092 1/16
印 张 23
字 数 371千字
定 价 40.00元
若发现印、装质量问题,影响阅读,请与承印厂联系调换。
印厂地址 郑州市经五路12号
邮政编码 450002 电话 (0371)65957860-351

前言

"当代中国重大教育问题史系列研究丛书"是由中央教育科学研究所方晓东研究员主持的全国教育科学"十五"规划教育部重点课题"当代中国重大教育问题史研究"的主要成果(课题批准号:DAA010155)。本研究以中华人民共和国教育史中的重大问题为对象,从新中国成立几十年来的教育问题入手,追根寻源,梳理这些问题的历史发展过程,分析其在不同历史时期的特点;研究这些问题的现状及发展趋势;并在上述研究的基础上提出解决问题的对策建议。

一、研究当代中国重大教育问题史的重要意义

问题是时代的呼声。自觉地关注问题、回应问题,是各项工作不断取得突破和进展的重要前提。教育的创新和发展也是如此。

以往对中华人民共和国教育史的研究,虽然对其发展历程、重大事件、理论成果、主要成就、基本经验等进行了全面的梳理和总结,但多属于史实的描述,缺乏对教育理论和实践中的重大教育问题的全面、系统的历史考察和分析。进入21世纪以后,许多教育理论和实践中的问题引起了社会的普遍关

注,这些教育问题往往与民生密切相关。在这些问题中,有刚刚出现的新问题,也有长期存在难以解决的老问题。能否解决这些问题,直接关系到教育改革和发展的成败,关系到中国特色社会主义教育体系的建立与完善。因此,对新中国成立以来的重大教育问题进行系统的梳理和研究,就显得十分必要和紧迫,对这些重大教育问题进行系统的研究和对策分析具有深远的历史价值、重要的理论价值和现实的指导意义。

第一,有利于从问题史的整体视野审视问题、回应问题,纠正人们对一些教育问题认识上的误区,还历史以本来面目。例如,有人认为,长期以来,我们的学校德育对人的关注不够,甚至是“目中无人”。但沿着新中国成立后我国学校德育发展的历史线索,我们却可以发现众多的关于学校德育如何关注个性、如何符合教育对象的实际发展阶段和具体身心特点的论述和典型经验,因此,不应该简单地根据学校德育中一些个别做法,就为我国学校德育贴上“目中无人”的标签。

第二,有利于推进中国特色、中国风格和中国气派教育理论学科的建设。基于教育理论是一种“实践性理论”,以及理论和实践之间的辩证关系,本研究注重理论与实践的联系,即把教育理论放在探索中国特色社会主义教育发展道路的伟大实践中加以阐述,深入研究教育实践与教育思想观念转变的关系,以及对教育实践产生的影响,并在对教育理论和实践发展进行实事求是分析评价的基础上,提出自己的理论建树或政策建议。这些研究对构建中国特色社会主义教育理论体系作出了积极的探索,并力图为各级领导进行教育决策提供科学的理论依据,为广大教育工作者的教育实践提供科学的理论和方法指导。

第三,有利于形成“中国教育经验”,促进我国和发展中国家的教育改革与发展。我国始终在探寻自主发展的道路,并且实现了教育的跨越式发展,从人口大国转变为人力资源大国,正在建设人力资源强国。因此,研究中国教育改革与发展的基本经验,可为发展中国家的教育改革与发展提供有益的借鉴。

二、研究思路与方法

研究新中国成立以来的教育问题,首先应该明确到底什么才是真正意义上的“教育问题”。问题包括弊端,但问题并不只是弊端,就实质而言,“问题”即事物内在矛盾及其发展变化的外在展现。因此,本研究所选问题应是贯穿于中华人民共和国教育改革与发展历程的一些关键性的教育理论与实践问题,这些问题对当前教育改革与发展仍有重要影响;同时,我们所要研究的教育问题,应该是当代中国教育的生动实践所提出的、真切地摆在我们面前的,或者我们将会真切地面对的理论和实践问题。在研究中,我们既应该聚焦"大"问题,即对教育理论和实践的发展具有关键性意义的基础理论问题,更应该关注"新"问题,敏锐关注并积极回应教育面临的新形势、新情况和新课题,这是改革开放以来教育理论研究和实践发展的鲜明特征。

本研究以教育的历史发展为经,以教育问题不同方面的展开为纬,在历史与现实、理论与实践、立足自我与放眼世界的统一中,力图对我国教育中的一些重大问题作出较为透彻的阐析,提出解决问题的对策建议,以期助益于新世纪、新阶段教育的创新与发展。

各部分的研究思路是:以抓主要矛盾为重点,以史论结合为基础,以新中国成立后教育的改革与发展为主线。首先从哲学的高度,找出贯穿于每个方面全过程并影响全局的带有矛盾性的若干问题。以纪事本末的手法,叙述每对矛盾性问题的历史发展过程并分析其在不同历史时期的特点。在此基础上进行中外比较研究,对现状及成因进行分析,并提出政策建议,以体现现实性、前瞻性和规律性。

本研究以马列主义、毛泽东思想、中国特色社会主义教育理论为指导,本着历史研究与现实研究、理论研究相结合,宏观研究与中观研究、微观研究相结合的原则,主要采用历史研究、文献研究、调查研究、比较研究等方法,深入地阐释重大教育问题的来龙去脉,增加研究的深度和科学性。

其中,本研究更强调历史的方法。历史的方法,在这里,我们主要指两个方面:一是要将教育问题放在特定的历史条件下进行研究,而不是将教育问题从特定的历史条件下剥离出来孤立地进行研究。二是要将教育问题放在教育的整个历史发展进程中进行研究,而不是将教育问题从作为一个整体的教育历史发展进程中剥离出来孤立地进行研究。之所以强调要将教育问题放在特定的历史条件下进行研究,是因为任何教育问题都有它产生的特定的社会历史条件,同一个类型的教育问题,在不同的社会历史条件下,也会有不同的表现形态、不同的特点。将教育问题放在特定的社会历史条件下进行研究,我们可以更加深刻地认识这些教育问题产生的社会根源、时代背景及其具体内涵,也才可以更加准确地回应这些问题,探寻教育的发展之路,更加深刻地把握这些教育问题产生、发展、变化、应对的规律性,进而为我们应对现实面对的教育问题获得更多的历史经验的积累、借鉴。看到问题而不看到问题史,研究问题而不研究问题史,不利于我们对问题更加真切、透彻地把握,我们也无法获得更加充足的认识问题、应对问题的智慧。这也是本研究的纵向视角。

当然,在运用历史的方法的时候,还应注意历史方法与逻辑方法的有机统一。恩格斯指出:历史常常是跳跃式地和曲折地前进的,如果必须处处跟随着它,那就势必不仅会注意许多无关紧要的材料,而且也会常常打断思想进程……因此,逻辑的研究方式是唯一适用的方式。但是,实际上这种方式无非是历史的研究方式,不过摆脱了历史的形式以及起扰乱作用的偶然性而已。只有坚持历史方法与逻辑方法的有机统一,我们才能透过历史现象更加深刻地把握教育问题的本质的东西,才能不纠缠于枝节的材料而更多地关注教育中一些更加具有重要性的问题。

三、研究的主要观点和政策建议

根据上述对教育问题研究的认识,本研究设计了每个部分的研究框架,并围绕以下问题展开研究:教育理论问题研究、学校德育问题研究、课程与教学问题研究、教师教育问题研究、基础教育问题研究、中等职业教育问题研究、高等教育问题研究、民办教育问题研究、教育科研问题研究。

(一)教育理论问题研究

通过梳理新中国成立以来,教育政策或学术层面上关于教育理论问题的重大命题的提出和演变历程,反映我国对教育本质、教育价值、教育目的、教师观与学生观、教育改革与发展观等教育基本理论问题在认识层面的发展轨迹及其对教育实践的影响,并在对命题的利弊得失进行分析的基础上,提出自己的见解,力争在教育理论上有所创新。

教育本质问题研究,涉及"上层建筑说"、"生产力说"、"培养人说"、"生命说",以及"教育既是上层建筑,又是生产力"、"教育的多重属性"、"相对说"等命题。通过系统地梳理可以把上述命题分为教育上的客观主义与相对主义。在客观主义和相对主义的支配下,教育本质问题研究很繁荣,但泥沙俱下。因此,客观主义和相对主义都不是有生命力的选择。那么,有生命力的选择、超越客观主义与相对主义的教育本质问题研究的"第三条道路"就是反思性实践路向。以反思性实践为路向来讨论教育本质,一定要从教育出发,由内及外,而不是相反,用某个理论框架来"框"。那么教育的内部有什么呢?有师生、有教育情境、有教育语言和教育行动,于是,讨论教育本质就应该从这里出发。

教育价值问题研究,涉及"教育向工农开门,为工农服务"、"教育为无产阶级政治服务"、"教育为阶级斗争服务"、"教育为社会主义现代化建设服务,为人民服务"等命题。通过系统地梳理和分析可以看出,教育活动中几乎时时处处都会遇到个人与社会两个方面,如何处理好这两者之间的关系是每个教育工作者,也是每个学习者时刻都面对的问题。在新的历史基点上,对教育社会本位价值取向和个人本位价值取向要有恰当的定位。首先,要明了个人与社会关系的基本原理。其次,要准确把握特定社会特定时代的个人与社会关系的度。再者,个人价值与社会价值事实上是由相互关联的不同个体与社会间达成的一种契约。最后,中国还处在社会本位重于个体本位的价值环境里,因而还需要提倡在具体实践细节中更加注重个体的价值,努力实现个体价值与社会价值的优化、和谐组合。

教育目的问题研究,涉及全面发展的教育方针、培养"四有"新人、坚持"四个统一"和"四点希望"、全面实施素质教育等命题。通过系统梳理与分析可以看出,一个理想的教育终极目的和高尚的教育追求,并不必然导致成功的教育现实和优良的教育品质。理想与现实之间还存在一定的差距,有一定的矛盾。要想实现这种教育理想,有效地扭转教育理想与现实背离的状况,各级教育主管部门、广大教育工作者、家长等都要付出不懈努力。必须转变传统教育观念,树立正确的学生观、教育观、质量观、课程观、教学观、教师观、人才观;必须根据时代赋予教育的神圣职能和要求更新国家的教育目的;必须从终极的教育目的转变成各级各类学校具体的、可操作的教育目标;必须从只关注学生的知识学习和智力发展,转变到培养道德高尚、身心健康、全面发展的"四有"合格公民上来;必须改变那种只重视书本知识、忽视创新精神和实践能力培养的状况;必须因材施教,克服用"一个模子"来限制个性发展的倾向。

教师观与学生观问题研究涉及的问题有"人性"、"人的社会性"、"人的阶级性"、"人的个性"等人性论命题,"教师的阶级性"、"教师的社会地位"、"教师的职责"、"教师的义务"、"教师的权利"、"教师道德"、"教师专业能力"等教师观命题,"学生的阶级性"、"学生的社会地位"、"学生的权利"、"学生的义务"、"学生的个性"等学生观命题。关于人性论的问题,在当代中国教育史上，有一个从强调人的阶级属性向强调普遍人性，从强调普遍人性向强调具体人性的转变过程。就教师观来说，我们不能从单一的人性论出发，来建立对教师的认识和要求；不能从抽象的人性论出发，来具体规范和设计教师制度。不管是强调教师的社会性，还是强调教师的个性，都不能把对教师的权利与义务的理解只停留在抽象思辨的层面上，而应该通过具体的法律规定来明确。就学生观来说，虽然历次教育改革不断强调尊重学生的个性，但学生的个性并没有得到充分的认识，这是因为我们的社会生活中缺乏个人主义传统，也缺乏对人性论中的个人主义传统的系统了解。

教育改革与发展问题研究，涉及"以普及为主兼顾提高"、"普及与提高相结合"、"教育要革命"、"确立教育战略地位"、"教育优先发展"、"教育科学发展"等命题。经过系统分析和梳理可以看出，尽管教育与社会政治、经济、文化发展之间有密切的关系，但是教育有其基本的发展规律，不能唯政治论或经济论，随意改变教育发展的规模和速度、结构和类型、地位和模式，其结果只能事倍功半，有时还会产生严重的社会后果。更为重要的是，在中国这样一个有着巨大的人口基数、多样化的教育需求的发展中国家，确立教育改革和发展观必须贯彻落实科学发展观的基本要求，本着以改革促发展、通过改革和发展保持稳定的指导思想，采取正规教育和非正规教育、非正式教育相结合的多样化教育途径，最终才能促进城乡之间、区域之间各级教育协调可持续发展。

（二）学校德育问题研究

学校德育问题研究从价值取向、德育目标、德育内容、德育课程、德育模式、德育队伍、德育体制、德育评价等方面展开，试图对学校德育问题有一个比较全面的分析。

学校德育价值取向问题研究表明，我国学校德育价值取向发展的基本思路应该是价值整合的路向。所谓价值整合就是在多元价值取向中对合理价值进行优化、协同、创新，使之达到和谐发展、组合优化的过程和方式。我国学校德育价值取向的整合应该在个体与社会、理想与现实、传统与现代的价值取向中寻求优化，达到和谐全面发展。学校德育价值取向个体与社会价值整合，不仅是社会发展与个体发展的需要，也是马克思主义的人的全面发展理论的体现。学校德育价值取向的现实与理想的整合，是社会主义市场经济以及时代变革和发展的需要。学校德育价值取向的现代与传统的整合，是现代化、全球化潮流发展的需要。

学校德育目标问题研究表明,学校德育目标是一个开放的体系,由于历史和现实各方面的局限性,我国学校德育目标的实然形态与应然形态之间仍然存在着较大的距离。认真反思学校德育目标存在的问题是提高学校德育实效的必要前提。德育目标说到底,就是要激发人的精神力量,提高被教育者的人生境界,催生德育主体所希望产生的行为。因此,德育的终极目标就是对被教育者合乎需要的行为取向的预期,也就是精神激励。精神激励的直接目标指向是形成符合社会行为规范的行为方式,这一行为方式的产生过程便是品德构建的过程,即激励机制的完形。精神激励的具体目标指向是品德构建。品德构建主张"知情意行"的统一,它是动态的、内外合一的动机过程,而不是静态的、平面的内容组合。精神激励为体,品德构建为用,这将是学校德育目标的旨趣所在。

学校德育内容问题研究表明,我国学校德育内容的演变反映了政治、经济、社会和文化的需要。沿着历史的线索考察学校德育内容的演变并深入地分析其间一些主要的矛盾关系的发展变化,是学校德育问题研究的重要内容。纵观我国学校德育内容的历史发展和借鉴国外的德育内容的发展情况,我国学校德育内容的发展必须坚持主导与多样统一的原则,即坚持社会主义中国的主导价值,同时兼顾在全球化的背景下价值的多样性,亦即以集体主义、社会主义、爱国主义精神为主旋律,同时进行跨文化教育。

学校德育课程问题研究表明,在新中国学校德育发展历史上,最早设立的德育课程是以显性方式,以理论形态或直接学科课程方式出现的具体德育科目课程,如马克思主义理论和思想品德课程(简称"两课")、思想政治理论课,这些具体德育科目课程发展变化的历史,从一个侧面反映了我国学校德育课程发展的主脉。进入改革开放和社会主义建设新时期以后,伴随着德育课程观念的变化,德育课程的形态日益多样化,越来越多的学者和教育主管部门开始用更为广泛的德育课程观念来整合学校德育内容,构建新的德育课程体系,并且开始尝试着通过隐性的方式进行德育,使学校德育课程范围得到了极大的拓展。当前,我国学校德育课程发展的基本思路是积极倡导新的大德育课程观念,加强学科德育课程的科学化建设,加强活动德育课程建设,加强隐性德育课程观念,用新的大德育课程观念整合学校德育内容,使之形成一种整体对学生思想道德发展起主导作用的教育因素。

学校德育方法问题研究,通过对新中国成立以来德育模式的发展历程的梳理、对德育模式存在的问题的解析和未来德育模式的发展要求，就学校德育模式发展作了如下几点思考：一是改变少数几种德育模式一统天下的局面。从单一、片面、统一到多元、全面、丰富，与学科教学相结合，增强德育模式的适应性、科学性和可操作性。二是构建整体化全方位渗透的多元德育模式，通过建立专兼职相结合的队伍，通过师生需求的结合，促进德育向教学的渗透。三是适应素质教育的需要，确立学生在道德教育中的主体地位。

学校德育队伍问题研究表明，学校德育队伍，是保证学校坚持社会主义办学方向，全面贯彻党的教育方针，培养德、智、体、美等全面发展的社会主义事业建设者和接班人的一支不可缺少的重要力量，是学生和教职工思想道德教育的组织者和指导者，是学校教师和管理队伍的重要组成部分。新中国成立以来，德育队伍随着时代的发展而成长壮大，在每个时代显现出不同的特点。当前，要根据中央“专兼结合、功能互补、信念坚定、业务精湛”的要求，建设好德育队伍。要建设“三位一体”的专职德育队伍，即德育理论研究队伍、德育干部队伍、德育教师队伍的建设。要提倡“全员德育”，强化兼职队伍职能，构建全员德育队伍体系，为学校德育的有效、有序展开提供组织上的保证。要提高德育教师的专业化水平。

学校德育体制问题研究表明，当前，我国学校德育体制面临着诸多考验和挑战。要根据时代发展的要求和德育自身发展的规律积极建构新世纪的学校德育体制。要准确把握党委和行政在学校德育体制中的地位和作用，发挥整体优势，不断创造中国特色社会主义德育体制的新局面；学校德育体制要实现由封闭到开放，主动适应教育国际化、终身教育和构建学习型社会的需要；学校德育体制要从单一走向一元主导下的多样化，积极探索、创造新的德育管理机制，为全面推进素质教育、培养创新型人才提供制度保障。

学校德育评价问题研究通过对我国德育评价各种方法利弊得失的历史的考察，分析现实对德育评价的要求，借鉴国外德育评价成功经验，提出今后德育评价的发展思路是：建构科学方法与人文方法相结合的综合评价体系。具体而言，要建构以量化评价方法为基础，以质性评价法、操行评语法等人文方法为中心的综合评价方法体系。以量化评价方法为基础是德育横向比较和加强德育管理的需要；以质性评价法为中心是因为它突出了受教育者的主体性和德育的发展性原则、教育性原则，更加切合当代德育评价发展的需要。

（三）课程与教学问题研究

课程与教学问题研究从课程与教学论的本体问题、基本问题、专题问题和各个时期课程与教学改革的实验问题、各级学校课程与教学的改革问题等几个方面，对新中国成立以来我国学校课程与教学理论和实践所涉及的重大问题进行了全面、深入的研究。

课程与教学论本体问题研究从历史、实践、理论和比较等多种角度，讨论课程与教学论的关系及其学科性质问题，并强调课程改革离不开教学改革，课程改革必须与教学改革同步进行，因此必须实现由片面重视课程到同时重视教学的转变。课程与教学的整合也将成为大势所趋。这不仅是当代人类思维和文化科学发展呈现复杂整合趋势的客观要求，也是教育实践特别是课程与教学发展的内在需要。但必须注意，整合而不是融合，"和而不同"应当成为未来课程与教学关系的基本走向。

课程与教学论基本问题研究涉及课程与教学目标、课程与教学主体、课程与教学过程及模式、课程与教学技术方法与手段等。制定课程与教学目标的基本依据是学生身心发展特点、社会的需要和学科的发展。教育主体不仅指学生也包括教师（即所谓"双主体"）；教师和学生不仅是教育活动的主体，而且也是教育活动的客体，同时又是各自活动（"教"或"学"）的主体和对方活动的客体。教学模式的实质，简言之，就是教学活动的标准样式；具体说，就是在长期教学实践基础上形成的经过反复实践检验确证的规范的标准样式或模型。当代突飞猛进的高新技术尤其是信息技术的发展及其在教育领域的广泛运用，进一步推动教学手段由传统向现代变革、教学技术由传统形式向多媒体和网络形式方向发展，从而进一步促使教育由封闭向开放、由垄断向普及、由精英化向大众化方向发展。

课程与教学论专题问题研究重点是对20世纪50～60年代关于全面发展与因材施教、师生关系与教学相长、理论联系实际、量力性与循序渐进等原则的讨论，20世纪80年代关于传授知识、发展智力与培养非智力因素问题的讨论，20世纪90年代关于元教学论的讨论进行研究，分别研究这些讨论的历史背景、主题内容、理论成果和存在问题。

课程与教学改革的实验问题研究主要研究中华人民共和国成立以来开展的中小学课程与教学改革实验，分别研究了新中国成立后的十七年、"文化大革命"十年、20世纪80～90年代和新世纪初各个历史阶段中小学课程与教学改革实验的背景、进程、内容、做法、成就、经验与问题(或教训)。

各级学校课程与教学改革问题研究着重研究中华人民共和国成立以来幼儿园、小学、中学、高校的课程与教学改革,涉及各级教育课程与教学改革的历程、成就与问题、经验与启示、未来与发展。

(四)教师教育问题研究

教师教育问题研究着重研究新中国成立以来教师教育存在的主要问题,其产生的原因、基本走向及影响。从问题史的视角看,无论是新中国教师教育的发展、教师制度的构建,还是教师教育专业内容设置、教师教育与它所服务的各级各类教育(基础教育、职业技术教育)之间的关系等,我们在看到所取得的突出成就的同时,还能发现各种问题。我们必须正视问题,进行深入研究,深刻反省,通过不断汲取经验,总结规律,并下大力气解决问题,推动我国教师教育的改革与发展。

要加强教师教育的研究。在教师教育制度发生变革时,抑或建立所谓开放的综合化的教师教育制度时,仅仅凭着热情和信念盲目进行制度构建,难免会出现各种问题,这是我们研究滞后的表现。要使我国的教师教育健康有序地发展,必须加强对教师职业及教师教育的研究。

要加强对教师教育的法制化管理。从他国的经验看,开放的教师教育制度必须与其他配套的措施结合起来,建立一系列法律、法规和认证制度,规范教师教育,确保教师教育质量。

要合理配置资源。教师教育机构的设置、调整应该考虑到当地现今和未来若干年基础教育师资需求,并在确保教师教育质量的前提下进行。义务教育采取三步走的规划是值得教师教育领域参考学习的。

要强制性地建立师范生的实习基地。教育实习在教师专业发展中有着极其重要的作用,当前我国教育实习的难点是实习基地的建设。建议取消重点学校制度,把是否能成为师范生实习基地作为评价中小学校办学质量高低的重要指标。在实际操作中,把那些办学有特色,教育教学质量高,并有一支能为准教师提供指导的教师队伍作为衡量成为实习基地的指标。把那些最好的学校认定为实习基地,犹如承担医学院学生实习的医院是最好的医院一样。这样,既可以带出中小学需要的真正的研究型教师,也可以为高等学校培养一大批与中小学实际联系密切的教师队伍。教育行政部门应该制定有关政策,采取师范专业学生到农村中小学顶岗实习,原岗位教师“回炉”师范院校进修的方式,既可解决学生实习的问题,又可解决基层教师进修深造的问题,一举两得。

要建立和完善优秀毕业生到中小学,特别是农村边远地区任教的保障机制。目前一定范围内的免费师范生制度是一种解决方式。但还可以给师范生以较高的经济和后续发展的保障。如由国家(如教育部、财政部)以贷款的方式为贫困地区培养教师——鼓励优秀学生以贷款方式学习师范专业,毕业后履行定期服务(时间以6~8年为宜)后则不用偿还在校期间的费用。服务期满后可以任意择业和升学,政府要为此提供方便。与此同时,国家建立农村贫困地区的教师津贴制度,凡在此工作者,享受高于大中城市若干倍的津贴,奖励他们为国家分忧。

(五)基础教育问题研究

基础教育问题研究重点研讨了农村贫困地区义务教育学校管理问题与对策,城镇义务教育择校引发的问题与对策,义务教育校本课程的开发,破解普及农村高中教育的难点,探寻薄弱学校的转变与发展。

农村贫困地区义务教育学校管理问题与对策:针对农村贫困地区中小学内部管理问题,需要调整学校布局,提高义务教育办学效益;改革农村义务教育内容,增强学校吸引力;造就一支高素质的教师队伍。

城镇义务教育择校引发的问题与对策:城镇义务教育阶段学校管理亟待解决的问题是中小学生择校问题。究其原因,主要有:义务教育优质教育资源不足;教育政策失调;长期存在的重点学校制度。择校热带来的负面影响:严重损害了国家政策、法规的严肃性;造成了义务教育非均衡发展;加重了家长的经济负担;直接影响学生的身心健康。解决择校热的根本途径是:强化政府行为,积极促进义务教育均衡发展;政府应加大对薄弱学校的投入;办出特色,激发学校活力;实施"示范性学校带动工程";建立教师合理流动制度,缩小校际间差距;政府应大力推进民间资本进入优质教育市场。

农村高中教育肩负着为高一级学校输送合格新生和为社会主义现代化建设培养大批合格的劳动者的双重任务。改变农村普通高中目前的现状,积极探索普通高中的办学模式,使学生更好地适应经济和社会发展的需要,是社会主义新农村建设中必须重视和解决的问题。

我国基础教育领域内大量薄弱学校的存在,制约着基础教育的现代化进程。改造薄弱学校意义重大,政府、社会、学校应齐抓共管。从学校内部来说,学校管理者要深入调查研究,查找薄弱学校问题的症结;遵循量力性原则,选准薄弱学校转变的突破口;抓住新课程改革契机,形成学校特色在课堂;努力探寻薄弱学校转变与发展的规律,实现薄弱校—标准校—示范校的转变与发展。

(六)中等职业教育问题研究

中等职业教育问题研究重点研讨了中等职业学校摆脱困境的前提,中等职业学校的培养目标,中等职业学校发展的关键,中等职业学校教育教学改革的难点,中等职业学校的办学之路,中等职业学校教学改革的方向,中等职业学校的管理模式。

面对激烈的市场竞争,要牢固地树立社会主义市场经济下的中等职业教育观。尽管中等职业学校的学生入学时分数比较低,但每个教育工作者应坚信:"人人有才,人无全才,扬长避短,人人成才。"

中等职业学校要培养市场需要的人才,就必须使学生具备适应市场变化的全面素质。因此,办学的终极目标不能仅仅培养就业者,而应培养更多的具有创造力的创业者。校本课程的开发要有助于在对学生普遍培养的前提下,注重培养有特长的学生,重点培养一些基础较好、品学兼优的学生成为精品。面向经济建设主战场,打好科技牌。

中等职业学校要形成学校特色。由于每一所学校所处的文化历史背景不同,外部条件和内部条件的差异性,就决定了中等职业学校必须走立足于学校现实的特色化道路,做质量文章,使毕业生走俏。因此,需要重新界定中等职业学校的办学方针。

探索一种不同于普通高中和综合高中的人才培养模式。中等职业学校校本课程开发应立足于培养"一主两辅"、"一精多能"的人才。"一主"以应用型为主;"两辅"同时具备外向型和复合型特征。"一精"在应用能力上要具有某一方面的实际工作能力;"多能",要求学生除在应用能力上有某一特长外,还应具备从事其他应用性工作的能力。校本课程的开发应立足于学生在校期间获得四证,即学历证书、技术等级证书、计算机等级证书、外语等级证书。为确保学生进入岗位能胜任工作,学校在培养学生创新能力和实践能力上要狠下工夫,要舍得投资装备实验室,改善实验条件,为学生在校实习培训创造优越的条件。

中等职业学校要走产、学、研相结合办学之路。通过职业教育构建产、学、研一体化的教育模式,培养经济社会发展急需人才。

城乡职业教育联合办学,教育资源共享。由于一些农村经济欠发达,毕业生就业难,严重影响了农村孩子报考职业学校的积极性。实行城乡职业教育联合办学,既可以激活城市的职业学校,也可以激活农村的职业学校,还使企业有可靠的技术工人来源,同时搭建了一座农村剩余劳动力向城市转移的桥梁,开通了农村青年到城市就业的"直通车",有利于增加职业教育的吸引力。

(七)高等教育问题研究

高等教育问题研究以新中国成立以来的重大高等教育政策为研究对象,以中国高等教育的历史发展为纵向,以高等教育系统特征的不同方面的展开为横向,从历史与现实、理论与实践出发,力图对新中国成立几十年来中国高等教育发展中的一些主要政策问题作出较为透彻的分析,以期对今后高等教育系统的创新和发展有所借鉴。

高等教育发展的规模与速度研究表明,一个国家国民经济的发展、社会的进步,在很大程度上取决于高等教育所培养的人才数量与质量。新中国成立以来,由于经济、政治等因素的影响,我国高等教育发展规模波动幅度较大。在这几次大规模扩张当中,高校在校生人数年平均递增最低的也为14.5%,而最高的竟达50.4%。体制性原因和运动式的发展方式所造成的高等教育规模的大起大落是中国高等教育事业发展的基本特点。但是,从整体上讲,我国高等教育发展规模仍然取得了显著的成绩,不仅为国家培养了大批高素质人才,满足了当时经济建设和社会发展的需要,同时也满足了个人对接受高等教育的需求。

高等教育评估政策研究表明,我国高等教育评价研究尽管起步较晚,但发展较快,初步形成了我国教育评价制度的基本框架,建立了我国教育评价理论和方法体系,形成了我国教育评价的实践模式,建立起多元化的高等教育评估主体。但也存在着一些问题,应该从以下几个方面作出努力:(1)正确处理形成性评价和总结性评价的关系,使两者在促进高等教育质量提高的目标上统一起来;(2)积极发展社会中介评估,实现评估主体的多元化,促进高等教育公共治理改革;(3)深刻认识高等教育的多样化与质量的多元化,建立科学合理的评估指标体系;(4)在继续重视国家对高校的管理等宏观评估的基础上,加强对学生培养目标等的微观评估;(5)在重视引进和借鉴国外高教评估理论和经验的基础上,积极创建有中国特色的高教评估理论,实现评估方法的科学化。

高校收费政策研究表明,新中国成立后,我国高等教育收费政策经历了从免费到收费的重大转变。2007 年,在政府工作报告中又提出:在教育部直属师范大学实行师范生免费教育,建立相应的制度。这意味着国家将重启师范生免费教育制度。近年来高等教育收费的不断高涨,引起了人们对高等教育收费制度的争议。对于目前我国高等教育的高收费及由此带来的负面影响,我们需要采取各种有力措施使我国高等教育收费制度不断走向完善。实际上,为了解决高等教育高收费的问题,政府已经采取了一系列政策措施并取得了一定成效。

学位制度问题研究表明,新中国成立几十年来,通过一系列学位政策的逐步确立和实施,中国的学位制度由最初的直线型学士→硕士→博士三级制度演变成一个种类多样、形式多样和层次多样的学位制度体系。其中,在学位政策问题的历史变迁中,最具变革性的政策举措还是专业性学位的设置,专业性学位的设置打破了我国学位制度中学术性学位的单一局面。学术性学位的发展为我国教学科研机构输送了大批高层次人才,而专业性学位的建立丰富和发展了我国的学位制度,为我国培养了大批复合型、应用型人才。今后的学位政策的重点还应是继续积极稳妥地推进专业学位发展,充分考虑专业学位设置所必备的条件以及发展专业学位所需的制度环境,不能盲目求快。

普通高校招生政策研究表明,高等教育招生政策的确立和完善,是高等教育体制改革的突破口,也是重点和难点之一,它直接影响着高等教育的办学质量和办学效益。新中国成立以后,特别是恢复高考后,高等教育招生政策随着政治经济的发展而不断演变,各个时期的计划管理形式、考试内容和考试形式、录取模式等不断调整。该研究回顾了各个时期的招生政策,对这些问题进行了有重点、有选择的分析研究。尽管各个阶段的主要矛盾各有差异,但是总体来看,无论是统一招生考试政策、招生计划体制的改革、3 + X 高考改革方案,抑或自主招生政策,都是在过度统一中寻求灵活多样,或者是在参差不齐、混乱无序中寻求相对统一。因此,可以说,新中国成立以来我国招生政策基本上是集中统一和分散多样之间的权衡较量。首先,高校招生政策在不断改革中走向完善。其次,高校考试选拔形式由单一走向多元。最后,高校招生自主权不断扩大。

大学生就业政策研究表明,从新中国成立以来到现在,国家就我国大学生就业出台的政策大致有四个，分别是指令性计划分配政策、指导性计划分配政策、双向选择政策以及双向选择、自主择业政策。随着社会主义市场经济的深入发展，大学生就业逐步由国家委派控制向学生自主择业转变。从上大学等于捧上了金饭碗，一切费用由国家承担，毕业后国家包当干部的观念到现在上学交费，专业选择与今后发展相结合，个人能力高低与就业层次相结合，双向选择，自主择业，毕业不一定能够就业等市场化观念的转变，我们看到了我国大学生就业政策发展的全过程，正是观念的改变才促成了就业制度不断改革深化。几十年的政策制定和改革所取得的社会成效是巨大的，应当肯定。同时我们也要看到它的缺陷和不足，但正是这些不足才促使我们更进一步健全法制、深化改革，朝着解放生产力、发展生产力的方向前进。

（八）民办教育问题研究

民办教育问题研究从民办学校的含义、民办学校的产生与发展、民办学校的沉寂、民办学校崛起的意义谈起，重点研究民办学校管理中存在的问题和民办学校的发展策略。

改革开放以来，我国各级各类民办学校的恢复与发展不仅打破了传统的单一办学体制，提供了现行公立学校可以参考和借鉴的实践经验和范例，还拓宽了社会各方面投资办学的渠道，并有效地分解了政府的财政负担。民办学校在发展中还存在着比较普遍的高收费、师资队伍缺乏活力、教育质量参差不齐等方面的问题。应进一步把民办学校纳入法制轨道，争取政府财政支持，改善民办学校的办学条件，建立董事会领导下的校长负责制来解决上述问题。

探索构建优质学校的办学理念和目标。实践证明，办得较好的民办学校都有明确的办学理念和目标。民办学校一定要面向社会需要，扬长避短，以培养人才为目标，为当地经济建设服务。以良好的社会声誉，赢得经济利益。要不断改善办学环境，搞好教学管理、提高教学质量、提高学员就业率，发挥“短、平、快”的优势，更加有效地为发展社会主义市场经济培养急需的各类实用技术人才。

增加教育投入，改善办学条件。对于收费标准，政府规定一定的限额。学校在规定范围内可自行调节，避免各校之间因吸引生源相互压价，造成收费标准混乱。同时鼓励各校适当延长学期，提高学校收入，增强学生动手能力。各级政府应提供财政支持，改善民办学校的办学条件。

民办学校应以质量求生存，靠特色促发展。民办学校无论是在办学历史还是在办学规模上,都与发展多年的公立学校无可比拟。现实决定了它们只能以质量求生存,以特色争取社会的认可。质量是民办学校的灵魂和生命。民办学校必须把握社会需求,确定切实可行的培养目标,这是民办学校办学特色的前提条件。教育体制改革呼唤有特色的民办学校,社会的需求也呼唤着不同层次、不同特色的民办学校。

加强领导班子和教师队伍的建设。民办学校要办得好,就要有一个高素质的领导班子和教师队伍。聘请德高望重的知名人士或教育专家组成董事会,校领导则由熟悉业务、事业心强的人担任。这就保证了学校按教育规律办学。为了保证学校的教学质量,应招聘一批知名度较高、有真才实学的行家里手担任专职或兼职教师。对于学校来说,稳定的教师队伍是学校最大的资本。只有经过整合磨炼、具有统一教育思想的教师队伍,才能形成教育合力,产生好的教育效果,形成良好的教风、校风,培育出良好的学风。

(九)教育科研问题研究

教育科研是教育发展和改革的第一推动力。教育实践证明,无论是教育思想的更新,还是教育体制的改革,无论是办学模式的创立,还是教学方法的确立,最终靠的都是教育科学研究。从整体上看,要全面提高办学的效益和质量,就必须加强教育科研,不断探索教育规律,使教育教学走上科学的轨道。对于一个发展中国家、一个世界上人口最多的大国,如何办好教育,而且要加快教育科学化、现代化的步伐,这是我国教育科学研究一个最重要的课题。

我国的教育科研情况,尽管从发表成果的数量来看,呈现出一派生机勃勃的繁荣景象。但是,毋庸置疑,透过繁荣的局面,我们仍会发现,在机构设置、组织管理、研究过程和成果评价上,我国的教育科研都面临着许多亟待解决的问题。今后的发展思路是:

加大教育科研的投资力度。推进教育科研的发展,就必须加大对教育科研的投资力度并完善相关的体制。一是拓宽经费筹集的渠道。二是必须转变观念。要转变传统的将教育科研投资视为纯消费性投资的错误观念,把发展教育科研看做基础设施建设,把教育科研投资作为一种基础性的投资。三是必须建立完善的教育科研投资体制。通过教育科研立法,尽快确定教育科研经费在各项事业中所占的份额,继续保持教育科研经费总量的增长趋势;加大教育财政投入,使教育科研投资有充足的底线保证。与此同时,国家还应针对科研经费的使用制定相应的政策法令和规章制度,杜绝挪用、浪费科研基金的现象;对科研经费的分配拟定合理的计划,以使有限的科研经费得到最充分的利用。

加强教育科研机构及科研队伍建设。一是加强教育科研机构的建设,要逐步改善各级教育科研机构的科研条件;要建立完善的科研机构网络;要加强对科研机构的领导和管理,强化科研机构的服务功能;要提高科研机构的应变能力和自力更生的能力。二是加强教育科研队伍的建设,要重视在基层第一线发掘和培养教育科研骨干,走专、兼、群相结合的道路;要特别重视培养中青年优秀教育科研工作者,重视边远地区科研队伍的建设;要加强在校研究生科研兴趣的培养和科研能力的提高。

改进教育科研的方法和技术。要注重研究方法的多样化,在研究过程中要根据研究的需要,注意研究方法的多样化,既可以使各种方法长短互补,又可以使不同方法的结果互相比较验证,从而提高研究的科学性。要进行跨学科研究,使教育研究广泛地吸收多门学科的研究成果和方法,从而真正有效地揭示教育规律,更好地指导教育实践。要重视行动研究,使专业理论研究者与实际教育工作者的角色得以融合,取长补短,来研究解决教育中的实际问题。要加强现代科技手段的应用,提高教育科研工作的效率。要重视教育研究方法论的建设,坚持以马克思主义方法论为基础,重视系统科学方法论的指导作用,合理借鉴其他学科方法论,处理好古今中外的关系。要加强教育科研的国际化合作,进一步加大国内教育科研与国外教育科研的交流力度,学习、借鉴、吸收国外优秀的教育科研理念、方法与成果。要提高教育科研成果的可操作性,重视并提升教育科研选题的质量,提高教育科研成果转化者(主要是教师)的科研能力,重视科研成果转化方法的开发利用,发挥教育行政部门在教育科研成果推广与转化中的作用,建立和完善教育科研成果转化的教育中介组织,完善教育科研成果的评价工作。

四、致谢

本研究自立项后,于 2002 年 7 月 19 日在北京中央教育科学研究所举行开题会,对课题的实施方案进行论证。参加会议的有课题组顾问何东昌、邹时炎、卓晴君、朱小蔓、王炳照、苏渭昌以及全国规划办和中央教育科学研究所科研处的有关领导和课题组成员共 30 多人。课题组负责人方晓东首先在会上介绍了该课题的研究目的、研究内容、研究原则、研究方法以及研究编撰工作的步骤与计划。在开题会上,教育部老部长何东昌,原国家教委副主任邹时炎,中央教育科学研究所所长朱小蔓和卓晴君,北京师范大学王炳照、苏渭昌等教授发了言。与会者围绕课题进行了热烈而深入的讨论,提出许多建议。与会者在发言和讨论中指出,"当代中国重大教育问题史"立意明确,具有十分重要的理论价值和现实意义。课题研究应侧重于重大的教育理论问题、教育实践问题,实事求是地总结历史经验教训,为当今教育改革与发展服务。

开题会后,确定本课题分为若干子课题:教育理论问题研究(负责人:中央教育科学研究所方晓东研究员);学校德育问题研究(负责人:武汉大学沈壮海教授);课程与教学问题研究(负责人:湖南师范大学张传燧教授);学校管理问题研究(负责人:中央教育科学研究所王鑫博士等);高校招生考试问题研究(负责人:武汉大学程斯辉教授);高等教育政策问题研究(负责人:北京科技大学杨晓明教授);教师教育问题研究(负责人:北京师范大学胡艳副教授);教育科研问题研究(负责人:河北大学吴洪成教授)。课题组最终完成教育理论问题研究、学校德育问题研究、学校管理问题研究、课程与教学问题研究、教师教育问题研究、高等教育政策问题研究、高校招生考试问题研究、教育科研问题研究等 8 部专著,共计 200 余万字。大象出版社将其列入"十一五"出版计划。同时,还在核心期刊上发表相关论文 10 余篇。

在研究的过程中,中央教育科学研究所、河北师范大学、武汉大学、湖南师范大学、北京师范大学、北京科技大学、河北大学等单位为研究的开展提供了人力和物力上的支持,并做了大量的组织协调工作。大象出版社对本研究成果的出版给予了大力支持。在此,一并向上述单位和专家致以最诚挚的谢意!

当代中国重大教育问题史研究涉及的范围比较广泛,由于时间以及作者水平所限,研究的范围还有待拓展,研究成果中的错谬之处,敬请专家学者和读者朋友批评指正。

目 录

前言

上篇:学校常规管理问题篇

上　篇

学校常规管理问题篇

第一章
学校管理的继承与发展

自从有了学校，就产生了学校管理。但是，把学校管理作为科学的对象进行专门研究，只有百年的历史，学校管理学还是一门比较年轻的学科。

清朝末年，随着新学堂的开办，一些变法派代表，翻译了国外的若干学校管理方面的论著，基本上照抄外国，没有自己的专著，更谈不上中国的特色，这在当时是难免的。

1949年10月1日，中华人民共和国成立标志着新民主主义革命的胜利，中国开始进入崭新的社会主义社会。与半殖民地半封建的旧中国的学校管理不同，新中国的学校管理性质发生了根本的变化，它服从服务于最广大的人民大众需要。新中国成立初期，中央政府制定了新民主主义文教纲领，并确定了以苏联为师法对象的价值导向。实践证明，这一历史抉择是正确的，无论在改造旧教育还是在建设新教育方面都作出了许多有益的探索。我们赞美新民主主义文教纲领的实施，是因为它使旧中国的学校教育发生了天翻地覆的变化，办社会主义学校由理想变成了现实，成为推动社会发展的强大力量；学校管理理论与实践的发展改变了学校的面貌，提高了学校办学质量。我们同时又对半个多世纪的学校管理怀有深深的遗憾，因为60年来我们办社会主义学校走过了一条崎岖不平的道路:由于教条主义思维偏向及极左思想泛滥,片面强调"阶级斗争",致使人们不能正确对待中外教育遗产,学校管理也一度陷入困境。直至中国共产党十一届三中全会以后,整个教育战线特别是学校管理才重新焕发了生机,并通过一系列改革举措,取得了历史性进步。

21世纪初,学校管理研究应回顾过去60年的经验教训,力争在世纪之初有新发展。在管理学上有一句名言:"现实的挑战,总是超越现存理论的。"当前在学校管理中遇到了许多新情况和新问题,需要我们去解决。教育的信息化、网络化和课程改革成为当前教育改革的两个制高点,加之教育人事制度的改革和教师队伍重组,这些问题从现有的各种版本的学校管理学的著作和教材中是找不到现成的答案的,一切要靠我们自己去探索和创造。现实要求学校领导者一定要有前瞻性,要能敏锐地觉察到一切正在变化的事件和现象,大胆地创造新的管理理念、管理模式和管理方法。学校领导者是能够设计学校未来的人,是能够释放教师群体的智慧、勇气和责任感的人,也是能够超越自我、完善自我的人。所以,学校领导者应该以满腔的热情、科学的态度、历史的使命感、社会的责任感和教育的事业心,去面对正在发生着的和即将发生的新情况、新问题。

第一节　我国学校管理的产生与发展

学校管理是以一定类型的学校组织作为自己的研究对象,充分运用办学规律,发挥学校内人力、财力、物力诸因素的作用,利用校内外各种有利条件,组织和领导全体成员有效地实现学校教育目标的活动过程。一般来说,严格意义上的中国近现代学校管理始自20世纪初的新学堂的创办。作为一门教育学科的"学校管理"是在20世纪初由国外介绍到我国的。从理论上探究我国学校管理的产生与发展,不能不溯及中国古代学校管理。通过对古代学校管理的剖析,不仅有助于对传统学校管理经验的借鉴,而且有助于对近现代乃至当代学校管理改革的理解和把握。

一、学校管理理论及其学科的产生与发展

人类自从有了学校,就存在着学校管理活动。学校管理有外部管理和内部管理之分。我国和埃及、巴比伦、印度等国家是进入奴隶社会最早的文明古国,首先产生了学校。据文献记载,我国从夏朝起就出现了学校的雏形。

学校的外部管理源远流长。西周时期,已设有专职的教育官员。到了汉

代,中央设太学,由太常统管;地方设郡县学,由地方行政长官主管,通过逐步设置学官,形成了一整套管理制度。隋唐以后,设国子监统管中央直属学校,最高长官叫"祭酒"。地方府州和县两级学校,则由长史统管。宋、元、明、清各朝,中央主管学校的部门基本上没有什么变化,地方主管学校部门的名称和治理方式则渐有变化。辛亥革命以后,就形成了这样一种体制:中央设教育部,各省设教育厅,市、县设教育局。新中国成立以后,我们仍沿用这种体制。

学校的内部管理可以追溯到两千多年前。我国的也是世界上最早的一部教育专著《学记》,对教育的目的、内容、方法,甚至开学、招生等方面都有较详细的论述。17 世纪捷克著名的教育家夸美纽斯的《大教学论》创立了一套完整的教育理论,对学校管理中诸如学制、班级编制、课表、教学秩序等都有较详细的论述。但是把学校管理作为一门独立的学科来研究,一般认为是 19 世纪末 20 世纪初的事。这是因为社会发展到资本主义时期,学校教育的培养目标、发展规划、课程设置、教学内容、教学方法等越来越复杂,需要有一套科学的领导方法和管理方法,于是学校管理逐渐从教育学中分离出来,成为一门独立的学科。

二、我国近现代学校管理的产生和发展

(一)新式学堂的创办

19 世纪上半叶,长期闭关的封建清王朝已是满目疮痍,英国乘机发动了侵略中国的鸦片战争,中华民族面临着"数千年未有之变局"。曾国藩、李鸿章、张之洞等深知传统人才教育的局限性,因而热衷于洋务教育事业。他们先后创办了京师同文馆(1862)、上海广方言馆(1863)、福建船政学堂(1866)等一大批洋务学校,这是我国近代学校的开端。

与此同时,清末维新派要求对封建专制的教育制度进行资产阶级性质的改良。他们通过创办"万木草堂"、"时务学堂"等新式学堂,以"逆乎常纬"为治学宗旨,培养新型人才。与维新派一样,资产阶级革命派也十分重视国民教育问题。

随着国民教育思潮的崛起和发展,清政府亦不能熟视无睹,开始有意识地将新式教育思想反映到清末颁行的有关教育章程之中。1902 年、1904 年分别颁布了《钦定小学堂章程》和《奏定初等小学堂章程》。为了督促普及义务教育的实施,清政府还于 1906 年至 1907 年厘定强迫教育章程十条。1912 年,把学堂更名为学校,中学堂和小学堂分别叫中学、小学。

1915 年,袁世凯责令教育部颁布《国民学校令》。其后,新老军阀都不时高喊"国民教育"、"义务教育"、"普及教育"的口号,甚至颁布相应章程。尽管自清末以来颁布的教育改革的章程往往流于形式,未能得到切实贯彻,但令人略感欣慰的是建立了一些新式学堂。

(二)学校管理研究开始起步

随着新式学堂的兴办,学校管理研究开始起步。教育行政官员、堂长、监督和师范学堂的师生,开始学习和研究"教授法"和"管理法",并编译了教育学、学校管理法方面的理论著作。

1901 年,曾经翻译出版日本的两本教育管理的专著,即山田邦彦著的《日本普通教育行政论》和田中敬一著的《学校管理法》。1903 年在当时的师范学堂开设"学校管理课",经清政府学部审定的《学校管理法要义》一书为学校管理课程的教科书。学校管理作为一门课程在师范学堂中讲授,这标志着我国近现代学校管理研究的兴起。此间,在国外,如美国和西欧一些国家,均出版了一些关于学校管理的理论著作,因此,我国学校管理与美欧发达国家学校管理研究的兴起,在时间上大体同步。

三、我国近现代学校管理研究的繁荣

(一)出版一批教材和专著

20 世纪 30 年代至 40 年代,我国先后出版了学校管理方面的著作 200 多部,包括张季信著的《中国教育行政大纲》、程湘帆著的《中国教育行政》、杜佐周著的《教育与学校行政原理》、刘真著的《教育行政》、袁伯樵著的《中等教育》、罗廷光著的《教育行政》、杜佐周著的《小学行政》、曾毅夫著的《小学行政》、王素意著的《校长和小学》、张正藩著的《实用小学行政》、胡怀天著的《小学校长手册》、夏承枫著的《现代教育行政》等。影响较大的专著有 1935 年出版的杜佐周的《教育与学校行政原理》和 1943 年罗廷光著的《教育行政》。这一阶段学校管理研究的特点是:其一,把学校管理包含在教育行政范畴之内;其二,以编译、介绍欧美、日本的学校管理理论和经验为主,总结中国学校管理经验的不足。此间,各大学的教育系和中等师范学校,普遍开设学校管理类课程。在中国共产党领导的中央苏区、抗日根据地和东北解放区的师范学校,开设了《小学管理法》、《教育行政》等课程。

(二)学校管理实践的改革

"五四"时期,国家教育大权掌握在勾结帝国主义的反动军阀手里;由于民族资产阶级的发展和壮大,工人阶级走上了政治舞台;同时美帝国主义趁第一次世界大战之机加紧对中国进行文化侵略。以上情况,对当时的学校管理产生了深刻的影响,主要表现在:

教学管理的改革。由于五四运动提倡科学和民主,从而引发了课程与教材的变革。首先,批判和打击了封建主义教育,在教材中排除了封建性的内容。其次,在中小学加强了自然科学教育和职业教育,大学增设了一些自然科学系,不少学校设立了实验室和科学馆。最后,大中小学的教材增加了宣传资产阶级民主、个人奋斗以及研究现实问题的内容,开始采用新文学作品和译文作教材。资产阶级崇尚自然、发展个性的思想在一些学校开始流行。

学校行政管理的改革。在学生行政管理方面,取消了"学监"或"舍监",设训育主任,实行导师制。中等以上学校设学生自治会,有的学校受杜威"教育即生活"、"学校即社会"的思想影响,在学校布置社会环境,由学生自行活动。

大学管理改革,集中表现在北京大学改革上。1917 年蔡元培任北京大学校长后,提出"囊括大典,网罗众家,兼容并包"的办学方针。在教学管理方面,改革预科,调整专业,废门改系,将学年制改为选科制、学分制;在学校管理方面,改革管理体制,设评议会和教授会,实行民主管理,教授治校;组织各种学术研究会,筹设研究所,鼓励科学研究;最先开女禁,招收女学生;采用白话文讲义;提倡新道德,在学校组织"进德会";在学生中组织各种课外活动等。这样,北京大学从浓厚的封建遗风中一变而为全国研究高深学术的中心,成为中国现代大学的楷模。

(三)新学制的实施为学校管理带来变革

中国新式学制最初大抵模仿日本,其后,又受德国的影响。五四运动前后,留美学生返国者日多,特别是这个时期杜威和孟禄相继来中国讲学,从而在学制改革上引发了向美国学习的风气。1922 年教育部颁布的"壬戌学制"以七项标准作为改革的指导思想,即适应社会进化之需要;发挥平民教育精神;谋个性之发展;注意国民经济力;注意生活教育;使教育易于普及;多留各地方伸缩余地。整个学制分初等、中等和高等三段。普通教育阶段模仿美国"六三三"制,即小学六年、初中三年、高中三年。按照中国国情,小学又分两段:初小四年、高小两年。高中实行学分制和选科制,分普通、农、工、商、师范、家事等科,又称综合中学,即将职业教育纳入普通教育。新学制的特别之处在于它的弹性。经过长期实践，这个学制比较稳定。新学制适应了五四运动之后中国资产阶级经济上、政治上的要求，结束了辛亥革命后教育上的混乱局面，反映了资产阶级对教育的基本要求，体现了五四运动以来教育改革的成果，其实施为学校管理改革注入了生机。取消了男女中学教学上的差别，女子获得了受教育的平等权，这是中国教育史上的一大进步。新学制除以后有某些小的变动外，如学分制和综合中学制等，基本上沿用到新中国成立。

四、我国现代学校管理跌入低谷

新中国成立后很长一段时间内，我们将中国传统教育主要视为封建教育，将西方近现代教育视为资本主义教育、帝国主义教育，对中国传统教育和西方近现代教育采取了相当严厉的批判。究其原因，清末民初社会的守旧僵化，使当时的志士形成一个基本的假定：凡是旧有的都是坏的，凡是新来的都是好的，因而导致对传统的轻率否定与简单化。20 世纪 40 年代以后，已经有人开始反思传统积极的一面，但国家危难的加重，使教育思想观念的变革无法顺利进行，新中国成立初期百废待兴，更无暇顾及教育反思。

从新中国成立到 1952 年，中等师范学校和高等师范院校曾开设“教育行政课程”，但这门学科没有受到重视。不久，由于照搬苏联模式，虽在教育行政干部培训系统开过学校管理方面的讲座，但多数师范院校还是取消了教育行政和学校管理课程，学校管理的科学研究也大大削弱，这使得在 20 世纪初期初步确立的这门学科的发展受到十分沉重的打击。20 世纪 60 年代初，一些教育工作者开始总结经验，试图建立我们自己的学校管理学科体系，编写过一些讲义作为试用教材。这一工作在“文化大革命”中，受到冲击和破坏，没有获得成功。

从新中国成立至 1965 年，我国学校管理实践有了很大发展，获得了十分丰富的经验。但是，由于盲目学习外国，全部停开学校管理类课程；由于“左”的思潮的影响，对包括学校管理在内的许多学科进行错误的批判；也由于长期闭关自守，教育界对国外的教育动态了解甚少。基于上述原因，学校管理的研究在我国长期受冷落。

1966 年“文化大革命”爆发，在此期间，学校管理的研究也被破坏殆尽。

五、我国现代学校管理重新起步

20 世纪 80 年代，实行改革开放方针以后，我国学校管理获得了新生。时代的呼唤，实践的催促，使我国学者焕发出了极大的热情。随着教育事业的恢复和发展,特别是师范教育和基础教育的迅速发展,客观上迫切要求学习研究学校管理,以提高教育专业学生在学校管理方面的素养与中小学校领导者的管理水平。一系列新情况敦促学校管理这一学科得以新生,并逐渐在师范院校和教育学院重新开设,恢复了它在师范教育课程中的地位。为了适应教学和管理工作的需要,在教育理论工作者和学校领导者的共同努力下,相继编辑出版了多种学校管理学的论著。这些论著从不同的侧面,以不同的重点为中心,探讨学校管理中的理论和实践问题,形成了不同风格的学校管理的理论体系。在短短的30年中,学校管理研究取得了我国历史上从未有过的成就,出现了空前繁荣的局面。

第二节　学习苏联学校管理的经验与教训

新中国教育已走过半个多世纪的历程,回顾其体系的初创,苏联经验对我国教育产生过很大影响,但这种影响究竟大到什么程度,尚需要深入探究。新中国成立初期,各级各类教育学习苏联既有政治上的原因,又有认识上的问题。以美国为首的资本主义阵营封锁和包围中国,以苏联为首的社会主义阵营支持和援助中国,中国必须"一边倒"。学校管理学习苏联,既有成功的经验,又有深刻的教训。通过学习苏联,确立了我国学校管理体制;缩短了与发达国家教育质量的差距;实现了高等教育首先为国家工业化服务;人才的培养有了较为明确的目标。但由于以政治和社会制度为标准学习借鉴外国经验,轻率抛弃自身经验,基础理论研究非常薄弱,也拉大了我国学校管理与国际先进水平的距离。

一、新中国学校管理学习苏联溯源

(一)欲达到胜利和巩固胜利,必须"一边倒"

20世纪50年代是苏联对中国影响最盛的时期,但如果追溯中苏关系的历史,可以看到这种影响早在五四运动时期就已经发生。1917年俄国十月革命后,中国共产党的先驱李大钊在1918年发表了三篇有关苏联革命的文章。20世纪20~30年代,已有不少中国共产党人赴苏联学习。1940年,毛泽东在《新民主主义论》中就指出:"中国应该大量吸收外国的进步文化,作为自己文化食粮的原料……凡属我们今天用得着的东西,都应该吸收。"①1945年,毛

① 毛泽东:《毛泽东选集》,人民出版社第1卷本,人民出版社1958年版,第667页。

泽东在《论联合政府》中，明确地提出："一边倒是孙中山的四十年经验和共产党二十八年经验教给我们的，深知欲达到胜利和巩固胜利，必须一边倒。"他特别指出："苏联创造的新文化，应当成为我们建设人民新文化的范例。"①毛泽东根据当时国际国内的形势提出"一边倒"的方针，即倒向社会主义苏联一边，成为初期教育发展的既定方针。

（二）以美国为首的资本主义阵营封锁和包围中国

新中国成立初期，我国选择向苏联学习，是由当时的历史条件等诸因素决定的。第二次世界大战后，我国处于帝国主义的包围之中，以美国为首的资本主义阵营凭借其经济实力和军事优势，对新中国实行全面封锁和禁运。1948年6月，美国指使蒋介石集团封锁中国所有沿海城市。杜鲁门政府采取的对华政策是"通过孤立进行遏制"，即"政治上不承认、经济封锁和反对自由世界与大陆之间的几乎一切形式的联系"。1950年6月，美国派出第七舰队进入台湾海峡，霸占中国领土台湾。6月25日，美国发动侵朝战争，直接威胁新中国的安全。12月，美国政府借口中国人民志愿军赴朝抗击美帝侵略，宣布对中国实行全面封锁和禁运。同时，美国政府挟制联合国以售其奸。1951年5月18日，联合国大会通过了对中国实施全面封锁禁运的非法决议。

（三）以苏联为首的社会主义阵营支持和援助中国

在以美国为首的资本主义阵营封锁和包围中国之时，只有以苏联为首的社会主义阵营支持和援助我们。1949年12月，毛泽东率领中国代表团访问苏联，并且在苏联停留9个星期之久。1950年2月14日，《中苏友好同盟互助条约》签订，如周恩来所说："我们两国所签署的条约和协定，将使中苏两国关系更加紧密，将使中国人民不会感到自己孤立，而且将有利于中国的生产建设和经济的恢复与发展，有利于世界和平。""中国要向老大哥学习"，为新中国成立初期我国教育的发展指明了方向。

（四）实行第一个五年计划，急需各方面专业人才

1952年，中共中央提出了"逐步实现国家的社会主义工业化，并逐步实现国家对农业、手工业和资本主义工商业的社会主义改造"的过渡时期总路线。随着大规模经济建设的进行，急需各方面专业人才。据估计，第一个五年计划期间，仅工业、运输业和地质勘探等约需技术人员30万人，而当时仅有见习技

---

① 毛泽东：《毛泽东选集》，人民出版社第1卷本，人民出版社1958年版，第984页。

术员以上技术人员14.8万人,缺额15万人。按照原有工科院校的招生规模,第一个五年计划期间只能向国家输送4万至5万名毕业生,不足当时工业建设所需人才的25%。为了发展重工业和完成苏联帮助设计的156项工程建设,迫切需要调整高等教育结构。

(五)学习苏联的新知识与社会主义新教育模式

向苏联学习,既与国情有关,又与认识有关。我国要发展,必须以世界上顶尖同行的标准衡量自己。1949年9月,毛泽东在中国人民政治协商会议上宣布:"实行人民民主专政,要团结外国朋友,即首先是团结苏联。"10月5日,刘少奇在中苏友好协会成立大会上的讲话中指出:"苏联有许多世界所没有的完全新的科学知识,我们只有从苏联才能学到这些科学知识。"向苏联学习不仅限于间接地吸收西方科学知识,更在于学习苏联的新知识与社会主义新教育模式。毛泽东指示教育部,在建设新教育时,要借鉴苏联的先进经验。1953年,陈伯达在中科院一个研究会上说:"当我们建设学习苏联科学时,并不是说英美科学家的成果不可以用来参考。他们可能有,而且肯定有。不过,一般说来,英美科学中的精华早已被苏联科学家吸收了。因此,最快、最好的方法是学习苏联。"①

二、高等学校办学模式学习苏联

新中国成立初期,在学校管理方面向苏联学习,集中反映在办学模式上仿效苏联,以院系调整为起点,进行全面、系统的高等院校教育教学改革。

(一)成立学习苏联经验的试点学校

1949年12月16日,政务院决定以华北大学为基础成立中国人民大学,其任务是"接受苏联先进的建设经验",聘请苏联教授,"有计划有步骤地培养新国家的各种建设干部"。1950年4月,教育部根据刘少奇的批示,在《哈尔滨工业大学改进计划》中提出:哈尔滨工业大学应仿照苏联工业大学的方法,培养理工人才。这两所学校都聘请了一批苏联教授讲学和指导学校工作。哈尔滨工业大学还吸收了其他一部分院校的理工科教师参加教学研究班,为1952年后在全国高校学习苏联,进行院系调整和教学改革,探索社会主义的教学改革道路创造了条件。

---

① 普赖斯:《是聚合还是翻版:中国和苏联》,转引自丁钢著《中国当代教育与国际关系》,教育科学出版社2001年版,第169页。

(二)确立高等教育由国家办学的体制

1949 年以前,我国的高等教育主要有两种形式,即公立和私立的大专院校。在私立学校中,又以接受外国津贴的教会大学所占比例最重,影响最大。如 1947 年,教会大学有学生 1.2 万人,中国大学生的 15% ~20% 是由教会学校培养的。① 新中国成立初期,在全面学习苏联经验,坚决肃清帝国主义文化侵略影响的高潮中,新解放城市的高等学校经过接管、整顿和初步改造,私立高等学校全部改为公立,撤销所有教会学校,和苏联一样,确立了高等教育由国家办学的体制。

(三)高等学校进行大规模的院系调整

新中国成立初期,高等学校多集中在沿海地区和大城市,地区结构不合理;学校规模小,教学质量难以保证;学校类型结构不合理,系科庞杂,缺门很多;人才培养层次结构失衡,高等学校主要培养本、专科学生,研究生教育十分薄弱,学校成了学生赴国外就读研究生的预备学校。

为了解决上述问题,在 1951 年进行局部学校院系调整基础上,1952 年下半年,从京津开始,以苏联高等教育模式为样本,启动了全国范围的高等学校院系调整。调整的方针是:“以培养工业建设人才和学校师资为重点,发展专门学院,整顿和加强综合大学。”②调整的计划是:根据国家建设规划,将公立、私立高等学校统盘规划,合理布置学校网;同类系科归并或组建成专门学院;集中人力财力,扩大工科、师范和综合大学理科的规模,加快发展速度。调整的步骤是:由工业院系的调整进而到对其他院系的调整;从学院的调整进而到对系科的调整;从重点地区、重点院校的调整进而到对高等学校的全面调整。据此,全国共设专业 323 种,新增设了地质、矿业、钢铁、航空、水利、铁道、公路、造船、化工、汽车拖拉机制造等专门学院。在第一阶段院系调整基本完成后,1955 年至 1957 年进行了第二阶段的带有战略转移性质的院系调整。调整的原则是:沿海现有高校除因学校性质关系必须设在沿海城市,仍要适当发展外,其他学校不再扩建;接近沿海城市的学校,缩小发展规模,提高教育质量,并支援内地新建或扩建的学校;加强并适当扩大内地城市现有高校发展规

---

① [美]杰西·格·卢茨著,曾钜生译《中国教会大学史》,浙江教育出版社 1987 年版,第 1850 页。

② 中央教育科学研究所:《中华人民共和国教育大事记》(1949—1982),教育科学出版社 1984 年版,第 70 页。

模;发展规模一般保持在4000人至8000人;对设置分散的专业适当集中。调整后,本科大学分为文理科性质的综合大学和师范院校,由教育部门管理,单科性和多科性院校一般由中央业务部门管理,少数由教育部门管理。① 全国共有高等学校229所,其中,综合大学17所,工业院校44所,师范院校58所,医药院校37所,农林院校31所,语言院校8所,体育院校6所,艺术院校17所,财经和政法院校各5所,其他院校1所。②

(四)高等学校进行全面的教学改革

经过院系调整,对高等学校的教学工作必须重新予以组织。根据教育部规定,1952年下半年开始的教学改革包括以下几个方面:一是学习苏联高等学校模式设专业。根据国家建设的需要和世界科学技术发展的趋势,结合各校师资、设备等条件,确定学校的专业设置和布点。全国共设专业323种。二是组织教师翻译苏联教材。旧学校所用的欧美教材连同欧美式教育体系被完全否定。我国翻译出版了苏联高等学校的教材1393种。③ 三是学习苏联高等学校,制订统一的教学计划和教学大纲。四是设置教学研究室(组),学习苏联教学方法。通过制定规章、苏联专家的"言传身教"以及各级学校的教学研究活动等多种途径,把苏联的生产实习、课程设计、毕业设计等教学环节纳入高等学校的教学过程,形成了以按教学大纲和教材讲解的课堂教学为主体,辅以实验、实习、课堂讨论、习题课等系列教学模式。五是延长部分高等学校学制。从1954年起将部分工科、综合大学和少数农科、医科、外国语、师范院校的学制改为5年。六是学习苏联,停招专修科。高教部从1955年起减少了专修科招生任务。

三、中小学管理模式学习苏联

中小学学习苏联,就是要全面学习和移植苏联社会主义学校管理模式。作为社会主义教育的唯一样板,苏联学校管理确实有许多地方值得我国学习。在学习苏联教育理论的基础上,我国中小学开始全面参照苏联十年制教材,调整教学计划与教学大纲,重新编写教科书,广开俄语课,实行苏联式的5分制管理等。

---

① 蔡克勇:《高等教育简史》,华中工学院出版社1982年版,第157页。

② 中国教育事典编委会:《高等教育卷》,河北教育出版社1994年版,第550页。

③ 中央教育科学研究所:《中华人民共和国教育大事记》(1949—1982),教育科学出版社1984年版,第64页。

(一)引进和借鉴苏联教材

中小学学习苏联的一个重要举措就是引进和借鉴苏联教材。从 1949 年开始,东北人民政府教育部门就组织力量以苏联十年制中学的各自然科学的教科书为蓝本,编译中学教科书,从初中一、二年级开始逐步采用,并大量编译苏联教育文献。1953 年 3 月,教育部颁发了试行中学物理、化学、生物、数学 4 科教学大纲和小学算术教学大纲草案。这 5 科教学大纲草案是参照苏联各科教学大纲,部分地结合我国具体情况而制定的。

(二)学习苏联教学方法

1953 年 5 ~6 月,北京市教育局利用北京师范大学三、四年级学生到北京市中小学实习时邀请苏联教育专家普希金、崔可夫等人参加实习指导的机会,组织观摩教学活动 30 余次,观摩科目包括语文、历史、地理、数学、物理、化学等科。在这些观摩教学活动中,苏联教育专家多次参加指导评议。特别是普希金在《红领巾》一课观摩教学评议会上的总结发言,对当时全国语文教学的改革和探索曾经产生了很大的影响。学习苏联语文教学法一时风行全国。

(三)学习凯洛夫《教育学》

凯洛夫《教育学》被认为是苏联社会主义教育实践的理论总结,要求中小学教师予以系统而全面的学习。而凯洛夫(N. A. Kanpos,1893 ~1978)本人也于 1956 年来华讲学,一时轰动了中国教育界。在许多中小学校,凯洛夫《教育学》做到了人手一册,让过去高高在上的高等院校课堂里的教育学原理,在广大中小学教师队伍中形成了一个群众性的学习普及活动。与此同时,还经常开展有关学习苏联教育经验的大型辅导班和小型交流会,更加促进了教育理论与实践的结合。

四、学习苏联教育的经验与教训

学习苏联教育经验是中国人民教育事业奠基阶段的重大举措,其中不乏成功的经验;但由于某些方面同中国实际情况相脱离,无形中又变成一种束缚,也引出了一些教训。

(一)学习苏联教育的成功经验

1. 确立了新中国高等教育体制

高等学校的院系调整是特定历史时代的产物,以其为起点的高等教育的改革,是适应国家开展大规模经济建设而进行的大调整,是新中国成立后进行的第一次重大教育变革。作为国家重要战略措施,方向是正确的,也达到了预期的目标；这一调整确定了新中国成立以后数十年间的高等教育体制，并且影响至今；明确了高等教育的性质，提高了办学效益和人才培养的质量；奠定了社会主义高等教育的基本格局，促进了高等教育事业的发展。院系调整后，高等学校在地区分布上不合理的问题也有所解决。全国大多数省份都有了一所综合大学和工、农、医、师等专门学院，为教育的普及打下了一个基础。以1952年和1949年相比，高等学校学生数增加了69%，[①]初步满足了国家奠定工业化基础和教育事业本身发展对人才的需要。

2. 缩短了与发达国家教育质量的差距

1957年，苏联成功地发射了世界上第一颗人造卫星，震动了世界，证明了在当时其教育模式是先进的。在这种情况下，学习苏联的教育经验，有助于缩短新中国教育和世界发达国家教育质量与学术水平之间的差距。高等学校理、工、农、医教学质量和科研学术的整体水平，都有了比较显著的提高。将马列主义作为课程列入教学计划，对于建立社会主义的教育制度起了积极作用。同时，学习到许多先进的教育思想、教育内容和教学方法，加强了理论教学与实际的联系，对于提高教育工作者的教育理论修养及高等学校教育质量均起到了积极的作用。

3. 实现了高等教育首先为国家工业化服务的目标

院系调整后，高等学校人力、财力相对集中，基本实现了发展工科院校和师范院校，加强综合大学的目标。如华东化工学院与四川化工学院是在院系调整之后我国最早创办的化工类单科性工科院校。这些学校的创办，对于提高培养高级专门人才的质量，缓解工业建设人才缺乏的局面确实起到了一定的作用。如1946年工科学生人数仅为18.9%，而1952年达到35.4%，居各科学生人数的第一位。[②] 1953年工科新生人数占招生总数的42.86%。[③] 1955年全国高等学校共设置专业249种，其中工科专业137种，[④]占全部专业的55.2%。1953年至1957年，五年招收新生56.18万人，毕业26.9万人。这些数字充分体现了当时“教育建设为经济建设服务，首先要为国家工业化服

① 何东昌：《中华人民共和国重要教育文献》（1949～1975），海南出版社1998年版，第192页。

② 曾昭伦：《三年来高等教育的改进》，《人民教育》1953年第1期，第15页。

③ 何东昌：《中华人民共和国重要教育文献》（1949～1975），海南出版社1998年版，第193页。

④ 中华人民共和国教育部计划财务司：《中国教育成就》，人民教育出版社1984年版，第53页。

务”的发展方向。

4. 人才的培养有了较为明确的目标

旧中国大学采用的是“美国式的无计划性的通才教育”，只有院系之分而无专业之别。院系调整不仅改变了院系的结构，同时也确定了新中国高等教育中的专业设置和课程安排，即要培养一种什么样的专门人才，就得设置一个什么样的专业。这样，既改变了旧中国高等教育重文轻工的状况，又使学校所设专业基本上与国民经济的业务部门对口，学生学有所长、学有所用，无疑是教学方法上的一大进步。虽然伴随着这个进步而来的还有种种曲折与弊端，但仍不能完全否定专业设置的积极作用，它使人才的培养有了较为明确的目标。同时，在学习苏联的过程中，高等学校有了一套比较完备的教学计划和教学大纲，为教学管理提供了最基本的依据。

5. 注重系统知识的传授，突出了教育的社会主义性质

学习苏联教育经验，对于新中国成立初期坚持教育的社会主义方向，贯彻马克思列宁主义关于人的全面发展的教育原理，对青少年一代加强共产主义道德品质培养以及实施综合技术教育和加强劳动教育等方面，都产生了深刻的影响，特别是中小学普遍学习凯洛夫《教育学》，不仅提高了中小学教师的教育理论素养，而且在很大程度上满足了新中国的社会政治需要，为我国基础教育建设提供了某些教育理论基础。凯洛夫《教育学》以马克思主义为指导思想去分析教育现象，注重系统知识的传授，提倡人的全面发展，强调教师、教材与课堂教学的核心作用，有助于突出教育的社会主义性质，有助于提高教育教学质量。

（二）学习苏联教育引出的教训

1. 以政治和社会制度为标准，限制了教育事业的健康发展

20 世纪 50 年代初期，政治因素是我国教育学习苏联的主要原因，由此导致了对原有的教育经验的否定，对其他国家的有益经验的拒不吸收。如我们清除西方实用主义教育思想的消极影响是必要的，但是没有对实用主义教育思想进行认真分析研究，甚至把陶行知的思想当做实用主义教育思想进行批判，其结果是不仅实用主义的消极影响没有得到清除，反而愈演愈烈，从 1958 年学生参加过多的体力劳动，冲击教育秩序，一直发展到“文化大革命”中的实用主义空前大灾难。

在院系调整时，对法商系科侧重在政治上予以界定，使财经类院校、政法

类系科遭到削弱。即使是建设多年的社会主义国家,其教育制度也不是完美无缺的,其教育上的许多措施和具体做法也不一定都是科学的、符合教育规律的。反之,资本主义国家的教育作为一种成熟的教育体系,也会采取一些比较科学、比较符合教育规律的制度和措施。由于带着强烈的政治倾向,我们在很长一段时间里,对西方教育经验多持排斥态度。到20世纪60年代,中苏关系恶化,又把苏联教育经验说成是"假社会主义、真资本主义"的,将其全盘否定。这种情况,较大地影响了教育事业的健康发展。

2. 取消学校管理课程,导致学校管理研究的大倒退

新中国成立初期,我们学习苏联的学校管理思想,成绩是主要的,但也有严重缺陷,其中全盘否定学校管理学的科学体系的做法,就源自学习苏联。苏联教育家长期认为学校管理只是教育学的一个组成部分。如在我国影响很大的凯洛夫《教育学》,把教育学分为四个部分,其中第四部分"学校行政和领导"谈的就是学校管理。我们认为,一门新的学科能否成立,主要看它是否有特定的研究对象和范围。

由于盲目学习苏联,在所有师范院校取消学校管理课程。这一错误决策,对我国学校管理研究,是一次严重的打击。正是由于这个原因,我国学校管理科学的研究开始大倒退。

学校管理,既是教育科学的一个部分,又是管理科学的一个分支。为了建立这门学科的理论体系,借鉴国外的现代管理理论是必要的,但是一定要使之中国化,做到洋为中用,不能盲目照搬、照抄。

总结历史的经验教训,我们认识到,要有分析地吸收外国的学校管理思想,就是要研究当代管理思想的新变化,吸收最新、最先进的学校管理思想,吸收指导学校管理实践获得成功并仍有现实指导意义的思想。

3. 无视教师意见,伤害了知识分子的自尊心和积极性

由于旧中国的高等教育基本采用的是欧美教育体制,院系调整就成了新的人民政府在教育领域内对旧世界进行脱胎换骨改造的具体行动。院系调整俨然是一场"革命运动",无视新中国成立前我国科学教育取得的成就,无视教师在学校中的地位和作用,伤害了一批老专家、教授的自尊心和积极性。

4. 轻率抛弃中国自身经验和传统特色,盲目地学习苏联

教育工作有其特殊的继承性,院系调整本应尽可能地保护其优良传统。在学习苏联过程中,采取"一刀切"的做法,强行合并调整,致使许多学校几十

年呕心沥血培养起来的特色与风格被完全改变，多年来形成的基础被分解拆散。教学内容和组织上，过分强调教学计划、教学大纲和教科书的统一，束缚了广大教育工作者的思想。

5. 片面强调英才教育、专才教育，影响整体的人才水平

坚实的基础和较宽的知识面是形成较强的适应能力和发展潜力的起点。新中国成立初期的高等教育，从培养目标上看，仿效苏联，重视智育和知识的传授，实际上是走了一条英才教育的道路；从教育模式上看，基本否定了原高等教育的欧美型的"通才"教育模式，仿效苏联"专才"模式，按行业、岗位甚至是产品设置专业，使得专业越分越细，专业结构不尽合理，缺少有机联系，而且理工科分家，影响了人才的全面发展。

6. 基础理论研究薄弱，拉大了与国际先进水平间的距离

1952 年教育部颁发的教学计划中，明显减少基础课程课时，将专门化课程的总学时定得高达 4000 左右。虽经 1953 年青岛修改教学计划会议，使得这种情况有所缓解，但综合大学中只重教育不重研究，工科院校中又只重与国民经济密切相关的某些专业的局面仍未得到彻底纠正，一些著名高等学校重视基础理论研究的优势未能得到充分发挥，导致基础理论工作薄弱。加之学习和使用俄语在 20 世纪 50 年代初期风靡全国，成了一种时尚，语言的障碍制约了中国与世界其他科技大国的交流，无形中拉大了与国际先进水平间的距离。

7. 把苏联教育理想化、绝对化，限制了我国教育的整体发展

苏联基础教育经验是苏联国情的产物，它与其社会经济发展密切相关。而我们简单地搬用他国经验而不与本国实际情况相结合，则必然要流于虚妄。如照搬苏联教育过分强调集中和统一的做法，曾一度导致对于充分发挥地方和学校的积极性重视不够。在外语课程开设上，我国中学一度大量停开英语只开俄语，给我国中学的外语教学带来了极大损失，导致"现代外语教学法可能至少耽误十年"。① 把中学的语文课分设为文学课和汉语课等，这不符合我国的实际。再如凯洛夫《教育学》重视基础知识的传授，重视教师的主导作用，重视课堂教学的作用，这些本无可厚非，但其缺点也十分明显，"它对学生主体的重要性，对发展个性、培养能力，对学习与社会生活相联系的重要性没

① [加]许美德，[法]巴斯蒂：《中外比较教育史》，上海人民出版社 1990 年版，第 264 页。

有给予充分的重视”。[①] 注重学生主体意识、独立个性和生活能力的培养，恰恰是西方进步主义和实用主义教育的精华所在，然而这些精华在凯洛夫《教育学》中并未得到体现。在组织中小学教师学习凯洛夫《教育学》的过程中，也没有指出其不足，而是简单地将其理想化。

20 世纪 50 年代中后期，有些学者开始思考“教育学中国化”问题，并对凯洛夫《教育学》提出大胆质疑和批评，指出其过分“强调统一”，“忽视学生个性发展”，从而引发了关于全面发展和因材施教问题的学术大讨论。但是这场学术大讨论很快被政治运动所打乱，并演化为简单化了的政治大批判。

（三）新中国教育仍是中国形态而非苏联模式

20 世纪 50 年代初期，苏联教育对新中国教育产生了重大的影响，但是这种影响不能夸大，新中国教育仍是中国形态而非苏联模式。事实上，当中国开始搬用苏联模式时，人们的疑问也随之而生。这里虽不排除 20 世纪 50 年代末中苏关系恶化的影响，但有些疑问来自教育本身。

1. 苏联学制并不完善

从学校制度上看，苏联学制并不完善：其一，儿童 8 岁入学，小学到高中仅 9～10 年，导致大学生入学起点不高，所以高等学校学制较长（一般 5 年）；其二，在大学本科和中等学校之间没有专科层次，职业教育结构单一；其三，高等学校的教学大纲、教学计划，过多地强调统一，缺乏灵活性，不利于学生积极主动地发展；其四，高等学校专业划分过细、过窄，甚至以产品定专业，限制了对学生综合能力的培养。由于苏联教育理论本身的缺陷，我们不可能完全模仿。我国中小学学制为 12 年，不存在基础教育薄弱的问题，学习苏联没有必要也把大学学制改为 5 年。

2. 苏联模式并不完全适合中国学校

20 世纪 50 年代初期，许多教育工作者对院系调整提出了不同的意见。如清华大学原是综合大学模式，在学习苏联模式过程中把该校变成一所专业学校，抛弃了其原有特色与风格，当即遭到了部分教授的反对。同样，院系调整中出现的一些问题，诸如专业划分过细、过窄，甚至以产品定专业等，使得其在华东区的几所著名学府中也遭到了反对。由此可见，苏联模式并不完全适

---

① 崔相录：《东方教育的崛起——毛泽东教育思想与中国教育 70 年》，河南教育出版社 1993 年版，第 250 页。

合中国高等学校。

3. 新中国教育与西方国家的关系并没有断绝

尽管20世纪50年代中苏交流几乎垄断了此时期的中国对外教育关系，但新中国的知识分子尤其是高等学校教师仍有不少是受过西方国家教育的。新中国成立初期，在向苏联及东欧社会主义国家大量派遣留学人员的同时，也向英、法等西方国家派出少量留学人员，并继续留用一批从美国回归的高级专家，因而高等教育与西方国家的关系并没有断绝。如清华大学、北京大学的许多著名教授曾在美国、德国、英国等地留学，在他们的不懈努力下，清华、北大在许多方面不比欧美的二流学校差，在研究精神上更是有过之而无不及，取得的一些重要的研究成果并非学习苏联的结果。

4. 学习苏联经验的"试点校"也并非典型苏联模式

20世纪50年代初期，学习苏联经验的试点校中国人民大学，也并非典型的苏联模式。一是中国人民大学的前身陕北公学，后来的华北联合大学、华北大学，是有着光荣革命传统并形成了独特办学风格的大学。在学习苏联过程中，不可能泯灭自身传统完全照搬苏联的一套模式。二是该校荟萃了一批术业有专攻的全国一流的专家、学者，成仿吾副校长更是一位学贯中西的著名的无产阶级教育家，这就决定了学习苏联不可能盲从。三是对苏联专家的意见勇于质疑。如关于马列主义基本理论的教学计划和教学内容，采纳的就是成仿吾副校长的意见。四是学习苏联教育理论不盲从。如学习苏联成立了教研室，有助于发扬集体主义精神，集思广益；弊端是忽视了独立思考和因材施教。针对这些问题，成仿吾主张：要大集体小自由，发挥师生的积极性和主动性；坚持理论联系实际的原则，与有关企业挂钩。经过多年的努力，中国人民大学成为一所"独具特点，水平较高"的以哲学、社会科学为主的综合大学，而绝非苏联模式的大学。

5. 党中央、毛泽东适时提出了"以苏为鉴"

自从1953年斯大林逝世后，苏联出现了一系列新情况，使毛泽东、党中央陆续察觉到斯大林和苏联经验中存在着一些问题，苏联的某些经验并不适合我国国情。毛泽东在1955年年底就提出了"以苏为鉴"。① 1956年1月14日，周恩来在《关于知识分子问题的报告》中指出："在学习苏联的问题上，过

① 薄一波：《若干重大政策与事件的回顾》（上），中共中央党校出版社1991年版，第472页。

去也有过急躁、生硬和机械照搬的缺点。”同年 4 月 25 日，毛泽东在《论十大关系》中指出：“特别值得注意的是，最近苏联方面暴露了他们在建设社会主义过程中的一些缺点和错误”，“过去我们就是鉴于他们的经验教训，少走了一些弯路，现在当然更要引以为戒。”据薄一波回忆，1956 年年初，在听取重工业各部汇报时，就学习外国问题，毛泽东说：“一切国家的先进经验都要学。要派人到资本主义国家去学技术，不论英国、法国、瑞士、挪威，只要它要我们的学生，我们就去嘛！学习苏联也不要迷信。对的就学，不对的就不学。”①毛泽东后来讲到，十大关系的基本观点就是同苏联作比较，除了苏联办法以外，是否可以找到别的办法比苏联、东欧各国搞得更快更好？毛泽东以革命战略家非凡的气魄所进行的突破苏联模式的探索实践，为高等教育发展指明了方向，即新中国高等教育是中国形态而非苏联模式。

第三节 传统学校管理的批判与继承

学校管理向来是期望甚高而责备又甚痛切的领域。随着改革开放的逐步深入，国家和社会对人才的要求也逐渐提高。在这种背景下，学校管理中存在的弊端日益凸显，引起了对传统学校管理的批判与反思。21 世纪初，学校管理研究应回顾过去百年的历史经验教训，力争 21 世纪初有新发展。关于传统教育与学校管理的关系，就总体而言，传统学校管理思想大部分是陈腐的，尤其是传统学校管理强调学生从属地位的倾向是与社会主义现代化建设不相适应的。传统学校管理的精华主要在德育管理和教学管理两方面。德育管理，重视做人的教育；教学管理，重视教学思想、方法、原则的总结与运用。在今天德育管理改革中仍应弘扬中华民族传统美德，教学管理改革也应继承精华，并应勇于创新。

一、传统教育思想的界定

进行传统学校管理的反思，首先应对传统教育进行明确的界定。《中共中央关于教育体制改革的决定》指出：“要改革同社会主义现代化建设不相适应的教育思想、教育内容、教育方法。”当前我国有哪些教育思想同社会主义现代化建设不相适应？其表现形式是什么？这是学校管理者必须弄清的问题。

---

① 薄一波：《若干重大决策与事件的回顾》（上），中共中央党校出版社 1991 年版，第 488 页。

什么是传统教育？关于这个问题中外各有不同阐述。西方最早提出“传统教育”这个名词的是美国实用主义教育家约翰·杜威(John Dewey,1859～1952)。杜威认为,以德国教育家约翰·菲力德力赫·赫尔巴特(Jonann Friederidh Herbard,1776～1841)的教育理论为依据所形成的课堂教学制度、教学理论和教学方法,叫做“传统教育”或“保守主义的教育”。后来有人把赫尔巴特的教育理论概括为“课堂中心,书本中心,教师中心”。我们认为,以赫尔巴特为代表的传统教育思想虽有一定弊端,但它所强调的课堂教学组织形式、按逻辑系统编写教材、教师发挥主导作用等,至今还没有哪个国家彻底否定,而只是对其不断进行改革。

传统教育在世界各地有着广泛的影响,对我国也有很深的影响。清朝末年,废科举,兴学校,赫尔巴特的传统教育思想从日本传入我国,风行40余年。新中国成立以后,我国学习苏联的教育理论,基本上也是以赫尔巴特为代表的传统教育体系。但是我国又有自己的特点。几千年的文明史,形成了我国独特的传统文化和教育。我国历史上有许多著名的、对后世有影响的教育家,他们的教育经验和教育思想,一代一代流传下来,就形成了我国自己独特的传统教育思想。

我国的教育既受自己传统教育的影响,也受赫尔巴特传统教育的影响,还受凯洛夫《教育学》(基本上属传统教育体系)的影响。但是新中国成立以后,我国的教育一直处于变革之中。我国既没有纯粹的赫尔巴特的传统教育,也不存在纯粹的杜威的现代教育。特别是20世纪80年代以来,我国广大教师提出既要重视知识的传授,又要重视能力的培养;既要重视课堂讲授,又要大力开展课外和校外活动;既要发挥教师的主导作用,又要发挥学生的学习积极性和主动性;既要有统一要求,又要十分注意因材施教等观点。一大批优秀教师积累了许多宝贵经验,创造了许多好的教学方法,不断发展完善我国的教育体系。

二、教育思想与学校管理

人们在管理实践中,对于管理,开始是感性的表面的认识,当感性认识的材料积累多了,就会出现飞跃,升华为理性认识,这就是管理思想。

由于学校管理是一门边缘学科,具有介于管理和教育之间相互交叉的特殊性质,所以,学校管理思想与教育思想及一般管理思想是密不可分的。一方面,学校管理思想从一般管理思想那里汲取思想资源,作为自身发展的养料,管理的一般原理、原则、方法等则成为学校管理发展的思想基础；另一方面，学校管理思想产生的源流和基础来自教育思想。

教育思想大体可分为两个层次：一是培养人的根本的指导思想，如教育方针；二是教育、教学、学校管理等具体工作中的指导思想。学校管理思想是人们对于学校管理的理性认识，包括观念、主张、理论或学说等。学校管理思想变革发展的方向和特点也取决于教育思想。

三、传统学校管理的批判与继承

追求创新是中华民族的优良传统。追求学校管理创新并不是全盘否定中华民族的光荣传统，而是应建立在正确对待传统的基础上。如何看待我国的传统学校管理？这个问题确实比较复杂，必须具体分析，尤其是要把其中的陈腐部分和优秀部分区别开来。

就总体而言，传统学校管理思想有很多陈腐的地方，是与社会主义现代化建设不相适应的。传统学校管理倾向于强调学生从属的地位。在教学管理方面只重课堂教学，忽视课外活动；只重教师的教，忽视学生的学；只重传授知识，忽视培养能力；只有统一要求，忽视因材施教。传统教学管理中的教学方法，强调注入灌输、死记硬背、禁锢思想、扼杀个性，以至于野蛮体罚等，这种封闭型的教育思想和教学方法所培养出来的人，只能是“唯书”、“唯上”，缺乏创造性和进取精神，所以应该彻底改变。

我国传统学校管理的精华部分，主要体现在德育管理和教学工作管理两个方面。

德育管理关系到培养什么样的人的大问题。传统德育管理重视做人的教育，强调在学校、家庭及日常生活中积累道德行为，加强自我修养。德育管理立足于把学生培养成一个最基本的人，使学生具有中华民族的优良传统、民族意识、公民意识和爱国精神。为此，针对当前少数青少年思想道德方面存在的不诚实，不勤劳俭朴，抗挫折心理能力差，不孝敬父母，缺乏公平和正义感，集体观念淡漠等问题，要通过弘扬中华民族传统美德、教会学生做人来加强德育管理。事实证明，中华民族的传统美德，哺育了一代又一代的中华儿女，在改革开放的今天，应当继续弘扬中华民族的传统美德，将其发扬光大，从而培育有中国特色的社会主义事业的建设者和接班人。

教学工作管理的精华主要体现在揭示教学原则和方法等方面。《学记》是我国古代教育文献中最早、体系较完整而又极具价值的一篇，是我国教育史上的一份极为珍贵的遗产,也是世界教育史上最早出现的自成体系的教育学专著。日本教育家谷口武在《学记论考》序言中讲:"《学记》是中国古代最早的教育经典,在日本教育界也是一部教育名著,从日本不少教育家身上都能看到《学记》对世界教育界的影响和《学记》所激发的蓬勃的精神。"《学记》中关于学制与学年的设想、学校管理、教学管理和教师管理等方面的问题,实际上奠定了我国古代教育管理的理论基础。传统教学管理思想的精华,除了集中体现在《学记》中,还大量地散见在许多教育家的论著中。传统教学管理中有许多值得继承和发扬的精华,如重视教育与教学原则、方法的总结,强调学思结合、因材施教、教学相长、启发诱导等。

综上所述,可以看出中国古代教育思想虽然有糟粕,但是其中的许多教育与教学原则,在教学改革的今天依然具有重要的借鉴价值,理应批判地继承这一份珍贵的教育遗产,古为今用。在此基础上,结合时代精神进行古今融合,去尝试探索中国教学管理改革的新方法。

第四节　现代学校管理改革的使命与追求

改革开放30多年来,我国的教育事业得到了迅猛的发展。九年义务教育基本普及;教育投资逐年增加;教师学历合格率逐年提高;高等学校扩招逐步改变了"千军万马过独木桥"的现象。进入21世纪,我国的基础教育在各个方面都发生了巨大变化。为了适应这种变化,要求每一位管理者提升素质,用自己的管理智慧、管理经验以及管理魄力,在办学模式、管理体制、教学改革等方面大胆地进行探索、研究。只有这样,才能不辜负历史赋予的神圣使命。作为学校管理者,理应充分发挥主观能动性,充分吸收古今中外的一切学校管理方面的优秀遗产,主动建构"新世纪学校管理"的理想蓝图,走有中国特色的社会主义学校管理创新之路,以完成历史赋予的中华民族伟大复兴的历史使命。

一、现代学校管理改革的使命

学校管理改革的使命旨在办出学校的特色。1993年中共中央、国务院颁布的《中国教育改革和发展纲要》指出,中小学要"办出各自的特色"。1999年《中共中央国务院关于深化教育改革全面推进素质教育的决定》指出,实施素质教育应当贯穿于学校教育、家庭教育和社会教育等各个方面。学校要办出各自的特色是办学追求的主要目标和发展趋势,也是学校发展的必然趋势。

办学特色，是学校主体在办学过程中所显示出来的优质而又相对稳定、个性鲜明的育人风格。实际上我国已有一批这样的先进学校，它们在办学过程中，面向全体学生，着眼于使学生德、智、体全面发展，决不采取片面追求升学率的错误做法。这些学校的领导人从实践中认识到，只有全面提高教育质量，即德、智、体诸方面的质量，才能培养出综合素质高的毕业生。这些学校的特色有各种不同的表现：江苏天一中学"一切为了学生，为了一切学生，为了学生的一切"体现的是校长的教育哲学思想；湖南常德中学提出让学生在"'和谐'的天地里翱翔"；上海七宝中学明确"全面发展人文见长"，体现的是校长对于培养目标的理性思考。另外一些学校提出的是"依法治校"、"以德治校"、"校本管理"，直接亮出的是校长的治校方略。

二、树立现代学校管理思想

学校管理思想统率着学校管理中的诸因素。学校管理思想是学校管理风格、办学特色得以形成的精神内核，是学校得以实现教育思想领导的精神动力。树立正确的学校管理思想，是学校管理者治校的根本。正确的学校管理思想包括以下几方面：

（一）开放思想

"教育要面向现代化，面向世界，面向未来"，是邓小平 1983 年 10 月 1 日给景山学校的题词。"三个面向"为我国新时期教育工作指明了战略方向，是我们必须具备的学校管理思想。"三个面向"要求我们树立开放的观念，要求我们培养的人才必须具有更高的素质，能适应新时代的需要，能接受新的技术革命的挑战，特别是能够自如地应对信息化、世界化、市场化、教育现代化四大趋势的挑战。

（二）战略思想

为了使学校管理顺应时代发展的潮流，面向未来，学校管理者必须具备战略思想。为了在 21 世纪中期把我国建成中等发达国家，必须培养出 21 世纪最受欢迎的人才：①创新型人才。在科研、经营、文学、艺术、教育等领域不断提供新创意、新设想的人。②复合型人才。多才多艺，能在很多领域大显身手的人。③协作型人才。有协作精神、人际关系好的人。④信息敏感型人才。对社会需求比较敏感、机会意识强的人。

（三）创新思想

创新是一个民族的灵魂，是一个国家兴旺发达的不竭动力。办好一所学校,首先是学校领导者必须具有创新思想。“什么样的学校是好学校?”有的校长认为:不同层次,不同水平,却能够使每一个学生都得到发展,这样的学校就是好学校。评价一所学校到底好不好,有的校长认为要看三点:一是学生上课是不是聚精会神,课堂活跃;二是课外活动学生是否龙腾虎跃;三是学校管理是否井井有条。这些看法,很有见地。学校领导者具有了创新思想,才可能培养出大批具有创造能力、学习能力、合作能力和抗挫折能力的人才。这里创造能力是指具有立足于自己工作基础上的创造性思维与创造力;学习能力是指肯于学习,善于学习,能及时高质量地吸取、掌握别人的成果;合作能力是指个人能力将在与其他相关人员能力的组合中得到实现;抗挫折能力是指在面对竞争、困难与挫折时的良好心理素质。

(四)系统思想

实现学校管理创新目标的战略思路,应从系统思想出发,把学校管理活动看成一个系统行为和系统活动。现代学校管理观念充分认识到,学校管理是一种过程和活动,是管理者和被管理者双边交互活动的过程。其中教师既是被管理者,也是管理的主体,是学校教育工作的实施者和完成者,是学校教学质量和管理质量的决定者和保证者。因此,要充分尊重教师的工作、人格和合理需要,全方位有效调动教师的参与意识和创造意识,使每位教师都能尽其才,尽其力,尽其用。

(五)竞争思想

当前错误的学校管理思想集中表现在片面追求升学率上。这是在特定条件下形成的一种教育思想。在现阶段以至相当长的时间里,只要还没有普及大学和高中,就必然要采用择优录取的办法来选拔新生;只要采取择优录取的办法,就必然存在着竞争。竞争本身并不一定是坏事。问题是要有多种竞争渠道,让竞争者也有选择余地。

现代社会是一个竞争的社会,存在着人才的竞争、资源的竞争和科学技术的竞争。市场经济的规律就是优胜劣汰。因此,学校管理者应牢固树立竞争意识,完善、规范竞争机制,调动教职工的积极性,使学校管理目标和教育教学目标得以实现。

(六)素质教育思想

转变教育思想是一项艰巨的任务,它是教育发展到今天提出的必然课题。学校管理思想的转变与素质教育的实施紧密地联系在一起。20 世纪 80 年代以来，教育理论界对素质教育的研究、探讨十分活跃。教育第一线对素质教育的探索更是如火如荼。涌现出湖南汨罗、山东烟台等不少区域性推进素质教育的先进典型和数以百计已经取得丰硕成果的先进学校。

《中共中央国务院关于深化教育改革全面推进素质教育的决定》(以下简称《决定》)的颁发，更明确地为我们指明了教育观念转变的方向。《决定》为教育观念的转变创设良好的环境做出了部署。如加快高中阶段教育和高等教育的发展，拓宽人才成长的道路，减轻升学的压力；要加快改革考试制度和评价制度；建立新的基础教育课程体系；等等。这些都将为教育观念转变提供宽松的环境。可以说，中国的教育正在发生着深刻的变化：由应试教育向素质教育转轨已经成为当今教育改革的主旋律。

以上六个方面，就是我们要树立的正确的学校管理思想，它适用于各级各类学校的管理者。但是作为学校领导者，在上述思想的指导下，还应有自己独特的学校管理思想，只有这样才能办出学校的特色。

三、学校管理改革呼唤高素质的校长

中小学实行校长负责制后，校长是学校的主要负责人。但由于学校领导工作事情多、涉及面广、工作复杂，学校管理工作不能仅仅靠校长一人，必须建设一个高素质的领导群体才能负起全面的领导责任。

(一)学校领导班子建设

学校领导集体是学校组织的核心，它应当有共同的目标和合理的组合，以保证集体力量的最大发挥。要在保持政治方向目标一致的前提下，使学校领导集体在专业、能力、个性、年龄上保持一个合理的组合。在共同目标基础上干部精诚团结，群策群力，共同克服困难，共谋学校发展大计。学校领导班子建设是一个动态的发展过程。现代社会是需要合作的社会，其显著特征是竞争基础上的合作，合作基础上的竞争，社会如此，学校也是这样。学生，处在非常复杂的社会环境中，时时刻刻接受着多方面、多层次的影响。领导班子的影响在多大程度上能够成功，取决于校长在多大层面上协调各方面的力量，共同对学生施加影响。调查显示，最受师生欢迎的学校领导是：富有理想，给师生以坚定感；善于创新，给师生以敏锐感；循循善诱，给师生以信任感；关心学生，给师生以亲切感；豁达大度，给师生以宽厚感；一身正气，给师生以钦佩感；处事冷静，给师生以稳重感；率先示范，给师生以楷模感；朝气蓬勃，给师生以向上感；管理有方，给师生以启迪感。当然，并不是要求学校领导班子每个成员都具备这些特点，只要领导班子合理地组合，共同具备这些特点，就是深受师生欢迎的领导群体。

（二）提高校长的素质是学校领导班子建设的关键

国外一直重视校长素质的研究。早在20世纪30年代，我国已有学者对中小学校长的素质进行了研究。今天的中小学校长，应该具备什么样的素质呢？首先要明确几个问题。一要体现我国优秀校长的经验。把优秀校长的经验加以系统化、理论化，从中找出规律性的东西，校长的优良素质便在其中。二是不机械搬用外国的说法。

教育是服务社会的大事业，教育事业的重大意义在于奉献；同时，教育也是科学，科学的真谛在于求真；教育又是艺术，艺术的生命在于创新！对于教育工作者而言，教育更是一种职业。21世纪校长职业的最大的价值就是为中国迎接世界新科技革命的挑战，培养出能实现第三步战略目标、把我国建成中等发达国家的各种人才。校长肩负的历史责任是何等重大而庄严！为此，21世纪的校长应具备相当高的素质。具体来说，校长应具备的素质至少包括下面几个方面：

1. 思想政治素质

教育工作是崇高而又普通，古老而又新鲜，精神富足而又物质清苦的职业。有人说，一个校长要取得成功有两个重要的前提：一个是追求成功，一个是相信自己能够成功。我们认为，校长成功的首要前提是具备坚定正确的思想政治素质。这是因为在由计划经济向市场经济转轨的过程中，不能简单地模拟企业，把商品等价交换的原则与校长崇高的追求等同起来。“市场经济从来就不是指导人类社会生活的普遍、唯一准则”。一所学校不能为追求收入、追求升学率而淡化它最根本的职责。最终衡量校长是否成功的，绝不可能是当年升学率的高低，而是看若干年后，学校到底培养了多少对社会作出贡献的人才。为此，校长始终要把具备坚定正确的政治素质摆在首位。

校长的思想政治素质包括正确的人生观、价值观；热爱祖国和人民的情感；坚定的理想和信念；强烈的事业心和责任感；具备崇尚、尊重和献身科学的精神；注重实践、勤奋努力、坚忍不拔、百折不挠的拼搏精神等。倘若所有学校的校长都具备了这样的美德，就意味着我们人类社会可以走向绵延不绝的光明未来。校长还必须具有诚信的根基，只有这样，“学生在离开学校的时候，带去的才不仅仅是分数，更重要的是带着他对未来理想的追求”。

根据学校工作的特点,21 世纪的校长应该是一个关注人类命运,具有强烈社会责任感的人。在学生的眼里,校长更是一切美好的化身和可资效仿的榜样。当校长高尚的道德与广博的学识交融一体时,展现在人们面前的是让人景仰的如同五彩云霞般的绚丽光芒。21 世纪的校长,应该是不断探索、不断创新的人。教育工作是最需要创新能力的一种劳动,要把千差万别的学生培养成为国家需要的各种各样的人才,校长没有创新能力是不可能完成任务的。时代在前进,学生在不断地变化,教育规律更需不断地探索,这就需要校长必须具有创新能力,按照校长的角色要求规范自己的言行,突破给学生造成的刻板印象的框架,使学校管理富有特色。可以肯定地说,过去一切有成就的校长,都是具有较强的创新能力的。他们勇于打破传统的教育模式,具有开拓进取的意识和创新求异的品质。

2. 专业知识素质

专业知识素质是指校长职位所要求的政治和国情、教育政策法规、学校管理、教育科学及其相关的理论知识。这就要求校长首先要理解马列主义经典著作,并能运用马列主义基本原理来回答和解释社会主义建设和改革中的重大问题。其次,对我国城乡发生的巨大变革都要熟悉和了解。况且,学校管理工作是一门综合性很强的工作,它兼心理学、教育学、伦理学、社会学、美学、文学、哲学、政治学等于一身。这就要求校长是一个博闻强识、知识丰富的人,一个思维活跃而周密的人。校长要像海绵吸水一样不断汲取新知识,充实自己的头脑,以适应学校工作的需要。

3. 业务能力素质

校长的业务能力素质是指校长职位所要求的实际治理学校、全面主持学校工作的可持续性本领。有的校长讲课既无深度,又无情趣,不能给学生以知识和启迪,学生不欢迎也是自然的。因此,校长应该注重从以下方面提高自己的业务能力素质。

要有相应的学历、文化水平和专业知识。这是因为当今世界,知识更新和转化的速度日益加快,人类社会在工业革命后的近 200 年间,第一个百年中知识总量大约是 50 年翻一番,而在 20 世纪 60 年代以后,人类知识以指数方式增加,最近 30 年人类新增知识的数量,已超过过去 2000 年人类所积累知识的总和。国家、企业乃至个人的发展优势,越来越依赖于知识和科技。一个想成为教育家的校长,必须从基础抓起,扎扎实实多读一些书。只要执著地追求,有恒心、有毅力，并具备相应的知识结构、教育理念和文化素养，每个校长都有望成为教育家。

要有一定的理论水平。校长要掌握一般的业务知识，即能胜任一门或两门课程的要求，掌握所教学科的基本理论、基础知识和技能；掌握所教学科的课程标准、学习和研究方法；掌握现代化的教学方法手段；了解所教学科的历史和现状、最新成就和发展趋势；了解本学科和其他学科的关系。除此之外校长还应该具有一定的教育理论水平。为培养出21世纪最受欢迎的创新型人才、协作型人才和信息敏感型人才，校长应全面准确地掌握学校管理学、教育学、心理学、教学法、教育史等多学科的知识。

必须懂得办好学校的规律。办好一所学校必须遵循教学为主、依靠教师、全面发展三个规律。懂得办好学校的基本规律，是校长不同于教师的主要特点。成为一个伟大校长的秘诀就是要能够让学生感到在这所学校学有所值。正如有的教育专家总结的：当学生精神不振时，你能使他们振作；当学生过度兴奋时，你能使他们归于平静；当学生茫无头绪时，你能给他们以启迪；当学生没有信心时，你能唤起他们的力量；你能从学生的眼睛里读出愿望；你能用不同的语言方式让学生感受到关注；你能使学生觉得你的精神脉搏与他们一起欢跳；你能让学生的争论擦出思想的火花；你能使学生在课堂上学会合作，感受和谐的欢愉、发现的惊喜；你能像苏霍姆林斯基那样察觉出学生细微的进步和变化，能够如数家珍般地说出25年间178名“差生”曲折的成长历程……

校长要懂得管理艺术。学校管理是一门艺术，艺术的生命在于创新。校长的管理艺术包括五个方面。超前艺术：确定学校发展方向，注意事物发展的战略前景，对客观事物的思考具有超前特点，有未来意识；超常艺术：校长要敢于标新立异，弃旧图新，不拘泥于传统，不囿于常规，学校有特色，教学有特点，学生有特长；超脱艺术：校长要在纷繁复杂的行政事务及种种压力困扰中解脱自己，高屋建瓴地把握工作主动脉，把主要精力用在应做的主要工作上，校长的超脱还体现在精神上的超脱；超己艺术：校长必须时时超越自己，努力完善自己的人格，使自己在集体中最具感召力，善于解剖别人的同时，更善于解剖自己，敢于正视自己的短处，学习别人的长处；超人艺术：校长会聚全体师生的向心力、凝聚力。校长要有魄力，雷厉风行，组织管理周密细致，智慧才华博大精深。

4. 身体素质

学校校长责任重大,任务繁重,没有充沛的精力不行。充沛的精力来自健康的身体。因此,身体素质是21世纪校长素质的重要组成部分。校长工作繁忙,常常从清晨工作到深夜,有的校长除担负着大量的教育教学工作外,还承担着社会工作,他们没有严格的"八小时"工作制。"健康的体格和耐劳的精神"应作为校长必备的"最低限度的条件"之一。何况德、智、体全面发展是一切人才成长的规律,21世纪的校长,也要遵循这个规律。没有健康的体魄是很难做好校长工作的。教育工作周期长,一个校长成熟起来,需要很长时间,因此,干部年轻化对于校长来说,不能简单地看年龄,而主要应由校长的身心健康状况来决定。

5. 语言素质

优秀校长应有良好的语言素质。如上海市教委要求中小学校长,要当名校长先过"讲演关"。名校长是学校的"金字招牌",也是家长为孩子选择学校的重要指标之一。竞选名校长,不仅校长本人要"登台献艺",而且校长当得如何、学校的发展是否有起色等问题要让家长、学生、教师和社区代表来全方位地评议。上海市教委负责人说,这样的论坛将迫使部分校长"换脑",由于多年来受应试教育的影响,以前校长的主要任务是让老师教好书、学生考出好成绩,现在要更加全面,要能跟上现代教育改革趋势,重视内涵的发展,还要得到教师、家长、社区等的支持和认同。

在21世纪,我们必须站在人类文化的制高点上,博采众长,扬长避短。学校管理者要树立这样的坚定信念:研究学校管理,不仅是大学教育管理专家、教授的事,更是我们身处学校管理第一线的校长的事。在实践中学习,带着问题研究,每个人都可以成为优秀的学校管理专家。如果我们的国家有一大批这样的来自学校第一线的学校管理专家,我们的教育事业就一定能大大向前推进,振兴教育的理想就一定能实现。

第二章
学校领导体制的历史沿革与发展趋势

学校领导体制是指学校内部的机构设置、领导权限划分和隶属关系的组织体系及其制度的总称，是领导和管理学校的根本制度。学校领导体制包括学校内部领导体制、学校内部管理体制和学校组织机构等方面。学校领导体制是否合理，直接影响到学校的办学水平和办学效益。

新中国成立以来，伴随着不同历史阶段的政治、经济体制的转变，学校领导体制也发生了多次变革。仅以学校内部领导体制而言，就历经了七次变革。新中国成立之初，百废待兴。为了稳定时局，稳定教职工队伍，尽快恢复和建立正常的教学秩序，发展教育事业，中小学一般实行校务委员会制，由进步的教师代表组成。高等学校实行校（院）长负责制，校长由中央人民政府任命，代表学校。1952 年 3 月，中小学依据教育部指示，实行校长责任制。1957 年反右运动后，为了加强党在学校的领导，以《中共中央国务院关于教育工作的指示》为依据，高等学校实行学校党委领导下的校务委员会负责制；中小学实行党支部领导下的校长负责制。1961 年，高等院校实行党委领导下的以校长为首的校务委员会负责制。1963 年 3 月，中小学实行当地党委和主管的教育行政部门领导下的校长负责制。1966 ~ 1976 年“文化大革命”期间，领导体制混乱不堪,革命委员会是领导“文化大革命”的正式权力机构。1978 年 10 月,高等学校实行“党委领导下的校长分工负责制”。1978 年 9 月,全日制中小学实行“党支部领导下的校长分工负责制”。1985 年 5 月 29 日《中共中央关于教育体制改革的决定》指出:“学校逐步实行校长负责制。”1993 年 2 月,《中国教育改革和发展纲要》指出,中等及中等以下各类学校实行校长负责制。高等院校实行党委领导下的校长负责制,这是改革开放后我国教育体制改革的一项重大举措。

学校组织机构是学校管理实体存在的外在形式,是进行管理的前提和基础。学校组织机构改革主要表现在精简机构,简政放权,提高学校管理工作质量上。

总之,学校领导体制的改革不是一件轻而易举的事。成绩是主要的,但是也存在着许多问题,需要不断地进行探索和逐步完善。

第一节　学校内部领导体制的历史与现状

新中国成立以来,我国学校内部领导体制,几经变革,各有利弊。回顾学校内部领导体制的演变过程并总结其规律,对于研究和确立适合 21 世纪的社会主义学校内部领导体制,具有重要意义。中共十一届三中全会以来,教育体制的改革,广泛而深刻地影响着社会生活的各个领域。作为教育体制重要组成部分的学校内部领导体制改革是顺应改革开放的形势,适应教育自身发展客观需要的必然产物。由于受外部环境的影响和管理者自身素质的制约,学校内部领导体制改革还有不尽如人意之处,需要通过具体的管理措施,理顺校内外的各种关系,调动各方面的积极性,充分发挥学校的教育功能,以提高办学质量和办学效益,培养大批合格人才,实现办学目标。

一、学校领导体制的意义和作用

学校领导体制是否合理,直接影响到学校的办学水平和办学效益。学校领导体制的改革有利于坚持教育的社会主义方向,培养德、智、体、美全面发展的社会主义事业的建设者和接班人;有利于调动广大师生的积极性,提高教育质量、科研水平和办学效益;有利于促进教育更好地为社会主义现代化建设服务。

二、学校内部领导体制历史变革

(一)校务委员会制

新中国成立初期,人民政府全面接管了旧中国遗留下来的学校,并根据

1949 年 9 月 29 日政协第一届全体会议通过的《中国人民政治协商会议共同纲领》中的文化教育政策，对旧的学校管理体制进行了改造。当时，为尽快恢复和建立正常的教学秩序，学校由进步教师代表组成校务委员会，进而形成校务委员会制。这种体制在当时起到维护学校秩序，发扬民主，对学校进行初步改革的作用。但这种体制容易产生极端民主和工作无人负责的现象。

(二)校长负责(责任)制

1950 年 7 月 28 日政务院批准，1950 年 8 月 14 日颁布的《高等学校暂行规程》，对我国高校内部领导体制作了较为详细的规定：大学及专门学院采取校(院)长负责制。校长由中央人民政府任命，代表学校。职责是领导全校(院)一切教学、研究及行政事宜；领导全校(院)教师、学生、职员、工警的政治学习；任免教师、职员、工警；批准校(院)务委员会的决议等。大学及专门学院在校(院)长领导下，设校(院)务委员会，由校(院)长担任主席。学校的计划、预算、制度、兴革等重大事项经校务委员会通过后，由校长主持执行。这一时期管理机构的组织形式主要是校、职能部门、系三级管理。大学及专门学院下设教务长及总务长，形成校长、教务长、系主任三级领导的体制(设有学院的大学系主任，受教务长与校长双重领导)。系为教学行政的基层组织，由系主任负责。系之下设教研组，为教学的基本组织，由教研组主任领导本组的教学、研究工作。学校的党组织仅起政治核心作用，它与校行政之间没有领导或指导关系。校长领导学校全盘工作，直接向政府负责，因而校长职务有较高的权威性，行政的决策可以较好地贯彻执行。

1952 年 3 月，经政务院批准，教育部颁布了《中学暂行规程(草案)》和《小学暂行规程(草案)》。这两个规程规定：中小学实行"校长责任制，设校长一人，负责领导全校工作"。校长由政府委派，直接对人民政府负责。学校一切问题，校长有最后决定权。

在当时特定的社会环境下，高等学校实行的校长负责制和中小学的校长责任制有利于稳定学校秩序，在贯彻党和政府的方针、政策方面，在改变学校工作无人负责的现状方面，起到了积极作用。其缺点是没有建立监督机构和制度，难以避免校长个人独断专行。

(三)党委领导下的校务委员会负责制(党支部领导下的校长负责制)

1956 年中共八大以后，党章规定基层党组织对本单位起领导作用。学校的领导体制也逐步发生变化。从 1957 年反右扩大化开始，高等学校也出现了

“左”倾错误和对知识分子的错误分析、估计，提出各级党委要输送一批干部到教育机关和学校中去。管理上以党代政，校务委员会有名无实，校长的作用难以发挥。党委包办学校行政工作，并且将大鸣大放、大字报作为提高师生政治觉悟，改进教学方法和教育管理工作，提高教学质量，加强师生团结的普遍和经常采用的方法。

1958 年 9 月 19 日，《中共中央国务院关于教育工作的指示》明确指出：“在一切高等学校中，应当实行学校党委领导下的校务委员会负责制；一长制容易脱离党委领导，所以是不妥当的。学校党委，应当配备党员去领导级和班的工作，配备党员去做政治思想工作、学校的行政工作和生产管理工作，党委书记和委员力求担任政治课的教学、研究工作。”实行学校党委领导下的校务委员会负责制，有助于加强党在学校的领导，有助于保证党的教育方针得到贯彻执行。这一时期高等学校领导体制的特点是党委全面领导学校的政治思想教育、行政管理、教学、科研和生产等工作。实际上，其中一些严重违反教学规律的做法，束缚了师生的思想，影响团结，挫伤了积极性。同时，由于“冒进”造成的错误决策，1958 年至 1960 年短短的三年间，高等学校数量猛增，招生规模迅速扩大，超过了当时的经济承受能力，导致教育质量明显下降。

《中共中央国务院关于教育工作的指示》也明确指出，一切中等学校和初等学校，也应该放在党委的领导之下。中小学普遍建立党支部，党支部领导一切，校长要贯彻执行党支部的决议。实行党支部领导下的校长负责制后，实际上是书记说了算。由于党政职责不清，出现了党政不分、以党代政的现象。行政机构和行政负责人的作用没有得到充分发挥。

（四）党委领导下的以校长为首的校务委员会负责制（当地党委和主管的教育行政部门领导下的校长负责制）

1961 年 1 月，为了纠正“左”倾冒进的做法，中共八届九中全会制定了对国民经济实行“调整、巩固、充实、提高”的方针。高等学校为了体现党对学校的统一领导，为了突出校长在行政管理上的领导地位，为了坚持集体领导的原则，1961 年 9 月，经中共中央批准试行《教育部直属高等学校暂行工作条例（草案）》（“高校六十条”）。其中规定：“高等学校的领导制度，是党委领导下的以校长为首的校务委员会负责制。”校长和校务委员会在校党委的领导下开展工作。学校工作中的重大问题，由校长提交校务委员会讨论，作出决定，由校长负责组织执行。与校对应，系设系务委员会，由系主任主持。系务委员会负责执行学校党委委员会、校务委员会的决议和校长的指示,并且讨论和决定本系工作中的重大问题。系党总支对系务委员会的工作起监督、保障作用,彼此之间是平等协作的关系。这种体制比前两种体制有更多的优势;不足之处在于,党委会和校务委员会双重层次的权力机构设置,容易造成"政出多门",引起党政管理不协调。

1963 年 3 月,教育部颁布了《全日制中学暂行工作条例(草案)》、《全日制小学暂行工作条例(草案)》。两条例规定:"校长是学校行政负责人,在当地党委和主管的教育行政部门领导下,负责领导全校的工作","学校党支部对学校行政工作负有保证和监督的责任"。实行这种体制以后,学校党政干部之间,职责分明,矛盾较少,行政机构的作用发挥较好,学校工作体现了以教学为中心。这种初步建立起来的适应社会主义计划经济体制的大中小学内部领导体制在"文化大革命"中,受到批判,被指责为"削弱党的领导",是"修正主义教育路线的产物"。教育专家们普遍认为,20 世纪 60 年代初期全日制中小学实行的"在当地党委和主管的教育行政部门领导下的校长负责制,学校党支部对行政工作起保证监督作用",是各种领导体制中比较好的一种,应在此基础上充实、完善。

(五)"革命委员会"制

1966 年 5 月至 1976 年 10 月,史无前例的"文化大革命"爆发,整个国家陷入了空前的浩劫之中,国民经济到了崩溃的边缘,给中国人民带来了巨大的灾难和创伤。"十年动乱"中教育事业遭到极大的破坏:教育事业全面停顿;各级各类学校陷入无政府状态;违反教育科学规律,教育教学工作十分混乱。

从 1966 年 6 月开始,高教部、教育部的部长、副部长等陆续被批斗,教育工作先后停顿。从 1966 年 9 月到 1975 年重建教育部,其中有八年时间教育事业无专门主管部门,各级各类学校管理也陷入瘫痪,领导体制混乱不堪,学校成了重灾区。

1967 年上海"一月风暴"后,造反派成立"革命委员会"作为最高权力机构。1967 年 2 月 4 日、2 月 19 日和 3 月 7 日分别以《中共中央关于小学无产阶级文化大革命的通知(草案)》、《中共中央关于中学无产阶级文化大革命的通知(草案)》和《中共中央关于大专院校当前无产阶级文化大革命的规定(草案)》的名义指示大中小学成立文化革命委员会。要求小学文化革命委员会以革命教师和高年级的革命学生为主体;中学文化革命委员会由革命学生、革命教职员工和革命领导干部民主选举产生；大专院校必须由革命学生、革命教职员工和革命领导干部组成临时权力机构，在条件成熟时，实行全面选举制，正式建立文化革命小组、文化革命委员会和文化革命代表大会的组织形式，作为领导“文化大革命”的正式权力机构。1968 年 7 月，工宣队、军宣队进驻学校，建立了工、军、革三结合的学校领导班子，名曰“革命委员会”。这样，新中国成立以来形成的大中小学的教学组织、规章制度被全盘否定，学校行政系统处于瘫痪状态。

1971 年，全国教育工作会议出台了《全国教育工作会议纪要》（以下简称《纪要》）。《纪要》把“文化大革命”前十七年教育战线的领导体制诬蔑为“黑线专政”，提出要进一步“实行党的一元化领导，在党委统一领导下充分发挥工宣队的政治作用”，“要充分发挥工农兵学员上大学、管大学、用毛泽东思想改造大学的作用”。在林彪、江青反革命集团的煽动、破坏下，学校特别是高等学校成了重灾区。1965 年全国高等学校 434 所，到 1972 年全国高等学校仅剩下 328 所，18 所财经大学被砍掉了 16 所，8 所公检法大学全部被砍掉。原学校领导人被当做“资产阶级当权派”加以批斗，教师成为“臭老九”，交白卷成为“英雄”，政治运动代替正常的教学、科研，内部管理混乱无序，培养的人才数量大为减少，规格大大降低，造成了人才青黄不接、知识匮乏的严重后果，科研水平与世界科技水平的差距拉大了。

（六）党委（支部）领导下的校长分工负责制

粉碎“四人帮”后，社会主义现代化建设需要大量人才，教育战线的整顿与恢复工作被摆上重要议程。1977 年 11 月 6 日，中共中央转发教育部党组《关于工宣队问题的请示报告》之后，工宣队全都撤出学校。1978 年 10 月，《教育部关于讨论和试行全国重点高等学校暂行工作条例（试行草案）的通知》指出：“高等学校的领导体制，是党委领导下的校长分工负责制。”高等学校的校长，是国家任命的学校行政负责人，对外代表学校，对内主持学校的日常工作。学校的教学、科学研究、后勤工作中的重大问题，一定要经党委员会讨论。系一级实行“系党总支委员会（或分党委）领导下的系主任分工负责制”。学校的教学、科学研究、后勤工作的重大问题，一定要经党委员会作出决定后，由校长负责组织执行。但是这种体制本身也存在一些弊病，对于高校来说，主要体现在校长对行政的领导缺乏权威性，系主任必须接受校长和系党总支的双重领导，当校长意见与系党总支意见不一致时，校长的指令往往难以贯彻执行。

1978 年 9 月 22 日,教育部重新颁发《全日制中学暂行工作条例(草案)》、《全日制小学暂行工作条例(草案)》,规定全日制中小学“实行党支部领导下的校长分工负责制,学校的一切重大问题,必须经过党支部讨论决定”。这种体制对于学校的拨乱反正,对于恢复被“文化大革命”搞乱了的学校秩序,使学校各项工作迅速走上正轨起到了积极的推动作用。对于中小学来说它实质是“党支部领导下的校长负责制”的翻版,由于加了“分工”二字,反而造成了人们理解上的混乱,容易引发矛盾。

(七)党委领导下的校长负责制(校长负责制)

1985 年 5 月 29 日颁布的《中共中央关于教育体制改革的决定》指出:“学校逐步实行校长负责制。”这是改革开放以来中央文件第一次比较详尽地提到学校内部的领导体制改革。实践证明,校长负责制是一种比较好的领导体制,它能克服党政不分、以党代政、职权责不明、管理层次多、工作效率低等弊端。当然,实行校长负责制,并不等于学校就一定能办好。它只是解决领导体制问题、解决职权责统一问题和提高管理效率问题。

1993 年 2 月,中共中央、国务院印发的《中国教育改革和发展纲要》(以下简称《纲要》)指出:“中等及中等以下各类学校实行校长负责制。校长要全面贯彻国家的教育方针和政策,依靠教职员工办好学校。”实行党委领导下的校长负责制的高等学校,党委要对重大问题进行讨论并作出决定,同时保证行政领导人充分行使自己的职权。在实行校长负责制的中小学和其他学校,党组织发挥政治核心作用。这是改革开放以来中央文件第二次提到学校内部领导体制改革。从《中共中央关于教育体制改革的决定》发表到《纲要》发表,历时八年。至此,校长负责制这一新的领导体制已完全确立。

三、外国学校内部领导体制的改革

(一)亚洲发达国家学校内部领导体制的改革

学校内部的领导体制,是领导和管理学校的根本制度。在亚洲经济发达国家中,日本、韩国、新加坡三国的中小学校长负责制颇具代表性。

1. 日本中小学实行校长负责制

日本是一个高度现代化的国家,也是一个民族文化传统浓厚的国家。日本《学校教育法》对校长的职责作了原则性的规定:“校长掌管校务,监督所属教职员的工作。”校长在履行职权时通常的做法是:与教职员一起制订教育计划，编制课程，管理学生，依法管理学校的全部事宜。日本中小学校长作为学校法人代表，依据《学校教育法》对学校实施“四项管理”和“两项监督”。“四项管理”包括学校教育的管理、所属职员的管理、学校设施的管理和学校事务的管理。学校教育的管理主要是教育课程的编成、实施、改善、修订、评价的运营管理。“两项监督”包括职务上的监督和身份上的监督。

日本中小学校长在学校中具有高度权威，具有统摄学校经营事务的职权。校长依据学校自身特点来制定经营方针、确定经营重点，领导开展自主的经营活动。校长对教育的管理主要通过对所属职员的间接监督进行。日本注重中小学校长的综合素质、个性特征、道德品质和管理能力的提高，校长的任用起点高。中小学校长都是从优秀教师中严格选拔出来的。校长任职时已经具有基本的学校管理知识和能力。

2. 韩国中小学实施校长负责制

韩国是亚洲经济发展最快的国家之一，也是高度重视教育的国家。韩国政府规定小学校长必须毕业于四年制的教育大学或学院，中学校长必须毕业于综合大学里的师范大学和专业大学里的师范系。韩国的中小学校长的遴选程序，一般先由本人提出申请，然后由道（相当于我国的“省”）教育厅任命。但目前有些学校已开始实行公开招聘校长的制度。招聘办法是：由地方教育运营委员会组织学校教师代表、片区家长代表以及片区社会各界代表，根据大家的提名或本人自荐情况，选择学校的校长。实践证明，公开招聘的校长工作能力强、威信高，教师和家长都很满意。韩国中小学校长的重要职责是，根据《国民教育宪章》的基本原理和自己的教育思想，制订本校的教育发展规划。在年终还有一项重要的工作，即评价每一位教师的工作业绩。这项工作虽然有些棘手，但坚持年年评，对提高教师的职业道德、工作自信心起到了推动作用。校长评定教师工作业绩的主要项目是：使命感、教学技能、教研能力、家长信赖度、校内外社交能力等。评定结果分为上、中、下三个等级。这种评价的突出特色是将教师置于学校、家庭、社会之中，给予全面评价。

为了充分调动广大家长参与办学的积极性，近年来韩国中小学普遍设立了“学校运营委员会”，由学生家长、教师、教育专家、社区各界代表等组成。委员会的主要任务是：审议学校的经费预算和决算；审定教学科目及教科书；审议特别教学活动计划；制定学校宪章及校规；等等。总而言之，委员会与校长紧密配合，成为以教育自治为目标的保证学校健康运营的中枢机构。

3. 新加坡中小学实行董事会领导下的校长负责制

新加坡是一个高度重视教育的城市国家，根据新加坡教育部的规定，中小学生均1500人左右的学校，设校长一人，负责全校工作。新加坡教育部遴选中小学校长有严格的规定，即所有中小学校长必须在教学领域中产生，但政府资助或部分资助的学校的校长必须由教育部聘用，私立学校的校长则无须经教育部审批。

新加坡中小学校长的权限只限于教学管理，这是因为新加坡教育部对中小学实行科学的、规范的、统一的直接管理。无论是教师的使用、教师力量的协调、教师工作纪律，还是教师休假、退休和退职待遇等问题，均由教育部管理。学校与国家教育部通过电脑联网保持直接联系，以掌握最新的教育信息。

新加坡中小学的办学宗旨为培养高质量的学生，因此政府不鼓励中小学校长脱离教学工作搞学术研究。新加坡的中小学校长、教师都不评职称，只有工作职务之别，而无学术职称之分。同时他们认为教学更多的是一门艺术，需要不断地积累经验，年龄和资历就是经验的最好标志。在新加坡，教龄越高工资也越高。他们重视年龄资历但并不一味夸大年龄和资历的作用，规定教龄27年以上，工资不再增长，也没有教龄工资。一个人能否晋升，完全凭自己的才干和表现，这就造成一种自我激励、自我约束、自我负责的良好机制。新加坡教师晋升制度极大地调动了广大教师的积极性。

（二）欧美发达国家学校内部领导体制的改革

在众多的发达国家中，英、美、法、德等国的教育管理体制极具代表性。有的长于发扬传统教育管理体制的优势；有的充分体现现代教育管理体制的特点；有的则努力在传统与现代管理方式的有机结合上徜徉……不论在教育管理的机构、人员，还是在管理的方式、手段等方面都具有独特性、合理性和可资借鉴性。

1. 英国中小学实行董事会领导下的校长负责制

在这一体制中，由各方代表组成的校董事会是学校的决策机构。校长是学校首席行政长官，他（她）向校董事会负责，执行校董事会的决议并主持学校的日常行政管理事务。英国的中小学除了校长外，仅设副校长、接待室等少数的管理人员和专门管理机构。

英国的中学通常设校长1名，副校长若干名；小学设校长1名，副校长或校长助理1名。中小学校长、副校长均为教师身份，要承担一定的教学任务。

因此,校长的选拔条件是优秀的教师并具有管理才能者。在英国,要想当校长,首先要经过两次教师资格认定,第一次是由教育学院、综合大学、专业大学授予的教师资格证书;第二次是由各地的师资训练机构评定和审核后,荐请教育科学部认可的教师资格证书。具备任职资格的教师参加学校和地方当局举行的公开招聘会,面谈合格后,被推荐到地方当局,若符合条件则被聘任。被聘任后,试用期一至两年,确认合格后教师才能获得教师许可证。取得教师许可证是竞聘校长职务的最起码的条件。

在英国中小学中,专司管理工作的是"接待室",其实际职能类似于我国的校长办公室。学校的来访接待、对外联络、文件收发、门卫安全、考勤登记、日常行政、财务管理以及后勤生活服务等,均由接待室负责处理。接待室根据学校规模设 3 至 5 名专职人员,而且不设主任,直接受校长领导。除此之外,各学校设 1 名高级教师和教育活动协调人协助校长管理日常教学工作和其他事务。高级教师和教育活动协调人也都不属于专职管理人员,而是由德高望重、经验丰富的任课教师兼任。

2. 美国中小学实行学区教委领导下的校长负责制

在这一体制中,由学区有关各方代表组成的学区教委,是学校事务的决策机构。学区教委的执行机构为学区教育局,设教育局长,直接对学校实施行政领导。学区教育局长是美国学校管理的重要角色,他(她)既是校长的行政领导,又是学区教务的督导长,同时还是联系学校与学区教委的中间人。教育局长与学区中心办公室是校长的具体上级。

美国学校校长是学校的行政首长,向教育局长负责,执行学区教委的有关决议及管理学校日常行政事务。在中小学的管理结构中,校长之下设副校长、行政助理或指导员,分别主管课程教学与学生管理。对一些行政事务,往往由一位学校执行秘书协助校长完成。美国公立中小学实行校长负责制,校长是学校的法人代表,中学校长属国家公务员。中学校长由州教育行政机关选拔、任免、考核。小学校长由学区教育行政机关选拔、任免、考核。校长的培训由州和学区教育行政机关负责,由学区、中小学和各大学的教育学院教育管理或校长指挥系分工实施。校长选拔的条件是:中学校长必须具备双硕士学位(一般硕士学位的基础上,获得教育硕士学位)以上学历;三年以上的中学教师经历;在国家承认学历的大学教育学院教育管理或校长指挥系,经过法定的培训;经州教育行政机关考核合格,并获得中学校长任职资格证书,才能正式任命为校长。小学校长必须具备教育硕士以上学历,未取得教育硕士学位者,可在学士学位基础上,接受国家承认学历的大学教育学院教育管理系或校长指挥系 30 学分的教育专业训练;三年以上小学教师经历;经学区教育行政部门考核合格,并获得小学校长任职资格证书,才能正式任命为小学校长。

上述五个国家不论是中小学校长的遴选、职责,还是管理的权限、方式、手段,都各具独特性、合理性和可资借鉴性。

第二节 委员会制与一长制的交织

新中国成立后学校内部领导体制的多次变革,可以分成三种类型:第一种类型是委员会制。强调集体领导,强调发扬民主。新中国成立初期实行的校务委员会制和"文化大革命"期间实行的"革命委员会"制属于这一类。第二种类型是党委领导制。强调党对学校的具体领导。1957 年整风反右后,高等学校实行党委领导下的校务委员会负责制和中小学实行的党支部领导下校长负责制,属于这一类。党委领导制是另一种形式的委员会制。第三种类型是一长制。强调发挥行政作用,强调责任制。1950 年 6 月,高等学校实行的校(院)长负责制和 1953 年至 1957 年中小学实行的校长责任制,属于这一类。这三种类型代表三个方面,即群众、党委和行政。60 年来学校领导体制的变革始终围绕着委员会制与一长制矛盾的交织展开。

一、委员会制与一长制的优缺点

衡量学校领导体制的优劣标准是效率。委员会制的优点是:发扬民主,集思广益,考虑问题比较周详,可避免个人专权;缺点是权力分散,责任不明,行动迟缓,效率较低,有时因意见分歧,往往使问题一拖再拖,也会贻误工作。一长制的优点是:权力集中,责任明确,行动迅速,效率较高,强调责任制和内行领导;缺点是个人的智慧、才能和经验毕竟有限,考虑问题难免不周。如果主要决策人选择不当,就有可能导致滥用职权,贻误工作。

二、委员会制与一长制的实施条件

纵观我国学校内部领导体制的变革,不难看出,学校内部领导体制的变革和国家政治形势的变化是分不开的。凡是国家集中力量抓经济建设的时候,就特别强调发挥校长的作用。例如,1953 年至 1957 年,实行校长责任制,20 世纪 60 年代初贯彻八字方针以后至"文化大革命"前,实行校长负责制。20 世纪 80 年代改革开放后,实行校长负责制。凡是受"左"的思想严重干扰,强调抓阶级斗争的时候,校长就退居次要地位。例如,1957 年反右以后以及“文化大革命”期间就是如此。从领导体制的变革不难看出:凡是方针政策、长远规划性的、立法性的、顾问性的、咨询性的、协调性的、学术性的、需要深入探讨的一类事务的处理,宜采用委员会制,慎重从事。凡是行政性的、事务性的、执行性的、技术性的、纪律性的、需要速决的一类事务的处理,宜采用一长制,当机立断。① 高等学校多涉及方针政策、长远规划性的、立法性的、顾问性的、咨询性的、协调性的、学术性的、需要深入探讨的一类事务的处理,需要慎重从事,因此宜采用委员会制,即党委领导下的校长负责制。中小学的大多数问题属于行政性的、事务性的、执行性的、技术性的、纪律性的、需要速决的一类事务的处理,宜采用一长制,即校长负责制,当机立断。

第三节　校长负责制的探索与实践

任何改革无不以现实为出发点,朝着理想的境界前进。为此,改革者必须思考现实的条件同理想境界的差距,思考缩短这一差距的途径、方法、策略,进行相应的可能性、可行性的分析。新中国成立以来,我国学校内部领导体制进行了多次改革,但教育工作者一致赞同的是目前实行的校长负责制。实施校长负责制,使这个时期的校长拥有一定的办学自主权,能够从本地区、本校的实际情况出发去制订切实可行的改革方案。多年的实践证明,必须尽快明确和完善校长负责制,使之真正成为科学、规范、可行性强的新型管理体制,并成为校长创造性办学的有力保障。否则,对校长负责制五花八门的理解和各行其是的做法,只能让校长的精力耗费在无尽的内耗与无奈中。

一、校长负责制的含义

校长负责制是指学校工作由校长统一领导和全面负责;党支部在学校以其政治核心地位行使监督保证权;教代会民主参与管理。实行校长负责制,校长是学校行政的最高负责人,是学校的法人代表,处于学校的中心地位,对外代表学校,对内全面领导和负责教育、教学、科学研究和行政管理工作。实行校长负责制后,校长拥有决策权、指挥权、人事权和财经权。

二、校长负责制的酝酿与初步探索

20 世纪 80 年代初,为提高校长素质,提高管理水平,各省市教育学院纷

---

① 萧宗六:《学校管理学》,人民教育出版社 2001 年版,第 66 页。

纷举办校长培训班。为了使一些优秀校长的经验保留下来，常常采用经验总结的办法整理他们的管理经验，并探究学校领导体制的改革。华中师范大学萧宗六开了研究学校领导体制的先河，提出改革当时中小学实行的党支部领导下的校长分工负责制，建议实行校长负责制。自此，一些省市开始了校长负责制的试点工作，主要探索如何解决学校党政关系问题，并开始涉及校长任期责任制、教师岗位责任制等问题。试点主要集中在一些大中城市条件较好的少数重点学校，但影响很大。

(一)初步推行阶段(1981～1988)

1981年，武汉市开始开展校长负责制的试点工作，1985年，全面推行校长负责制。

1985年，中共中央作出"学校逐步实行校长负责制"的决定以后，各地学校领导体制改革开始由点到面逐渐推进，到1989年上半年达到高潮。改革的内容由校内党政关系、校长职权等领导体制，逐步扩大到校内管理体制，扩大到教育行政部门与学校职权关系。

(二)回落阶段(1989～1991)

1989年春夏之交，在北京发生了政治风波后，有些同志对校长负责制表示怀疑，有些地区的教育行政部门甚至下令停止实行校长负责制，恢复党支部领导下的校长负责制。校长负责制这一新的领导体制岌岌可危。学校领导体制改革由高潮一下跌落到低谷。同年10月，何东昌发表谈话，指出中小学可继续实行校长负责制。①

(三)振兴阶段(1992～2009)

1992年以后，在邓小平南巡讲话精神鼓舞下，学校内部领导体制改革出现了转机。特别是1993年3月，中共中央、国务院颁发了《中国教育改革和发展纲要》，再一次明确提出"中等及中等以下各类学校实行校长负责制"，坚定了各地教育主管部门推行校长负责制的信心。一些试点学校开始试行学校内部管理体制的综合配套改革，主要包括校长任期责任制、教职员聘任制、校内结构工资制、岗位责任制等四方面。

"四制"改革最早是在北京少数学校中开始的，1990年少数省市开始在小范围内尝试，1992年以后才有较大的发展。但是由于理论研究滞后、学校外

---

① 萧宗六：《校长负责制的提出与内涵》，《中小学管理》2000年第11期，第2—3页。

部的改革不配套等原因，当时全面推行校长负责制面临许多困难，深化学校领导体制改革的势头已有所减弱，甚至出现停滞。1993年年底，对湖北、湖南、河南、江西、广东等省189所农村中小学进行的一次问卷调查结果表明，59.8%的学校实行了校长负责制，大中城市则普遍实行了校长负责制。1995年3月，颁布的《中华人民共和国教育法》中对校长负责制加以明确规定。

近年来，主要围绕着校长遴选制度、校长问责制度和校长审计制度进行探索，以期达到以制度建设制衡权力。我国中小学校长的任用方式仍以委任制为主，一般由学校的上级主管部门任命。在改革过程中，除委任制外，也试行其他任用方式。有的地区采用招聘方式，有的采用选任方式，有的采用考任方式，有的则试图把其中几种方式结合起来运用。不管采用何种方式，只要能产生积极效益，都可使用。一般来说，在群体素质较高的地区可采用选任制，由公众选举，或者采用招聘制，面向社会招聘，引入竞争机制，为那些有能力、有条件担任校长的人员提供机会。

三、学校内部领导体制改革的特点

与新中国成立以来的历次学校内部领导体制改革相比，这次改革有几个突出特点：

（一）教育理论工作者率先提出改革要求

历次的学校领导体制改革（除“文化大革命”中“革命委员会”制以外）都是由中央直接作出决定，全国各地基本上一步到位，而这次改革，则是理论工作者在总结新中国成立30年来学校领导体制变革的经验的基础上，提出改革的要求的。在总结试点工作经验的基础上，中央审时度势作出实行校长负责制的决策，逐步推行。①

（二）改革方式由封闭走向开放

历次学校内部领导体制改革，基本上是一种封闭式的改革，只局限于学校内部，而学校内部又仅局限于行政领导权问题。这次改革则由封闭转为开放，由单方面的改革转向全方位的改革，涉及学校内外各方面关系的大调整、权力的再分配、职能的大转换。以学校内部领导体制改革为起点，以建立完善的学校内部管理机制为目标，各地开展了学校人事制度、分配制度、工作制度等一

---

① 华中师大“学校领导体制改革研究”课题组：《学校领导体制改革研究报告》，《江西教育科研》1996年第5期。

系列的改革,同时对教育系统内外部的配套改革提出了要求。

(三)改革举措多模式多格局

历次的学校内部领导体制改革,全国上下一盘棋,一个模式,步调一致,而这次改革则是多模式,多格局。各地改革的大方向、总目标是一致的,但是在具体做法上则百花齐放,在改革的进度上,亦因地制宜,有先有后,各大中城市学校的领导体制改革,普遍快于农村地区的学校。

四、学校内部领导体制改革的初步成果

(一)中小学普遍实行了校长负责制

武汉市于1981年开始,在8所学校开展校长负责制的试点工作;1985年全面推行,全市2700多所学校全部实行校长负责制。北京市1983年开始校长负责制的试点工作;1985年扩展为"四制"改革研究;到1989年年底,全市中小学2200个改革单位全部进入改革轨道。1993年,全国大部分省区的中小学普遍实施了校长负责制。①

(二)实施校长负责制,提高了学校管理效率

校长负责制是一种较科学的领导体制,符合学校管理特点。尽管实行校长负责制以后,学校的办学条件并没有相应改善,但是,校长们普遍感到责任明确,责权集中,管理起来比较得心应手,减少了扯皮现象。实行校长负责制后,校长的权力大了,责任重了,这给校长带来了压力,也带来了动力,既为校长施展才华和抱负提供了舞台,也对校长的能力提出了挑战,因而大大激发了校长们的办学积极性。此外,实行校长负责制对校长的素质也提出了较高要求,为此,各地相继采取了一些把关措施,如实行校长聘任制、目标责任制等,使一批有能力有胆识的中青年教师走上校长岗位,给学校管理带来了生机。

(三)实施校长负责制,促进了学校管理法制化

实行校长负责制以后,各地相继制定了一系列的规范、条例,如校长负责制实施条例、校长工作条例、教代会工作条例、学校党组织工作条例、教职工聘任办法、岗位责任制条例、校内结构工资制等。尽管这些条例、规定还不完备,但它从根本上改变了无章可循、无法可依的局面,为学校管理走向法制化、规范化迈出了可喜的一步,也为国家制定有关的政策和法规打下了良好的基础。

---

① 华中师大"学校领导体制改革研究"课题组:《学校领导体制改革研究报告》,《江西教育科研》1996年第5期。

（四）实施校长负责制，促进了学校内部管理体制改革

随着校长负责制的推行，人们逐渐认识到，要搞好校长负责制，必须有步骤地进行学校内部管理体制的整体改革。所以，许多省市在校长负责制起步以后，陆续开展学校管理体制改革的探索。过去所实行的学校领导体制，由于其自身的矛盾比较突出，人们的注意力主要集中在这些矛盾上，因而对管理体制改革的要求并不十分强烈。实行校长负责制以后，管理体制的问题明显暴露出来；这些问题不仅直接影响学校管理效率，而且直接影响校长负责制的有效实施。所以，要想搞好校长负责制，就非得进行学校内部管理体制改革不可。

（五）实施校长负责制，促进了学校管理理论的研究

20世纪80年代，实行改革开放方针以后，我国学校管理获得了新生。在短短的30年中，我国学校管理理论取得了历史上从未有过的成就，出现了学校管理研究空前繁荣的局面。几百部论著从不同的侧面，以不同的重点为中心，探讨学校管理中的各种理论和实际问题，形成了不同风格的学校管理的理论体系。校长负责制的试点，为理论研究提出了一系列的新课题。诸如校长责权问题，校内各方面的关系问题，学校与教育行政部门、与社会的关系问题等，涉及整个教育管理机制的改革与重建，大大拓宽了教育管理理论研究的领域。

（六）实施校长负责制，有助于加强和改善党的领导

实行校长负责制会不会削弱党对学校的领导？实行校长负责制是不是校长个人说了算？解决这些问题的关键是首先了解党的领导的含义。

在实施校长负责制的学校，党的领导是政治领导，是路线、方针、政策的领导，不是行政领导，不会包办行政工作。党的领导是通过党员的模范行动体现的。党的领导要采取说服教育的方式，不能采取行政命令的方式。党的领导是通过多种渠道实现的。为此，党组织要充分发挥行政部门的作用，凡属行政工作，不要干预，不要插手，更不要包揽一切。党组织要全力抓好党的思想建设和组织建设，抓好党员的模范带头作用。与此同时，校长要尊重党组织的领导，主动争取党组织的支持。凡属重大问题，应举行党政联系会，共同商量解决，以减少工作中的失误。

五、学校内部领导体制改革中的问题与对策

（一）学校内部领导体制改革中的问题

从我国校长负责制的变化发展中不难看出，校长负责制在具体实践过程

中不断摸索、适应和调整,取得了一定成效,也存在不少弊端。就其出现的问题而言,主要表现在以下几个方面:

1. 校长负责制没有具体明确的解释

究竟校长如何负责,党组织如何保证监督,教代会如何民主管理,并无具体规定。于是各种理解与实施方式随之产生:校长一人说了算,置党组织于不顾者,有之;校长、书记一人担,监督徒有虚名者,有之;书记变监督为决策,甚至变保证为掣肘者,有之;教代会形同虚设者,有之;教代会争论不休,迟迟不决,校长决策无法实施者,有之。诸如此类,不一而足。

2. 校长负责制有名无实

调查显示,80%以上的校长觉得,自己没有管理本学校需要的实际权限。实行校长负责制的学校,校长应该拥有决策权、指挥权、人事权和财经权。就目前人们公认的四项权力来看,落实程度是相当有限的。下面以人事权为例来具体分析。校长对教师的人事管理权有限,没有进人的权力,教职工的聘任只能在一定范围内进行,没有辞退、解聘教师的权力,落聘人员必须由校内消化等。即使对校长的人事权不作任何限制,也难以有效地运用,主要是缺乏相关政策,无法吸引人才向急需人才的学校流动。如"十五"末,河北省农村小学在校生423.06万人,其中县镇和乡村小学在校生分别是97.65万人和325.41万人。根据国务院办公厅国办发[2001]74号文件和河北省人民政府办公厅冀政办[2003]5号文件有关规定,中小学教职工编制标准是:县镇小学教职工与学生比为1∶21,乡村小学教职工与学生比为1∶23。按照上述标准测算,河北省县镇和乡村小学教职工理论值人数应分别是4.65万人和14.15万人。事实上,河北省县镇和乡村小学教职工人数分别是6.55万人和22.98万人,尽管超编1.9万人和8.83万人,但又聘请了大量的代课教师。"十五"末,河北省农村小学代课教师9501人,其中,县镇小学代课教师1474人,乡村小学代课教师8027人;农村普通中学代课教师4401人,其中,县镇普通中学代课教师2720人,乡村普通中学代课教师1681人。①

3. 学校管理体制没有完全理顺

学校内部领导体制改革,一开始就是从处理党政关系问题入手的,但这并

---

① 刘茗,王鑫:《农村中小学教师队伍结构需要优化——对河北省农村中小学教师队伍的调查与分析》,《红旗文稿》2008年第5期,第34页。

不意味着党政关系已经理顺了。各地制定的校长负责制实施条例,对学校党政关系的规定都比较含糊抽象,缺乏具体操作性。20 世纪 80 年代提出的校长负责制,同第一个五年计划期间实行的校长责任制有很大的不同,那时既没有党委保证监督,也没有教工民主管理;同 20 世纪 60 年代初实行的校长负责制也不尽相同,那时也没有强调教工民主管理问题。实行校长负责制,虽然扩大了校长办学自主权,但并不意味着校长可以独断专行,为所欲为。

(二)学校内部领导体制改革的建议

1. 加强学校内部领导体制改革的理论研究

只有理论上的坚定才能赢得政治上的坚定和思想上的坚定。要从理论研究方面来讨论如何加强学校内部领导体制改革。一是学校领导体制改革问题始终只有极少数学者在坚持探讨,没有组织一支精干的稳定的队伍,极少数学者的力量极为单薄。二是理论研究与改革试点联系不紧,搞理论研究的没有自己的试点,搞试点的缺乏理论指导。三是理论研究作政策传声筒的时候多,真正触及现实的、比较敏感的问题少。四是理论研究普遍趋于保守,受传统的思维定式的影响极大,跳不出原有体制的束缚,对新思想新观点不敏感,缺乏超前意识。建议建立全国性的研究网络,组织一批专家学者,对学校领导体制改革所面临的方方面面的问题,有系统、有步骤地进行深入的探讨,不要留下任何死角;增发这方面的科研经费,开展全国性的调查研究,力争 2 ~ 3 年把目前存在的问题从理论上予以解决。

2. 加快教育行政体制的改革

学校内部领导体制改革的深化,正呼唤着教育行政体制的改革。由于教育行政体制改革的滞后,学校领导体制改革达到一定限度以后,已深感力不从心,无法继续深入。可以认为,领导体制改革(也包括学校管理体制改革)的瓶颈是教育行政体制改革。学校领导体制改革达到现阶段,必须相应开展教育行政体制改革,主要是职能和机构的改革,改革传统体制下的教育行政部门和学校的关系模式,下放学校自主管理的权力,加强宏观指导和服务职能,减少对学校内部事务的直接干涉。

3. 加大教育资金的投入

学校内部领导体制改革过程中,新机制的启动需要资金作动力。目前应做的第一步工作是保证现有的教育经费到位,拖欠教师工资的现象必须有效制止,必须按照 2006 年 9 月 1 日开始实施的新义务教育法的规定按时足额发放教师工资。第二步工作是人民教育政府办,千方百计加大教育资金投入。保证教育资金到位应作为考核的硬指标。

4. 努力提高校长的素质

高等院校实行党委领导下的校长负责制,中小学实行校长负责制,并不等于学校就一定能办好,这只是解决了合理的领导体制问题,解决了职权责统一和提高管理效率问题。学校领导体制不合理,即使委派优秀校长,也很难发挥作用;同样,有了合理的领导体制,如无合格的校长人选,如不建立必要的法规,学校也办不好。因此,校长应该具备什么条件,校长如何产生,校长的任期如何规定,校长应该有哪些办学自主权,以及校长、党组织、教代会的职责是什么等问题,都应该通过教育立法或制定带有法规性的工作条例来解决。否则,即使经过几十年的探索、试验、总结,找到了一种好的领导体制,也容易遭到否定。60 年来学校领导体制多次变革的教训,我们应该吸取。

5. 校长必须处理好四种关系

一是校长要正确处理同上级领导的关系。不论校长是怎么产生的,或上级任命的,或群众选举的,或部门招聘的,都必须接受上级机关的领导,执行上级的指示。当然上级领导机关要注意简政放权,不可统得太死,要尊重校长的权限。

二是校长要处理好和党组织的关系。不论校长是党员或非党员,他在思想作风、道德品质、执行制度、遵守法纪、联系群众等方面,都必须接受党组织的监督,认真考虑党组织的意见和建议,这样才能鞭策校长尽职尽责,保证学校不致偏离社会主义方向,使学校成为建设社会主义精神文明的坚强阵地。

三是校长要正确处理同教工代表大会的关系。教工代表大会是学校实行民主管理的一种重要形式,校长应该定期向教工代表大会汇报工作,倾听代表的呼声。这样做是为了发挥教职工的集体智慧,有助于校长实行科学管理,减少决策中的失误。

四是校长要正确处理同校务委员会的关系。《中共中央关于教育体制改革的决定》中所说的校务委员会,不是权力机构,也不是单纯的咨询机构,而是审议机构。这就意味着校务委员会在某些重大问题上、在某种程度上要影响校长的决策。成立这个机构有三个条件:由校长主持;人数不多;成员有威信。

第四节　学校组织机构的职能与改革

任何一所学校要想正常开展教育教学活动，就必须把学校各类人员组合起来，构成一个有机的系统，这个有机的系统就是学校组织机构。学校组织机构是指为完成学校教育教学工作目标而将学校各个部门按一定形式组合而成的整体。通俗地说，学校组织机构就是按一定的管理目标和任务要求，将职务、岗位、人员进行科学组合，形成权责清楚、层次恰当、结构严密的有机整体。学校组织机构是学校管理实体存在的外在形式，是进行管理的前提和基础。在考虑学校组织机构的时候，首先要考虑依据什么原则来设置相关的机构，一般认为，学校管理者在设计学校组织机构时，必须着重考虑五个方面的因素，即精干效率原则、统一指挥原则、管理幅度原则、职权责统一原则、系统平衡原则。

一、学校组织机构的职能

各级各类学校不是为了建立机构而建立机构，建立机构是为了实现下述职能：

（一）实现目标

学校组织机构是为实现特定目标服务的，这个目标就是培养人、教育人。凡与此目标相符的，说明机构设置就合理，反之就不合理。机构的建立、撤销和合并，都必须从这一角度去考虑。如近几年来，教育科研对学校教育的促进作用得到了大家的普遍认可，教育科研越来越受到重视，很多中学还成立了教育科研室。再如，为了加强学生的心理健康教育，预防日益增长的心理不良现象，很多中学建立了学生心理咨询室。至于在 20 世纪七八十年代普遍存在的中小学校办工厂或校办农场，因其分散学校管理者的精力，冲击正常的教育教学活动，在很多地方被相继撤销。

（二）组织资源

学校的生存和发展，离不开人力、物力、财力等资源，因此对资源的谋划、筹集、掌握、分配和运用，就成了学校组织机构的基本工作内容。例如，对于新建的学校，就要优先考虑基建、教师招聘、图书购置等问题；对于转制学校，则要考虑如何利用转制机遇，争取和把握更多的人力、物力资源，为学校的进一步发展创造有利条件。没有资源，学校无从发展，尤其在竞争日益激烈的现代社会环境下，因此，学校组织机构一定要加强资源建设。

（三）指导工作

机构的设置是为指导工作服务的。如校长办公室、教导处、总务处、团委等，都义不容辞地负有指导工作的使命。

1. 沟通信息

促进信息沟通，是管理机构的职责之一，对管理的成效影响极大。学校机构之间应相互沟通，并及时把有关信息传达给教职员工；同时也要注意搜集来自下面的信息，了解教职员工的心理状态和需要，以便及时反馈和作出调整。学校党组织、工会、团委、教育科研室等在沟通信息方面可以起到更大作用。

2. 协调关系

学校中存在着各种关系，如领导与被领导的关系、教师与教师的关系、师生关系、教学人员与后勤人员的关系等。学校各机构应努力在学校中创建一种相互信任、支持的和睦关系，从而保证学校教育教学工作的顺利进行。

3. 激励员工

机构设置得合理与否，检验标准之一是看其是激励还是压抑了师生的工作积极性。有些学校为了培养学生的自主能力，设立了学生自主管理委员会，将一些学生事务交给学生自己去做。实践证明，这一做法对激发学生自主意识、培养主人翁责任感是能起到积极作用的。

以上几个方面，既是对学校内部各个机构提出的要求，也是用来衡量这些机构设置是否合理的标准，凡无法履行这些职能的，说明这些机构根本就没有必要设置，或者必须相应作出调整和充实。

二、学校组织机构的种类

我国中小学校组织机构的设置，一是为完成正常的教育教学任务、维持学校的正常运转；二是为配合、监督、保证学校的各项活动。目前中小学组织机构的基本形式是四种：

（一）学校的政治性组织机构

学校的政治性组织机构包括党的基层组织和民主党派组织。一般来说，中小学规模有限，因此不设党委而设党支部或党总支。在实行校长负责制的学校里，党支部处于政治核心地位，主要抓好学校师生的政治思想工作，同时还参与学校重大问题的决策，对学校的教学、人事、财务管理等工作负有监督和保证实施的作用。民主党派组织在党支部的领导下，积极参与学校管理。

（二）学校的群众性组织机构

共青团组织，共青团是党领导的先进青年群众组织。少先队组织，少先队是我国少年儿童的群众组织，也是少年儿童的教育组织。学生会组织，学生会是团结全体学生的群众组织。共青团、少先队、学生会，这三个组织主要围绕青年教师或青少年学生的特点开展活动，活动内容涉及思想教育、教学、文体活动、社会活动等。另外，学校还设有教育工会和教代会组织。教育工会是广大教职工的群众组织，依据有关教育法律或劳动法律维护教职工的合法权益，组织教师开展休闲娱乐活动等。教代会是学校实行民主管理和民主监督的基本组织形式，规模小的学校可以由全体教职工代表大会代替。教代会负有下情上达、向学校工作提出批评和建议、推动学校民主管理的重任。

（三）学校的行政性组织机构

1. 校务委员会

是学校的审议机构，其职责是审议学校的重大决策，但不是决策机构，也不是行政事务管理机构。校务委员会由校长主持，人数不多，由有威信的学校领导人员和教职工代表参加。

2. 校长办公室

是校长领导下处理日常校务的办事机构。它协助校长处理对外联系、对内协调的工作，负责对外联络、文件收发、报表统计、信息反馈等，通常设主任或干事1至2名。

3. 教导处

是组织和管理学校教学业务的机构，具体领导各学科教学研究组、年级组及班主任的工作；同时兼管与教学业务有关的科、室，如实验室、图书馆、文印室等。教导处的日常行政事务包括：掌握学籍、整理教学档案、成绩统计、安排作息时间、编制课表、组织课外活动等。一般设主任、副主任若干人。

4. 政教处

是管理学生思想工作、组织学校各种德育活动的机构。对各年级组的德育工作负有领导、管理和协调责任。一般设主任、副主任若干人。需要说明的是，不是所有的中学都设政教处，有些规模较小的中学可能就没有这一机构，这些学校的德育工作由教导处统一管理和协调。小学一般也不设政教处。

5. 总务处

是组织和管理学校后勤的机构，负责学校的基建、物资的供应、设备的维修、财务的支出和报销等事项，同时兼管学校的食堂、宿舍等，其宗旨是为教学服务，为师生服务。总务处一般设主任、副主任及办事员若干人。

（四）学校的业务性组织机构

1. 教研组

即各学科教学研究组，是学校的基层教学活动单位之一。负有组织本学科教学、开展教学研究活动、提高教师教学业务能力等责任。此外，教研组有责任对本学科的教学质量进行监控和评价，发现问题并及时提出整改意见。教研组一般由同学科的教师组成，通常设组长一人。

2. 年级组

是同一年级的班主任和任课教师的集体组织。它的任务是了解同年级学生的德、智、体发展的实际情况，沟通班主任与班主任、班主任与任课教师之间的关系，统一认识，统一步调，提高教育质量。年级组长对本年级教学工作、思想政治工作、体育卫生、课外活动、生产劳动进行组织安排，落实各项活动，评估活动效果。

3. 班级和班主任

班级是学校对学生进行全面教育的基层组织，是学生学习和生活的集体组织。班主任是班级的组织者和领导者。班级设班委会，在班主任领导下开展工作，由学生自己管理自己。

4. 教育科研组织

随着教育科学理论的逐渐普及以及教育工作者研究能力的不断提高，教育科研在提高办学水平和教育质量中的作用也越来越突出了。目前已经有不少中小学成立了教育科学研究室，作为校长直接领导下的教育研究组织。其主要任务是开展教育科学研究，探索教育教学规律，为校长工作及时提出建设性意见或提供理论依据。

教科室应以本校的教育教学实际为研究基地，为提高本校教育教学质量，办好学校服务。因此，应定期出成果，并力求在实践中见成效。教科室在学校和当地教育科学研究机构之间发挥桥梁的作用，承担一定的教改实验和科研任务，以发挥更大的作用。教科室人员配备应以有丰富实践经验和一定研究能力的中老年教师为主；教科室主任与教导主任相当；机构与教导处平级；人员组成应是专兼结合。

三、学校组织机构的改革

21 世纪,信息技术教育成为全面发展教育的重要组成部分。信息技术的突飞猛进加速了管理思想的更新,也将使学校管理思想、组织结构、方法技术发生深刻变化。随着教育体制改革的深入,中小学不仅全面实施校长负责制,而且在整个学校组织机构的改革中做出了大胆尝试。关于学校组织机构改革实践的探讨,对于提高学校的组织效能,揭示学校组织机构发展的态势具有十分重要的现实意义。

(一)强调综合

有的学校在实践中感到:中层机构设置太多太细,导致相互之间推诿扯皮,权责不清,经常出现“管理盲点”。各机构只局限于小圈子,“只扫自己门前雪,不管他人瓦上霜”,难以从宏观的、整体的角度处理问题。因此在机构设置上应注意综合性,可采用“两委两处制”,如下图:

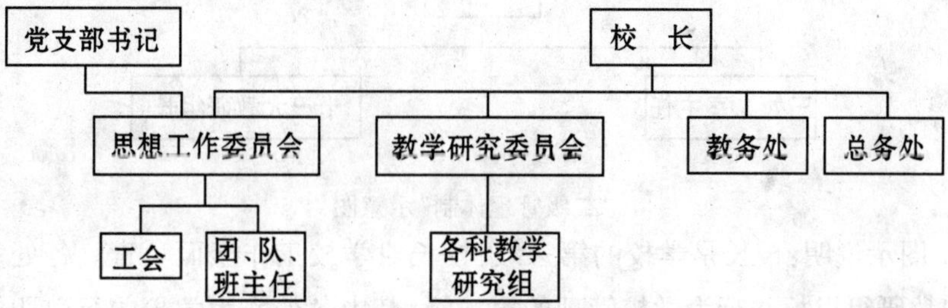

“两委两处制”模式示意图

图示说明:这种“两委两处制”,是指在校长领导下,中层领导机构有思想工作委员会、教学研究委员会、教务处和总务处。思想工作委员会直接领导工会和团、队、班主任。教学研究委员会直接领导各科教学研究组。党支部书记直接负责思想工作委员会的领导。

(二)注重分化

随着教育改革的深入与发展,人们对学校不断提出了新的要求和期望,学校既要“德育为首”,又要成为“教学中心”;既要“科研兴校”,又要“设法创收”;既要“等级评估”,又要“创建特色”。一些学校校长感到中层机构太少太粗,难以应付方方面面的复杂事务,认为机构要适当分化。因此,有些学校把教导处一分为三甚至一分为四。如教务处、政教处、教科室、体卫处。如下图:

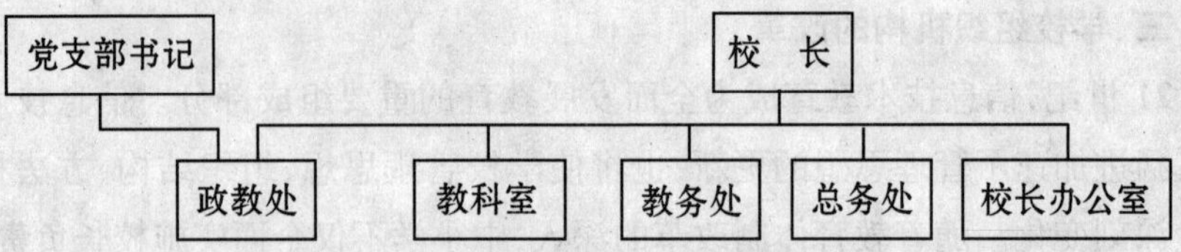

"三处二室制"模式示意图

图示说明:"三处二室制"是指除了保留原来的总务处、校长办公室外,把教导处一分为三:教务处、政教处、教科室。

(三)调整层级

有的学校认为:学校属于基层组织,任务单纯,以教学为主,规模不大,人员素质较高,因此机构设置应考虑减少层级,增加跨度。如北京市119中学,实行的是"二级管理体制",如下图:

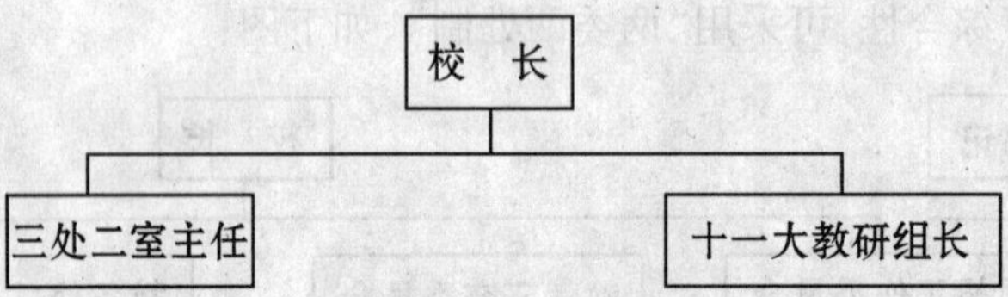

"二级管理体制"示意图

图示说明:校长是学校的第一级,校长对学校工作全面负责。各处室主任和教研组组长并行为学校管理的第二级,其中各处室为学校的行政职能机构,教研组是学校教育教学管理的实体。

学校实行校长负责制。校长是学校的法人代表,是学校管理的中心,领导学校的工作。校长通过行政会、两大例会(即每周二上午的教研组长例会、每周三下午的班主任例会)直接抓三处二室和各教研组的工作。为突出学校以教育教学为中心,建立校长现场办公制度,校长在教学第一线听取意见,解决问题,指导工作。

各职能处室和各教研组在业务工作中是平行单位,起配合、协调、服务的作用。各职能处室是校长的助手,协助校长组织各种教育教学工作,负责学校日常行政工作,如外出开会、传达上级指示,贯彻各种条例、学籍管理、课表安排、考试等;还要密切配合教研组的工作,努力为教研组的教育教学服务。原来一些属于职能部门的权力,诸如教学管理、人事调动、职称职务评聘等都下放到教研组。这不是削弱职能部门的权力,而是使它转变角色,集中精力更好地做好行政工作,为教育教学工作服务。

教研组以教研组长为中心,组长对全组工作全面负责,实行全过程管理。教研组长直接对校长负责,他(她)不仅具有本学科的教育教学、科研的行政管理权,在本教研组内还有人、财、物三权。

(四)力求开放

上述几种学校行政组织模式,是学校内部组织改革的产物。但是,随着社会发展,其中很多方面已经很难适应整个社会对学校的要求。于是很多学校进行了组织机构的整体改革,使学校成为开放型教育组织。如广州南洋英文中学及其附属小学的组织机构。如下图:

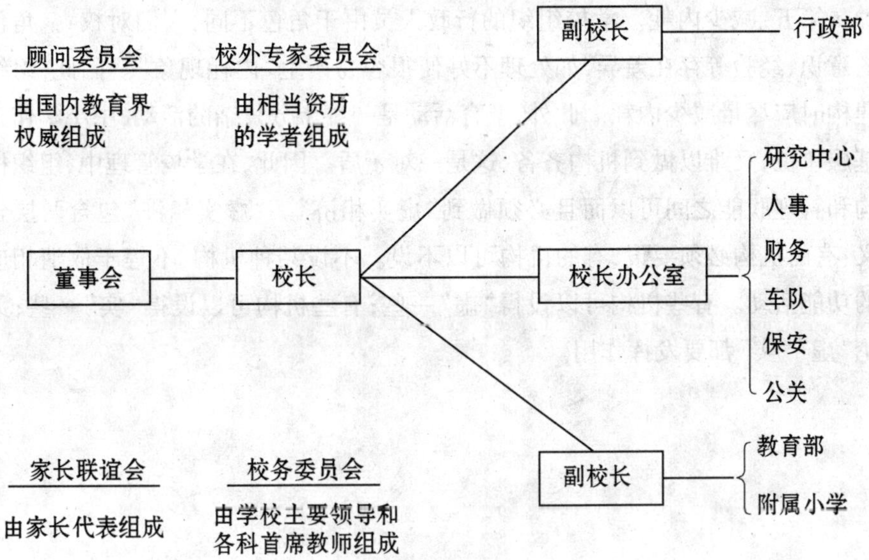

开放型教育示意图

图示说明:在董事会领导下,实行校长负责制。同时,设顾问委员会、校外专家委员会、家长联谊会和校务委员会,以弥补校长个人智慧之不足。两位副校长作为校长的助手,分别管理行政部和教育部及附属小学。校长办公室直接管理研究中心、人事、财务、车队、保安和公关。

这种开放型教育,既有课内环境,又有课外环境;既有学校环境,又有家庭环境、社会环境。这种开放型教育,以学校为主体,学校—家庭—社会相结合。它一方面要求教育社会化,另一方面要求社会积极配合学校的教育管理。

按照现代组织理论要求,开放型学校组织机构具有如下五个特征:

第一,树立现代人教育管理观,改变“就教育论教育”的观念,广州南洋英文中学及其附属小学组织的设置值得借鉴。

第二,建立与社区联系比较稳定的网络,如社区教育委员会。通过谋求与社区的合作,可以为学生创造更多了解社会的机会,为素质教育谋求良好的环境和实践基地。

第三,改变监督反馈不力的局面,逐步形成内外平衡型的学校组织机构。

第四,发挥教师的主体作用,组织重心下移,构建有效型的学校组织机构。学校的全体教职工,是学校教育的直接实施者。要真正激发教师的积极性,必须在学校组织机构建设上提供给教师参与的机会,规定教师在学校的权利、义务和责任,建立相应的组织保证。

第五,减少内耗。学校组织的行政人员由于角色不同,人们对权力、角色的意识、经验等存在差异,如处理不好便很容易产生"内耗现象"。因此,组织建构时应尽量减少内耗。此外,教育活动是一种十分复杂的活动,中小学作为基层单位,又难以做到机构齐备,这是一对矛盾。因此,在学校管理中,组织机构和管理职能之间可以而且必须做到"虚实相济"。"虚实相济"包含两层含义:有的机构必须要设,有的机构可以不设。不设某种机构,不等于取消相应的功能活动。有些机构可以设得"虚"一些;有些机构可以设得"实"一些;无论"虚""实"都要发挥作用。

第三章
校长的培养与提高

办好中小学教育，要靠广大教师，要靠教师的领班人——校长。我国有百万名中小学校长，他们是基础教育发展的中坚力量之一。从一定意义上说，一个好校长就是一所好学校。这就是说，教育方针政策确定后，必要的办学条件如师资、校舍、设备、资金等具备后，校长便是决定的因素。这是因为在办学过程中，校长处于学校管理系统的核心地位、主导地位、决策地位，校长的思想、行为和作风在学校工作中影响全局。要办好教育事业，提高教育质量，需要有一支政治强、作风正、懂教育、善管理的干部队伍。然而，就是这样一支重要的人力资源队伍，新中国成立以来却一直面临着职业定位的尴尬。如有许多教育行政部门把校长等同于教师进行管理，有的则把校长当做行政官员纳入党委组织部门进行管理，而校长自己亦不能确认自己的身份。调查表明，许多校长认为，自己的职业就是教师，校长不过是教师职业中的一个职位而已。

要提高校长的管理水平，必须首先明确校长的角色定位和职责。无论将校长定位于教师、行政官员，还是职业校长，都将直接影响到校长的角色认同、任职条件、工作内容、工作方式以及专业培训，因此它既是一个事关中小学校长队伍建设和校长未来职业发展的重大理论问题，也是一个迫在眉睫的实践问题,有必要梳理清楚。试行中小学校长职级制,是深化教育人事制度的重大改革,将有利于加强校长队伍建设,有利于学校干部的交流和管理。作为实行校长职级制的配套政策和保障措施,如校长选拔聘任、考核、继续教育、校长负责制的进一步完善和实行任期目标责任制等,都要建立和完善,使校长职级制有序稳定地实施。

《中共中央国务院关于深化教育改革全面推进素质教育的决定》指出:"学校校长在推进素质教育中具有特殊作用,要率先转变教育观念,把领导教职工创造性地实施素质教育作为重要职责。"因此,要把好干部的选拔关,选拔好了还要培训。党和政府非常重视教育管理干部队伍的建设和素质的提高。20 世纪 80 年代末,我国开展了全国中小学校长的岗位培训,并实施了持证上岗制度。但是,"学无止境",要真正适应教育改革与发展的形势要求,真正做一名好校长,广大校长还应坚持不懈地学习提高,包括培训学习,也包括实践学习。

第一节　校长职务的专业化历程

校长专业化问题已成为世界各国教育研究与探讨的重要问题。校长职务的专业化历经校长职能的变迁、校长职业化、校长专业化三个阶段。当前促进校长专业化的重要举措主要有:健全法律法规体系,依法保障校长专业化的实施;科学制定校长专业化的标准及相关制度;构建符合校长专业化的知识能力结构体系;完善校长培养和培训体系;尊重校长的专业自主权;严格校长的管理制度;组建有一定权威的校长专业组织。

一、校长职务的专业化历程

(一)校长职能的变迁

1862 年,清政府创办的京师同文馆,是我国近代学校的开端,校长被称为"总教习";戊戌变法后,在 1902 年的《钦定中学堂章程》中,把"总教习"名称改为"总理";1903 年,在《钦定中学堂章程》中,把"总理"称谓改为"监督";1933 年,在民国政府颁发的《中学规程》中,明确规定,设"校长"一职。旧中国的《教育行政》在谈到校长的地位时,均认为校长是学校行政的首脑,是一校的领袖。认为学校办得好坏,"以校长的得人与否为权衡"。① 从中国近百

---

① 罗廷光:《教育行政》,商务印书馆 1946 年版,第 192 页。

年的教育来看,随着社会的进步、科技的发展、经济的发达,学校教育变得越来越复杂,因此,校长的职务越来越从教师群体中"独立"出来,学校管理也就越来越成为社会分工中的一种不可替代的职业。

(二)校长职业化

中小学校长作为一个对教育乃至整个社会发展具有重要作用的特殊群体,他们所从事的工作越来越引起人们的关注。随着校长职责的扩大和庞杂,到目前为止,校长对上,要执行政府、教育行政部门、督导等下达的指令性、指导性文件和参加各种会议;校长对外,要同家庭、企业、街道、社区等方方面面打交道;校长对内,要面对学生、各个处室、各个年级等。由此不难看出,校长已经是一种被明确界定的职业类别。

校长职业化的过程是一个质量互变的过程。社会分工的一种岗位,其品质不断提升,终会质变为一种专门的社会职业,这一阶段就可称为"职业化"。同时,该职业的专业品质和专业程度不断提高,其量变积累到一定程度,职业表现为更高级的形式,就变成了一种专业,这一变成专业的过程就可称为"专业化"。所以,就一种社会分工的进化历程来看,职业化的过程和专业化的过程有一段时间是重合的、不可分割的,职业化往往是专业化的基础和前奏,而专业化则是职业化发展的高级阶段。需要强调的是,校长专业化指的是校长职业的专业化。校长职业化与专业化二者是同一条道路的不同阶段,而不是两条道,更不是分道扬镳。

(三)校长专业化

学校管理的教育性、综合性与复杂性要求校长具有符合自己教育者、领导者和管理者角色要求的知识结构,因此,校长专业化是指校长职业的专业品质和专业化程度不断提高的过程。就校长个体而言,校长专业化是指校长在专业精神、专业知识、专业能力、专业伦理、自我专业意识等方面持续发展的过程,即内在专业结构不断更新、演进和丰富的过程。校长专业化是校长有效地开展学校管理工作必备的一种个性心理特征和实际技能。不同的校长其专业化程度是不同的,专业化程度高低与否的重要标志就是看该校长是不是教育专家和管理专家。

二、促进校长专业化的重要举措

推进中小学校长专业化发展是推动和促进基础教育发展的系统工程,在进一步推动校长专业化发展方面,需要重点研究的举措是:

（一）健全法律法规体系，依法保障校长专业化的实施

中共十一届三中全会以来，我国相继颁布了《中华人民共和国义务教育法》、《中华人民共和国教师法》、《中华人民共和国未成年人保护法》等多种法律，但没有校长法，即使在各种大法中，也没有具体谈到校长的专业化问题。因此，促进校长专业化的进程，首先应呼吁健全法律法规体系，依法保障校长专业化实施。如英国的教育管理法制水平比较高，具体表现在：首先，教育法规体系健全。截至目前，仅联邦议会颁布的全国性教育法规就有 20 多种。除此之外，地方议会和政府还制定了一系列教育法规、政策。可以说，教育法规的种类和条文几乎覆盖了教育管理领域的各个方面、各个角度。其次，全民教育法制观念强，知法守法已成为公民的一种自觉行为，任何学校和个人都要依法办事。在英国，谁如果不依照法律行事，就会被认为是一种耻辱，严重的要受到法律的制裁。再次，政府对学校的管理行为和学校内部的管理活动明显呈现出有法可依、有章可循、按章办事、有条不紊的特点。学校的独立法人地位相当明确。在没有明确的法规依据的情况下，市、郡政府和教育行政部门绝对不能随意插手干预学校的管理工作。师生员工的教育、教学和日常生活行为也都十分规范，很少出现违规的人和事。

（二）科学制定校长专业化的标准及相关制度

关于校长专业化的标准问题是评价校长专业化的依据。校长专业化的标准及相关制度，包括校长任职资格标准、校长素质标准、校长职责标准、校长行为标准、校长工资（年薪）标准、校长（职级）资格制度、校长选拔（聘任）制度、校长负责制度、校长任期（退出）制度、校长培训制度、校长评审（评价）制度和对校长的监督管理制度等。上海市中小学校长职级制实施的经验表明，中小学校长应当是教师和学生的道德楷模。当前，要按照国家和教育行政部门的规定，把“依法办学、以德立校”作为校长职业道德的基点。要从规范校长办学行为、建立教育诚信体系上，研究建立校长信守承诺的行动准则。把校长信守承诺与对校长本人的考核、奖惩、晋升和工作实绩评价等挂钩，以校长的专业道德带动教师专业道德水平的提高。

（三）构建符合校长专业化的知识能力结构体系

校长专业化最大的特征，就在于必须具备一整套专门的知识和技能。它应包括对校长的品德、才能、学识、身体等方面的教育。因此，当务之急是要结合国内外社会和教育发展的新形势、新要求，运用科学的方法研究现代专业校

长的工作内容、工作条件和素质要求，从而构建校长的专业知识体系并提高其技能，为校长的专业发展和校长继续教育提供理论依据。在以往的校长培训中，我们比较重视政治思想教育和学校管理等基本理论教育，对注重校长责任感、使命感的教育不够。在这方面与国外教育发达国家形成了鲜明的对照。如新加坡对中小学校长实行委任制度。政府授予校长的委任状上写着："在你的手中是许许多多正在成长中的生命，每一个都如此不同，每一个都如此重要，全部对未来充满着憧憬和梦想，他们都依赖你的指引、塑造及培育，才能成为最好的个人和有用的公民。"委任状突出了校长责任感、使命感，同时也强调了校长的职业道德和服务意识。校长在很大程度上决定着学校的发展方向。

（四）完善校长培养和培训体系

作为专业化的校长，很重要的一个条件就是必须经过较长时间的专业教育和训练。世界各国推进校长专业化发展的经验：一方面，上级主管部门要为校长提供充分的教育和训练机会，要依托师范大学或有关高校，建立类似"哈佛大学校长中心"的校长培训机构。做好校长上岗前的任职资格培训，特别要做好校长高级研修培训和实践反思性的专题培训工作。有条件的地区，不妨采取与国外著名高校校长培训中心联合的形式，提高青年校长的学历水平；开发具有前瞻性的校长培训课程和教材，全面提高校长的综合素质。另一方面，校长必须树立持续发展和自我发展的理念，必须不断地接受教育，吸收新的信息和专业知识，以应对日益复杂的学校管理和教育教学工作。

例如，青岛市以提高校长实施素质教育的能力和水平为总体目标，全面提高校长的思想政治素质和业务理论素质，构建起持证上岗、以学促变、高级研修的梯式校长培训体系。一是扎实开展任职资格培训，实现持证上岗。任职资格培训从培养校长角色意识入手，新任校长必须取得"任职资格培训合格证书"，持证上岗，否则只能作为"代理校长"，待参训合格后方可正式任命。任职资格培训以掌握履行岗位职责必备的知识和技能为重点，时间累计不少于300学时。二是分岗施教，以学促变，开展在职校长培训工作。对已取得"任职资格培训合格证书"、具有任职资格的中小学校长，5年内开展累计不少于240学时的提高培训。三是从培养教育教学的管理家和带头人入手，开展校长高级研修，重点提高校长在素质教育实践中的领导能力。建立与国内高等院校及有关培训机构联训制度和校长国外研修制度。青岛市教育局完善校长培养和培训体系的做法值得推广。

(五)尊重校长的专业自主权

校长的专业自主权,意味着校长对学校的事务有决定权。如日本由于注重中小学校长的综合素质、个性特征、道德品质和管理能力的提高,校长的任用起点高。日本中小学校长在学校中具有高度权威,具有统摄学校经营事务的职权。校长依据学校自身特点来制定经营方针、确定经营重点,领导开展自主的经营活动。校长对教育的管理主要是通过对所属职员的间接监督进行的。

(六)严格校长的管理制度

严格校长的管理制度与尊重校长的专业自主权两者之间是不矛盾的。校长的专业化和职业化都要求有效的管理制度。目前,我国已经建立了比较系统的校长管理制度,但这些管理制度还有许多不足,比如:制度不系统、缺少理论的支持、跟不上时代的变化、缺少操作性等。要促进校长的职业化和专业化,我们必须在法律的基础上,依据现代人力资源管理的要求,进一步完善校长准入制度、考核制度和升迁制度等。当前要加快研究"政府依法提供公共服务,学校董事会(理事会)领导,校长依照学校章程全权负责管理,社区和家长、学校教师和学生共同参与管理和监督"的新型管理制度。从促进校长专业化发展的角度,加快建立培养教育家类型的校长的体制和机制。总之,校长的职业化强调校长是一个独立的社会职业,而校长的专业化则要求提高校长的专业水平和专业自主权。

(七)组建有一定权威的校长专业组织

校长专业化的一个标志是有校长专业组织。校长成立专业组织可以对校长进行专业约束,并促进校长的专业发展。校长专业组织既可有全国性的,也可组建省、市级的。在政府有关部门的指导下,统筹协调全国、全省、全市校长专业化发展的方向、目标和政策性的问题,为国家、省、市教育行政部门决策提供依据。该组织应当成为校长管理的专业机构,维护校长的合法权益,成为校长之家。但由于各种原因,我国的校长组织并不发达。在美国,中学校长协会和小学校长协会会员众多,影响巨大。两大协会共同承担着制定专业标准、促进专业发展、进行专业交流的任务。此外,协会还直接影响美国教育政策的制定。

第二节　校长职级制理论研究与实践探索

《中华人民共和国教育法》规定:“学校及其他教育机构中的管理人员,实行教育职员制度。”中小学校长职级制是教育职员制度的一种。《中共中央国务院关于深化教育改革全面推进素质教育的决定》指出:“要继续巩固和完善中小学校长岗位培训和持证上岗制度,试行校长职级制,逐步完善校长选择和任用制度,鼓励优秀校长到薄弱学校任职。”试行校长职级制,是深化人事制度改革,加强校长队伍建设的重要举措。20 世纪 90 年代中期,上海市中小学开展了校长职级制度改革的试点工作。校长职级制度的建立,冲破了“官本位”观念,实现了校长向专家型管理者角色的转变,增强了校长全面实施素质教育的责任感和使命感。随着国家《关于加快推进事业单位人事制度改革的意见》的颁布,校长职级制将在中等学校广泛开展。

一、中小学校长级别现状及问题

1985 年,国家在对机关事业单位实行工资制度改革中,提出了中小学等事业单位管理人员工资待遇与行政机关级别挂靠的办法。即市重点中学、区县重点中学、初级中学和中心小学(完小)的校长分别挂靠行政机关的正处级、副处级、科级和副科级。全国中小学基本上都是先确定学校的行政级别,然后中小学的校长职务级别与学校的行政级别挂钩,套用机关行政级别,并享受相应的干部级别待遇。任免学校校长、副校长或学校党支部正、副书记时,一并明确干部的级别,并享受相应的政治、经济待遇。

1989 年下半年后,学校任命干部时,虽然不再明确干部的级别,但住房、医疗等待遇仍按照任职学校原定的级别确定。学校干部有教师专业技术职务的,其工资待遇一般都执行教师专业技术职务工资标准,少数人没有取得教师专业技术职务的,则执行教育职员工资标准。

在计划经济时期,中小学校长套用行政级别,从管理模式看,有其存在的合理性和必然性,尤其是这种模式比较简单、统一,便于管理。随着改革开放的深入,这种模式又逐渐显露其弊端,主要是:

(一)不符合教育规律,有碍基础教育的改革与发展

要搞好基础教育,最重要的是要有一批政治素质好、教育教学业务能力强、管理水平高的校长。因为校长承担的任务、面对的工作对象及采取的工作手段的特殊性,就使得对校长的职责、作用以及学历、专业素质等要求与机关

行政干部的要求有很大的区别，因此，沿用机关行政干部的人事管理模式管理学校的校长，不符合教育规律，必然阻碍和制约中小学教育的改革和发展。要不断深化改革和发展中小学教育，必须建立符合教育规律、有利于校长队伍建设和管理的模式。

（二）不符合人才成长规律，有碍校长队伍建设

中小学完全套用行政级别，校长职级只与单位级别挂钩，不与个人的能力、水平和业绩挂钩，不符合人才成长规律。不但强化"官本位"观念，也不利于校长队伍的建设。如某县一中相当于处级学校，新提拔一位副校长，该副校长就立即成了处级干部，而在其他中学的校长，即使长时间担任校长职务，素质非常高，办学效绩非常突出，也始终只能是科级，享受科级干部待遇。造成校长之间的竞争不平等，难以激发校长的开拓创新精神，不利于充分发挥校长队伍优质资源的作用。同时，由于中小学校长长期实行组织任命或不完全的聘任制，造成实际上的干部终身制，导致干部职级能上不能下。

（三）不符合教育均衡原则，有碍薄弱学校的建设

学校被划分行政级别，造成了校长的流动困难，不利于学校整体布局的调整和加强薄弱学校建设工作。农村中小学薄弱学校，绝大多数是副科级单位。由于涉及干部级别变动，为了扶持和改造薄弱学校，不必说从处级单位的县一中抽调干部，就是从科级单位的中小学调一些政治业务水平高、管理能力强的干部到薄弱学校任职，难度也相当大。常言道，人往高处走，水往低处流。干部往往要求向级别高的学校流动，由于不能真正体现责权利统一的原则，挫伤了一批薄弱学校校长办学的积极性，影响了薄弱学校的建设。

（四）不利于提高校长待遇，有碍调动校长办学积极性

著名教育家苏霍姆林斯基有句名言："一个好的校长，必须首先是一个好的教师。"20 世纪 80 年代以后，全国中小学校长基本上是从优秀教师中选拔出来的，大多数都具有中学高级（或小学高级）教师职称。根据 1993 年国务院颁布的工资制度，学校实行教师工资标准和教育职员工资标准，由于教育职员工资标准偏低，校长普遍执行教师工资标准。校长作为法人代表，担任比教师更重的职责，即使执行教师工资标准，也未能合理地体现责重多得的原则，这是不合理的。校长的收入不与其工作责任与业绩挂钩，在一定程度上影响了校长的办学积极性，影响了教育质量的提高。

二、校长职级制理论研究

(一)校长职级制的目的和任务

1. 建立适合校长工作特点的职务系列

校长是“官”,但不是一般的“官”;校长是教师,但不是一般的教师。既不应该照套一般行政官员的级别,也不应该照搬一般的教师职称系列。随着教育事业的发展,校长工作越来越显示专业性的特点。职级制的建立,突出了校长工作专业化的特点,并且职级制的评价要求也使校长的工作更加科学与规范。

2. 建立完善干部管理体制

过去以行政方式管理校长的一大弊端就是校长也像政府官员一样,只能上不能下,只想到好学校,不肯到差学校,这样极大地影响了教育事业的发展。实行校长职级制度后,校长的职级,完全从行政级别(处级、科级)分离出来,不再与学校的级等(如重点中学、完全中学、初级中学)挂钩。新担任校长或副校长,即使是重点中学或完全中学,可能是三级一等校长,而长时间在初级中学担任校长或副校长,如有较高的管理水平、办学成绩的,可评为一级甚至特级校长。职级制的建立,有助于完善职务能上能下、流动能进能出、待遇能高能低的干部管理体制。校长可以根据不同的职级进行调配,实现人才资源流动与共享,促进教育事业的发展。

3. 进一步完善校长负责制

校长负责制已经在许多学校实行,但目前也碰到许多问题,主要是校长有责无权;对校长工作缺乏有效的监督;对校长工作的干扰太大等。实行了职级制后,校长对自己工作的范围、职责有了明确的认识,这样能够增强校长的责任心和事业心。

4. 形成有利于优秀人才脱颖而出的机制

过去校长的任命主要以上级任命的方式为主,当中必然会存在一些人为的因素,甚至会导致腐败的产生,现在实行校长职级制,校长的任用将更加科学、规范,并且将打破论资排辈的传统,可以让更多更优秀的人才走上校长的工作岗位。

5. 合理解决和逐步适度提高校长待遇

建立校长职级制,可以与办学实绩挂钩,合理解决和逐步适度提高校长待遇,进一步调动校长积极性,促进校长素质的全面提高和加强校长队伍的科学化、规范化管理，建立充满生机与活力的校长队伍动态管理新机制。鉴于现行工资制度需要全国统一解决，因此，实行校长职级津贴是目前校长职级制的有效举措。

（二）校长职级制的功能作用

1. 激励作用

调查显示，绝大部分的校长认为，职级制的实施会对校长的未来发展产生激励作用，主要体现在：职级制的阶梯制度促进校长不断向更高的阶梯攀登。职级制的评价使校长对办学的方向更加明确、管理更加科学、责权更加清晰。职级制的实施促使校长之间互相竞争，形成危机意识。职级制的实施使校长在职级制的评价中体验到自我价值，增加内部发展的动力，形成精神激励。与校长职务等级系列相匹配的校长职级工资制度也具有一定的激励作用，并促进校长岗位的升温，让更多的人才加入到校长队伍中。

校长的职级与待遇、学校的办学实绩形成一种正比关系，而且校长职级制能够使校长真正做到有职有权有责有待遇，激励校长更加全身心地投入学校的工作。校长职级制的实施，有利于涌现出一大批优秀校长，促使学校知名度的提高，从而可以吸引更多的人才与投资的来源。校长职级制可以更好地促进校长负责制的实施，推动学校的可持续发展。

2. 评价作用

校长的德才在工作中集中体现在工作实绩上。实绩综合反映校长在政治表现、思想品质、知识水平、管理能力方面的素质。在这一原则指导下，建立科学的人才评价体系、考核标准和有效的考核办法，采用比较科学的校长素质测评指标，评定校长的职级。职级的高低，主要依据校长个人的学历、资历以及德、能、勤、绩。以科学的、严格的考评手段和方法，规范的评审程序，重点考察和测评校长的教育教学水平以及对学校的管理能力，经过由教育行政领导、专家组成的校长职级评审委员会评定。这样能有效保证校长职责的实施。

3. 促进作用

校长职级的认定由校长根据测评指标，采取自我评价的方法申报职级。这对校长增强责任意识，以及全面综合评价校长的管理能力和水平有积极的促进作用。

4. 制约作用

校长职级的认定由学校教代会听取校长申报职级的述职报告，教代会代表采取无记名的方式进行投票。这对实行校务公开和民主管理,增强教职工民主监督的意识,防止申报者弄虚作假有着很好的制约作用。

5. 导向作用

校长职级的认定由市或区县的专家评审委员会通过查阅材料和面试答辩等途径,对校长作出整体性的评价,从而确定校长的职级。这为加快培养一大批高素质、善管理、专家型的校长管理人才发挥了积极的导向作用。

三、校长职级制实践探索

上海市于20世纪90年代中期实行了中小学校长职级制度的改革,这是我国加快探索和研究校长专业化的重要实践。

(一)指导思想

上海市建立中小学校长职级制度的指导思想,可概括为五个方面:①以邓小平建设有中国特色社会主义理论的重要思想为指导,坚持党的教育方针和社会主义的办学方向。②以国家人事部对事业单位人事制度改革实行“脱钩、分类、放权、搞活”的思路为依据,逐步实现中小学校长的职级与行政级别脱钩。③以理清政事职能为原则,建立市区县教育行政部门,以宏观管理、调控、指导为主,与校长依法实行用人、分配自主管理相结合的人事管理体制。④以公开考核程序、公平竞争和公正客观评价为标准,建立起符合中小学管理特点和符合校长成长规律的持续、稳定、有效的激励机制。⑤以明确职责、规范实施为手段,建立起校长负责,党组织发挥政治核心作用,与工会和教代会参与的相互协调、相互制约的学校内部管理制度。在此思想指导下,通过推行中小学校长职级制的实施,促进校长把主要精力用于抓教育、抓管理、抓质量、抓效益,促进“职务能上能下,待遇能高能低,流动能进能出”的校长队伍管理机制的形成,促使校长成为教育改革的带头人和有先进办学理念的管理者。

(二)工作步骤

根据中小学校长职级制度以“抓好试点、以点带面,稳步推进、不断完善”的原则,在静安、卢湾两区进行试点取得经验的基础上,上海市逐步扩大实施范围。2000年上半年在黄浦、杨浦、闸北、徐汇、嘉定等区扩大试点,并完成了静安、卢湾区与扩大试点区县中小学校长职级制认定的并轨工作。截至2001年8月底,已在虹口、闵行等12个区(县)完成了上海市中小学一级和特级校长申报和认定工作,这标志着上海市中小学校长职级制度改革已全部到位。这为上海市下一步校长职级制度改革工作的规范化、经常化、制度化奠定了扎实的基础。从2003年9月起,上海市开始进入第二轮校长职级制改革阶段。2007年年初,在中小学建立校长职级制改革的基础上,上海推行中职学校校长职级制。

(三)中小学校长职级结构

校长职级结构为"橄榄型"的结构。即设置特级校长、一级校长(分二等)、二级校长(分四等)、三级校长(分四等)、四级校长(分二等),共五级十二等。五级十二等中小学校长职级的认定,是在考虑学校规模、办学条件和生源质量等综合因素的基础上,着重考查校长在正确把握办学方向、落实依法治教、决策科学化和管理民主化方面的能力和工作实绩,以及校长在教育教学改革中的主动性和创造性。在评审中,校长职级的认定不受原来学校级别、规模、类型和性质的限制。

(四)中小学校长职级的认定办法

为保证中小学校长职级制度的顺利实施,上海市教委会同市组织、人事等部门共同负责,并宏观指导区县教育行政部门开展试点工作。对校长职级的认定,采取"三维聚焦"的办法:①由校长根据测评指标,采取自我评价的方法申报职级。②由学校教代会听取校长申报职级的述职报告,教代会代表采取无记名的方式进行投票。③由区县校长职级制评审委员会评审,通过查阅材料和面试答辩等途径,对校长作出整体性的评价,确定校长的职级。再由区县中小学校长职级评审领导工作小组审核。最后由社工委、社发局认定,由社工委组织人事处将职级认定结果公示。

为尽可能客观地评价校长的工作实绩、能力与水平,按学校规模、办学设施条件、师资水平、生源质量4个参数,设计了办学系数,并规定,不管属于哪一类的学校,只要办学特色在区县、全国乃至国际上有知名度的,均可以获得特色加分。这为不同规模、不同类型学校的校长实行公平竞争创造了有利条件。

(五)实行校长职级认定后的校长聘任制

校长的职级评定以后,由区县教育局党政部门根据评定后的职级进行聘任。聘任双方签订聘约,聘约明确校长的职责,聘期内的工作目标、权利、义务;然后由教育局党政部门给受聘校长颁发聘书。校长的聘任不搞终身制,每一任任期一般3~5年,在聘期内作为学校法定代表人,并享受评定相应职级的校长待遇。

（六）中小学校长职级工资

上海的做法是职级工资由级等工资、基础工资和能绩工资三部分构成。级等工资是校长职级工资的主要内容，体现了校长职级高低。如一级、二级、三级、四级的等差分别为60元、40元、30元和20元。中小学特级校长的职级工资为710元，四级二等校长为200元。校长按评定聘任的职级确定相应的级等工资，并随职级的变动进行变动。基础工资是中小学校长按照国家和当地政府规定发放的基本工资部分。基础工资由国家规定的职员职务等级工资（或中小学教师专业技术职务等级工资），以及政府规定的随工资发放的各种津贴、补贴等构成。这部分工资按现行的政策规定实行，并根据国家规定进行调整。能绩工资是校长职级工资中活的部分，能绩工资按校长等级工资和基础工资之和的一定比例确定。上海实行中小学校长职级工资后，学校创收发放的各种奖金和各种津贴、补贴不再发放。

（七）校长职级制取得的成效

推行校长职级制取得了五个方面的成效：①促进建立教育行政部门宏观管理、校长行使办学自主权的管理体制。②冲破“官本位”观念，促使校长把主要精力用于抓教育、抓管理、抓质量、抓效益。③促进建立符合中小学特点和校长成长规律的持续、稳定、有效的竞争激励机制。④促进形成学校领导干部“职务能上能下，待遇能高能低，人员能进能出”的良好氛围。⑤促进形成党组织发挥政治核心作用，工会（教代会）参与民主管理的制度。

四、实施校长职级制的建议

（一）加强校长职级制的研究

继续加强校长职级制的研究，因为问题即研究的课题。一般认为目前校长职级制研究的重点应当是：职级制的目标、实施的范围、实施的原则、评价的准则与标准、评价实施的方法、评价结果的处理、对评价人员的再评价、评价的保障工作、职级制对校长成长的影响等方面。

加强领导，保证校长职级制沿着健康、规范、有序的方向发展，在领导方面不仅要有教育部门的领导，还应有人事、组织等方面的协同作战。校长职级制的方向是正确的，与国家对事业单位人事制度改革的要求、教育事业发展的要求是一致的，因此应加快实施步伐，在条件允许的地方大胆推进。但校长职级制的实施意义重大，不仅会影响一个校长的未来发展，影响一所学校的发展，而且会影响一个地方教育事业的发展。因此在具体实施中必须谨慎，要经过科学的论证,要符合教育的规律、人才成长的规律与当地政治经济的发展特点,必须保证实施的成功。

(二)完善校长管理的一系列配套制度

校长职级制是校长管理制度中的一个部分,要更好地实施校长职级制,还必须建立一系列完整配套的校长管理制度。它包括:校长负责制度、校长任职资格制度、校长选拔制度、校长职级制度、校长任期制度、校长年薪与奖励制度、校长监督制度、校长培训制度。这些制度相辅相成,融合成一整套校长管理的制度,进而促进校长整体素质的提高,推进我国教育事业的发展。

(三)实行校长职级制,切实提高校长的待遇

目前,按照我国的工资制度,中小学校长的收入大致相当于中等职称的教师的收入,比高级职称的教师低许多。因此,校长们宁愿领取职称工资而不领取职务工资。一方面,校长待遇比较低;另一方面,对校长的要求却比较高。这种不合理的状况,严重影响校长的积极性,包括参加培训的积极性。校长既是教师,同时又是专业技术管理干部,按照责权利一致的原则,校长收入比教师高是合理的。国外的中小学校长的工资一般比普通教师要高出相当大的一部分,并且在相应的法律与制度中有明确的规定。因此,使我国中小学校长的平均工资水平比教师的平均工资水平高出一部分,并用相应的法律或制度规定下来,有利于中小学校长的成长。与此同时建立校长职级制,拉开不同职级校长之间的收入差距,有利于调动校长参加培训和工作的积极性,有利于提高校长的管理水平与学术水平,进而有利于提高办学的质量与效益。①

第三节 校长培训中的问题与思考

加强中小学校长队伍建设,通过培训手段提高中小学校长的素质和能力,为基础教育适应国际竞争服务,已成为世界各国教育界的共识。我国政府非常重视中小学校长培训,20 世纪 80 年代末,我国启动了中小学校长培训工程。至今,已进行了"八五"校长岗位培训;"九五"校长提高培训;"十五"校长继续提高培训和"十一五"校长分级分类全员培训。国务院、教育部为此专门发布了一系列文件,规定校长要进行培训工作,这为校长培训的起步和发展发挥了指导作用。我国在中小学校长培训的机制、方法、模式、管理等方面积

---

① 应俊峰,王浩:《关于中学校长职级制的调查与探讨》,《教育发展研究》2001 年第 3 期。

累了丰富经验,中小学校长培训初步走上了规范化、制度化的道路。但是,从整体上来说,我国中小学校长培训还是处于初步发展阶段,还有许多需改进与完善的地方。

一、校长培训问题的提出

新中国成立之始,教育部借鉴了老解放区重视在职干部培训的经验,各地教育行政部门结合当时的政治任务、学校管理中的实际问题,对中小学校长进行不定期的培训。1952 年,各省市相继建立了教师进修学校,成为专职培训校长和教师的机构。"文化大革命"中,学校被破坏殆尽,教师进修学校纷纷解散。大中小学连校长的称谓都取消了,校长培训工作也不复存在了。

中国共产党十一届三中全会以后,我国教育事业获得了新生。时代的呼唤,实践的催促,使我国教育工作者焕发出了极大的热情。随着我国基础教育事业的恢复和发展,一大批新任校长走上领导岗位,他们迫切要求学习研究学校管理,以提高自身在学校管理方面的素养与管理水平。于是各省市纷纷建立了教育学院,县(区)组建了教师进修学校,恢复了培训校长和教师的传统,校长培训工作被提到了重要的工作议程。北京教育行政学院率先举办了校长培训班,湖北省于 1979 年开始讲授学校管理学。1984 年 9 月,河北省也开始了脱产半年的校长培训班的尝试。随后,各省市教育学院设置了教育管理系,开设了学校管理专业。学校管理学成为教育学院的主要课程之一。

为了适应教学和管理工作的需要,在教育理论工作者和学校管理者的共同努力下,相继编辑出版了多种学校管理学的教材。这些论著大多采用总结法来撰写。从我国的实际出发,把新中国成立以来管理普通学校正反两方面的经验加以总结,把我国研究学校管理的新成果有选择地吸收进来,把我国当代优秀校长的办学经验加以概括。这些著作还运用比较法,即对某些有争议的问题,把中外各种说法加以比较,然后提出自己的看法,让读者去分辨、思考,形成了不同体系、不同风格的学校管理的理论体系。

事实上,这一阶段的校长培训主要是针对校长学历和管理水平低的问题进行学历补课,并普及教育学、心理学、学校管理学等基本理论知识。也有些地区为适应基础教育改革的需要,从实际出发,开展了不同形式的短期培训和专题培训。但从总体上来看,国家教育行政部门对培训工作没有统一规定,因此也没有形成制度化和规范化。

二、校长培训的逐步规范

如果说1989年以前的校长培训工作是各地自行组织的，那么1989年以后的校长培训则是全国统一组织进行的。这阶段的校长培训又可以分为三个阶段。

（一）上岗培训阶段（1989～1995）

办好中小学教育，要靠广大教师，要靠教师的领班人——校长。1989年，国家教委发出了《关于加强全国中小学校长培训工作的意见》，要求用3～5年时间对全国在职中小学校长（含其他校级干部）及其后备干部进行岗位培训。旨在通过培训，使之具有一定的马克思主义理论知识和政治素养，提高运用马克思主义的立场、观点和方法指导实际工作的能力，自觉坚持四项基本原则和社会主义办学方向，正确理解和贯彻党和国家的教育方针，提高执行各项教育政策、法规的自觉性，掌握教育基本理论和学校管理知识与方法，懂得中小学办学规律，提高管理学校的能力。

国家教委颁布的《中小学校长培训规定》指出："新任校长必须取得任职资格证书，持证上岗，在职校长每五年必须接受国家规定时数的提高培训，并取得提高培训合格证书，作为继续任职的必备条件。"经过几年努力，1995年基本上完成了这一轮的培训，全国有70万中小学校长实现了持证上岗。岗位培训在很大程度上提高了广大中小学校长的思想素质和管理水平，取得了明显的效果。校长素质明显提高，促进了教育改革和学校面貌的变化。

（二）提高培训阶段（1996～2000）

努力提高广大中小学校长的管理素质，进而不断改善和提高学校管理水平，是中小学校长培训工作的长期任务。要真正适应教育改革与发展的形势要求，真正做一名好校长，广大中小学校长还应坚持不懈地学习提高，这既包括培训学习，也包括实践学习。这一阶段一方面继续对后备干部进行岗位培训，做到持证上岗；另一方面对已参加过岗位培训的校长进行提高性培训。

"九五"期间中小学校长第二轮的提高培训中，学校管理方面的培训仍然是重要的内容。考虑到参加培训的校长在第一轮培训中已经学习过学校管理的基础课程，所以第二轮培训，以江泽民同志《努力建设高素质的干部队伍》的重要讲话精神为指导，认真落实国家教委《关于"九五"期间全国中小学校长培训指导意见》和《关于对教育行政干部进行教育政策法规培训的意见》，运用学校管理理论研究我国学校管理工作中的实际问题。在总结近年来学校管理改革与发展经验的基础上，引导广大校长从理论与实际结合上对学校管理进行理性思考，继续探索新时期中小学管理的特点和规律，从而进一步提高分析问题和解决问题的能力，提高学校管理理论水平，坚持不懈地抓好干部队伍建设和素质提高，并以此促进教育的改革和发展，把一个具有崭新面貌的基础教育带入21世纪。

由此可见，无论是任职资格培训还是提高培训，其立足点都是面向全体校长的，是一种面向全员的培训。培训目的旨在进一步提高校长的政治、业务素质和管理能力，为实现我国基础教育由应试教育向素质教育转轨，全面贯彻教育方针，全面提高教育质量服务。

（三）继续提高培训阶段（2001～2005）

2002年教育部颁发的《全国教育干部培训"十五"规划》提出，要继续大力加强中小学校长培训工作，"十五"期间，中小学校长培训工作的指导思想是：以"三个代表"重要思想为指导，认真贯彻第三次全国教育工作会议和全国基础教育工作会议精神，全面落实《中小学校长培训规定》和《全国教育干部"十五"规划》提出的各项任务，以提高中小学校长全面贯彻教育方针、全面实施素质教育的水平和能力为出发点，以进一步健全培训制度、加强培训的针对性和实效性、提高培训质量为主线，努力建设一支符合实施素质教育需要的高素质、专业化的中小学校长队伍，以改革创新为动力，逐步形成"教育部宏观管理、地方政府分级负责、院校依法施训、校长主动学习"的校长培训管理体制和运行机制。

"十五"期间校长培训在继续实施全员培训的同时，走质量内涵发展道路，针对培训对象的不同特点、不同层次，开展多样化、分层次的培训，既要提高全体校长的素质，又要通过较高层次培训和实践锻炼，推出一大批骨干校长和专家型校长，把培训的广度和深度结合起来，着力提高培训质量，提高培训档次，使校长培训具有实效性，真正做到由"要我学"向"我要学"转化。

（四）分级分类全员培训阶段（2006～2009）

2007年教育部颁发的《全国教育干部培训"十一五"规划》提出，中小学校长培训要始终不渝地围绕贯彻教育方针、实施素质教育这个中心任务进行组织，提高中小学校长的思想政治素质和领导管理能力。要立足基础教育的新发展，结合新课程改革，精心组织实施百万中小学校长分级、分类的全员培训。要将中等职业学校校长培训纳入现行中学校长培训体系，培训机构应加强对中等职业学校校长培训的研究,有针对性地做好培训工作。要重点抓好不同层次的中小学校长培训。要继续推进全国中小学骨干校长研修计划,鼓励省、自治区、直辖市实施自己的骨干校长研修计划,分层次建设好骨干校长队伍。有条件的地区要从实际出发,选拔优秀中小学骨干校长攻读各类硕士与博士学位,培养一批引领基础教育发展的专家型校长,造就一批实施素质教育的带头人。

从改革开放后我国中小学校长培训工作发展的四个阶段,不难看出我国的培训工作已由自发行为转化为有目的、有计划、有组织的政府行为。在这方面我们已经跟上了世界一些先进国家的步伐。

三、校长培训中的问题

(一)校长培训基本上是基础性、补偿性的教育

长期以来,由于未实行校长任职资格证书制度,对广大中小学校长缺乏比较严格的规范性要求,校长的整体素质不尽理想。1989 年开始启动的校长培训工程,基本上属于岗位培训性质,并且是一种非规范的岗位培训,具有基础性、普及性、补偿性的特点。"九五"期间中小学校长的继续提高培训,比岗位培训前进一步,层次有所提高,但是就全国范围来说,仍然具有基础性、普及性、补偿性的特点。

(二)校长培训模式与方法是普通学校教育的模式与方法

校长培训属于一种成人干部教育,因而必须按照成人的身心发展特点,按照干部的特点进行教学。而"八五"、"九五"期间,甚至"十五"期间,许多培训机构(特别是县一级的培训机构)所采用的是一种比较单一的学校教育模式与方法:注重课堂教学,忽视实践活动。课堂教学注重讲授式,缺乏交流、研讨、互动方式,忽视管理,把管理完全当做一门知识来传授,忽视了对管理实践的自我反思,少有案例教学、问题教学、现场教学、多媒体教学等符合成人特点的教育模式与方法。实践教学往往是停留在考察先进学校上。有些地区的教育管理考察演变成了变相的公费旅游,更有甚者,通过校长考察,一些校长不仅游历了祖国的名山大川,还游到了东南亚、欧美等国家。参加培训的校长虽有收获,但却与本校实际有一定距离,很难学以致用,影响了培训的信度和效度。当然,我们并不反对向国内外的名校学习,但是这种考察所花费的精力、财力应与本学校管理水平的提高成正比。

（三）培训内容落后于学校管理发展的实际

校长培训本来应具有前瞻性，但从培训教材来看，注重过去时，忽视现在时和将来时。自2001年开始全国中小学陆续开展课程改革，但培训教材缺乏这方面的内容，因而校长培训不太受中小学校长的欢迎也是自然的。从培训内容上看，过分强调理论知识，强调系统性、基础性，忽视经验学习和实践学习，缺乏针对性、实用性、可操作性。培训时，对一些强调操作性的内容开课不足，如教育科研方法、教育统计学、教育评价学以及计算机等课。在培训教材的建设上，中小学校长的培训教材强调统一性与理论性，而在针对性、实效性、先进性与多样性上却显得不足。在统一的课程标准下，优秀的基础性的符合本地校长培训需要的教材匮乏，特别是以问题为中心，立足专题式、活页式的活教材、活教参以及网络教材、电子课件和多媒体教材更是严重不足。

（四）校长参与培训的动力不足，积极性不高

由于各地经济发展水平的差异、校长工作不稳定、校长队伍流动性大、工学矛盾突出、学校资金紧张等诸多原因，造成校长对培训的内在需求不旺，参加培训的热情和自觉性不高。尤其是农村贫困地区的中小学校由于没有国家下拨的办公经费，工资又不能按时足额发放，要缴纳成百上千的培训费，实在是力不从心。不少人把参加培训视为完成上级下达的任务，因而出现走形式的现象。

（五）校长培训质量缺乏有效的监督与评价

由于没有建立起科学的校长评价制度，具有竞争机制的校长任用制度尚未形成，培训学校大都把重点放在了课程内容的学习上，而往往对课程的考试与考核却过于忽视甚至轻视。考试、考查是一个完整教学过程的重要一环，对检测、评价学员学习状况水平有着重要的意义，同时它也是评价校长培训质量、激励校长学习的重要手段与方法。然而有关教育行政部门尚没有推出一套行之有效的评价培训机构培训质量的标准与程序，培训效果好坏一个样，缺乏有力的政策支撑。

（六）校长培训缺乏高素质的师资队伍

校长培训质量的关键在教师。教师讲课理应在教育部统编校长培训教材基础上结合当地学校管理实践进行讲解。但目前的现状是，校长培训没有稳定的师资队伍，缺乏高水平的学术带头人，尤其是对中小学管理有深入研究的骨干教师很少。大部分课程由青年教师担任。他们缺乏中小学管理的实际工

作经验，对培训对象的工作性质和特点的了解比较肤浅，对新课程理念的认识也多停留在理论层面，因此培训的针对性不强，难以满足不同地域、不同层次中小学管理的实际需要。

(七)校长培训成了创收的渠道

中小学校长培训是为基础教育服务的，理所当然地应视为基础教育的重要组成部分。但是，多年来大部分承担校长培训的机构没有得到国家拨发的经费。更有甚者，有些地区还把校长培训机构视为自负盈亏单位，教育行政部门不但不给经费，甚至不发给工作人员工资。因此，从事这项工作的人员在举办校长培训时，首先想到的就是解决自己的温饱问题，接着考虑尽快地富裕起来，继而思索的是跑步进入小康社会，再接着……校长培训成了聚敛钱财的聚宝盆，这也是教育界滋生腐败的黑洞。

四、校长培训的思考与建议

校长培训是一项长期久远的工作，是功在千秋的事业，是复杂的系统工程，要使这项工作经常化、制度化、规范化，必须通过教育立法形式加以规定，使校长培训和普通教育一样具有法律地位，并依据立法对培训工作进行监督。

(一)强化政策导向，加强宏观管理

从长远发展趋势看，中小学校长培训工作必须形成“政府宏观管理，培训机构依法培训，校长自愿参加”的运行机制。培训工作最终要以校长的内在需求为动力，逐步由“要我学”走向“我要学”的良性发展轨道。教育行政部门要完善校长竞聘机制、校长评价机制、校长任期目标考评机制，要将校长素质发展列为重要评价指标。校长继续教育应以法律、法规的形式规定下来，这是教育现代化的要求。通过立法规定校长每隔几年接受一次较长时间的培训，也可结合平时工作进行短期培训，把长期培训制度与短期培训制度结合起来。

取得校长岗位培训证书是担任校长的前提。为完善校长竞聘机制，真正做到“先持证，后上岗”，就要扩大校长岗位培训班的招生范围，组建一支数量相当的后备队伍。除了由教育行政部门指定参加者外，应该允许学校各部门负责人或其他符合条件的教师自行报名。取得校长岗位培训合格证书后，可作为校长后备人选，经过考核，符合校长条件者，聘任为校长、副校长。

(二)培训内容应具有前瞻性和实用性

国家教育行政部门在上一轮校长培训进行时就要考虑下一轮培训的内容和形式，并使之纳入正常的校长继续教育的轨道中去。校长培训内容应该突出前瞻性、实用性、问题性、创新性等基本特点。校长培训内容要符合不同层次校长的工作实际,如学校全方位实施素质教育的基本做法;建立学校党政合作制度的具体措施;校长在领导工作中的人际适应能力与自我心理调节能力的培养;多媒体教学技术与手段的应用与管理等。校长培训内容要能够帮助校长切实解决一些当前在办学过程中遇到的棘手问题和难点问题,如学校办学经费的筹措等。校长培训内容应包括国际国内一些先进的办学方式、管理特色和经验教训的介绍,供校长们参照与思考,如开展校本培训的典型做法;在学校实施教师聘任制的具体经验;科研兴校的典型事例等。校长培训内容应适量介绍一些国际国内有关教育和管理的最新研究领域或理论动态。通过介绍这些内容,可以帮助校长"开眼界、增见识、换脑筋、长智慧、促思维",有利于开发校长的工作潜能,提高校长素质水平。在校长培训活动中,可以指导校长针对学校管理中的突出问题,参考国内外的一些有特点的做法,进行符合实际的方案设计,学习创造性地解决问题。比如尝试性地在学校建立学习型组织,实施校本管理等。

(三)依托师范大学设立校长培训中心

建设一支专兼职结合、素质优良、相对稳定的干训师资队伍,是搞好中小学校长培训工作、切实提高培训质量的基本保证。作为迫切希望通过培训来提高自己理论水平和管理能力的广大校长,他们对教师的素质要求是很高的。校长对教师的许多缺点都可以原谅,但最不能原谅的是教师的不学无术和对中小学管理实际情况的无知。从事校长培训的教师,不仅要有较宽广的专业理论知识,较强的教学业务能力,灵活的教学方法,而且更要熟悉中小学校的管理实务,能从理论与实际相结合的角度进行指导,提高校长分析、解决实际问题的能力。针对目前干训师资队伍存在的问题,解决的办法有:依托各省师范大学教育学院建立教研组织,开展培训、研修、集体备课活动;采取激励措施,鼓励干训教师加强教学研究,多出成果、出好成果;选派思想素质好、理论水平高的青年干训教师到中小学实际锻炼;有计划地选派干训教师参加研究生课程班学习,支持他们攻读硕士、博士学位,提高学力层次等。

(四)改革培训形式和培训方法

提高校长培训的质量,需要有开拓精神和创新意识,不能拘泥于传统的培训途径和方法。随着校长培训途径的多元化、培训过程的终身化、培训目标的具体化和培训手段的现代化,校长培训工作要逐步由封闭走向开放、由单一走向多元、由政府行为走向社会行为。在现阶段,校长培训课程形式应以综合讲座和实践为基本形式解决共性问题,还应根据不同地域、不同层次校长工作的实际情况和不同需要,进行专项设计,形成多种多样的教学模块,让校长自主选择一定量的教学模块,在教师指导下互动探究,建构知识,提高素质。校长培训可以采用学分制,实行弹性学习,可以采取集中培训学习、实践学习、网络学习三结合的学习方式。实践学习既包括在本学校管理实践中探究问题,又包括到先进学校考察或者到兄弟学校挂职体验。通过总结和比较,校长对自己的管理实践进行反思,查找问题,运用学到的新理念,对问题进行分析、探究,这样,将会提高校长培训的针对性和实效性。

(五)贫困地区校长培训,政府应建立专项基金

我国目前已经建立起了四级培训网络,但是最大量的中小学校长培训工作是由第四级即县级校长培训机构来进行的。然而由于农村地区地广、交通不便、教育经费短缺以及工与学的矛盾,使得要集中对农村中小学校长进行全面培训是很困难的。对此,一是保证投入是实施校长培训的必要条件。教育行政部门应建立校长培训专项基金,尤其应向贫困地区倾斜。贫困地区中小学校长培训费用由政府负担,以真正体现义务教育重中之重的地位。校长培训的前提是校长工资按时足额发放。只有解决校长最基本的生活待遇,才能稳定校长队伍,保证教育健康快速发展。二是采取“集中面授、送教下乡”和“城乡中小学校结对子”的培训方式。各地经济发展水平不一致,培训者与被培训者的水平也有很大的差距,因而对于中小学校长的培训工作应在国家的统一要求下,因地制宜,因人而异,注意培训模式的灵活性,特别是对广大农村中小学校长更应如此。要解决好工学矛盾问题,以便帮助校长克服后顾之忧,还要把校长培训同职称评定、评先评优、普九验收等挂钩。通过政策和机制,启动校长参加培训的内动力。

第四节　校长权力的透视与矫正

改革开放以来,教育界对校长在校工作中以至在整个教育事业的进程中的重要地位有了越来越明确的认识。因为经济发展靠科技,科技靠人才,人才培养靠教育,而教育的改革和发展关键在校长。校长负责制在中小学校实施已经有20多年了,它赋予了校长管理学校的实权,为校长们施展才华创造了良好的条件,极大地调动了校长的工作积极性和创造性。但在实际运作中,也

出现了一些问题。许多校长认为行政决策权、行政指挥权、人事权和财务权等未到位；另外，一些学校的校长垄断权力的现象相当严重，据此，应进一步完善校长负责制，正确处理好校长权力的失衡问题，加强学校党组织、教代会的民主管理和监督作用。

一、法律赋予校长的权力

权力是一种控制力，又是一种影响力。1985 年颁布的《中共中央关于教育体制改革的决定》提出："学校逐步实行校长负责制。"1993 年印发的《中国教育改革和发展纲要》进一步明确指出："中等及中等以下各类学校实行校长负责制。"这样，校长负责制就成了我国现行中小学校管理的基本体制，其核心内涵是：以校长责权为核心的校长负责、党支部政治核心和保证监督、教职工民主参与管理的学校管理体制。

我国有关法规对校长的权力没有直接作明确具体的规定，只是在《中华人民共和国教育法》第三十条第二款笼统地规定了"学校的教学及其他行政管理，由校长负责"；第二十八条规定了学校及其他教育机构可以行使九个方面的权力：按照章程自主管理；组织实施教育教学活动；招收学生或者其他受教育者；对受教育者进行学籍管理，实施奖励或者处分；对受教育者颁发相应的学业证书；聘任教师及其他职工，实施奖励或者处分；管理、使用本单位的设施和经费；拒绝任何组织和个人对教育教学活动的非法干涉；法律、法规规定的其他权力。

1991 年 6 月颁行的《全国中小学校长任职条件和岗位要求（试行）》规定了中小学校长四个方面的职责：（一）全面贯彻执行党和国家的教育方针、政策、法规，自觉抵制各种违反教育方针、政策、法规的倾向。坚持社会主义办学方向，努力培养德、智、体全面发展的社会主义事业的建设者和接班人。按教育规律办学，不断提高教育质量。（二）认真执行党的知识分子政策和干部政策，团结、依靠教职员工。组织教师学习政治与钻研业务，使之不断提高政治思想、职业道德、文化业务水平及教育教学能力，注意培养班主任、中青年教师和业务骨干，努力建设又红又专的教师队伍。依靠党组织，积极做好教师和职工的思想政治工作。自觉接受党组织的监督。充分发扬民主，重视教职工代表大会在学校管理中的重要作用，注意发挥广大教师和职工工作的主动性、积极性和创造性。（三）全面主持学校工作。（四）发挥学校教育的主导作用，努力促进学校教育、家庭教育、社会教育的协调一致、相互配合，形成良好的育人环境。

尽管上述法律和文件对校长的权力有了一些规定，但校长的每一项权力的具体范围并未明晰。正是因为国家对校长的权力没有明确的界定，一方面导致了教育行政部门对本属校长的权力的随意干预；另一方面导致校长在实践中权力偏大。因此对校长的权力作出明确的规定已经刻不容缓。

二、校长权力失衡的透视

(一)校长应然权力的失衡

1. 教育行政部门主管部门干预

作为校长，都有自己的教育追求和办学理想。要想实现理想，达成目标，他(她)在学校中必须具备一些条件，也就是必须有一定的权力。校长负责制的宗旨之一是简政放权，给校长充分行使管理权力的空间，从而扩大学校的办学自主权。校长表面上获得了本应获得的社会地位和校长权力，而实际上校长的权力是非常有限的。一是人事权。我国中小学的机构设置一般直接受到教育行政主管部门的干预，公办学校校长由教育局任命，副校长包括中层管理人员都要经过教育局任命。尽管在学校的民主管理过程中，已经开始公开化的竞争上岗，但最后的结果还是要由教育局长签字。二是财务权。公办学校花的每一分钱，包括校长出差，都要向教育局打报告，申请批下来才可以出差。教师工资也由教育局划拨。三是课程权。我国的课程已经固定下来。小学每周 20 多节，初中 31 节，高中 34 节左右。给校长每天留有余地的仅仅 2 小时，校长为实现自己的理想所搭建的课程平台几乎是没有的。

地方性政策的配套改革滞后和各种行政干预以及条条框框限制及牵制，使校长应有的权力却未获得，农村中小学这种现象更为普遍。如被迫订阅各种摊派性报刊；被迫抽调教师和学生搞突击性宣传接待任务等。这种现象，一方面反映了各地在执行国家教育政策法规方面的“泡沫”成分，另一方面挫伤了校长管理学校的热情和积极性，使校长管理好学校的责任感大打折扣。

2. 权力的“内耗”影响了校长权力的正常发挥

班子不团结，校长行使权力的职权影响力降低。建立一个以校长为核心的强有力的学校领导集体是实施校长负责制、加强中小学管理的关键所在。然而，由于校领导群内部各行其是，各自为政，争权夺利，互相攻击，造成学校管理中的“龙虎斗”现象，使校长管理权在这种恶性周旋中内耗和缺损。这种权力的“内耗”影响了校长权力的正常发挥，干扰了学校工作的正常运转，使整个学校工作停滞不前，甚至处于瘫痪状态。

3. 校长素质和能力局限，工作效率低

按校长负责制精神，校长有权对学校的岗位责任进行合理的分配，从而使校长能集中精力统筹调配，优化管理。然而，由于校长本人素质和能力局限，或部分外来因素干扰，学校管理中常出现分工不对路、职责不明晰等现象。如党委书记分管后勤、财权；教务主任无权分课；音乐、体育、政治课找人凑数等。出现问题事无巨细找校长，校长变成了"管家婆"，管理权力分散，粗放经营，优化管理绩效难以实现。

4. 经济拮据，权力失真

"穷国办大教育"，由于财力不足，许多地方很难保证教育的"三个增长"，中小学校普遍存在经济拮据现象。有的地方教育的公用经费微乎其微，教师工资不足额现象依然严重，再加之另户统管，这就造成了校长不能真正运用手中权力管理好学校的人、财、物、事等。教师配备不齐全，好教师流失严重，可用之兵难调度——人事管理权的失真；教学设备不齐全，危房难改造，办公用品购置困难——物的管理权失真。由于权力的失真，校长很难使学校工作从困境走向新生，从无序走向有序，从低效走向高效。

5. 工作压力大，使校长产生高度焦虑等心理问题

目前，绝大多数中小学校长仍是上级任命的，一般任期三年。他们有强烈的事业心，迫切希望在短时间内把学校管理好，把教育质量搞上去，然而由于校长背负沉重的心理压力，不能将自己的权力精准地使用在学校内部的人、财、物、事的管理上，从而影响管理效能。学校管理绩效自然也就难以得到最佳提高。

（二）校长实然权力的失衡

实际运作中，为数不少的校长集学校各种权力于一身，对校内外一切事务，事无巨细，事必躬亲，陷入了事务的泥淖，身心极度疲惫，在其助手及教师的心目中留下校长权力过于集中、缺乏监督、刚愎自用、独裁专制的不良印象。透视这种现象，其产生的根源有四点：

1. 认识和思想上的误区

校长负责制是以校长全面负责为核心，党支部保证监督、教职工民主管理的新型学校管理体制。然而，由于认识和思想上的误区，实际管理中"校长负责制"成为"校长个人制"的现象在中小学普遍存在。校长中的绝大多数曾是

学校某一方面工作的能手,多年的业务工作使他们养成了遇事亲力亲为、任劳任怨、勤恳务实的工作作风。如今的校长,角色已经改变,但由于心理习惯定式,其自我角色没有随即调适到位,仍把担任教师做具体业务工作时的工作方式或多或少地带到校长岗位上,一如既往地身先士卒、事必躬亲。在这类学校,党组织监督瞻前顾后,不敢坚持原则;工会组织活动难以运转;教代会成为“举手机器”;群众民主监督害怕穿小鞋,畏首畏尾。校长我行我素,任意行使自己的权力。广大教职工怨声载道,消极怠工,学校工作出现失控状态,运转不灵。

2. 在人事管理上,任人唯亲,排除异己

全国百万名中小学校长权力是不均衡的。有些地区的校长已经拥有教师的聘任权。个别素质低下的校长利用聘岗的机会,剔除对自己不满的教师,如将称职的教师评定为不合格,将其换到图书馆或后勤部门,甚至让其待岗。安插自己的亲信占据重要的人事岗位,以便控制校务会议等决策机构,确立校长独断的合法性基础。

3. 在经费使用上,随意性大

尽管教育部一再表态,公办学校不择校,择校找民办学校,但一些名校因其教学质量高,引来了一部分择校生。择校生的到来为这些名校财力注入了生机,但同时也带来了财务管理问题。账外账(小金库)的问题比较普遍,由此引发了校长经费使用的随意性。

在经费使用上,随意性大,还表现在一些学校关于教师结构工资制的改革中。有些学校实行教师结构工资制,提高学校领导和少部分教师的工资是以降低多数教师的工资为代价的。许多省市的教师反映,有些学校准备加大结构工资的比例,办法是从每一位教师的工资中扣除一部分,作为课酬或津贴重新分配。事实上,如果扣除的比例适当,还是能够调动教师积极性的,但是,如果扣除占工资的很大一部分,则可能适得其反,尤其对中老年教师不利,导致教师队伍的不稳定,影响学校的办学质量。

4. 评价制度方面随意性大

由于教育行政主管部门的直接介入,在诸如惩戒权等敏感问题上,校长则倾向于不负责任地全部由老师和班主任承担。如在校学生违法犯罪和“流失生”现象是当前社会关注的两个热点,教育行政部门当然更加重视。为此,有的县教育局发出通知:“无违法犯罪、无流失生,作为考核学校能否评为先进单位的首要条件，实行一票否决。”为了落实这项工作，有的中学德育工作领导小组在校长指导下，拟订了一份《班级工作三无责任制》。根据这项制度规定，某班若一学期内达到无违法犯罪、无流失生、无非正常伤亡，则发给奖金100元，班主任和其他任课教师各分一半。若未能达到“三无”，则扣罚同样数额工资。事实上，学生违法犯罪是多方面因素综合影响的结果，对此不能简单地运用制定学校和教师的责任制来解决。权力不明，一方面造成这些老师和班主任压力过大；另一方面，造成学校体罚现象严重，尺度不一，很难达到教育的效果。

5. 校舍校产管理，容易滋生腐败

校长负责制不但赋予了校长管理学校的实权，也明确了校长担负的责任。中小学校长一般都是教育教学业务上的尖子，有着强烈的事业心、责任感，肯吃苦，能负责，追求成功。这种急于求成、急功近利的心理，往往会促使其滥用手中的权力。在校舍校产管理权方面，尤其在涉及校产的租赁、校舍基本建设招标等方面，有的校长听不进助手和教师的意见，我行我素；甚至一些师德修养差的校长，不注重党性修养，目无法纪，搞权钱交易，以权谋私，不仅侵害学校和学生的利益，也损害国家的利益。

三、根治校长权力失衡的对策

校长权力失衡的根治是一项复杂的系统工程，既要坚持依法治校与以德治校并举，又要找到切实可行的办法，发挥校长的灵魂作用；既要引起上级领导的高度重视，又要引起校长的自我警觉，提升校长的人格魅力。校长的权力是基于我国法律制度授权而获得的，因此，有必要从法律制度的视角来分析，并寻求通过法律制度的革新来优化中小学校长的权力结构。

（一）选拔任用校长时必须坚持“德才兼备”

校长不仅是学校的领导者，同时更是教育者。教育界普遍认为，有什么样的校长就有什么样的教师、什么样的学生和什么样的学校。这说明，校长的言传身教具有导向作用。校长要给全校人员以各种指导，成为教职员工和广大学生的良师益友。校长如何承担起管理的重任？做好师生员工的工作，一靠真理，二靠人格。校长和其他领导成员必须十分重视自身的品德修养，淡薄个人名利，严于律己、廉洁勤奋、无私奉献，以获得教师的崇敬、信任和支持。校长必须自觉加强自身的师德修养，务必做到公正廉洁，无私奉献。因此，教育行政部门在选拔任用校长时必须把“德才兼备”作为第一标准。

(二)加强党支部、教代会的民主管理和监督作用

一切权力都需要监督,否则极易导致专制和腐败。校长的权力也需要监督,仅把希望寄托在校长的廉洁自律上是靠不住的。如何监督?最好的方式是民主管理,让党支部与教职工代表大会负责实施监督。校长负责制本身就是“上级宏观领导,校长全面负责,党支部保证监督,教职工民主管理”的四位一体的管理体制。党支部是学校工作的政治保证,教代会享有法定的民主管理和监督权利,校长的全面负责应该在党支部、教代会的参与、审议、保证、监督下正当行使权力。定期召开教代会,汇报工作,听取意见,加大决策透明度,自觉接受党支部和群众的监督,防止刚愎自用、独断专行。教代会制度需要进一步完善,教职工必须真正以主人翁的态度,参与学校管理、监督工作。

(三)校长必须正确看待手中权力的影响力

校长领导工作主要靠的不是手中权力的影响力,不是行政命令,而主要是靠非权力因素影响力,这是因为校长的权威是其权力和威信的统一,这种由权威产生的影响分为两类:一类是强制性的影响力,实质是权力性的影响力。这种影响力来自行政职位所具有的一种由法律规定的权力。这种权力是校长履行职责的依据和保证,具有强制性和单向性的特点。另一类是自然的影响力,实质是由校长个人的品质和才能产生的影响力,是一种非权力性的感召力量,是校长权威地位的主导因素,具有非强制性和持久性的特点。两类影响力都有助于权威性,但前者令人畏惧,后者令人信服。两者的结合,才是校长在学校的教育活动和管理活动中充分发挥其指引、推动作用的保证。对于一个会做工作的领导,他(她)会调动千军万马来实现自己的教育抱负。作为学校的领导者,校长不必也不可能在方方面面都比别的教师能干,但一个好校长必然是“思贤若渴、荟萃英华、识才爱才、扬人所长”的人。

(四)校长要敢于分权,勇于授权

什么是领导?领导就是服务。校长的公仆地位是社会化劳动职能分工的本质特征。校长的公仆地位就是要很好地为教职工和学生服务,并接受群众的监督。服务是领导的出发点和归宿。校长的服务作用体现在全部工作中。学校的工作千头万绪,绝不可能样样都由校长亲自来管。“有所不为才能有所为”。

权力是一种控制力,校长能否正确处理权力的“授”与“收”,实乃重要的领导艺术。校长权力的“授”在于要调动每一个教职工的积极性,在于要选好

被授权者,做到权责并行。校长权力的“收”,要有效地进行计划,按章治校,依法执教,控制奖惩。

现代管理主张“授权”,正如一个乐队的指挥一样,他(她)的任务是把各种音响协调起来,构成一曲和谐而动听的乐曲,而不是自己直接去演奏。校长在全面领导学校工作时,应把手中的权、肩上的责分解开来落实到校内各种角色的身上,让他们有职有权有责,各司其职,各尽其能,各负其责。校长则集中精力加强指导、协调、督促、考核,以强化各岗位人员的工作责任心,充分发挥其工作积极性和创造性。而学校的发展目标及计划、学校的规章制度、骨干教师及主要职能部门干部的培养、教职工的考核和奖惩等,则是校长职责范围内的大事,是不可委托于下属的,校长必须得“收权”。

第五节　外国中小学校长职权管窥

中小学校长是特定的社会角色,是学校管理关系的承担者与创造者,是学校教育改革的关键人物。校长的权力直接关系到学校的办学质量与效益,影响到一所学校的整体形象。由于政治、经济、文化背景的不同,当今世界各国中小学校长拥有的权力差异很大。探讨各国中小学校长权力的模式和特点,博采众长,为我所用,对于加强我国学校管理体制的改革,提高学校管理工作的质量将大有裨益。

一、美国校长的权力随着社会的发展在不断变化

(一)美国校长职权的演变

美国是典型的地方分权制国家,联邦政府没有管理教育的权限,教育管理权主要在各州。州的教育行政机构组织包括州教育委员会和州教育厅。事实上,许多州把实际教育管理权都委托给地方教育行政机构——学区来行使。美国的学区是直接、具体实施州教育政策和管理公立中小学的最基层的教育行政机构。尽管美国各州、各学区赋予校长的职权明显不同,如有的州在学校法规中确立了校长的法律地位,并单独立法规定了校长的职责;有的州给校长以教师地位;有的州的学校校规中只提及了与校长工作有关的责任,但是,中小学校长是负责学校全面工作的法人代表的地位在全国则是相同的。

探讨美国中小学校长的权力,不难发现,美国校长的权力随着社会的发展在不断变化。仅以美国中学校长权力来说,是伴随着角色特征逐步发展起来的。100 多年来,发生了五次比较大的变化。

1865 年至 1885 年间,美国中学校长是作为普通的教育工作者而从事某些学校管理事宜,其工作信条是“教学性的教师”。1888 年至 1905 年间,随着美国中学的进一步扩大,美国学校校长需要更多地“关注和指导”学校的教育方案,“作为应用哲学”的管理信条成了其学校管理的特征。

20 世纪初期,在强调经济效益高于一切时,美国学校校长出现了另一新的管理信条,即“作为经营的学校管理”。此时美国中学校长对内负责全校工作,对外代表学校的角色已建立起来,具备了三项持久的基本权力:学校的组织和管理、教学的监督和领导、学校—社区关系的协调和维护。这些职能延续至今仍没有本质的改变,校长通常不再或很少从事教学工作。

1930 年至 1950 年间,随着美国经济“大萧条”的爆发和罗斯福“新政”的出台,民主思想以及人人都可参与学校决策的观念日益蔓延,学校中的民主使学校管理人员的权力和威望江河日下,但他们所从事的“技术性工作”对美国中学来说仍是不可缺少的。校长在管理学校的过程中十分强调士气、团体的凝聚力、合作以及非正式组织等方面。此时校长的权力集中体现在作为社会代理人的校长。

从 20 世纪 50 年代开始,美国学校管理在不忽视学校非正式组织的作用的同时,更重视学校正式组织中的人的行为。美国学校管理中出现的“作为应用行为科学”的学校管理信条,左右着美国中学校长的工作方式。美国中学校长作为应用行为科学家,延续至今。

美国中学校长的发展历程充分表明,美国中学校长管理中学事务方面的权力是逐步获得和扩充的。考察美国学校管理现状会发现,美国学校管理的早期信条至今仍留有许多痕迹。如美国中学实行教学与行政分工制,70% 的中学校长不亲自承担教学任务;有些中学校长仍倾向于把自己看做是行政经营型,而其他人则把自己看做是“教学性的教师”。行政经营型校长的权力集中于行政和经营,把使学校顺利运行作为自己的主要职责。其主要精力集中在行政督导,从事学校各部门的组织、管理和协调;获得教职员的信赖与支持,赢得学生的爱戴与尊敬;争取社会合作与支持,处理学校与社区居民、地方教育委员会的关系,以及为募集学校经费而努力。他们对教学工作起监督作用,管理支持教学的资源。如制定预算、编制报告、搜集和传达信息等。至于学校的教学管理、学生管理、行政事务管理多由副校长承担。把自己定位于“教学性的教师”的校长,则更关心教学、教研和教改活动的进行,谋求课程与教学的改进,并经常性地评估教学质量,努力创造有益于学习的学校氛围。他们把“教学管理”、“教师工作评价”、“课程设置”视为自身最主要的三项权力。

(二)美国校长的基本职权

无论美国中小学校长自身怎样定位,与欧美其他国家中小学校长权力相比,他们不仅工作职权大,对内负责全校工作,对外代表学校,而且职权范围十分宽泛,校长的基本职权可分为以下五大类。

1.决策权

学校行政工作中的重大问题,校长有最后决定权。校长在决策之前,要召开各种会议,听取各方面的意见,但最后拍板的是校长。美国中小学校长拥有对学校的组织和管理、教学的监督和领导、学校—社区关系的协调和维护的决策权。

2.教学管理权

在美国,教学的监督和管理被视为学校管理工作的核心。美国中小学校长的教学管理权主要表现在三个方面:第一是课程编制,即根据国家和学区的课程方案、课程指南等,针对本校学生的需求和学校目标,编制并实施反映学区观点的课程方案。第二是负责师资的在职培训,即校长必须保证教职员的继续教育,促进教师教学技能的提高和教学方法的改进。第三是教学评估,包括对教学大纲、教学计划、教学内容、资源利用、教学方法以及教学实践的全程评估。

3.人事管理权

美国中小学校长的人事权包括学生人事管理权和教学人员人事管理权。校长对学生的人事管理权主要体现在对学生人事工作人员的监督上。学生人事主要是针对学生的调查统计、心理健康、就业等方面进行的工作。校长可任命咨询协调员或成立学生人事服务委员会,以分担学生人事服务的繁重任务。美国中小学校长对教学人员的人事管理拥有相当大的权力。尽管教学人员的招聘和辞退是学区的职责,但校长对教学人员的招聘、工作安排、教学人员能力的开发及辞退起着决定性作用。尤其是在学区依法终止教学人员的聘用关系时,校长的评价则成为学区人事决策的基础。

4.财经管理权

美国中小学校长的财务管理名目繁多而且复杂,主要包括以下几方面:编制财政计划和学校预算,购买物资设备和教科书,登录校产,保管学校各项设施，调控饮食服务，交通运输，校舍、校产的维护和维修，监督学校后勤工作人员的工作。

5. 协调公共关系权

校长首先要协调好学校内部各部门组织之间的关系，获得教职员的信赖与支持，赢得学生的爱戴与尊敬。校长还要争取社会合作与支持，处理好学校与社区居民、地方教育委员会的关系。美国学校与社区的合作极为重要，校长必须编制维护学校—社区关系的学校计划，使学校内外部人员保持双向有效的沟通。一方面，校长应加大宣传，让公众了解学校的目标和目的。另一方面，校长又要听取公众对学校的反映和意见，以获得他们的支持，共同致力于青少年的教育。

（三）美国学校行政干预较少，社会监督力度大

近年来，美国中小学校长管理协会，在政府支持下，开展评选全国优秀校长的活动。优秀校长的标准是有领导才干，在社区工作卓有成效，得到教师、家长认可，能够帮助学区其他学校的校长提高水平等。由此可见，协调好公共关系成为当选优秀校长的重要条件之一。

美国的学校要接受社会监督，社区成立教育委员会，选举各界人士和学生家长代表为教育委员会委员，学校教育计划和改革方案，均得交委员会讨论，听取意见修改后，方可执行。《美国2000年教育目标法》把家长参与学校管理法定为国家的重要教育目标。1997年年初，克林顿在《美国21世纪教育》的报告中提出“家长选校”和“学校责问”两项建议，其核心内容就是，家长可以选择学校并参与学校管理，经过家长评审不合格的学校，家长可以要求关闭。可见，美国教育行政干预较少，但社会监督力度大，这样能大大减少校长决策的片面性。

二、英国中小学校长是教师身份但权力在扩大

英国的教育管理体制从行政建制到学校内部的机构设置都比较精简。就教育行政管理而言，在垂直层次上仅分为中央和市（郡）两级。中央教育行政部门为联邦教育部，直接受教育大臣领导，管理全国的教育事业。地方教育行政部门则为市（郡）教育局，接受教育部和市（郡）行政部门的领导，管理下属教育部门的事宜。

就学校内部的组织机构而言，英国实行的是校董事会领导下的校长负责制，由各方代表组成的校董事会是学校的决策机构。校长是学校首席行政长

官，向校董事会负责，执行校董事会的决议并主持学校的日常行政管理事务。

英国的中学通常设校长1名，副校长若干名；小学设校长1名，副校长或校长助理1名。中小学校长、副校长均为教师身份，要承担一定的教学任务。在中小学中，专司管理工作的是“接待室”，其实际职能类似于我国的校长办公室，根据学校规模设3～5名专职人员。除此之外，各学校还设1名高级教师和教育活动协调人，协助校长管理日常教学工作和其他事务，由德高望重、经验丰富的任课教师兼任。

20世纪80年代，中小学校长的权力主要有：制定学校的办学方针、目标、实施措施，并努力使这些设想为大家所接受；建立或改组学校内部组织，安排经费和教师工作，使决策得到贯彻；使每个教职工明确自己的职责，并保持高昂的工作热情；通过工作评估与检查使全体教职员工具有并保持一定的工作水准；为使学校目标实现，寻找一切可以寻得的帮助与支持；与校董事会成员、地方教育当局及其他学校校长保持密切联系和友好的合作；搞好对学校工作的自我评估，找出短处，设法予以补足。

为解决学校教育质量问题，更好地发挥教育培养人才、服务经济的功能，增强英国在国际上的经济竞争力，1988年，英国颁布教育改革法。通过改革，把原属地方教育局的许多权力，诸如学校经费使用权和学校管理权等下放到中小学校，由学校管理委员会及校长负责，即在教师聘用、经费分配、教职工工资、图书资料及设备、清洁卫生、校舍修缮、贫困生资助等方面，学校管理委员会及校长有决定权。

随着英国政府教育改革的一些措施逐步落实，中小学校管理也在发生着深刻的变化，呈现出复杂性和变动性的新特点。在这种环境下，校长就不可能仅是一个教学管理者的角色，还应是一个经营管理者、协调者、领导者的角色。校长要主动进行角色调整，以适应复杂变化的学校管理环境。学校可根据自己的情况，自主决定内部的管理机构。校长的主要职责是：①与学校管理委员会一起管理学校，具体负责学校的日常管理工作；②管理学校的政策、规划；③管理教学；④管理教职员工；⑤管理预算。

随着英国政府对中小学校管理改革的深入，对校长素质的要求也越来越高。作为一名校长，不仅要管好教师和学生，还要管理经济环境，提高投资效益等。这种新的变化、新的环境、新的工作，给校长带来了挑战，使校长感到工作有压力。为解决在学校管理中所遇到的新的问题，校长自身产生了强烈的要求培训的愿望。

英国校长一旦聘用,即可拿到丰厚的薪金。一般的校长年薪要比教师平均年薪高出近一倍。具体数额根据学校规模和资历来确定,如在一个有1100余人的综合中学里,校长的年薪近4.2万英镑。校长受聘后,如果在两年内不称职需要解聘,必须遵循解雇校长的固定程序,并不得违犯劳动就业法的要求,超过两年,解雇校长就很困难。只要校长想干,就不能辞退,直至60岁或65岁退休。英国校长的这种稳定性的职业和优厚的待遇,对许多教师来说,是他们一生中所欲争取达到的目标。

三、法国中小学校长具有双重作用

法国属于中央集权制的国家,法国的教育行政机构,独立于一般行政体系之外。教育部对下属大学区、省、县、区实行垂直的教育行政领导。法国中小学实施校长负责制。中小学设校长一名,校长秘书一名,另有两人管理教务和总务工作。学校理事会是协助校长工作、参与学校管理的学校内部组织。它由校长、行政和服务部门代表、教育教学人员代表、学生家长代表、学生代表和地方人士代表各5人组成,校长为理事会主席。学校理事会的主要职责有:讨论和研究校内的规章制度、教师和家长互通情况的方式、教学班的定额、学生上学交通、学校食堂管理、课外活动等问题。另外,法国中小学还设置教师委员会、学生委员会、家长委员会,共同参与学校管理。

法国校长作为学校的一员,既是校长又是任课教师。法国校长同教师一样,均是国家公务员,聘任权在国家,而不在学校,工资直接由国家教育部发放。法国对校长的选拔非常严格,既注意资格,也注重经历,竞聘校长职务的教师必须通过严格的考试和培训。这些措施既保证了校长的质量,又提高了其权威。

法国中小学校长具有双重作用:他们既是国家代表,拥有权力,又是执行工具,负责准备、执行学校行政会议的决议。校长的职责包括检查教学进度;负责维护秩序和安全卫生;对违纪行为惩戒,并向司法主管机构提起诉讼;监督和评价教师业绩等。

四、德国中小学校长双肩挑、待遇高

德国属于联邦制国家,在教育管理上,联邦政府同各州政府有着明确的分工。联邦宪法规定:“整个教育事业置于国家监督之下,教育、科学的立法管理主要由各联邦州负责。”联邦政府在教育领域的权力主要由联邦教科部行

使，但整体教育外交和师资待遇等则由联邦外交部和内政部负责。联邦政府的主要职能是：行使竞争性立法权，即联邦政府在某教育领域如果不立法，各州就可自行立法，如果联邦政府已立法，各州应以联邦立法为依据，制定有关规定；行使框架立法权，主要是确定高等教育的基本原则，与各州共同承担高等学校的新建、扩建，参与具有跨地区意义的教育规划和科研事务。

德国各州政府在教育管理方面享有充分的自治和自主权，教育领域的基础原则不是由联邦政府的主管部门确定，而是由各州之间相互约定。根据宪法规定，只要联邦法律没有另作规定，各州政府即可在教育领域内行使国家权力、履行国家义务，教育的立法和行政权在基础教育领域里尤为明显。为避免各州教育形成明显差异，保持德国教育体系的统一性，各州组成了州教育部长联席会议，以协调各州的教育政策和措施，确保各州教育事业的一致性和互通性。各州达成的一致意见就形成了具有法律效力的“国家协议”。

德国中小学设校长一名，由地方教育部门任命，副校长由校长任命。除了校长和副校长，还有校长秘书一人，学校没有其他行政人员。德国中小学校长由于一律任课，甚至要上一门主课，以及州保留着对学校行使管理权，所以，他们的行政工作较少，主要是执行州教育部的教学计划，负责组织家长委员会，安排教学分工及教学计划，负责学校的校舍设备、财务和公共关系的职能。房屋管理和清洁卫生由社会服务机构负责。学校会议是学校的决策机构，由教师和家长代表组成，人数各占一半，其职责是决定诸如选用教材、经费使用、学生成绩评定、家庭作业情况等问题。德国中小学校长以法定的会议主持人的身份出席会议，通过会议管理学校及行使其职权。

德国中小学校长的权力集中体现在教学管理上，必须是优秀教师并且具有管理才能者，才能胜任校长工作。因此，德国对中小学校长的选拔也是很严格的，大致分为四步：第一步，刊登招聘广告，由区政府进行初选。第二步，对初选合格者进行考查，听课，了解入选者的教学水平；对年轻教师进行评价，看其有无指导教师的能力；召开一次教师大会，看其组织能力如何；检查对教育政策法规掌握的情况。第三步，根据考查结果，区政府与学区教育局协商确定推荐人选。第四步，上报州政府任命。有的州在任命之前还进行考试，合格者才能被任命为校长。

第四章
教师管理的历史、现实与前瞻

管好学校,校长是中心人物;教好学生,教师是中心人物。学校没有教师,就谈不上传授知识和培养人才;学校没有高质量的教师,就谈不上提高教育质量。因此,办教育归根结底靠什么?不是靠校长的孤军奋战,也不是靠学校一定要有漂亮的校园、豪华的设备,而是靠一支训练有素的教师队伍,这支队伍应具有强烈的献身教育的愿望、崇高的师德以及良好的职业素质。对一所迫切希望获得成功的学校更是如此,如果说校长是核心的话,那么教师就是关键,没有后者,成功的理想将永远无法实现。因此,建设一支高素质的教师队伍,是学校领导者的重要责任,也是教师管理的最终目的。建设高素质的教师队伍首先要解决教师的地位和待遇。新中国成立初期,教师队伍中的成员多是从旧中国过来的知识分子,面对新中国成立这一翻天覆地的变化,教师中的许多人对于面临的新形势和新事物存在着不同程度的模糊认识,此时对教师采取争取、团结、改造的政策是符合国情的。但此后我国教师地位长期处于不确定性状态,教师地位的理想与现实发生冲突。特别是 1957 年,反右运动开始,从反右运动扩大化到反右倾,一大批教师无辜受迫害。"文化大革命"更使这种"左"的错误走向否定知识、否定教师、取消教育的极端。直到 1978 年

12 月中共十一届三中全会后，教师的地位得到了明确的界定，知识分子已经成为工人阶级的一部分。1994 年 1 月 1 日开始实施的《中华人民共和国教师法》（以下简称《教师法》），为我国尊师重教提供了法律依据，也为提高我国教师的地位提供了有效的保障。但在《教师法》的贯彻中，仍然存在着有法不依的情况，需要加大监督检查力度。从学校内部来说，科学地管理教师，应根据教师的工作特点和心理特点进行管理。在此基础上建设的教师队伍应该具备的素质是：坚定正确的政治素质；豁达大度的思想素质；博闻强识的理论素质；学富五车的知识素质；准精美活的语言素质；勇于创新的能力素质；开拓进取的管理素质；精力充沛的身心素质。

第一节　教师社会地位理想与现实的冲突

国家振兴，教育为本；教育振兴，教师为本。毛泽东早在《论联合政府》中就指出，应将教师"看做国家和社会的宝贵财富"。因此，能否建设一支政治思想素质、文化业务素质精良的教师队伍，直接关系到社会主义教育事业的成败，直接关系到党和国家的前途命运。这充分说明了教师社会地位的极端重要性。然而，在新中国成立后，由于频繁的阶级斗争，导致了教师地位的不确定性，严重地影响了教育事业的健康发展。对一种职业要求的提高，必然要辅之以相应的措施来提高该种职业的社会地位。因此，在中共十一届三中全会以来明确界定教师地位的基础上，必须解决教师社会地位理想与现实的冲突，才能真正提高教师的社会地位。

一、教师社会地位的检视

从古至今，教师在人类文明发展和文化演进过程中扮演了非常重要的角色。"尊师重教"是我国一直积极提倡的良好社会风尚，然而在新中国成立后的各个历史阶段，作为教育的主要承担者的教师本身地位的不确定性直接影响了教师的管理。

（一）争取、团结、改造教师

新中国成立初期，面对这一翻天覆地的变化，教师中的许多人对于面临的新形势和新事物存在着不同程度的模糊认识，迫切希望学习和进步。为了提高广大教师的政治思想觉悟，从 1951 年 9 月起，根据党中央部署，围绕着彻底揭发和批判教师队伍中存在的资产阶级思想、观点和作风进行了全国范围的教师思想改造学习运动。教师的思想改造是改革旧教育和建设新教育的重要前提。根据中央指示,1952 年暑假在中等学校教职员工中进行了思想改造运动,并有重点地整顿队伍,确立和巩固了工人阶级思想在学校中的领导地位。各高等学校,在教职员工中,先后开展了以忠诚老实为主要内容的思想改造运动。从以"反贪污、反浪费、反官僚主义"为内容的"三反"学习入手,以自我检查为主,有重点地进行帮助,提高认识。通过思想改造运动,促进了广大教师思想觉悟的提高,初步批判了资产阶级思想的影响,开始树立为人民服务的思想,为以后的继续学习和思想改造奠定了基础。学习运动中的主要缺点是:在思想批判中有些问题是非界限不清,把政治问题与学术问题、立场问题与认识问题往往混为一谈;有些地方的工作要求过高过急,做法有些粗糙,有的甚至采用群众斗争的方法,伤害了一些教师的感情。对教师的思想改造,应当认真贯彻党的知识分子政策,和风细雨,以理服人,不搞简单粗暴,不搞宁"左"勿右。运动中发生的这些缺点,中共中央后来作了纠正。总的来说,这次运动的效果是积极的。

(二)知识分子会议的召开,正确估计了知识分子的阶级属性

1956 年,在生产资料私有制的社会主义改造即将完成之际,党中央和毛泽东等对适合中国国情的社会主义建设道路进行了有益的探索,其中也包括在新的形势下,对知识分子的阶级属性、党对知识分子的政策等问题的探索。在对新中国成立以来知识分子的状况和执行知识分子政策中的问题进行调研的基础上,根据毛泽东的建议,中共中央于 1956 年 1 月 14 日至 20 日,在北京召开了关于知识分子问题的会议,周恩来代表中共中央在会上作了《关于知识分子问题的报告》。这是一篇用马克思主义精辟分析社会主义改造和社会主义建设时期中国知识分子的现状和特点,确定充分地动员和发挥知识分子的力量的伟大文献。① 周恩来在报告中系统地论述了知识分子问题同加速社会主义建设的关系。周恩来指出:我们进行社会主义建设,"除了必须依靠工人阶级和广大农民的积极劳动以外,还必须依靠知识分子的积极劳动"。周恩来在全面回顾和分析我国知识分子的进步和变化情况的基础上,正确地估计了我国知识分子的阶级属性,他代表中共中央郑重宣布:我国知识分子中间的"绝大部分已经成为国家工作人员,已经为社会主义服务,已经是工人阶级

① 苏渭昌:《中国教育思想史(第八卷)》,湖南教育出版社 1994 年版,第 90—91 页。

的一部分”。[①] 对知识分子阶级属性的正确估计,极大地调动了广大知识分子继续进行思想改造和为社会主义建设辛勤劳动的积极性。

(三)从反右运动扩大化到反右倾,一大批教师无辜受迫害

1957年,为了纠正党内的不正之风,加强党的建设,改善党的领导,党中央决定在全党开展整风运动。整风运动开始后,极少数资产阶级右派分子错误地估计了当时的国际国内形势,散布反对党的领导和社会主义制度的言论,放肆地向党进攻,反右派斗争也就成为历史的必然。在反右派斗争中,由于指导思想上的偏差使反右派斗争逐步升级,采用了大规模群众阶级斗争的方法,直至1958年6月基本结束,历时一年左右。在全国各级各类学校中,一批干部、教师、职员和一些大学生被划为右派分子。根据1979年5月4日教育部编辑的《教育简报》增刊第11期材料:1957年错划为右派的教师,河南为41000人,占全省右派总数70000人的58%。广东为13000人,占全省右派总数37000人的35%。[②] 这场反右派斗争犯了严重的扩大化错误,据统计,全国共划出右派分子55.28万人。[③] 除了极少数是真正的右派分子外,绝大多数都是错划的,伤害了一大批骨干教师和学科带头人,这不仅是他们个人的不幸,也是党和国家的损失,使我国教育事业蒙受了巨大的损失。继反右派运动之后,教育系统又开展了以“兴无灭资”、端正阶级立场、明确政治方向、反对资产阶级个人主义为中心的知识分子思想改造运动,又使得一批学校领导和教师被当做“右倾机会主义分子”遭到批判斗争,并受到不公正的处理。

(四)“文化大革命”爆发,教师被划为资产阶级范畴

1966年10月,联合国教科文组织发表了《关于教师地位的建设》,明确指出:鉴于“在教育事业发展中教师这种职务对人类和近代社会发展所作出的重大贡献,因而必须确保教师的应有地位”。而且,这种“应有地位”应该是“社会按教师任务的重要性和对教师能力的评价而给予的社会地位或敬意,以及所给予的工作条件、报酬和其他物质利益”。

当世界其他国家都在提高教师的地位和待遇时,我国却爆发了以教育事业为“革命”对象的“文化大革命”,致使在长达十年的内乱中,教育系统成为

① 何东昌:《中华人民共和国重要教育文献》(1949~1975),海南出版社1998年版,第554页。

② 中央教育科学研究所:《中华人民共和国教育大事记》(1949—1982),教育科学出版社1984年版,第200页。

③ 何沁:《中华人民共和国史》,高等教育出版社1997年版,第186页。

"重灾区"。"文化大革命"名义上是直接依靠群众,实际上脱离了党的正确领导,又脱离了广大群众。"文化大革命"开始后,林彪、"四人帮"断言学校为资产阶级知识分子所控制,抓党内走资本主义道路的当权派,批判所谓反动学术权威。随着各级党政领导机构的瘫痪,教育系统各党政机构也逐渐瘫痪,高等学校广大干部、教师处于被打击和被改造的地位,校长被揪斗,教师被批判、批斗,学生则离校大串联,正常的教育教学活动被迫停止。运动中,一批经受多年锻炼、政治上比较成熟、思想理论水平比较高、办学经验丰富的领导干部含冤而亡。

据1980年11月5日中华人民共和国最高人民检察院特别检查厅关于林彪、江青反革命集团起诉书中的统计,仅教育部所属单位和17个省、市教育界受诬陷迫害的干部、教师就有142000多人。卫生部直属14所高等医学院校674名教授、副教授中,受诬陷迫害的就有500多人。全国高等学校1965年有教授、副教授7800人,1977年减少到5800人,有些人就是在此期间受迫害致死的。①

据上海统计,在高等教育界,被迫害、"立案审查"的达8548人,其中局级干部157人,处级干部367人,正副教授962人,被迫害致死的有371人。有11名高校党委书记、校长被迫害致死。许多有名的教授惨遭迫害,含冤去世,总数达57人。②

下放五七干校或下放农村插队落户,是对学校干部、教师打击、迫害的另一种形式。让知识分子丢弃知识和技术,荒废学业和业务,去从事繁重的农业生产劳动,这种惩罚方式,使知识分子更加难以忍受。1968年10月以后,根据毛泽东关于"广大干部下放劳动的指示,开办五七干校之风顿时席卷整个中国大地。北京大学、清华大学工宣队将学校大批干部、教师赶到江西鲤鱼洲劳动改造,那里是血吸虫的重灾区,不少教师得了血吸虫病,不但丧失了工作能力,而且有的还失去了生命。至于教师精神上遭受的压抑,其损失则更难以估量。

---

① 中国教育年鉴编辑部:《中国教育年鉴》(1949—1981),人民教育出版社2007年版,第82页。

② 中国教育年鉴编辑部:《中国教育年鉴》(1949—1984 地方教育卷),人民教育出版社2007年版,第436页。

（五）中共十一届三中全会后，教师的地位得到了明确的界定

1978 年12 月18 日至22 日，中国共产党第十一届中央委员会第三次全体会议在北京举行。这是新中国成立以来党的历史上具有深远意义的重要会议，它从根本上冲破了长期“左”倾错误的严重束缚，端正了党的指导思想，重新确立了党的马克思主义的正确路线。中共十一届三中全会以来，党和国家领导人曾多次指出“要提高人民教师的政治地位和社会地位，不但学生应尊重教师，整个社会都应尊重教师”。全心全意地依靠工人阶级，也包括全心全意地依靠知识分子，全心全意地依靠教师。邓小平《在全国教育工作会议上的讲话》指出：“一个学校能不能为社会主义建设培养合格的人才，培养德智体全面发展，有社会主义觉悟，有文化的劳动者，关键在教师。”“知识分子已经成为工人阶级的一部分。”陈云同志也曾指出：“要不断提高教师的社会地位，逐步使教师工作真正成为社会上最受人尊敬、最值得羡慕的职业之一。”自此，教师的政治地位和社会地位得到了明确的界定。

对教师的正确政策，是教育事业发展的重要条件之一。1994 年1 月1 日开始实施的《中华人民共和国教师法》（以下简称《教师法》），为我国尊师重教提供了法律依据，也为提高我国教师的地位提供了有效的保障。特别是随着我国经济发展水平的不断提高，民主法制建设的不断加强，改革开放事业的深入进行，国家和人民的教育需求也呈不断增长之势。这一切，都为提高我国教师的地位培植了肥沃的土壤，提高教师的地位遂成大势所趋。

二、切实提高教师地位，使理想变为现实

教师社会地位理想与现实的冲突，到了一定时期又反过来严重地影响了教师整体水平的提高。处于现代社会，不能不抓教育质量；而要提高教育质量，又不能不去提高在教育过程中扮演着重要角色的教师的地位。教师的水平高低，决定着教育发展的质量高低；但如果没有一定的社会地位作保证，教师的水平难以提高。如果不解决教师工资和社会地位下降问题，教育改革就只能是空谈。但在实际工作中，仍然存在教师理想与现实的冲突。即使在《中华人民共和国教师法》自1994 年1 月1 日实施以后，对许多明显的侵犯教师合法权益的行为却无能为力，有法不依，甚至公开违法的现象依然存在。如违犯《教师法》第三十八条，严重挪用教育经费，随意拖欠、克扣教师工资，在贫困农村地区依然存在；违犯《教师法》第三十七条，严重侵犯教师的工作权利，教师工作得不到应有的保障。许多校长借改革之名，随意炒教师鱿鱼，随

意解聘教师;违犯《教师法》第七条,教师权利遭受践踏,教师对学校教育教学工作失去参与甚至建议的权利,学校一切事情由校长说了算,教师只是接受管理、监督和考核。因此,落实《教师法》和《中华人民共和国义务教育法》(以下简称《义务教育法》)迫在眉睫。

(一)认真落实《教师法》和《义务教育法》,提高教师的地位与待遇

提高教师地位的一项基本前提是提高教师的工资和各项福利待遇,保障教师的物质生活条件。《教师法》第六章对我国教师的工资和各项待遇都作有明确的规定,"教师的平均工资水平应当不低于或者高于国家公务员的平均工资水平"。这就为提高教师的待遇提供了法律依据。全国高等学校、中学、小学教师月平均工资分别由1995年的538元、425元、415元增加到2001年的1505元、906元、804元,分别提高了179.7%、100.4%和93.7%。2006年7月进行的教师工资制度改革,又使教师的工资有了较大幅度的提高。如河北省教师工资人均增加300元,在此基础上中小学教师再增加10%。教师住房,特别是城市教师的住房明显改善。自1994年以来,实施了"广厦工程",城镇教师家庭人均住房面积从1993年年底的6.9平方米(当时全国平均水平为7.5平方米)提高到2000年的10.8平方米,超过了同期城镇居民的平均水平。

《教师法》第三章第十七条规定,"学校和其他教育机构应当逐步实行教师聘任制",这就为我国实行教师聘任制提供了法律依据。经过一段时间的试验后,教师聘任制也逐步在部分地区推广开来。"教师聘任制是聘任双方在平等自愿的基础上,由学校或者教育行政部门根据教育教学需要设置的工作岗位,聘请具有教师资格的公民担任相应教师职务的一项制度"。教师聘任制在促进人才合理流动的基础上,可以激发广大教师的责任感,调动其工作的积极性,使教者乐"教",有助于教育质量的改善,也有利于教师地位的提高。

《教师法》第八章"法律责任"中,对侵犯教师其他合法权益的,都作有相应的处罚规定。这一点对提高教师的地位尤为重要。如果一个国家或地区的教师连起码的公民权都得不到有效的保障,闲杂人员、各色人等,动辄都可以跑到学校里寻衅滋事,再高的工资待遇恐怕也难以吸引人们去做教师。

《教师法》中还单列"奖励"一章,对有关教师奖励的内容和层次都作了明确的规定:对在教育教学、培养人才、教学改革、学校建设、社会服务、勤工俭学等方面成绩优异、有突出贡献或重大贡献的教师分别予以不同形式的奖励,并

且采取精神表彰与物质奖励相结合的方式,鼓励社会组织和个人向“依法成立”的教师奖励基金会捐资。60 年来,我国在教师奖励方面也积累了一定的经验,对教师的教学起到了有效的促进作用。

2006 年 9 月 1 日开始实施的新修订的《义务教育法》规定:国家建立统一的义务教育教师职务制度。教师职务分为初级职务、中级职务和高级职务。这一规定将目前中学教师职务系列和小学教师职务系列统一了起来,将为吸引更多高素质人才到小学任教,调动小学教师的积极性,提高教育质量产生重要的影响。修订案还明确规定,“教师的平均工资水平应当不低于当地公务员的平均工资水平”;“在民族地区和边远贫困地区工作的教师享有地区补助津贴”等,对保障、提高义务教育阶段教师的地位与待遇都会产生重要的影响。

(二)依法建立健全各种制度,提高教师的地位与待遇

教师地位的提高是一项系统工程,除了国家层面的政策调控外,还包括教师资格的认定、教师聘用、职务聘任、培养培训、考核奖惩、工资待遇、申诉与仲裁等管理环节。依法建立健全教师基本制度。包括教师资格制度、教师聘用制度、教师继续教育制度、教师考核制度、教师奖惩制度、教师人事争议调解和法律援助等制度,形成有效的行政执法监督机制和教师权益保护机制,提高依法治教、依法行政、依法执教的水平。

《教师资格条例》作为《教师法》的第一个配套法规,它的实施为与之相配套的《教师聘任方法》、《教师职务条例》、《教师考核方法》和《教师编制管理规程》等法规、规章的出台与实施,为促使教师队伍建设尽快走上科学化,为提高教师的地位纳入法制化、规范化的轨道奠定了基础。教师的社会地位取决于教师的学术水平、教育专业水平和教育成就。学术水平高、专业能力强、教育成就卓著、贡献突出的教师,应该享有优越的待遇、拥有崇高的地位。但是,其前提是教师要充分挖掘自身潜力、提高自身专业素质,以自己的实际行动来赢得社会的普遍承认和广泛赞誉。每一位教师都应该强烈地意识到自己职业的崇高,意识到自己职业对社会的价值,只有这样,才能唤起对事业的激情,增强对工作的责任感。

实施教师资格制度是教师职业走向专业化的重要步骤,有利于体现教师的职业特点,使教师的地位和队伍素质形成良性循环;实施教师资格制度有利于把住“入口关”,解决不合格教师问题,优化教师队伍,提高教师队伍的整体

素质。教师资格证书制度在美国 100 多年的历史表明:促进师范教育和教师职业的专门化,提高教师专业地位,争取社会的承认,是建设和发展教师队伍的重要途径。资格制度是多渠道培养和聘任教师的重要环节和制度保障,是形成开放式教师教育体系,吸引优秀人才从教的途径;是形成高质量的教师储备队伍,推动教育人事改革的基础。

第二节　教师的工作特点、心理特点及其管理

《中华人民共和国教师法》规定:“教师是履行教育教学职责的专业人员,承担教书育人,培养社会主义事业建设者和接班人、提高民族素质的使命。教师应当忠诚于人民的教育事业。”《教师法》明确界定了教师承担的任务。教师面对的劳动对象是:正处于迅速发育成长的各具独特的青少年一代。教师采取的劳动手段是:教师凭借自身的德、学、才、识,在和学生长期相处中熏陶感染学生,影响教育学生。由于教师承担的任务、面对的劳动对象及所采用的手段的特殊性,由此决定了教师独特的工作特点和心理特点。因此,要根据教师的工作特点和心理特点进行教师管理。

一、教师的工作特点与教师管理

(一)工作过程的示范性和教育性及其管理

学生到学校来,不仅向教师学知识,而且向教师学做人。我国古代著名教育家孔子说:“其身正,不令而行;其身不正,虽令不从。”德国 19 世纪著名教育家第斯多惠说:“当你不断地致力于自我教育的时候,你才能教育别人。”古今中外的教育家都不约而同地论述了教师工作过程的示范性和教育性。教师渊博的知识、高尚的品德、严谨治学的精神以及行为举止,对学生都有着潜移默化的影响。学生对那些知识渊博、谈吐不凡的教师有着由衷的钦佩和崇拜感,表现在其行为上,就是为他(她)喜欢的教师而努力学习。

根据教师这个工作特点,进行教师管理时,应该做到:

1. 充分发挥教师在教育教学中的主导作用

学校领导要使教师明确教师职业标准,克服职业倦怠,促进教师专业发展。这是因为“学校,形象地说,就是一具精巧而灵敏的乐器,它演奏着人的和谐的旋律,触动着每个受教育者的心灵,但只有在这具乐器调好了弦的条件

下，才能作出这种演奏；而琴弦的调准要靠教师、教育者的个性”①。教师教书育人的能力提高了，教师工作过程的示范性和教育性才会充分发挥作用。

2. 敢于对教师严格管理严格要求

要使每一位教师认识到“其身亡而教存”的道理，要使教师懂得学生是教师行为最严格的评论家。因为“教师每天都仿佛蹲在一面镜子里，外面有几百双精细的敏感的善于窥伺出教师优点和缺点的眼睛在不断地盯视着你。世界上没有任何人的工作受着这样严格的监督，世界上也没有任何人的工作能对年轻的心灵以如此深远的影响”②。因此，作为教师应比其他职业的人更加严以律己，使自己的思想品德、行为习惯更加美好起来，以自己优良的个性品质去改造学生的品质，以自身的人格力量去促使学生个性健康地发展。

（二）工作本身的复杂性和创造性及其管理

教师工作本身的复杂性和创造性，一是由教师任务的艰巨性决定的。二是因为教师面对的工作对象是正处于迅速发育成长的各具独特的青少年一代。成长中的青少年不同于成年人，他们活泼好动，求知欲旺盛，处在长身体、长知识时期，世界观、人生观尚未定型。三是青少年在成长过程中受着各种各样的影响，这些影响有积极的方面，也有消极的方面。教师受国家委托，要教育和引导青少年在德、智、体诸方面健康成长，接受积极影响，抵制消极影响，最终把学生培养成为有理想、有道德、有文化、有纪律的德、智、体、美等全面发展的社会主义事业建设者和接班人。教师的工作既具备脑力劳动的特点，又伴随着许多体力劳动的成分。任何形式的脑力劳动都是艰苦的，但教师所从事的脑力劳动的艰苦性，又有其独特的表现形式。教师的工作，没有时间和空间的限制，不能像机关干部那样，按时上班下班。教师为了教育人、培养人，一辈子孜孜不倦地坚守岗位。有人说，教师工作只是传授人类的现成知识，是重复性劳动，不能算是创造性劳动，这是对教师工作的极大误解。人类知识，浩如烟海。教师要在有限的时间内，把人类几千年积累下来的文化科学知识变成青少年可以接受的基础知识体系，不仅要熟练掌握知识，还必须经过周密细致的思考、设计、取舍，用通俗易懂、形象生动的语言加以表述才能做到，这本身就是富有创造性的劳动。教师如果不了解其工作的复杂性，不能创造性地

① 苏霍姆林斯基：《论教育》，北京师范大学出版社 1985 年版，第 77 页。

② 加里宁：《论共产主义教育和教学》，人民教育出版社 1981 年版，第 157 页。

进行工作,教师工作将一事无成。

根据教师这个工作特点,进行教师管理时,应该做到:

1. 尊重教师的工作,努力照顾到教师的切身利益

在学校,尊重知识,尊重人才,首先要尊重教师的工作,给教师的工作提供各种方便。艰苦的、创造性的脑力劳动,需要有一个安静的工作环境。教师办公室的周围,不应该有噪音。教师要求不受干扰地钻研教材、思考教学问题是无可厚非的。只要条件允许,就应该满足这种要求。教师追求新知,使自己有比较渊博的知识,需要有充实的图书资料,应该给教师开辟阅览室或资料室。教师的切身利益主要有两个方面:一是他们的事业心不受挫折,广大教师别无所求,只希望学校领导、学生家长和社会理解他们"教书育人"、"为国辛苦为民忙"这颗赤子之心。二是他们基本的个人利益,即符合广大人民生活水平的吃、穿、住等基本生活条件以及个人的进修需求、子女的教育问题等能够得到满足。这些需求是教师付出劳动后应该取得的。这些年来,党和政府在改善教师工作和生活条件方面,做了大量的卓有成效的工作。但总的说来,限于条件的制约,想要解决的问题还没有解决的依然很多。学校领导要做好解释工作,教育教师要多体谅国家的难处,克服困难,艰苦奋斗,以主人翁的态度正确地处理好这些问题。只要为国为民作出了贡献,党和国家是不会忘记教师工作的。

2. 培植教师的创造力,帮助教师出成果

教师是学生智力发展的第一盏航标灯,教师的素质高低直接影响着学生的素质高低。学校领导要知道教师工作的辛苦,要努力为其创造一个好的工作环境,使教师愉快地工作。在学术性质的问题上,坚持"百花齐放,百家争鸣"的方针,要鼓励教师积极参与教学改革。心理学表明:成功与兴趣是相辅相成、互相促进的。兴趣带来成功,成功激发兴趣。处于全面发展时期的中学生,更多的是成功激发兴趣。教师要研究成功教育的机制,创造成功的学习情景,使学生在学习中感到成功的愉快,尤其要给差生多创造成功的机会。

3. 教师工作评价不宜采用单纯量化的方法

正是教师工作的复杂性和创造性特点,所以在教师管理中,单纯使用类似"计件工资制"式的量化管理是不全面的,因为无论什么样的量化办法都难以将教师的工作量、工作成绩等用确切的数字表述出来。在实际的评估过程中,也不能简单地把教师看做生产者,而把活生生的学生看做"死"的产品。所以

学校管理中必须在强化制度管理的同时,加强教师的心理管理。使教师懂得,教师的天职是教书育人,促进学生全面发展。这就要求教师不仅要掌握学科教学的知识,而且要了解相关学科的知识,要了解本门学科最新的发展信息和最佳的学习和研究方法。为此,教师必须具备专业知识以外的各方面的丰富知识,如教育学、心理学、生理学、教学法等,还必须了解和掌握每个学生的特点,这需要有很高的教育艺术,决不是机械劳动、重复性劳动所能办得到的。

(三)工作方式的个体性和独立性及其管理

学校对学生进行的全部教育教学工作,主要是通过一个个教师的劳动来完成的。任何好的教材,要经过教师个人的独立钻研和加工,任何好的方法和手段,要经过教师个人的思考,针对具体情况灵活运用,才能取得好的效果。学校虽然有集体备课和集体研究制度,但集体备课和集体研究要想取得好的效果,需要在个人刻苦钻研的基础上,经过个人精雕细刻,才能取得实质性的效果。集体研究出来的方案,在实施中也要靠教师的匠心独运,发挥个人的特点和风格。教师的教学风格、教学特色,是在自己长期的教学实践中形成的,这是别人无法代替的,也不是机械模仿能够奏效的。教研组开展的教学研究活动,备课组讨论教材教法,年级组开展的学生思想教育研究活动,这些对教师提高教学水平、工作水平会有帮助,但这些集体活动也必须在教师个人钻研的基础上,才会有互相启发、互相切磋的效果。这些都体现了教师工作方式的个体性和独立性。

根据教师这个工作特点,进行教师管理时,应该做到:

1. 发挥教师工作方式的个体性、独立性,与加强集体主义教育相结合

教师工作方式的个体性、独立性的发挥,可以逼人奋斗,催人创造,使教师懂得不付出代价,不进行创造是不可能取得成果的。这就使得教师永远处在自强不息、振奋、前进的状态中。在强调这个特点的发挥时必须与加强集体主义教育结合起来,否则,容易使教师偏离方向,自视很高,自我陶醉、自我欣赏,以至于忽视了党和政府对教师的基本要求。

2. 保证教师有一定的自由支配时间

教师的劳动从来没有时间和空间的限制,所以,要保证教师有一定的自由支配的时间。不能用坐班制机械地要求每一个教师,更不能简单地以教师每日在学校时间的长短来衡量其工作态度,甚至以此作为奖惩的依据。

3. 鼓励教师形成自己的特色与风格

学校领导要鼓励教师奋发努力,刻苦钻研,发挥特长,敢于冒尖,形成自己的教学风格。正如苏霍姆林斯基所说:"教育中一切都应该以教育者的个性为基础,在教育事业中不管什么样的规章和大纲都不能代替他的个性。"①教师的个性强有力地影响着学生的智慧、感情和意志的发展,影响着学生的生活。要鼓励教师学习他人先进的教学改革经验和教学方法,在实践中探索和开拓教学改革新路,形成自己独特的教学风格。

(四)工作产品的集体性和社会性及其管理

教师的工作产品主要指的是学生的健康成长和全面发展。这种成果的获得是在众多教师协调一致、共同努力下,进行多方面教育工作的结果,可以说是学校工作的综合效应。就每一个教师的工作来说,也只有在教师集体的支持下才能顺利进行。学校教育学生,是靠整个教师集体去影响学生,所以,这就决定了教师的工作方式虽是个体的,但工作产品却是集体的。从学校的职能和教师的任务来看,教师的工作产品都是根据社会的需要产生的。仅从教师传递文化知识这一点来看,教师的作用是任何社会不能缺少的。教师传授的知识内容,培养人才的规格手段,也都是由社会决定的。每位教师都以一定的社会地位,用一定的观点,代表一定社会的阶级利益教书育人。其教育质量也是以社会效果为评价依据的。

根据教师这个工作特点,进行教师管理时,应该做到:

1. 激励教师成为出色的社会活动家

学校领导应帮助教师树立正确的政治观点,使其工作方向同社会的发展方向保持完全一致,还要积极组织教师参加各种社会活动,使每一个教师同时成为一个出色的社会活动家。

2. 教师正确进行教育评价

在评价教育教学成果时,教师不能过高地评价自己对工作的贡献,即使是最优秀的教师也应把自己的工作成效与别人的劳动联系起来。在评价教育成果时,应注意看变化成果与教师工作的联系,看工作过程,从全程进行评价。对教师的评价应该是领导评价、教师评价和学生评价相结合。

---

① 苏霍姆林斯基:《论教育》,北京师范大学出版社1985年版,第77页。

3. 教师的合理安排使用要有利于教师队伍建设

在教师的安排使用中，要协调全体教师的工作，充分发挥教师集体的作用。要鼓励教师在个人刻苦钻研的基础上，发扬协作的精神，用集体的力量开展科研，克服因个人信息不灵，事倍而功半浪费时间和精力的弊病。

（五）工作价值的迟效性和终身性及其管理

教师工作价值的迟效性是由人才成长周期长的规律决定的。“十年树木，百年树人”说的就是这个道理。人的思想、才能的变化发展需要一定的时间。苏霍姆林斯基认为，教育工作的最后结果如何，不是今天或者明天就能看到的，而是需要经过很长时间才见分晓的。你所做的所说的和使学生接受的一切，有时要过五年、十年，甚至更长时间才能显示出来。特别是中小学教育是打基础阶段，教师的教育影响当时不一定显示出来，往往要反映在学生对高一级学校的适应过程中，甚至反映在学生走上社会工作岗位后的成就上。古今中外就有不少杰出人物，他们的成功之源可以追溯到中小学时代。

在学生走向社会、服务社会之前，教师的工作价值一直处在一种潜在状态。只有当学生走上社会、服务社会时，教师工作的价值才会显现出来，而且是通过学生的能力和创造性间接地表现出来的。

根据教师这个工作特点，进行教师管理时，应该做到：

1. 培养学生既要立足当前，又要着眼未来

学校领导要使教师懂得，教育学生不仅要从当前的社会需要出发，而且还要考虑到未来，要以未来社会需要设计。因此，教育工作要高要求，低起点，立足当前，放眼未来，以锲而不舍、孜孜不倦的精神，教育引导学生面向未来，刻苦学习，健康成长。每门学科、每个年级都要把好质量关，基础打牢了，根深才能叶茂，将来才能结出丰硕的果实。

2. 对教师要有长期培养使用计划

学校领导既要善于使用教师，又要注意帮助教师。教师要有战略眼光，高瞻远瞩，要充分认识到教师劳动质量的优劣关系到国家、民族的未来，从而把自己的工作与社会主义的伟大事业紧紧联系起来，在工作中忠心耿耿，全力以赴，日复一日、年复一年地向学生传播真理，输送知识。在教师的安排使用中，工作条件、工作环境、工作对象应该尽量相对稳定，这样，不仅有利于对学生的培养，而且有利于教师全心投入工作。他们可以更好地规划对学生的培养，从中探索教育教学规律；可以看到自己的劳动成果，可以在连续地和学生相处中

建立真诚融洽的师生感情。这种真诚融洽的师生感情,是教育成功的重要条件,是教师精神力量的源泉之一。

二、教师的心理特点与教师管理

(一)热爱学生、期望学生成材及其管理

热爱学生、期望学生成材是党和国家对每一个教师的最基本最主要的要求,也是教师忠诚于党的教育事业的一种最重要的心理表现。教师对工作的高度的责任感突出表现在对学生的热爱和“望生成材”上,希望自己的学生成为国家的有用之材。中国古代教育家把“得天下英才而教育之”作为自己的一大乐事,千百年来成为许多教师的人生写照。期望学生成材始自于热爱学生,教师热爱学生有其自身的特点:爱的自觉性,是指教师把自己的终生希望、终生追求寄托在学生成材上,教师对学生的爱是无私的,是心甘情愿地付出自己的全部心血与精力,为学生的进步而自觉地辛勤地劳动;爱的原则性,是指教师在整个教育过程中,始终坚持教育原则,坚持不懈地要求学生沿着教育方针规定的方向发展;爱的普遍性,就是说“爱生”是一个整体的概念,教师要以宽宏的胸怀去热爱全体学生;爱的恒长性,是指教师对学生的爱持之以恒,贯穿在整个教育过程中,不能随机而生,不能随遇而生,更不能为个人情绪的好坏所左右。

根据教师这个工作特点,进行教师管理时,应该做到:

1. 教师要深刻认识爱生的重要性

教师的爱是学生身心健康发展的必要的环境因素,可以使年龄小的学生把对父母的爱转移到对教师的身上;可以使年龄大的学生陶冶情操,引发对人生的信心,激发奋然上进的力量和信心。教师的爱是思想教育的一种心理“过滤剂”、“催化剂”,使教师由关心—知心—交心—贴心,使学生自觉地接受教师的教诲,促使学生更加自尊和自强,使学生的感情进一步升华。教师的爱能增强学生对学习的兴趣,提高智力活动效率。苏霍姆林斯基认为,教育技巧的全部奥秘就在于如何去爱护学生。我国教育家陶行知说,要爱每一片绿叶,哪怕是有斑点的病叶。言之衷衷,发人深思。活动的积极性,可以产生模仿教师的意向。

2. 教育工作要以感情作为基础和先导

学校领导要教育教师懂得,教育工作不同于其他的工作,它需要感情作为基础和先导,“热爱”是教育科学化的前提,先有感化,后有理喻,通情才能达

理。做学生工作要以真挚的感情为基础,只有这样,才能让每一个学生都在一种最佳的精神状态中学习、生活,才能使学生的潜力得到最大限度的发挥。要使教师懂得"爱生"是一门学问,既是教师自身素质的体现,也是提高教育质量的关键。教师爱生是教育的基础,但绝不是以自己的喜好和个性去偏爱,以自己的主观意念去瞎爱,更不能用扭曲的爱去乱爱。教师爱生一定要讲究质量。要教育教师融情于教倾注爱心。教学中,无论学生的学习程度如何,提出的问题多么简单幼稚,教师都要认真听取,切忌对学生冷嘲热讽或以罚代教,教师要倾注自己满腔的热情、全部的爱心,去关心、帮助学生。教师一句表扬的话语,一个友好的动作,甚至一个肯定的眼神,都可能使学生备受感动,从而促使学生对某一学科产生兴趣。

(二)强烈的求知欲及其管理

强烈的求知欲是由教师的职业决定的。教师最懂得知识的重要性,教书育人知识少了也不行。如果教师知识贫乏,或者只局限于教科书,讲课时照本宣科,就不可能把课教好,就不会在学生中享有威信,这一点,教师是深有体会的。"为了做到自如地掌握教材,为了在课堂上从繁多复杂的内容中挑选那些最重要的内容,教师就需要拥有比他课堂上教给学生的多十倍、二十倍的知识。"①尤其在知识激增的今天,依据"经验与知识折旧"定律:现代人如果一年不学习,你所拥有的全部知识就会折旧80%。任何一个人在学校求学阶段所获得的知识,不过是他一生所需的10%;90%以上的知识都必须在离开学校之后自学中不断获取。任何一个人辛辛苦苦数年所积累的经验,在短短的一年中会贬值50%以上;几十年的经验积累很可能被别人在短短的几秒钟时间内学会。尽管这些数据有些危言耸听,但因为我们面临的是知识爆炸时代,现实社会竞争的残酷往往就是这样!"学习型社会"建设目标的提出,在全社会倡导了学习的新理念。终身学习是知识经济时代的必然要求,作为从事知识传播与创新工作的教师更是如此。尤其是现在的互联网使得知识增长速度进一步加快。据测算,进入21世纪以来,互联网上的数字化信息每8个月就会翻番。在这样的背景下,教师必须不断更新自身的专业知识与技能。

根据教师这个工作特点,进行教师管理时,应该做到:

---

① 苏霍姆林斯基:《我们是怎样领导课堂上的脑力劳动的》,北京师范大学出版社1985年版,第232页。

1. 树立终身学习的理念

在知识经济时代的今天,我们要不断更新知识,才能跟上时代步伐。学校领导要教育教师,学习不仅是向书本学习,更要向别人尤其是向同行学习。善于吸纳新知识是成为优秀教师的重要特质,这不仅意味着自身的生存和发展,更意味着对社会、对学生的责任。“学然后知不足,教然后知困”,教师这一职业,决定了教师必须终身学习,勤奋学习,努力追求新知。学校领导要培养教师,在教育质量上,要有竞争意识;在教学方法上,要有更新意识;在思想观念上,要有开放意识;在工作态度上,要有奉献意识;在教学关系上,要有民主意识;在师生关系上,要有平等意识;在教学对象上,要有全体意识。

2. 把教师的学习和进修放在特殊重要的地位

学校领导要有计划地组织教师学习和进修,特别要不惜花费重金培养学科带头人。在学校要营造一种学习的氛围,使学习成为每个教师必要的生活方式。通过学习和进修,使教师具有吸取处理信息、不断更新知识的能力。这是因为现代社会是知识社会,作为传递知识的教师应具有自我更新和发展的能力,善于发现信息源、吸收处理信息,从知识的广度和深度上探求知识、更新知识、储备知识。不断调整自己的知识体系,不断注入新的内容,增强新的活力,以适应教育现代化的需要。有作为的教师,还应具备一定的外语能力。通过学习和进修,使教师具有操作现代化科技教育手段的能力。要求教师不仅能熟练地掌握和运用传统的、常规的教育手段和方法,而且要懂得现代教育技术的知识,具有操作现代教育技术的能力,自觉地运用电化教育手段,并根据教育对象的特点和教育内容,组织多种媒体参与教育,使学生在最佳的学习条件中学习,不断提高教学的效率和质量。通过学习和进修,使教师具有教育科研能力。教师能力现代化的一个重要标志是必须具有教育科研能力,这也是教师成熟程度的一个标志。尤其是随着教育改革的不断深化,会出现许多新矛盾、新情况、新问题。这就需要广大教师结合改革的实践进行教育科研,为教育改革提供科学的依据,把丰富的教育经验升华为教育理论,并逐步形成自己的教学特色和风格,使自己成为学者型的教师。

教师的业务进修,要有明确的目的,这就是围绕教学,提高教学质量。有的教师脱离教学需要,完全从兴趣出发;或者好高骛远,置教学工作于不顾,学校领导要善于引导,端正他们的进修方向。结合教学进修是一种最佳方式。教师就可以在理论——实践——理论的轨迹中不断地完善自己。

（三）强烈的自尊心和荣誉感及其管理

教师强烈的自尊心和荣誉感，是由教师的神圣职责和为人师表的地位决定的。为人师表就要在德、学、才、识方面有很高的修养，这就是教师的自尊。为人师表，得天下英才而育之。教师强烈的自尊心和荣誉感是以“人梯”、“春蚕”、“红烛”精神为内容的，因而是十分高尚、十分光荣的。目前在职的教师是新中国培养起来的，其中一大部分是改革开放后成长起来的年轻一代。尽管经历不同，但是他们的信念是相同的，这就是为了祖国的富强、人民的富裕而奋斗；他们忠诚于党的教育事业的事业心是相同的。我国教育事业的蓬勃发展，在很大程度上就是依靠广大教师的这种忠诚于教育事业的事业心渡过难关，不断向前发展的。这就是教师强烈的自尊心和荣誉感的丰富内涵。

根据教师这个工作特点，进行教师管理时，应该做到：

1. 不断强化自尊心和荣誉感

要以为党的教育事业、为教育青少年一代无私地奉献的思想觉悟来强化教师的自尊心和荣誉感。要发扬我国尊师重教的传统，教师获得了尊重的满足和激励，就会产生一种内在的精神力量，不计较物质待遇的菲薄和环境的艰苦，甘心以教书为乐，以育人为荣。

2. 鼓励教师积极参与学校管理

教师作为中国知识分子的重要组成部分，忧国忧民。关心政治，勤于思考。对新事物、对政治比较敏感。他们对问题的看法，有自己的见解，并识大体、顾大局。教师思想活跃，也表现在设计教学方法、分析学生特点、研究如何因材施教等方面。教师希望得到学生的尊敬，也希望得到领导的尊重。教师渴望民主，希望参与学校的管理，希望自己的意见得到尊重。教师渴望学术自由，希望在学术问题上，在教材教法问题上能自由地发表意见。教师这种对民主的追求，既是教师的权利，也是教师实现自尊的重要方式。因此实施教师管理时，学校领导要充分依靠教师办学的积极性，诚心实意地吸收教师参加学校管理工作。教师有知识、有见解，又忧国忧民，愿意出谋划策。学校管理者对教师的建议不仅要格外重视，而且要经常深入教师中去，推心置腹，坦诚相见，虚心听取教师的意见，鼓励教师知无不言，言无不尽。

第三节　教师管理的关键是建设高素质的教师队伍

实施素质教育，就是全面贯彻党的教育方针，以提高国民素质为根本宗旨,以培养学生的创新精神和实践能力为重点,造就有理想、有道德、有文化、有纪律的德、智、体、美等全面发展的社会主义事业建设者和接班人。为了全面实施素质教育,教师管理的关键是建设高素质的教师队伍。高素质教师队伍必须具备的素质是:坚定正确的政治素质;豁达大度的思想素质;博闻强识的理论素质;学富五车的知识素质;准精美活的语言素质;勇于创新的能力素质;开拓进取的管理素质;精力充沛的身心素质。

一、坚定正确的政治素质

教师坚定正确的政治素质的集中体现:热爱党、热爱社会主义;忠诚于党的教育事业;有高度的事业心和责任感。我们的学校是社会主义学校,它的现实任务是为四个现代化培养人才。这种人才必须具有社会主义觉悟,坚持走社会主义道路,必须自觉接受党的领导,必须坚持无产阶级专政,坚持马克思主义、毛泽东思想。因此,要求教师必须对四个坚持有坚定不移的信念,并在自己的工作中体现出来。

结合学校的特点,忠诚于社会主义教育事业,有高度的事业心和献身精神则是教师坚定正确的政治素质的集中体现。教育从来就是清高、艰难而又十分重要的事业,教师的工作更辛苦,不易为社会所承认,教师没有事业心和献身精神,纵然其他素质再好,也很难发挥作用。事业心和献身精神是教师工作的动力,也是教师素质进一步提高的力量源泉。教师是学校的灵魂,教师具有高度的事业心和献身精神,才能有影响学生的精神力量,也才能有克服困难、攀登高峰的志气和毅力。

忠诚于社会主义教育事业,最直接、最具体的表现,就是热爱学生。春蚕到死丝方尽、蜡炬成灰泪始干的奉献精神的核心就是对学生无私的爱。热爱学生是教育工作者的传统美德。我国近代教育家夏丏尊说过:教育上的水是什么? 就是情,就是爱。教育没有了情爱,就成了无水的池,任你四方形也罢,圆形也罢,总逃不出一个空虚。可见,热爱学生是教育的基本前提,没有对学生的热爱,就没有对学生的教育。教师对学生的爱高于父母对子女的爱,它饱含着其理想与事业心,这种爱具有爱的自觉性、爱的原则性、爱的普遍性和爱的恒长性。

二、豁达大度的思想素质

思想素质的内容极其丰富,但又相当复杂。一般说来,教师要处理的问题,不外乎对人、对己、对事等方面,这就要求教师努力做到:豁达大度、严于律己、宽以待人，能与人为善，搞好合作共事关系。教师具备豁达大度的思想素质，就要严于律己，优化仪表印象、师表印象和第一印象。教师的仪表印象是指教师的衣着打扮、仪表风度、行为举止和感情态度等方面的表现留给学生的印象。教师的师表印象是教师的德、学、才、识留给学生的印象。德，指的是教师的政治立场、思想观点、道德品质，其核心是师德；学，指的是教师的学问。优秀的教师应当使自己的知识和才能、品德和智慧符合学生的期望。教师的第一印象是指教师留给学生的第一次印象。第一印象是师生继续交往的基础，所以，教师要注意工作中的所有的第一次。教师还必须做到宽以待人，即教师要有度量、胸怀宽阔、不拘小节；有良好的品性，如和善、公正、热忱、廉洁、诚恳、慈爱、同情等。教师要注意心理换位，从教育对象的心理特点出发，提出符合他们特点的教育方案。可见，教师的思想素质是提高学生素质，做好学生工作，处理好师生关系必不可少的因素。

三、博闻强识的理论素质

教师应该具备的理论素质除了马列主义、毛泽东思想、邓小平理论、“三个代表”重要思想外，必须以社会主义荣辱观，即“八荣八耻”来约束自己，教育学生，教师职业不同于其他职业，作为一名称职的教师，以上理论是必须具备的素质，同时，还应高度重视掌握教育理论。教育理论涵盖教育学、教育哲学、教育社会学、中国教育史、外国教育史、学校管理学、教育科研方法、教育技术学等学科知识，教师必须认真学习，才可能在教育教学中做到：向哲学要高度；向史学要深度；向相邻学科要宽度；向新型学科要新度；向专业学科要精度。

四、学富五车的知识素质

全面推进素质教育，教师应该具备学富五车的知识素质，这是教书育人的前提，又是完成教育教学工作的重要保证。要求教师掌握所教学科课程标准，精通所教学科的基本理论、基础知识和基本技能。从全局上把握教材，对教材所涉及的问题，不仅知其然，还要知其所以然。要通晓所教学科的发展史，了解其发展现状和发展趋势，要站在学科发展的前沿，及时将本学科最新的信息、成果介绍给学生，以激发他们强烈的求知欲。要求教师灵活地运用教育学、心理学常识，改革教学方法；要求教师掌握现代化教学方法手段，实现计算机辅助教学；教师要形成自己独具特色的语言风格和教学方法；还要具有教育科研能力。教育科研能力是一种来源于教育实践而又有所超越和升华的创新能力。教师参与教育科研活动,一是可以更新教育观念;二是可以提高教师工作的责任感;三是可以形成自己对教学活动的自觉意识,从而娴熟地运用教育规律去教书育人。

五、准精美活的语言素质

语言是教师教学的重要工具。古人云:工欲善其事,必先利其器。师者,所以传道、授业、解惑也。捷克著名教育家夸美纽斯说:教师的嘴,就是一个源泉,从那里可以发出知识的溪流。这句话,隐含了课堂语言的重要性。教师向学生传道、授业、解惑以及师生之间信息的传递和情感的交流,都必须以语言作为凭借。教师的语言表达能力直接影响着教育效果,它能使书本上死的语言变成学生乐于接受的活的语言。教师语言的感染力能陶冶学生的性格、情操。富有情感的语言能以声传情,以音动心。凡语言表达能力强的教师,必然语言准确简练,生动活泼,语调抑扬顿挫,洒脱自如;分析问题条理清楚,丝丝入扣;解答疑难深入浅出,鞭辟入里。使学生在有限的时间里,增长足够的知识并提高其创造能力。要使教师的语言表达有效地完成与师生双向交流的过程,一是教师头脑中要有足够的信息储量,这样才能做到:或侃侃而论,或娓娓而叙,或旁征博引,或巧妙点拨。总体上呈现一种当行则行、当止则止的行云流水般的境界。二是要在准、精、美、活上下工夫。准,即语音准、语体准、达意准;精,即精练、精确、精彩;美,即生动、形象、幽默、风趣;活,即善于穿插、恰当变位、适当留空。

六、勇于创新的能力素质

能力是人们成功地完成某种活动所必需的个性心理特征,是人的综合素质在行动中表现出来的实际本领和能力。素质教育的核心是培养创新人才,关键在于我们必须拥有一支创新型教师队伍。因为,只有具有创新精神和创新意识的教师,才能在教学中进行启发式教育,注重培养学生的创新意识和创新能力;只有教师了解当今高新技术发展的最新成果,才能站在高新技术革命的高度,鼓励学生勇于探索、敢于实践,在实践中学习创新;只有教师具有终身学习理念,通过不断学习来提高自身知识水平和业务水平,才能教会学生如何自主地学习,不懈地学习;只有具有创新能力的教师,才能不断更新教育观念,自觉将正确的教育思想转变为素质教育的教学实践,不断优化教育方法,建立民主平等的教学关系,保证教育质量的不断提高。教师队伍的创新能力素质又必须是成体系的、必须是有再生和辐射能力的。教师的创新能力素质应包括教学理念、教学方法、教学手段、教学内容等诸多方面协调一致、相辅相成的创新,其中教师敏锐的观察力、教育教学创新能力和教育预见能力等是必不可少的。

教师应该具有的敏锐的观察力是指教师在纷繁复杂的事物中迅速地捕捉到事物本质的能力。这不仅由于科学发明创造始于观察,而且教师在日常的教育教学工作中应敏锐细致地留意,捕捉学生哪怕是极细微的变化反应,发现问题及时解决,避免引起后患。敏锐的观察力是一个教师最可宝贵的品质之一。对一个有观察力的教师来说,学生的欢乐、兴奋、惊奇、疑惑、恐惧、受窘和其他内心活动的最细微的表现,都逃不过他(她)的眼睛。一个教师如果对这些表现熟视无睹,他(她)就很难成为学生的良师益友。

教师的教育教学创新能力,一是在教学思想上,面向全体学生,因材施教,以学生身心发展为根本目标;二是在教育教学活动中,充分发挥教师的主导作用和学生的主体作用,建立平等、和谐、融洽、健康之师生关系;三是在教学内容上,注重课程设置文理渗透,综合学科、边缘学科交织互补;四是在教学方法上,倡导研究法、发现法、暗示法、范例法、情景教学法等灵活运用,大力提倡自主学习,贯彻启发、重视反馈、讲究实效;五是在教学组织上,集体教学、分组教学、个别教学交叉进行,灵活运用。

教师的教育预见能力是指教育活动开始前对教育对象的身心状况、教育内容、教学效果以及各种影响因素干扰的可能性的估计能力。教师只有对教育对象、内容、影响因素和效果有一个比较客观的、准确的估计,才能最大限度地保证教育活动目的的实现和教育计划的完成。教师教育预见能力的核心是教育思维,它是建筑在教师的准备工作基础上的。教师只有对教育对象和教育内容有足够的、充分的认识和了解,在对诸多影响因素熟悉的基础上,才能对教育活动作出分析、判断,达到比较科学的估价。

七、开拓进取的管理素质

每个教师都是管理者。教师管理能力的形成受多种因素的影响,具体分为内在制约因素和外在影响因素。内在制约因素包括教师个人的成长经历、教师的专业素质、教师的人格魅力;外在影响因素则包括学生的个性特征和需要、社会意识形态、学校管理思想与办学理念。教师管理素质的高低直接影响教师教育教学的质量,也对学生学习产生极大的促进或消极作用。教师开拓进取的管理素质包括在思想与行动的自觉创新,创新不是口号而是行动。据调查,深受学生欢迎的教师应该是:富有理想,给学生以坚定感;善于创新,给学生以敏锐感;循循善诱,给学生以信任感;关心学生,给学生以亲切感;豁达大度,给学生以宽厚感;一身正气,给学生以钦佩感;处事冷静,给学生以稳重感;率先示范,给学生以楷模感;朝气蓬勃,给学生以向上感;教学有方,给学生以启迪感。

八、精力充沛的身心素质

健康是教师素质的重要组成部分。教师工作繁忙,常常需要工作到深夜,不少教师每天除了备课、讲课、班主任工作外,还担负着大量的社会工作,他们没有严格的八小时工作制,没有健康的体魄是很难做好教育教学工作的。健康的体格和耐劳的精神应作为教师具备的最低限度的条件之一。德、智、体全面发展是一切人才成长的规律,教师要成长为一个优秀教师,也要遵循这个规律的。教育工作周期长,一个教师成熟起来,需要很长时间,因此,干部年轻化对于教师来说,不能简单地看年龄,而主要应由教师的健康状况来决定。教师队伍年龄结构合理,应既有阅历深、经验丰富、能从事指导和培养后辈教育教学工作的老教师;又要有年富力强、能挑重担的中年教师;还要有一定数量的朝气蓬勃的青年教师。特别是优秀教师,只要精力充沛、身体健康、思维敏捷,应该让他们不受退休年龄的限制,继续担任工作。

此外,教师还应有健康的心理素质。教师健康的心理是一种强有力的教育手段,它会对学生的理想、信念、兴趣、能力、性格等产生直接影响;教师健康的心理会使学生产生敬爱感、信赖感,从而建立良好的师生关系,形成好的教育效果;教师健康的心理还有助于缓解、消除现代生活快节奏造成的紧张、焦虑和压力,建立良好的人际关系,保持乐观的情绪,促进身体健康。教师健康的心理表现为:为人师表、热爱学生、大公无私、勤奋好学、知识广博、热情开朗等。教师必须有意识地加强自我教育,不断锤炼自己的人格修养,才能成为一个具有精力充沛的身心素质的人。

第五章
学生管理的检视与思考

学生既是受教育者，又是管理的对象，这就决定了学生管理在学校管理工作中的重要地位。学生管理的主要目的就是使学生具备良好的学习习惯、生活习惯和行为习惯，具有最基本的自理能力、自治能力和独立生活能力，使学生愉快地学习，健康地成长，对各种不良倾向能自觉地抵制。学生管理的主要内容包括德、智、体、美等方面的管理。

学习是学生的主要任务。学生的学习过程也是长知识、长身体、形成良好思想品德的过程。在学习管理中，不仅要增长他们的知识，还要增强他们的体质，保护他们的健康，提高他们的觉悟；不仅要注重他们对书本知识的学习，还应当促进学生手脑并用；不仅要强调课堂学习，还要组织他们参加课外实践。所以，学生管理应是一个以学习管理为主线的全面管理过程。尽管对学生管理内容和目的的论述易于理解，但是目前在学生管理的实践中还存在着许多偏颇，这些偏颇如不及时加以矫正，就会对学生的健康发展起到阻碍的作用。

要管理好学生，必须了解学生和研究学生，正确认识学生的身心发展规律，并遵循规律开展工作。当前学生管理应侧重于思考学生自身管理、学生制度管理和学生集体管理。通过学生管理改革，强化常能训练，让学生学会生存;强化常规管理,稳定学校秩序;强化班级管理,提高学生素质。

第一节 学生管理重点检视

学生管理旨在使学生成为品德高尚、学业扎实、兴趣广泛、身心健康的全面发展的人。其中学习是学生的主要任务。学生的学习过程也是长知识、长身体、形成良好思想品德的过程。在学生管理中,不仅要增长他们的知识,还要增强他们的体质,保护他们的健康,提高他们的觉悟;不仅要注重他们对书本知识的学习,还应当促进学生手脑并用;不仅要强调课堂学习,还要组织他们参加课外实践。所以,学生管理应是一个以学习管理为主线的全面管理过程。

一、健康第一,学习第二(1949～1952)

中小学生负担过重是长期以来困扰基础教育事业的顽疾,给中小学生健康成长造成了很大的影响。早在新中国成立初期,毛泽东就针对学生课业负担过重、食堂卫生工作注意不够、社会活动过多致使学生健康状况不良的问题,作出了明确的指示。1950 年 6 月 19 日和 1951 年 1 月 15 日,他两次致函时任教育部部长马叙伦,明确表示"健康第一,学习第二"的方针是正确的。1951 年 3 月 19 日,在教育部召开的第一次中等教育会议开幕式中,马叙伦提出:"毛主席曾屡次指示我们:'健康第一',我们必须贯彻这一指示。"①1951 年 7 月 13 日,政务院公布的《关于改善各级学校学生健康状况的决定》(以下简称《决定》),指示各级人民政府教育行政部门及各级学校教职员必须严肃注意学生健康问题,立即纠正忽视学生健康的思想和对学生健康不负责任的态度,切实改善各级学校的学生健康状况。《决定》提出:各级学校应遵照中央人民政府教育部的规定,删除重复的、不需要的课程与教材内容,并改进教学方法。教师授课应以课堂教学为主,要讲得明白,使学生了解透彻;要多在课堂内做练习题,不要给学生过多的课外习题及不必要的困难习题;考试也不要故意出生僻的试题;要统一合理地分配实验、自习等课外作业的时间。各科教师应在分配时间内将课教完、教好,并纠正和防止发动任何的突击、竞赛、硬赶进度等偏向。《决定》对调整学生日常学习及生活时间、减轻学生社团活动的负担、改进学校卫生工作、注意体育娱乐活动、改善学生伙食管理办法以及

① 卓晴君,李仲汉:《中小学教育史》,海南出版社 2000 年版,第 14 页。

学校经费的支配应适当地照顾保健工作的需要等项工作均作出了具体规定。这些决定是正确的,有助于学生身心健康发展,遗憾的是没有持久地贯彻落实。

由于对全面发展的教育认识不够,有许多学校对学生的身体健康问题仍然认识不足,1952 年 3 月 18 日,教育部颁发了《中学暂行规程(草案)》(以下简称《规程》),《规程》是学生管理的重要依据。《规程》指出:中学教育的任务是用马列主义的理论与中国革命实践相结合的毛泽东思想和普通文化知识教育青年一代,使他们的身心获得全面的发展,以便为升入高等学校或参加建设工作打好基础。中学对学生实施智育、德育、体育、美育等全面发展的教育。其主要目标是:使学生能正确运用本国语言,学到现代科学的基础知识和技能,养成科学的世界观;发展学生为祖国效忠、为人民服务的思想,养成其爱祖国、爱人民、爱劳动、爱科学、爱护公共财物的国民公德和刚毅勇敢、自觉遵守纪律的优良品质;培养学生体育卫生的智能和习惯,以养成其强健的体格;陶冶学生的审美观念,并启发其艺术的创造能力。同日,教育部颁发的《小学暂行规程(草案)》指出:小学实施智育、德育、体育、美育全面发展的教育。其主要目标是:使儿童具有读、写、算的基本能力和社会、自然的基本知识;使儿童具有爱国思想、国民公德和诚实、勇敢、团结、互助、遵守纪律等优良品德;使儿童具有强健的身体,活泼、愉快的心情以及讲卫生的基本知识和习惯;使儿童具有爱美的观念和欣赏艺术的初步能力。中小学规程颁行后,学生管理有据可依,学生的思想有了显著的进步,学生的身体状况、思想品德、知识水平亦在逐步提高。

二、学生管理重点体、智、德、劳(1953～1956)

由于旧社会遗留下来的旧思想、旧习惯的影响以及教育工作中的缺点,教育工作者对全面发展的教育仍然认识不足,在处理德、智、体的关系上经常顾此失彼。有许多学校对学生的身体健康问题重视不够,并曾因强调政治思想教育而忽视科学知识的教育,后来又有不少学校因重视科学知识的教学而放松政治思想教育。为了解决这些问题,积极稳步地提高中小学教育质量,根据国家过渡时期的总路线和总任务,政务院于 1953 年 11 月 26 日发出《关于整顿和改进小学教育的指示》后,于 1954 年 4 月 8 日又发出《关于改进和发展中学教育的指示》,明确了中小学教育必须贯彻全面发展的教育方针,对改革和发展中小学教育作了具体部署。学生管理遵照中小学指示的要求,逐步将培养学生的自觉纪律视为最重要任务。中小学生学习的自觉性、积极性有了显著提高,多数学生都能自觉地遵守纪律,新的道德品质正在形成。中学生管理以社会主义思想教育学生,培养他们成为社会主义社会全面发展的成员,中学教学质量有所提高。

鉴于小学还存在着一些学生纪律松弛,严重地影响教学工作和学校秩序的情况,为对全国小学生加强学习纪律和日常生活规范教育,帮助他们养成良好的思想品德和生活习惯,教育部于1955年2月10日颁布《小学生守则》和《关于实施〈小学生守则〉的指示》。《小学生守则》共20条,要求小学生:努力做个好学生,做到身体好、功课好、品行好。准备为祖国服务,为人民服务。《小学生守则》的实施必须建筑在学生的自觉性和积极性的基础上。因此,《关于实施〈小学生守则〉的指示》规定:在守则的实施过程中,各地学校首先由教师把守则的意义和必须遵守的道理逐条向学生反复说明,使他们明了守则的内容和遵守的必要,并将实行后的具体效果和模范事例经常向学生宣讲。为了做到这一点,学校行政干部和全体教师率先认真学习守则,领会它的精神实质,并且在日常生活中以身作则,以自己的模范行为作榜样,积极地影响和教育学生。学生管理注重用学生自己的实例来教育学生,而不把守则当做"管制"学生的工具。

在《小学生守则》颁布不久,教育部于1955年5月13日颁布《中学生守则》和《关于实施〈中学生守则〉的指示》。《中学生守则》共18条,要求中学生:努力学习,做到身体好、功课好、品行好,准备为祖国为人民服务。《中学生守则》是全国中学生学习纪律和日常生活行为的准则。它不仅要求学生自觉地遵守学校纪律,保证完成学习任务;而且要使学生提高社会主义觉悟,养成优良习惯和新的道德品质,并在集体主义的教育下,使他们的个性获得全面的发展,成为社会主义社会自觉的积极的建设者和伟大祖国的保卫者。

在学校里,学生自觉遵守纪律是完成教学工作的决定条件之一。学生在学校里如果没有养成自觉地遵守纪律的习惯,将来也不可能很好地履行公民的义务。在实施守则的过程中,学校还要充分发挥青年团、少先队及学生会等组织的作用,加强自我监督,使正确的舆论成为推动学生实施守则的一种力量,同时还与学生家长密切联系,向家长讲解守则的内容与要求,以便在家长的帮助下共同教育学生。《小学生守则》和《中学生守则》的实施使学生遵守纪律情况好转,教学秩序趋于稳定。

由于当时中小学教学的指导思想有忽视劳动教育的偏向,社会上普遍流行一种错误认识，认为中小学毕业生都应当升学，不能升学而去从事工农业生产或其他劳动就是失学，因而不能升学的学生就悲观失望，甚至抱怨人民政府。针对这种极不健康的错误思想，《人民日报》在1953年8月27日发表了《实事求是地解决小学毕业生升学问题》的社论，1953年12月3日，《人民日报》又发表了《组织高小毕业生参加农业生产劳动》的社论，1954年5月24日，中共中央批转教育部党组《关于解决高小和初中毕业生学习与从事生产劳动问题的请示报告》。各地在党委和人民政府的统一领导下，以教育行政部门为主，并与人事、劳动及青年团、群众团体等密切配合，通过人民代表会议、干部会议、家长会议、毕业生座谈会、家属访问、个别谈话等方式，并运用党报、团报等宣传工具，有领导有组织地开展以加强劳动教育为中心的宣传教育活动，以解决学生和家长的思想认识问题。针对有些学生不愿当工人、农民，认为做工、种田"太脏"、"太累"、"太丢人"、"没出息"等思想，学生管理的举措一方面要通过课堂教学和课外活动等多种形式，对学生加强劳动教育，使他们从思想上认识到劳动是光荣、崇高的事业，劳动是一切文明幸福生活的基础；另一方面，组织学生适当地参加一些生产劳动，在劳动中培养锻炼健康耐劳的体魄、坚忍不拔的意志、遵守劳动纪律和爱好劳动的习惯。在中学生管理中，重点教育毕业生作好两方面准备，除部分根据国家需要升学外，大部分应积极从事工农业生产或其他建设工作。

1955年，我国普通教育的质量在不断地提高，但教育与生产劳动脱节、学生劳动观点淡薄的缺点仍很突出。为了使普通教育工作和社会主义建设事业的相适应，实施基本生产技术教育就成为一项刻不容缓的事情。根据1955年全国文教会议关于在中小学实施基本生产技术教育的精神，教育部于同年9月2日在颁布的《小学教学计划》和《关于执行〈小学教学计划〉的指示》中指出：《小学教学计划》的新精神是开始实施基本生产技术教育（即综合技术教育）和加强劳动教育及体育，更完整地体现全面发展的教育方针。1956年1月26日至2月3日，教育部召集部分省、市的教育工作者举行座谈会，座谈中学实施基本生产技术教育问题。会后，教育部于5月28日发出《关于普通学校实施基本生产技术教育的指示（草案）征求意见的通知》，并于7月17日发出《关于1956—1957学年度中小学实施基本生产技术教育的通知》，对中小学实施基本生产技术教育的有关问题作出了规定。实施基本生产技术教育使学生初步了解了某些生产过程共同需用的基本原理和常用的生产工具的技能,扩大了学生的技术眼界,并使他们实际接触到劳动战线上的先进工人和农民,启发他们热爱劳动和劳动人民的思想感情。初中和高小毕业生参加生产劳动以后,在农业的社会主义改造和国家的社会主义工业化中发挥了积极作用。由于他们有文化基础,学习生产技术和熟悉基层工作较快,不少人经过刻苦学习较快地成为生产的带头人或担任了基层工作的领导。

1954 年在提高教学质量的过程中,部分地区中小学曾出现学生负担过重的问题,秋季以后,这个问题变得更为严重。大中城市的学校学生负担比小城市和农村的学校重,中学比小学重,高年级比低年级重。负担过重已经严重损害了学生的身心健康,削弱了政治思想教育,使教学质量也难以真正提高。为了克服这种偏向,教育部于 1955 年 7 月 1 日发出《关于减轻中小学生过重负担的指示》(以下简称《指示》)。《指示》指出:解决这个问题的基本办法是改善教材、提高教师水平、改进学校领导。为求在短时间内迅速地把学生的过重负担减轻下来,必须采取的办法:

减轻过重的课外作业,教师必须努力钻研教材,改进教法,把课讲清楚讲透彻,注意复习、巩固工作,指导学生养成先复习好功课再做作业的习惯。注意减少课外作业的分量:中学的生物、历史、地理、政治等科,小学的自然、历史、地理等科,不必每课都留书面作业,只在一定段落留适当的作业;有些学科可在课堂教学中留出一定时间进行课堂作业,减少课外作业。各年级各学科的课外作业时间和分量,学校领导应加以控制。教师对于所留作业题的目的要求应有说明,难答的题目应有适当的启发。

为保证学生的睡眠和休息时间,《指示》规定:高中每日上课时间和自习时间不超过 9 小时,初中不超过 8 小时,小学高年级不超过 6 小时。中小学体育锻炼、生产劳动、课外小组、校会、班会等活动时间每周不超过 4 小时,社团活动高中每周不超过 3 小时,初中不超过 2 小时,小学不超过 1 小时。保证中学生每天 9 小时睡眠时间,小学生每天 10 小时睡眠时间,并在夏季增加午睡时间。保证学生星期日和星期六夜晚完全休息。在时间安排上,每天尽量留出一部分时间作为学生自由支配的时间。《指示》要求具体明确,中小学生负担减轻了,学生以充裕的时间参加自己喜爱的各种活动。事实说明只要教育工作者更新观念,提高素质,减负与提高教学质量是不矛盾的。

三、学生管理向劳动管理倾斜(1957 ~ 1960)

1957 年 2 月,毛泽东在《关于正确处理人民内部矛盾的问题》中提出:“我们的教育方针，应当使受教育者在德育、智育、体育几方面都得到发展，成为有社会主义觉悟有文化的劳动者。”1958 年 9 月 19 日，《中共中央、国务院关于教育工作的指示》进一步提出“教育为无产阶级政治服务，教育与生产劳动相结合”的方针。为了贯彻落实党的教育方针，1958 ~ 1960 年开展了声势浩大的“教育革命”。1958 年 3 月 8 日，教育部在《关于 1958 ~ 1959 学年度中学教学计划的通知》中规定：初、高中各年级增设生产劳动科，每周 2 小时；学生参加体力劳动的时间每学年为 14 天到 28 天。随着这个教学计划的贯彻执行，各地中小学校都把生产劳动列为正式课程。通过生产劳动课程教学和积极参加各项生产劳动，学生在学习文化科学知识的同时，受到了体力劳动的锻炼，学习了一定的劳动和生产技能，培养了劳动习惯和艰苦朴素的作风，增强了和劳动人民同甘共苦的思想感情。这一期间，学生管理向劳动管理倾斜，师生参加劳动，除了去学校自己办的工厂、农场以外，还经常到校外挂钩的工厂和农村人民公社与工人、农民同吃同住同劳动。由于实行领导管理体制下放和学校实行合并集中以后，社队更加频繁地抽调学生劳动力参加各项劳动。各地学校的教师和高小以上的学生，投入大炼钢铁中，参加农田水利建设、深翻土地、“双抢”、“三秋”等各项劳动，夜以继日地奔波在田间地头。由于师生劳动时间过长，学校的正常教学秩序受到冲击，教学工作被迫停顿，教学质量明显下降。

实施教育与生产劳动相结合是马克思主义的一项重要教育原则，学校必须实施教育与生产劳动相结合。各地学校的实践生动地说明，实施教育与生产劳动相结合不仅是实现知识分子与工农相结合、脑力劳动与体力劳动相结合的一个重要途径，而且对于旧社会遗留下来的鄙视体力劳动和体力劳动者的思想，起了移风易俗的作用。师生应当根据教学计划规定的时间参加一定的劳动，但不能用劳动冲击或代替教学，降低教学质量。“教育革命”必须遵循教学为主、依靠教师和全面发展的三大办学规律，学生参加生产劳动的时间必须按照教学计划的规定执行。

四、减轻中小学生过重学习负担（1961 ~ 1965）

教育改革是一项专业性很强的系统工程。它涉及教育与政治、教育与经济、教育与社会以及教育本身的发展历史、现状、制度、内容、理论等诸多因素。在总结“教育革命”经验和教训的基础上，1963 年 3 月颁发的《全日制中学暂行工作条例（草案）》和《全日制小学暂行工作条例（草案）》，受到广大教育工作者的欢迎。各省、市、自治区首先选定一部分领导力量强、师资水平较高、设备条件较好的全日制中小学分别试行,取得经验后再逐步扩大试行范围,最后在全国推行。1963年秋季《全日制十二年制中小学新教学计划(草案)》实施后,由于课程门类多、课外作业多、测验考试多,导致新一轮的中小学生课业负担明显过重。当时直接影响学生负担的则是片面追求升学率的思想。为了减轻中小学学生的过重负担,1964年5月4日,《中共中央国务院批转教育部临时党组关于克服中小学学生负担过重现象和提高教学质量的报告》,要求各地教育行政部门和学校要采取有力措施,禁止以升学率为标准衡量学校、教师工作的优劣。教师要在提高思想水平、业务水平的基础上,努力改进教学方法。教育部的报告具体明确地提出了减轻中小学生过重学习负担的举措。如果能够切实贯彻落实,有助于教育质量的提高和学生德、智、体的全面发展。

1965年6月25日,共青团中央办公厅编印的《团的情况》(增刊)第十八期登载了《北师一个班学生生活过度紧张,健康状况下降》一文。文章说,据共青团北京市委反映,最近他们对北京师范学院历史系二年级一个班调查,发现学生由于学习负担过重,体育锻炼运动量过大,课余活动多,严重地影响了学生的身体健康。毛主席在看了这份材料后,7月3日在写给中共中央宣传部部长陆定一的信中说:"学生负担太重,影响健康,学了也无用。建议从一切活动总量中,砍掉三分之一。邀请学校师生代表,讨论几次,决定实行。如何请酌。"①(这个指示以后简称"七三指示")应该说,毛泽东的指示有助于学生生动、活泼、健康地发展。正当中小学认真执行中央关于学生学习、劳动、社会活动时间的规定,精简中小学课程和教材,统一安排和控制其他部门对学校提出的活动项目和要求时,令人遗憾的是不久"文化大革命"开始,学校教育教学秩序被彻底打乱了,学生管理陷于一片混乱之中。

五、"文化大革命"期间,学生本位异化(1966～1976)

"文化大革命"中林彪利用其党中央副主席和中央军委副主席的职务和毛泽东对他的信任,打着拥护毛泽东的旗号,趁机煽动"打倒一切",全面内战,残酷迫害干部和群众、安插亲信、培植死党,逐渐形成一个反革命集团。他们竭力挑拨师生关系,教师的主导地位完全丧失,"师道尊严"成为批判"旧"

① 中央教育科学研究所:《中华人民共和国教育大事记》(1949—1982),教育科学出版社1984年版,第382页。

制度的焦点。

1966年8月8日,中共八届十一中全会通过《中国共产党中央委员会关于无产阶级文化大革命的决定》。其中第十条"教学改革"提出:"改革旧的教育制度,改革旧的教育方针和方法,是这场无产阶级'文化大革命'的一个极其重要的任务。在这场'文化大革命'中,必须彻底改变资产阶级知识分子统治我们学校的现象。"①

1966年8月18日,首都百万群众在天安门广场举行"庆祝无产阶级文化大革命群众大会"。毛泽东在天安门首次接见来京进行大串联的全国各地红卫兵、学生和教师。8月31日、9月15日、10月1日、10月18日、11月3日、11月10日、11月26日又七次接见。毛泽东八次共接见红卫兵、学生和教师等1100万人。林彪在8月18日、8月31日、9月15日的接见大会上讲话时极力进行煽动,他说:"我们坚决地支持你们敢闯、敢干、敢革命、敢造反的无产阶级革命精神!""我们要大破一切剥削阶级的旧思想、旧文化、旧风俗、旧习惯。""要大立无产阶级的新思想、新文化、新风俗、新习惯。""各大中学校的红卫兵和其他革命的青少年组织,是'文化大革命'的急先锋。""他们走上街头,横扫'四旧'……学校的斗、批、改,发展到社会的斗、批、改。""你们的革命行动好得很!""红卫兵战士们,革命同学们,你们斗争的大方向,始终是正确的。"②

1973年12月12日,《北京日报》按照反"师道尊严"需要,以"一个小学生的来信和日记摘抄"为题,发表北京市海淀区中关村第一小学五年级一个小学生10月21日写给该报的信和她的日记摘抄,主要涉及"师道尊严"、"修正主义路线"以及"旧的传统观念"。同年12月28日,《人民日报》全文转载《北京日报》12月12日发表的《一个小学生的来信和日记摘抄》及编者按语,又另加编者按语赞扬"黄帅敢于向修正主义教育路线开火"③。此后,各地报刊、电台、电视台广为传播,国务院教科组还用电话通知各省、市、自治区教育

① 中央教育科学研究所:《中华人民共和国教育大事记》(1949—1982),教育科学出版社1984年版,第405页。

② 中央教育科学研究所:《中华人民共和国教育大事记》(1949—1982),教育科学出版社1984年版,第405页。

③ 中央教育科学研究所:《中华人民共和国教育大事记》(1949—1982),教育科学出版社1984年版,第457—458页。

局，组织学生学习这些材料。于是，各地中小学迅速掀起一股"破师道尊严"，"横扫资产阶级复辟势力"，"批判修正主义教育路线回潮"的浪潮。在这股浪潮中，学校为建立正常教学秩序所采取的措施，教师对学生的教育管理严格要求，统统被指为搞"师道尊严"、"复辟"、"回潮"；许多教师被迫作检查、受批判；一些学校又出现了"干部管不了，教师教不了，学生学不了"的混乱局面。这种局面一直持续到"文化大革命"结束。实践证明，这种失控的"自由"，实质是自我迷失，并未真正凸显学生的主体性，严重地干扰了学生管理工作。这实质上并未真正理解学生主体性的含义，只不过是学生本位的异化，是打着反传统的旗号走上了另一条极端的道路，是错误的学生观的折射。

六、加强学生思想政治教育管理(1977～1981)

中共十一届三中全会确定了全国工作重点转移之后，学校面临的艰巨的任务是尽快为国家经济建设培养人才。这是因为"文化大革命"，少为国家培养了100万名以上大专毕业生，少为国家培养了200万名以上中专毕业生，各行各业急需人才。为此，一些教育行政部门的领导和学校的校长、教师把注意力集中在重点中学、"重点班"和"尖子班"身上，放松了对大多数学生的教育，学生管理处于软弱无力的状态。更由于长期以来"左"倾错误的影响，加上十年浩劫，林彪、"四人帮"的倒行逆施，使处于成长时期的大、中、小学学生深受其害。鉴于此，1979年4月22日至5月7日，教育部在北京召开全国中小学思想政治教育工作座谈会，会后印发了《全国中小学思想政治教育工作座谈会纪要》。要加强中小学的思想政治教育工作，必须从新时期的总任务出发，联系整个中小学教育工作的全局，从根本上解决三个问题，即要面向全体学生，全面完成中小学的培养任务；要坚持"三好"(身体好、思想品德好、学习好)原则，全面贯彻执行教育方针；要依靠广大教师做思想政治工作。这些问题的解决为学生管理工作确定了明确的方向与目标。这次会后，不仅通过课堂教学主渠道加强学生德育工作管理，而且恢复和加强了大学辅导员、中小学班主任工作，加强了四项基本原则的教育，学生工作管理取得了显著成效，三好生、优秀学生干部和先进集体不断涌现。

七、以解放思想为先导逐步展开学生管理改革(1982～1991)

在解放思想、实事求是的思想路线鼓舞下，一部分教育理论工作者率先对新中国成立以来包括"文化大革命"时期学生管理工作进行了反思，提出学生管理必须遵循青少年思想品德发展的规律。尤其是1985年《中共中央关于教育体制改革的决定》颁布后，把学生管理工作作为一门科学对待，从学生管理的指导思想、内容和方式方法等多方面进行了探究，涌现了一批勇于改革创新的校长和教师。为了适应多出人才、出好人才、提高全民族思想道德素质的需要，国家教委先后召开了一系列会议，其中，1985 年 6 月召开的中学思想政治教育工作座谈会是一次重要的思想动员，涉及了学生管理工作的改革。此后，德育工作改革实验项目出台，在学生德育的培养目标上改变了原来的结构，建立了包括政治态度、思想觉悟、道德品质、马克思主义的初步观点和个性心理特征等 5 部分的结构模式。在培养和形成学生的个性心理特征方面，要求对学生进行青春期生理、心理和道德品质的教育，统称为青春期教育。这是把学生的心理健康教育正式纳入学校教育内容的开始。这项实验为初步构建新时期学生工作管理的新格局提供了重要的依据。然而学生管理改革还不平衡，特别是由于教育部门内部普遍存在的片面追求升学率的倾向，学生管理脱离社会实际和学生实际的状况，直接影响了学生管理工作的效果。此外，随着改革开放的深入和商品经济的发展，社会上的多种价值观念和文化信息以及商品经济发展中的消极因素，使学生管理面临的问题更加艰巨复杂。这就要求把学生管理纳入整个社会精神文明建设的大系统之中，构建大的学生管理新格局。

八、以教育方针为依据深化学生管理改革(1992～2009)

1993 年 2 月 13 日，中共中央、国务院正式印发《中国教育与改革发展纲要》(以下简称《纲要》)。《纲要》明确指出："面向全体学生，全面提高学生的思想道德、文化科学、劳动技能和身体心理素质，促进学生生动活泼地发展，办出各自的特色。"这既是学生管理工作的指导思想，也是学生管理工作的目标。值得特别指出的是，经过多年的讨论，《纲要》重新明确了教育方针，"各级各类学校要认真贯彻'教育必须为社会主义现代化建设服务，必须与生产劳动相结合，培养德、智、体全面发展的建设者和接班人'的方针"。自此，广大教育工作者以教育方针为依据指导学生管理工作。

2002 年 11 月 8 日，中共十六大对党的教育方针有了进一步的丰富与发展："坚持教育为社会主义现代化建设服务，为人民服务，与生产劳动和社会实践相结合，培养德、智、体、美全面发展的社会主义建设者和接班人。"根据教育方针的要求，坚持教育"为人民服务"，在学生管理工作上就要充分体现以人为本的思想和人文关怀精神。

新时期党的教育方针的提出，是以现实国情和国际环境为背景的，不仅反映了时代的新要求，同时为学生管理注入了新的内涵。这一表述贯彻了“三个代表”重要思想，体现了与时俱进的精神。依据教育方针的新要求，学生管理工作朝着努力促进人的德、智、体、美全面发展方向奋进，使之培养的学生不仅要与生产劳动相结合，更要与社会实践相结合，走与经济社会相结合的道路。

第二节　学生管理的偏颇与矫正

学生管理的目的是使学生具有良好的学习习惯、生活习惯和行为习惯，具有基本的自理、自治和独立生活能力，使学生愉快地学习，健康地成长，对各种不良倾向能自觉抵制。要做到这一点，必须点面兼顾、动静结合、情理交融、柔刚互补。但是，学生管理是一个不断发展变化的过程，在不同的发展阶段、不同的社会背景中，都会产生和存在各种不同程度的偏差。只有明确这些问题，研究其产生根源，才能寻找解决问题的办法，化消极因素为积极因素，防止学生管理畸轻畸重。另外，还必须借鉴国外的学生管理经验，同时也吸取其教训，走出一条科学管理之路。

一、学生管理的偏颇

(一)学生管理等同于学习成绩管理

学生管理是一个涵盖面很宽的概念，它包括学生德育管理、学习管理、体育卫生管理、美育管理、劳动技术管理等。但是一些教师由于受片面升学率的影响，误将学生管理理解为对学生学习的管理，把学生管理的外延人为地缩小了。更有甚者，有的教师干脆将学生管理理解为学习成绩的管理，把学习管理的外延又人为地缩小了。即使是学习管理，还包括学习兴趣的激发、学习目的的确定、学习态度的端正、学习习惯的养成、学习方法的培养、学习困难的克服和学习制度的检查等。仅把学生成绩当做评价学生的唯一指标，忽视了学生的个性发展，难以培养出具有创新精神和实践能力的高素质的人才。

(二)忽视对学生基本生活技能的培养

对学生学习管理的高度重视，就必然会忽视对其他诸方面，特别是学生生活管理的关注。当今学校里的独生子女越来越多，教育所面临的问题也日益复杂。很多独生子女缺乏最基本的生活自理能力。据报载，某些高中生虽然考上了大学，但是却没有最基本的自理能力，自己不会洗衣服，不会收拾衣柜，不会叠被子，有的甚至不会与同宿舍的同学进行正常的交往。从这一现象不难发现,家长在教育孩子的方面有所欠缺,但学校教育也难脱干系。

(三)忽视学生的心理健康

学生管理不仅要重视对学生行为习惯的培养,更要关注学生的心理健康发展。中学阶段的学生,正是处于青春期的发育阶段。这个时期的青少年学生生理上迅速发育并走向成熟。生理的急剧变化导致他们思想上的独立性和依赖性、自觉性和幼稚性、成熟性和盲目性六性错综交叉。青少年学生在此阶段极易产生心理问题。青少年学生常见的心理障碍,大致有 8 种表现形态,即自卑心理、逆反心理、孤独心理、嫉妒心理、惧怕心理、唯我独尊心理、贪图享乐心理、厌学心理。一些教师由于缺乏必要的心理学知识,或是对学生心理健康的忽视,往往对这些现象视而不见。

(四)学生管理局限在校内

学校是学生健康成长、培养成才的摇篮,人民教师素有人类灵魂工程师之美称。家长把孩子送往学校就是想通过人民教师的辛勤栽培,将来把孩子培养成为对社会有用的人。学生管理主要是在学校内进行的,但并不是与家庭和社会毫无关系。中小学生一天中的大部分时间是在学校度过的,但是放学之后,他们还是要回到自己的家庭,并且不可避免地接触到社会。仅以青少年学生常见的心理障碍产生的原因而言,有家庭的、社会的、学校的影响,更有学生自身的因素。所以学生管理仅靠教师在学校内对其进行管理是完全不够的,也是不合理的。家庭尤其是学生的家长应配合学校共同对学生的管理负责,对孩子的成长负责。

(五)学生管理只针对后进生

学生管理应坚持全面性,即面向每一个学生。从班级这个最基层的单位来看,班级管理的目的就是营造良好的班集体。有的教师把学生管理错误地理解为管理那些他们所谓的后进生。这些后进生不仅学习成绩不好,而且有不良的行为习惯。对他们进行管理是非常必要的。优秀班主任的管理经验是先有感化,后有理喻,通情才能达理。对学生的管理还要包括管理那些“优等生”和“中等生”。一些教师和家长眼中的好学生被频频报道自杀或他杀,尽管这在学生中是极少数的,但这些优等生存在的问题却值得深思。在学生管理中还不能忽视那些被称为“灰色学生”的中等生。他们在班集体中既不光彩照人,也不惹是生非,十天半月不到学校来,教师也从来不担心他们会出问题。就是被教师忽略的中等生,在不良思想诱导下,也有可能发生意想不到的恶性事件。中等生是班级里人数最多的一个群体,但是他们却反而成了班级里的"弱势群体"。在班级中,在教师将希望的眼神给了那些优等生,关注的目光又投向了后进生的同时,教师也应经常以亲切的目光环视中等生,从而使其感觉到教师在期待着他们,信任着他们。

二、学生管理的矫正

对于学生管理产生的误区,不能视而不见,必须通过全方位的改革,才能提高学生管理的实效性。

(一)树立正确的学生观

学生观,就是对学生的认识和看法。学生观有新旧正误之分。那些与学生本质属性一致的认识和看法,才是正确的或基本正确的学生观,在学生管理实践中才具有积极的指导意义。进行有效的学生管理就必须首先具有正确的学生观。要树立正确的学生观,应首先把学生当人看,学生不是一台台机器,而是有着思想和感情的活生生的人,教师在管理的时候不应忽视他们的感受。学生还是一个个独立发展中的人,学生是发展的,就说明他们犯错是很正常的,并不能因为他们犯错就严厉地惩罚,或是剥夺他们管理自己的权利,学生是独立的个人,他们有自我管理的愿望。学生更是平等的人,平等不仅包括师生平等,还包括生生平等。教师首先应该放下架子,与学生面对面、心平气和地交流,这样的管理才是学生易于接受的,更是有效的。教师还要改变对学生的评价标准,不应人为地把学生分成三六九等,不应把学习成绩作为评价学生的唯一尺度,评价应该是全方面和多种多样的。教师应坚信:天生其人必有才,天生其人必有用;人乏全才,扬长避短,人人成才。教师要善于发现每个学生的特点和优势,要相信正因为每个人的丰富多彩,这个世界才如此多姿。

(二)充分发挥学生自我管理的主体作用

当前在独生子女越来越多的情况下,学生智力因素之间的差异不是那么明显,积极的个性特点、学习兴趣、坚忍不拔的毅力、克服困难的意志,对待劳动的满腔热情等非智力因素却有明显的差别,尤其是学生的文明道德习惯、学习习惯、健身习惯、卫生习惯的现状不能令人满意,造成这种状况的原因是多方面的,有的是由于忽视道德行为的培养,但更重要的是学生管理存在的问题,脱离学生的实际,以"管、卡、压、盯、看、跟"为管理工作模式,效果不佳。事实上,学生有参与班级管理的主动性和积极性。教师可以把班级管理的部分自主权交给学生,一方面可以满足学生自我管理的积极性,另一方面通过班级管理发现并发挥每个学生的特长。具体的方法是:全面公示,增强班级管理的透明度。为了让学生及时了解学校的管理制度,加强自身行为习惯的养成,可在教室里设置公示栏,将学生守则、学生日常行为规范、文明礼仪常规等张贴在公示栏内,让学生一目了然,以便使他们时刻提醒自己,什么事该做,什么事不该做,自己的职责是什么。绝大多数同学都想在表扬栏内为自己增光添彩,而不愿意在违纪最差栏中"榜上有名"。这样,既增强了管理透明度,也有利于学生文明习惯的养成,有利于学生进取精神的增强,也有利于科任教师对学生基本情况的了解,更有利于班级的管理。民主竞选,培养强有力的班干部群体。班干部是班主任进行班务管理的助手。分组管理,增强学生竞争意识。引入竞争机制,增强危机意识与合作意识。给学生营造出一种竞争机制,让学生养成在竞争中生活的习惯。使学生能尝试建立一种民主、平等的人际关系,为培养全面发展的人才打下良好的基础。加强监督,形成良性循环。制度有多严、多细,缺少了监督就不会得到好的结果,为了让制度得到落实,让学生得到真正的锻炼,形成一种良好的班风,班主任应把自己和班干部的管理过程完全置于全体学生之中,接受学生监督。

(三)学生管理内容的全面性

学生管理,应将德育放在首位,教会学生学会做人。学生管理重点进行养成教育。古人云:少成若天性,习惯如自然。意思是说,小时候养成的行为习惯就像自动化一样巩固,不需要任何意志的努力就能够做到。

学生管理,智育管理是关键。重点进行学习方法辅导,教会学生科学高效地学习。在学习中激发学生强烈的求知欲,培养学生的创新精神、实践能力以及百折不挠地同困难作斗争的良好的学习品质。

学生时代是身心发育成长的重要时期,学生管理必须加强体育卫生管理。学生要坚持做早操和课间操。体育课的要求应该适当,适当开展课外体育、文化娱乐等活动,增进学生身心健康。要经常进行卫生常识教育,使学生养成卫生习惯。要特别注意保护学生的视力,训练学生端正看书、写字的姿势,改善教室和自习室的采光设备,并使课堂桌椅适合学生身体的高度。要指定女教师负责管理女生的生活,对女生进行妇女卫生常识教育。有条件的学校应该建立定期检查体格的制度。要合理安排作息时间,教育学生按时作息,养成良好的生活习惯。

(四)建立学生心理档案,开展心理健康教育

21世纪世界上最激烈的竞争是人才的竞争,而心理素质又是人才的素质中最重要的组成部分。青少年学生是否具备健康的心理直接关系到个人潜能的开发与利用,从而关系到人才培养的质量。《中共中央国务院关于深化教育改革全面推进素质教育的决定》指出:"加强学生的心理健康教育,培养学生坚忍不拔的意志、艰苦奋斗的精神,增强青少年适应社会生活的能力。"为此,教师要具备心理学常识,从事学生管理工作的教师要精通心理学知识,并细心观察学生的日常行为。既要防微杜渐,在不良的行为尚处萌芽时就予以解决;又要纠失于后,不良的行为已经发生了,要及时进行纠正,不让其继续滋长,并杜绝其再次发生。针对青少年学生的心理障碍,学生管理应采取的对策是:提高教师的心理能力和素质;开展多种形式的心理健康教育。在学校建立心理咨询室,并为每名学生建立心理档案,定期开展心理健康教育活动。除此之外,要优化课程结构;培养学生的人际交往能力,促进班集体关系的和谐、融洽;建立约束机制,加快学校全面实施素质教育的进程。

(五)家校共育,学生管理校内外相结合

家长会是一个学校与家庭联系的比较好的方式,但是现在的家长会却变了味,成了教师的"告状会"或是"成绩发布会"。调查显示:家长会后,要么学生与教师关系变得紧张;要么学生与家长关系变得紧张;要么学生受到严肃批评并被限制活动。家长会后受到鼓舞激励的孩子仅仅是少数。不少学生表示希望家长会"尽量少开"、"最好永远不开"。进行学生管理,家长会应该开。对成功人士调查显示,发现他们的成功除了本专业出色外,还具有渊博的知识和广泛的兴趣,这些都与他们从小所受的家庭教育与生长环境密切相关。非智力因素如意志、性格、情感、兴趣等十分重要,这些因素的培养离不开父母,离不开家庭教育。召开家长会,需要教师认真准备,让家长会真正发挥应有的作用。教师的家访也是必不可少的,通过家访,可以更加了解每个学生的生活背景,有利于教师更好地深入了解学生。学校本身也要加大宣传力度,倡导家长参与学校的一般管理,把学生管理从校内扩展到校外。

总之,学生管理是整个学校管理系统一个重要的组成部分。这个过程需要学校、家庭、社会的共同参与,需要校长、教师和家长的协调配合,树立正确的学生管理观念,运用恰当的学生管理方式,才能矫正学生管理的偏颇,才能在教育教学中收到事半功倍的效果。

第三节　学生管理的原则与思考

教育工作的最后结果不是今天或者明天就能看到的,而是需要经过很长时间才见分晓的。你所说的所做的和使学生接受的一切,有时要过五年、十年甚至更长时间才能显示出来。科学的学生管理应该使学生终身受益。为此,在遵循学生管理原则的前提下,就要思考如何从学生自身管理、学生制度管理、学生集体管理诸方面进行改革。

一、学生管理的原则

(一)科学性原则

对学生工作的科学管理既是科学育人的重要因素,也是有效育人的基本条件。实践证明:科学的管理对科学育人可以产生积极的正效应,而违背科学件,主观、片面、随心所欲的管理,非但无助于科学有效地育人,还会产生消极的负效应。因此,学生管理要遵循科学性原则。首先,必须遵循国家制定的一系列教育方针政策,必须遵循学生的身心发展规律,必须遵循有关教育理论和管理理论,认真执行国家制定的方针、政策、法规。其次,管理者要确立科学的学生观,要把学生视为有个性的活生生的人,视为有主观需要和创造精神,不断变化着的生动活泼的复杂群体,而非被动听话整齐划一的简单个体的机械集合。

(二)全面发展原则

学生管理要全面贯彻党的教育方针,以提高学生素质为根本宗旨,造就有理想、有道德、有文化、有纪律的德、智、体、美等全面发展的社会主义事业的建设者和接班人。学校对于学生的管理,不能违背这一要求和规律。学生管理要全面提高学生的素质。实践证明,以考试为手段,以分数为标准,把少数人从多数人中选拔出来的应试教育忽视对学生的理想信念的教育、良好人格的培养,引导学生片面追求升学,其危害已日益引起人们的关注,以应试为唯一目的的学生管理模式,必须纠正。

(三)集体性原则

强调学生管理的集体性,并不是要取消或者压制学生的个性。但是个性的形成和培养又不是孤立的,而是在集体的环境中进行的。二者是辩证统一的关系。学生管理,是在学生集体——主要是班集体中进行的,班级既是学生管理的主要场所,也是德、智、体、美教育的主要组织形式。学生集体,既是对学生管理的组织手段,又是对学生进行教育的强大力量。因此,加强班级的建设,是符合学生管理的集体性原则的。

(四)主客体统一原则

在学校管理中,学生是管理的对象,同时又是管理的主体,学生本身具有主观能动性。因此,对于学生的管理,离开了学生的自觉性与积极性,就难以达到预期目的。充分发挥学生的自觉性,引导他们进行自我认识,自我要求,自我约束,自我调整,积极进行自我管理,则可以大大提高学生管理的有效性。所以,在学生管理中,既要发挥管理者的作用,又要充分发挥广大学生自我管理的积极作用,使管理主体与客体的作用紧密结合起来。

(五)平等与尊重原则

尽管学生管理者与学生是管理和被管理的关系,但管理者应以平等的态度对待每一个学生。这里的平等有两方面的含义:一方面,双方在人格上是平等的,不存在高低贵贱之分;另一方面,管理者应一视同仁地以平等态度对待每一位学生。平等就要尊重和信任学生,维护每一个学生都具有的自尊心和自信心。实践证明,差生之所以成为差生,往往是由于失去了自尊和自信;成功的教育之所以成功,也往往从启迪自尊启动自信开始。

二、学生自身管理:强化常能训练,让学生学会生存

(一)重视常能训练

“常能”,是指最平常的最基本的生活能力和活动能力。现在一谈到培养学生能力,往往强调培养高级能力,如抽象思维能力、科研能力、处理信息的能力等,很少提到培养常能。但学生如果缺乏常能,不仅不可能学习和掌握高级能力,而且会带来难以生存的极其严重的后果。对学生自身管理,当前应着重培养他们独立生活的能力和独立自主、乐群和容忍精神以及创造精神。进行常能训练,是其中的重要内容。学校可以开展以“学会生存”为目的的常能训练。让学生学会砌灶生火,淘米做饭,学会买菜、洗菜、切菜、炒菜等生活知识,提高独立生活能力,同时让学生在活动中学会合作,学会做人做事。

(二)常能训练的意义

学生的能力可以分为“常能”与“高级能力”。常能是抽象思维能力、科研能力等高级能力的基础,是发挥高级能力的保障,常能伴随人的一生。常能训练,实际上是德、智、体的全面训练,对学生的健康成长大有好处。学生从小接受常能训练,培养独立生活能力,有助于学生学会生存。“学会生存”是联合国教科文组织提出的教育四大支柱之一,是素质教育的重要内容。让学生通过常能训练学会生存,可形成学生管理的重要内容和特色。对于大多数不能升入高一级学校的学生来说,在学习期间就学会了许多生活技能和劳动技能,实际上为劳动就业作了准备,具有谋生的本领。

青少年学生缺乏常能,有种种原因。首先,可能来自家庭。现在青少年学生大多是独生子女,家长容易在生活上溺爱娇惯孩子,加上对孩子成才求之过高、过急,特别是曾被历史耽误了一代的家长,一定要让孩子受到自己没有受到的教育,因而为孩子们创造过于优越的条件,使一些孩子不爱劳动,不爱惜劳动成果,生活自理能力差,只知被爱,不知爱人等。其次,可能来自社会。人们普遍赞誉考试能力强的孩子,赞誉他们的考分,赞誉他们未来的前景,而常常宽容、忽视其弱点。然而,恰恰是这些被宽容、被忽视的东西,在一定情况下,譬如遇到坎坷,遇到风波,遇到需求,就会显露出来。再次,可能来自学校。如要求中学生"学会做人"、"学会乐群",要求过高、过空,难以落实。其实,常能训练既具体实在,又能为学生的一生打下坚实的基础。

常能训练,有不少内容属劳动技术教育的范围,但二者并不是一回事。常能不仅有劳动技术的内容,更重要的是培养学生的独立生活能力,培养学生自治、自理能力。不应该用劳动技术教育取代学生的常能训练。对学生的常能训练要建立考核制度。

三、学生制度管理:强化常规管理,稳定学校秩序

(一)常规管理的含义

学校制度管理主要是通过常规管理来体现的。常规管理是指学校根据国家的教育方针和教育法规,以及上级教育行政部门的有关规定和学校担负的任务,为使学校各项工作顺利进行而实施的经常性的规章制度的管理。常规管理包括课堂常规、饭厅常规、宿舍常规、集会常规、图书阅览室常规、试验操作常规、劳动常规等方面的管理以及师生之间、同学之间应有的礼貌要求。

(二)常规管理的目的

常规管理的目的在于培养学生良好的行为规范。常规管理也是一种教育手段。学生在校期间培养他们管理学习,管理自己,管理他人,管理班级,管理学校,将来他们才能去管理国家。新中国成立以来,一向把常规管理作为学生管理的重要手段,为此颁布了各种各样的规章、守则、条例等,使遵规守纪的基本规范深入每一个学生的内心,规范学生管理、保证教学秩序,从而服务于教育目标取得了重大成效。学生管理应坚持常规管理,并且应该保持规章制度的稳定性,不能朝令夕改。否则学生管理会处于一片混乱之中,学生将无所适从。这就要求我们制定措施、布置工作、明确要求前,必须进行深入思考,不能信口开河。

(三)常规管理的要求

1. 常规管理贵在制度细,要求严,坚持恒

学生工作的常规管理,是把对学生的基本行为规范要求,通过学校的日常规章制度对学生进行的管理。常规管理内容应建立在符合青少年学生身心发展特点的基础上。学生常规管理能否有效进行,取决于学校管理制度是否健全,是否科学,以及执行是否严格,并持之以恒。

2. 实施常规管理要刚柔相济

管理学原理强调,在学校管理中,学生既是管理的客体,又是管理的主体。学校加强常规管理就是要把带有强制性的规范要求逐步内化为学生的自觉要求,形成良好的行为习惯。这一原理提示我们,常规管理要刚柔相济。刚,即刚性管理,是以规章制度为中心,凭借制度约束、纪律监督、奖惩规则等手段对学生进行的管理。常规管理属于刚性管理,但在实施常规管理时应辅之以柔性手段。柔,即管理者在研究学生的心理和行为规律基础上,采用非强制性方式,在被管理者心目中产生一种潜在的说服力,从而把个人意志变成自觉行动。实施柔性手段,教师要善于通过感化—理喻,使学生通晓常规管理的意义,以唤醒、激发、鼓舞学生的内驱力作为出发点,有利于发挥学生的潜能,从而达到"管是为了不管"的管理最高境界。

四、学生集体管理:创建班集体,提高学生素质

(一)创建班集体的意义

班集体是学校的基层组织,是学生管理的基本组织单位。班集体是以集体主义思想为导向,经过班主任为主导的各种教育力量的整合而形成的具有正确的奋斗目标,有较强的核心和骨干力量,具有良好的纪律、舆论、班风,具有良好的人际关系,能够促进班级全体成员德、智、体、美等方面素质不断提高的高级班级群体。

班集体是微观的社会系统,是有秩序、有组织、有结构的有机结合体,它遵循的规律是整体大于部分的总和。正如苏联教育家马卡连柯所说,不管用什么样的劝说,也做不到一个正确组织起来的集体所做到的一切。教育了集体,

团结了集体,加强了集体,以后集体自身就成为很大的教育力量。创建良好的班集体,有助于促进学校教育与管理功能的充分发挥;创建良好的班集体,能够有效满足学生个体社会化的发展需要;创建良好的班集体,能够更好地满足学生个体心理和精神发展的需要;创建良好的班集体,能够为学生个体发展提供机会和条件。在新的历史条件下,在作为教育意义空间里,良好的班集体是一种无形的教育力量。它有助于青少年学生在这个集体中学会正确处理自己与他人、个人与集体的关系。

(二)创建班集体的要求

1. 明确班集体的目标

目标是班集体建设在一定时期前进的方向与核心,有了明确的目标,班集体才会有前进的方向。正确的目标是集体形成的基本条件。班集体管理目标要和学校管理的总目标一致,应是学校管理总目标的有机组成部分,同时要很好体现班集体成员的共同要求和愿望。因此,班主任要认真与学生协商,依据学校管理总目标要求和班级实际情况,精心拟订班集体的目标。

2. 培养和锻炼班干部

班干部是班集体的骨干,由班干部组成的班委会则是班级管理在组织上的核心。没有骨干与核心,集体将难以形成。为了充分调动学生参与管理的积极性和创造性,发挥学生的主体作用,班干部实行轮换制,规定一定的任期和选任办法,明确职责和工作程序与要求,还有集体评议等机制配合。这样使学生在接受普通教育的同时,也受到了参与管理的锻炼。班干部轮换制不失为班级管理的好办法。

3. 营造和利用班集体舆论

舆论是集体中大多数人对各种人与事的褒贬看法、评论。正确、健康的舆论是无形的教育力量。能否形成正确的舆论,是班集体建设的重要条件。正确的舆论,一靠培养,班主任应旗帜鲜明地支持和宣传正确思想,敢于反对错误行为;二靠坚持,班主任应采取强有力的措施坚持正确舆论,反对错误主张,将其恶劣影响降至最低限度;三靠班主任对班集体成员的活动和交往的正常管理,让全体班级成员都明辨是非、扶正祛邪,不断增强其同情心和正义感。

4. 班主任要更新观念

第一,科学管理班级要把学生放在主体地位。班主任对学生的管理,与企业管理、行政管理有本质的不同。班主任与学生在本质上是平等的,是教育者与被教育者的关系,是师生关系,而不是上下级关系。只有尊重学生的人格和个性,才能得到学生的信任、理解与配合。从而“亲其师,信其道”,积极参与自身的发展。

第二,民主管理是提高学生整体素质的有效途径。人的发展是一个由他律走向自律的过程。弘扬人的主体性是时代精神的体现。在班级管理中,魏书生可谓是民主管理的楷模。他有一个比较好的习惯就是经常和学生商量,征求大家的意见,进行民主决策。开展什么活动和学生商量,怎样开展活动和学生商量,使班级活动变成解放学生思想的过程,变成给学生情绪松绑的过程,变成唤起学生兴趣、好胜、产生成功欲的过程。班主任应努力为学生创设民主的情景,让学生主动参与,自我教育、自我管理。

第三,以发展变化的眼光看待学生。学生是成长中的人,各方面均未定型,处于发展变化中,为此,教师应用发展变化的观点看待学生。学生是认识的主体,是发展的内力,教师是学生发展的外力,其影响不能简单移植到学生身上,必须以学生自身的主体作用为基础。对学生实施的管理应是全面发展的管理,而不仅是学习管理或者“分数”管理。

第四,要遵循学生身心发展规律。在自我管理阶段上,首先,应该把自我管理的重点放在认识的提高上,以民主姿态,如讨论、协商方式,帮助学生提高自我认识,自省自悟。其次,以互助方式使学生自律,即让他们相互监督和帮助,把自律和他律结合起来。最后,教师应该在此基础上辅之以情,激励学生的积极性,并且给学生更多行动机会,形成自我管理的良性循环。在自我管理内容上,低年级自我管理重点可以放在日常生活方面和具体执行方面,而高年级则可以放宽范围,从决策到执行评价,从生活到学习,都可以作为自我管理范围。

总之,学生管理应在社会主义市场经济大背景下加快改革步伐。市场经济的逐步完善将改变人们生活生产方式、思维观念、精神面貌,而这也将推动学生管理领域更深刻和全面的改革。这种改革进程必然艰难而曲折,但前途也必然光明而诱人。

第六章 教学工作管理的回顾与展望(上)

教学工作管理是认真贯彻党和国家的教育方针,按照学校培养目标的要求,遵循教育教学规律,通过制订计划、组织实施、检查监督、指导激励等活动,提高教学工作的效率和质量,获得最佳的教育效果的过程。教学管理是学校各项管理工作的核心,是学校办学思想和办学水平的集中体现。在教学工作管理中,教学思想、教学内容和教学方法是教学过程中的三个基本要素。

教学思想是客观事物在人们头脑中反映的结果,与人们所处的社会、时代及个人经历有密切联系,因而具有时代、文化、个体差异等特征。这些特征不仅对教学改革与发展有积极促进作用,也会对教学改革与发展产生一定的消极与阻碍作用。教学思想管理的过程就是管理者率领教师群体不断扬正抑误的过程。转变教学思想,建立高效的教学管理控制体系是实现教学管理科学化和现代化的重要途径和措施。在当前教学改革深入发展之际,用先进的教学思想去统领全校教师,是当前学校管理者所面临的最重要任务。

教学内容的改革已成为世界教育教学改革运动中一个重要的组成部分。教学内容是否科学将直接关系到育人质量的优劣。从教学内容改革的历史发展状况来看,我国一直比较重视教学内容的改革。“文化大革命”以前我国中小学的教学内容经历了多次改革,遗憾的是由于"左"的思想干扰,几套新编教材的试用和某些改革实验尚未结束,还没来得及总结经验就半途而废了。改革开放后,中小学教学内容的改革逐渐视为基础教育改革的核心。当前科学技术迅猛发展,知识更新的速度日益加快,必须不断调整教学内容,以适应社会发展的需要。

教学方法是教学理论与教学实践的永恒主题,也是现代教学研究中的一个十分引人注目的研究领域。这是因为,正确的教学思想必须通过一定的教学方法体现出来,科学的教学内容也只有运用恰当的教学方法,才能达到预期的教学目的。近些年来,随着教学管理改革的不断深入,教学方法的改革已经取得了瞩目的成就,但我国基础教育领域里仍然存在着一些突出的问题,诸如重知识传授,轻能力培养;重教材灌输,轻教法的改进和学法指导;重理论知识,轻实践环节等,加重了教师和学生的负担,挫伤了学生学习的积极性。上述问题,必须通过教学方法的改革予以解决。

第一节 教学思想的传统与变革

在教学管理中,管理者常常有一种片面认识,认为教学管理就是把学校中那些看得见摸得着的实实在在的工作抓住搞好就万事大吉了。为此,忙着建章立制,汇报检查……注重有形的常规管理固然重要,但对无形的却是大量存在的教学思想管理也应给予足够的重视。教学思想管理是指管理者引导教师正确认识和掌握科学的教学思想,以指导自己的教学实践,同时,又不断认识、抵制、克服错误的教学思想,强化正确的教学思想管理的过程。即管理者通过适当的方式和手段,帮助教师明确教学方向,指导教师掌握教学规律,提高教师思想素质水平和教学能力的过程。转变错误教学思想、树立正确教学思想是教学工作管理的首要任务。

一、教学思想的沿革

(一)教学思想的含义

教育工作者在教学实践中,对于教学的认识,开始是感性的表面的认识,当感性认识的材料积累多了,就会出现一个飞跃,变成理性认识,即教学思想。教学思想是教师对教学工作的认识、看法、信念、主张等的总称。它包括教学观、人才观、学生观、质量观等,它是教育思想在教学中的具体体现,是教师教学活动的灵魂和统帅。它制约着教师的教学方向,对教师控制、协调教学过程、选择教学方式、方法和行为等都起着主导和决定作用。

（二）教学思想的沿革

由于教学思想是客观事物在人们头脑中反映的结果，必然和人们所处的社会、时代及个人经历有密切联系，因而具有时代、文化、个体差异等特征。这些特征不仅对教学改革与发展有积极促进作用，也会对教学改革与发展产生一定的消极与阻碍作用。新中国成立以来，除“文化大革命”外，其他各个历史时期，由于有党的教育方针、教学大纲、教材的规定性作用，从宏观上讲，积极、正确的教学思想多是居于主导地位、统治地位；消极、错误的教学思想总是处于从属地位、次要地位。然而，从微观上讲，具体的地区、学校的表现程度却有很大的不同，错误的教学思想还有市场，除了与教师群体素质水平的差异有关外，主要是管理者水平的问题。

二、教学思想的传统

教学思想的传统集中表现在片面追求升学率上。这是在特定条件下形成的一种教学思想。在现阶段以至相当长的时间里，只要还没有普及大学和高中，就必然要采用择优录取的办法来选拔新生。只要采取择优录取的办法，就必然存在着竞争。竞争本身并不一定是坏事，问题是要有多种竞争渠道，让竞争者也有选择余地。当前仍然是“唯有升学才是最佳出路”。虽然由于高等院校连续扩招，上大学已经不是梦，但是上名牌大学依然竞争激烈。造成这种局面的原因是多方面的：它和现有的劳动就业制度、人事制度、工资制度有关；与高考招生制度不完善有关。要彻底改变这种错误的教学思想，必须综合治理。但是这并不是说学校对此无能为力，更不是说学校可以片面追求升学率。

传统的教学思想具体表现：一是单纯知识传授的教学思想。这是“应试教育”在教学领域表现的弊端之一。其主要表现是唯书论，只重视书本知识的机械传授，从书本出发又回到书本，很少研究学生的学习实际。教师所追求的是“学会、记熟、弄懂”教材，学生脑力劳动是按“听讲、背熟、回答”这一公式进行的。二是封建家长式的教学思想。这种教学思想是封建家长制在学校教学领域中的反映。其主要表现是教师的唯我独尊，一言堂、注入式、“命令主义”、“强制学习”，甚至采取体罚或变相体罚的手段。三是保姆式的教学思想。这种教学思想的主要表现是教师对学生的包办代替：代替学生的认知，代替学生的思考，乃至代替学生的实践。教师视学生为灌输对象，课堂教学表现为满堂灌。四是面向少数人的教学思想。这种教学思想的主要表现是重视少数尖子生，忽视大多数，片面追求高分数、及格率、升学率；重特长生，轻潜能生，甚至排挤、歧视学习较差的学生。

三、树立正确的教学思想

凡是担负教学工作的人，都受一定的教学思想的支配。因此，树立正确的教学思想，是教师的任务，对于学校管理者来说，则显得尤为重要。教学思想管理的过程就是管理者率领教师群体不断扬正抑误的过程。作为学校管理者，应该端正办学指导思想。目前我国已有一批这样的先进学校，即面向全体学生，着眼于使学生德、智、体全面发展，决不采取片面追求升学率的错误做法。这些学校的校长从实践中认识到，只有全面提高教育质量，即德、智、体诸方面的质量，才能提高真实可靠的升学率。

（一）端正教学思想

在当前教学改革深入发展之际，用先进的教学思想去统领全校教师认识，是当务之急，也是当前学校管理者所面临的最重要任务。例如：什么是创新精神、课堂教学应如何培养创新精神等一系列问题，都需要学校管理者从教学思想的高度去统一全校教师的认识，从而去推动教学改革的深入开展。认识上提高了，才可能将教学改革措施具体落实。许多教师认为，现在的学生难教，其实正反映了对学生精神生活的疏忽。端正教学思想，就应该使教学过程成为学生的一种高尚的丰富的人生体验。让学生在获取知识的同时，健全人格，提升信念，践行理想。教师必须关注学生精神生活，为此，应树立以下观念：

1. 关注学生个性心理的健康发展

以往的学生比较“听话”、循规蹈矩、缺少创新，这是个性心理的不足，与某些报道中提到的一些学生蔑视教师、冷淡学习、疏远学校等不健康的个性心理和行为同样不足取。因此，必须从解放学生的个性入手，关注学生的个体差异，尤其是学生心理需求方面的差异，尽可能地减少学生的心理问题。

2. 关注学生的道德生活和情感生活

现时有的学生习惯以自我为中心、娇惯任性，很难接受别人的批评和建议；对教师、对父母、对社会缺乏正确的态度、情感和观念，与上世纪五六十年代的学生相比确实显得“无法无天”。这固然与学生的家庭教育有关，可学校教育也负有重要的责任。多年来，学校教育不注重实践，远离社会生活，致使学生知识结构单一，学与用严重脱节，造成学生对真、善、美的辨别能力较差。为此，必须让学生积极融入社会，参与社会实践，让学生在民主平等、团结协作、友爱互助的氛围中，在充满情感体验的学习过程中，快乐、和谐地健康成长。

3. 关注学生的理想信念和人格养成

现时有的学生虽然自信，但受不得委屈，经不起挫折，不肯吃苦，依赖性强，言行不一，缺乏爱心，缺乏责任感，缺乏生活理想。这与长期的传统教育"重教书轻育人，重智育轻德育"密切相关。因此，必须把培养学生自信、自强、自立作为首要的日标。

（二）依据教学思想的特点实施管理

教学思想转变必须适合其表现特点，才能奏效。教学思想的明显特点是：

1. 时代性和超前性

不同的时代有不同的教学思想。这是因为教学思想要受一定的政治、经济状况所制约。不同时代的教学思想，必然要反映那个时代的政治、经济以及社会生活各方面的要求。

正确的教学思想不仅应具有时代性的特点，还应具有超前性的特点。学校管理者应该具有目光的前瞻性，看到社会发展的趋势，从而预见与社会发展相适应的教育发展趋势。未来教育的核心是培养学生的创新精神和实践能力，教师必须具有创新意识、创造精神和实践能力，牢固树立素质教育观念，坚决摒弃一切落后的教学方法，诸如"一言堂"、"满堂灌"。要创造性地运用先进的教学思想，形成以教师为主导、学生为主体的生动活泼的学习局面。

2. 实践性与理论性

教学管理思想不是凭空而来的，是在教学管理实践中产生的，又是在教学管理实践中发展的，并接受教学管理实践的检验。教学管理实践是学校管理者教学思想产生的源泉，也是检验学校管理者教学思想正确与否的唯一标准。因此，教学思想具有实践性的特点。

坚持德、智、体、美全面和谐发展与发展学生个性、创造性相结合，是直接关系到培养目标的问题，对此我们应以素质教育的理论为依据。

3. 稳定性和发展性

教学思想反映了学校管理者对教学及其规律的理性认识。这种认识不会朝令夕改，必然在某一段时间内相对稳定，所以学校管理者的教学思想具有稳定性的特点。

教学思想是历史发展的产物，其精华部分为后世所继承，后任学校管理者必然要批判地吸收历史上学校管理思想的优秀成果。从我国一些名校教学思想的产生、形成、发展以及现状来看,优秀的传统如同一条红线一样被贯穿至今,代代相传。

4. 同一性和多样性

在同一时代,学校管理者所面临的是同一的教育事业,在教学的一些根本规律上是基本相同的。因而学校管理者的教学思想中必然会有很多相同的认识。这反映了学校管理者教学思想具有同一性的特点。

由于学校所处的地域不同、学校的条件不同、学校的性质和任务也不完全相同,所以学校管理者通过教学管理实践所获得的认识,必然是有差异的。这反映在学校管理者头脑中对教育观念、教学问题的认识也会有所不同。另外,学校管理者的教学思想与本人的政治思想、哲学思想、经济思想、文化思想等有着极其密切的关系,而不同的学校管理者在上述思想上显然也是存在差异的。因此这些均决定了学校管理者的教学思想具有多样性的特点。

(三)丰富和发展正确的教学思想

教学思想是人们通过对教学的观察、思考与实践而获得的认识成果,因此,教学思想是人们在教学改革与发展的实践过程中逐渐形成的。教学思想有正确和错误之分。教学思想有和社会发展相适应的,也有和社会发展不相适应的。要转变的是和社会发展不相适应的教学思想。转变教学思想是一项艰巨的任务,这是因为,客观存在决定主观认识,人的认识、看法在任何时候都会受到各种各样客观现实条件的制约。转变教学思想最重要的还是自身的努力,只要教育工作者有强烈的社会责任感和时代紧迫感,在自己的工作岗位上不断地学习国内外先进教学思想,不断地借鉴已经被实践证明取得成功的教改成果和优秀教师的先进经验,并且结合自身特点和学生实际,不畏艰难,勇于探索,大胆地进行教育教学实践,就一定能摈弃落后、陈旧的教学思想,树立先进科学的现代教学思想。当前,要树立的是教学为主、教师主导、学生主体、发展主线的教学思想。

第二节 教学内容的改革与展望

教学内容是教学管理的核心内容。教学内容体现着国家对学校教育的具体要求,是育人规格的体现,是学校进行教育教学活动的依据。教学内容是否科学将直接关系到育人质量的优劣。在国际范围内,无论是发达国家还是发展中国家，目前都把教学内容改革作为增强本国综合国力的战略措施。新中国成立之后的半个多世纪内，我国各级各类学校的教学内容，特别是中小学教学内容进行过多次重要改革，对于当时人才的培养起到了重要的作用。当前科学技术迅猛发展，知识更新的速度日益加快，教学内容虽然有一定的继承性，但必须随着社会的发展而不断革新，因此，研究教学内容的改革具有十分重要的意义。

一、教学内容改革回顾

新中国成立之后的半个多世纪，我国中小学教学内容进行过多次重要改革：从 1949 年到 1992 年，共有 6 套小学教学计划、13 套中学教学计划、7 套教学大纲和 8 套教材。1992 年和 1996 年又分别颁布了在全国试行的《九年义务教育全日制小学、初级中学课程计划》和《全日制普通高级中学课程计划》。2001 年 9 月，教育部启动了国家级基础教育课程改革实验区工作，2003 年秋季在全国普遍推广，这是新中国成立以来的第八次课程改革。中小学教学内容的改革，为我国造就了大批的人才，推动了经济、社会及各项事业的发展。

纵观新中国成立以来的基础教育多次教学内容改革，大致可以分为三代：

第一代教学内容是指“文化大革命”以前的教学内容。由于受苏联教学观的束缚，强调“纲”、“本”、“计划”管理。而那个时期的苏联学校，正是积极开展反对“活动教学”和“做中学”等实用主义教学模式，以抓基础知识、统一全国教学内容管理为中心的改革鼎盛时期。因此，为了学习苏联，我国中小学教学内容管理的主要特征是强力推行“一纲（教学大纲）、一本（教科书）、一个计划（教学计划）”的管理模式。“统一性”就是通过内容的一致来促进基础教育的发展，有其好处，这是保证基础教育阶段国家意志的体现。但是时至今日，我国课程改革也一直没有摆脱和跨越“纲、本、计划”的改革范围。其特点是：教学内容单一，全国同类学校，在同一个时期里都按统一的教学内容进行教学，甚至各学科的教学内容和教学要求对于所有的学生都是相同的。随着社会的进步，特别是经济水平的提高和教育事业的发展，单一的教学内容越来越不能满足社会对毕业生的需要，也严重地制约了学生的发展。

第二代教学内容是指 20 世纪 80 年代之后以义务教育课程为代表的教学内容。自改革开放以来，我国中小学教学内容改革做了大量工作，取得了许多骄人成绩，教材从一纲一本发展到一纲多本，尤其是上海、浙江等省市迈出了较大的步子，取得较大的成绩，这些地区成功的经验值得借鉴。教学内容改革不是一蹴而就的，尽管第二代教学内容对第一代教学内容有某些突破，但由于教学理论滞后，缺乏前瞻性的研究，因此第二代教学内容改革的力度不大，存在的问题主要是：教学理念落后，国家对教学内容管得太死，无法适应我国各地区之间经济、文化的差异。受"标准化"、"规范化"的制约，过分要求所有学生达到同等标准，忽视学生的个性差异。受片面追求升学率的制约，过分偏重学科类课程内容，忽视活动类课程内容；偏重必修课程和分科课程内容，忽视选修课程和综合课程内容，忽视创新精神和实践能力培养的有关内容等。教学内容偏难、偏深，脱离实际，远远不能适应知识经济时代对人才的需求。根据21世纪社会发展的预测，借鉴国际教学内容改革的成功经验，必须针对第二代教学内容存在的主要问题进行改革，以高质量的基础教育迎接挑战，是世界各国面对的共同问题。

第三代教学内容是指由1999年开始启动的新一轮教学内容的改革。1999年1月13日，国务院批转教育部《面向21世纪教育振兴行动计划》。1999年6月，中共中央和国务院召开的第三次全国教育工作会议及同时颁发的《中共中央国务院关于深化教育改革全面推进素质教育的决定》（以下简称《决定》），对改革开放以来我国教育改革与发展的基本经验进行了总结，并对21世纪初中国教育事业的发展方向作出了科学的预测。《决定》集中地解决了在新的历史时期教育的培养目标，提出要"调整和改革课程体系、结构、内容，建立新的基础教育课程体系"。这标志着以素质教育和教育现代化为核心的第三代教学内容开发已被提到议事日程。

2001年6月，《国务院关于基础教育改革与发展的决定》提出了"加快构建符合素质教育要求的新的基础教育课程体系"的任务，教育部依此制定了《基础教育课程改革纲要（试行）》，确定了改革目标，发布了义务教育阶段18科课程标准（实验稿），开发了20个学科、上百种中小学新课程实验教材，制订了《义务教育课程设置实验方案》，这标志着我国第三代基础教育教学内容改革在世纪之交启动。

遵循"先实践，后推广"的思路，教育部于2001年9月启动了国家级基础教育课程改革实验区工作，在27个省（自治区、直辖市）38个国家实验区的中小学开始实验。2002年秋季开始在省级实验区进行实验，全国大多数地（市）级都有一个县（区、市）作为各省的省级实验区，课程改革实验工作进入新阶段。2002年省级实验区覆盖了500余个县（区、市）级单位。2003年秋季在全国普遍推广。

二、教学内容改革的展望

（一）努力转变教育观念，增强前瞻性的研究

制约学校教学内容的有三大要素：社会可持续发展的需求；学生素质发展及潜能开发的需求；学科体系。教学内容改革的总体设计，必须把这三者结合起来，不能片面强调某一方面，有所偏废。如果说教育改革的关键是教育观念的转变，那么，教学内容改革则是积极推进我国素质教育发展的核心和支撑点。认真反思我国在教学内容改革方面所走过的道路，不难看出，教学内容改革滞后的根本原因是管理者观念落后。为此，教学内容改革，首先应是观念的变革。

纵观世界各国现代教学内容改革的新特点：为增强国力而强调科学知识内容；为作好生活准备而强调实用性内容；为培养现代国民而加强人文、社会知识内容；强调教学内容改革为培养个性和创新精神服务。我国基础教育长期以来按照"应试教育"的要求编订教学内容，只考虑"升学"的需要，却很少考虑作为一个普通公民应具备的基础知识素养，因此造成教学内容偏难、偏深，脱离实际，拉大了和世界发达国家人才素质的差距。例如，新一轮课改前初中生学了九年数学却不会算利息，不会看统计图表等。中小学教育是基础教育，基础教育应着力全面提高全体学生的基本素质。中小学生的基本素质包括思想道德素质、文化科学素质、劳动技能素质、审美素质、交往素质、心理素质、体能素质等几个方面。教学内容改革就应有助于提高学生这几方面的素质以及培养学生创新精神、实践能力、终身学习的能力和适应社会生活的能力，促进学生个性的健康发展。因此，教学内容改革要围绕上述目标进行。

（二）教学内容改革适应社会可持续发展的需求

21 世纪人类将全面进入知识经济时代。信息化、网络化、高科技化和全球化的发展，要求全面推进素质教育，加快教学内容改革的步伐。正如《中国教育改革和发展纲要》中指出的"谁掌握了 21 世纪的教育，谁就能在 21 世纪的国际竞争中处于战略主动地位"。教学内容作为实现学校教育目的的主要手段，在教育改革中处于先导与核心地位。据此，21 世纪我国基础教育教学内容改革的趋势是：

1. 以学生的发展为本

教育要着眼于未来，未来教育越来越重视每个人一生的发展，在要求德、

智、体、美全面和谐发展的同时，又承认个性差异，使每个学生的个性潜能得到充分开发。中小学教学内容改革必须着眼于这一时代要求，以学生的发展为本，把这些要求作为教学内容改革的核心。一是为了全面提高民族素质，培养创新能力，中小学教学内容必将进一步加强基础性。“基础”决不单指学科基础知识，而要为学生今后的终身学习打好基础，为他们将来成为具有世界一流素质的现代人才打好各方面的基础。二是所有教学内容都将有助于促进学生全面发展，培养个性；三是开发“个性化课程内容”，帮助学生开发潜能、实现自我发展。

2. 教学内容多样化

我国幅员辽阔，经济、文化发展不平衡，教学内容必须多样化。这是一种合乎时代发展需要的选择；是我国各地经济文化发展不平衡的客观需要；是教育发展不平衡的客观需要；是适应学生差异性的需要。教学内容要与当地经济社会发展相适应。教学内容多样化是依据中小学培养目标，考虑地区发展差异和学生发展差异采取的因校制宜的重要举措。各学段的教学内容必须因地制宜，不仅符合学校多元发展，而且给教师教和学生学留有足够的发展空间。

3. 教学内容综合化

由于现代科学的综合化趋势，即使是一流的科学家在面临解决某一个具体问题时，也需要一个跨学科的“科学共同体”，才能得到比较理想的答案。许多科学家都指出，人们的创新精神、意识和激情，都离不开良好的人文素养和人文环境。因此，教学内容改革既要为学生终身学习打好基础，又要力求综合化。所谓综合化就是打破学科界限，将若干门学科知识有机地结合在一起，注重科学性与人文性的融合，全面培养学生的科学素质与人文素质。

教学内容综合化与当代科学知识发展的综合化倾向是分不开的。随着边缘学科、交叉学科的大量涌现，各门学科知识之间的界限已经被打破，相互之间的关系也越来越紧密。许多理论的及实际的问题已非一门学科所能解决，而是需要诸多学科知识的互补。当然，综合也是相对的，并不是所有的学科都要被综合。在教学内容改革中应采取实事求是的态度。总之，要确立正确的教学内容改革指导思想，实现教学内容多样化、综合化，这是一种合乎时代发展需要的选择，是世界教学内容改革发展的必然趋势。

（四）教学内容专题化

知识经济发展要求基础教育普及许多新的专题教育，如环境教育、世界人口教育、心理健康教育、智商与情商、创造性思维的培养、人际交往、电脑与网络、海洋开发、宇航与太空等。这些都是多学科相互交叉的知识，很难完全融入现行的严密的学科课程体系。因此，中小学必将有一批专题研究性讲座应运而生，从而培养学生综合运用多学科知识和多种科学方法解决现实问题的创新能力。如北京二中开创了全员参与选修的局面，开设了服装设计、声乐、版画、摄影、网页设计、广告策划、跆拳道等34门选修课。通过专题讲座的方式，最大限度地满足学生的各种爱好，真正做到了“学生喜欢什么就学什么”。

三、教学内容改革挑战学校管理

教学内容改革带给学校管理的第一重挑战，就是要改革教学功能，强调培养学生积极主动的学习态度，在学习基础知识与基本技能的同时，学会学习，学会做人，形成正确的价值观。以教学内容的改革去促进相应的观念改革与体制、机制的改革；以教学内容的改革促进、带动教育的全面改革。

教学内容改革带给学校管理的第二重挑战，就是要改革教学结构，适应时代要求及不同地区和学生发展的要求，体现教学内容的科学性、均衡性、综合性和选择性。

教学内容改革带给学校管理的第三重挑战，就是要转变教学观念。未来的竞争不仅是市场的竞争、资源的竞争和资金的竞争，更为重要的是创新思想的竞争。加强与学生生活以及现代社会、科技发展的联系，重视学生的学习兴趣和经验，使学生能够精选终身学习必备的基础知识和技能。

教学内容改革带给学校管理的第四重挑战，就是要改革课程实施方式，倡导教学方式、学习方式在信息网络条件下的更大改革，把社会实践活动、研究性学习、选择性课程等多种新的尝试纳入教学目标。倡导学生主动参与、乐于探究、勤于动手，培养学生搜集和处理信息的能力、获取新知识的能力、分析和解决问题的能力以及交流与合作的能力。

教学内容改革带给学校管理的第五重挑战，就是要改革课程评价标准，要发挥评价在促进学生全面发展、教师素质提高、改进教学实践、推进素质教育实施的功能。

教学内容改革带给学校管理的第六重挑战，就是改革管理模式，要从以制度管理为主，以规范师生的教学与学习行为为主、以单一的考试成绩激励为主的刚性管理,转移到以制度管理与人本管理相结合,以激发鼓励师生的创造性教与学相结合,以多样化评价、动态性评价为主的弹性管理与刚性管理相结合的管理中来。

教学内容改革带给学校管理的第七重挑战,就是要改革管理模式,实行国家、地方、学校三级管理,增强教学内容的适应性。赋予地方、学校在教学内容、教学要求方面更大的调整权力。

教学内容改革带给学校管理的第八重挑战,就是以开放的态度去创造开放的教学。教育是国家未来竞争力的基础,谁拥有创新型人才,谁就拥有未来,并以世界上顶尖同行的标准来衡量自己。总之,通过构建符合素质教育要求的基础教育教学内容体系,全面推进素质教育,培养能够担当中华民族伟大复兴重任的一代新人。

第三节　教学方法的改革与思考

正确的教学思想必然通过一定的教学方法体现出来,科学的教学内容也只有运用恰当的教学方法,才能达到预期的教学目的。要大面积提高教学质量,研究和改进教学方法是一个重要环节。教学管理中,历来重视教学方法的改革。正如叶圣陶所说:教是为了不教。教学方法改革的周期长,绝不是一次、两次就能见效的。从整体上看,目前教学方法仍然不能令人满意,"死记硬背"、"题海战术"、"高分低能"依然普遍存在。教学管理要牢牢地抓住教学方法的改革,要按照毛泽东关于"提倡启发式,废止注入式",提倡理论联系实际、学用结合,反对两者脱节的要求,继续探讨,继续奋斗。

一、教学方法改革回顾

教学方法是指教师指导学生学习活动,以实现教学目标的工作程序,既包括教的规律,又包括学的法则。在教学目的、教学内容确定之后,采用的教学方法是否得当,是否富有成效,直接影响着学生知识的掌握、智力的开发、能力的培养和个性的形成。教学方法改革对于完成教学任务,实现教学目的具有重要的意义。从某种角度来说,教学方法是关系着教学成败的重要问题。

(一)形成以"双基"为教学目的的教学方法体系(1949~1965)

新中国成立后,现代教学方法体系在我国开始建立和发展起来。从新中国成立初期到"文化大革命"前,主要是在总结根据地和解放区的教学经验和借鉴苏联教学方法的基础上,通过广大教育工作者不断实践和探索,初步形成了一套以双基为教学目的的教学方法体系,譬如讲授法、谈话法、演示法、参观法、实验法、练习法、读书指导法、实习作业法等。十七年的教学方法改革又大致分成两个阶段:

1. 采纳老解放区的教学方法和借鉴苏联教学方法(1949~1956)

(1)党和政府重视教学方法的改革

1949年到1956年,是我国国民经济恢复到基本完成社会主义改造的七年。七年的时间虽然不长,但在新中国成立后教育发展中是一个非常重要的时期。接管了全国的教育,实现了对旧教育的改造,收回了教育主权;颁布了学制和各级各类教育的有关规章;进行了以学习苏联教育为重点的教学改革;确立了新中国的基本模式;为开始全面建设社会主义准备了人才。我国以后三四十年的建设骨干多是在20世纪50年代培养出来的。这一阶段党和政府重视教学方法的改革,强调理论与实际相结合。以总结先进教育教学经验为主,教改实验主要侧重于学制改革实验和教材改革实验。

1949年9月,中国人民政治协商会议通过的《共同纲领》是新中国成立初期的根本法。《共同纲领》规定:"人民政府应有计划有步骤地改革旧的教育制度、教育内容和教学方法。"该规定是教学方法改革的基本依据。教学方法的改革同课程设置、教学内容和教材的改革一样,是新中国成立初期改造旧教育的重要方面。这一阶段教学方法改革立足于减少习题、作业,减轻学生负担,使学生有更多时间参加各种社会实践活动。教学方法的改革有助于普及初中级教育。

1952年3月,教育部颁发的《小学暂行规程(草案)》规定:"实行理论与实际一致的教学方法。教师应根据科学系统,正确地结合儿童生活经验及社会自然实际,并适当地运用实际事物进行教学。"由于教学方法的改革,小学教学质量有了长足的发展。同月,教育部颁发的《中学暂行规程(草案)》规定:"中学教师应根据理论与实际一致的教育方法,结合革命斗争和国家建设的实际,进行教学,以达学以致用的目的。自然科学的教学尤应力求与现代生产技术相结合,采取实验、实习、参观等实物教学方法,使学生理解一般生产过程的基本原理与最简单最基本的生产工具的使用方法。"还具体规定了中学教学方法"应注意启发学生学习的自觉性、积极性和创造性,培养其良好的学习习惯与分析、批判、独立思考的能力,务使学生对所学各科知识能深切领会,具体运用,并在实践活动中,获得验证和发展"。教学方法的改革,吸引了更多学生入学。新中国成立初期,中学教育特别是初中教育发展很快。1949 年全国有中学 4045 所,其中初中 2612 所。1954 年增加到 4792 所,1956 年由于农业合作化的高潮,中学数量增多,达到了 6715 所。在校初中生 537.7 万人,高中生 90.4 万人。

为了提高全体人民的文化水平,培养国家建设人才,新中国成立初期很重视师范教育的建设。1952 年 7 月,教育部颁布《师范学校暂行规程(草案)》规定:"师范学校的任务,是根据新民主主义教育方针,以理论联系实际的方法,培养具有马克思列宁主义和马克思列宁主义与中国革命实际相结合的毛泽东思想的初步基础,中等文化水平和教育专业的知识、技能,全心全意为人民教育事业服务的初等教育和幼儿教育的师资。"同时规定各科教学法为师范学校的必修课程。这一时期,随着小学教育的发展,中等师范学校发展也较快。1949 年有 610 所,学生 15.18 万人。1952 年发展到 916 所,以后学校数量有所下降,到 1957 年有 592 所,学校数量减少,在校生人数增至 29.5 万人,亦即学校的规模扩大了。幼儿师范学校 1950 年有 1 所及 27 个班,至 1957 年增至 20 所及 336 个班,学生 1.5 万多人。①

新中国成立后,把高等教育列为教育事业发展的重点。1950 年 6 月,召开了第一次全国高等教育会议。规定高等教育的方针和任务是:"以理论与实际一致的方法,培养具有高度文化水平、掌握现代科学和技术的成就、全心全意为人民服务的高级建设人才,并准备和开始吸收具备入学条件的工农干部与工农青年进我们的高等学校,以培养工农出身的新型知识分子。"②1950 年 8 月 14 日,教育部颁布《高等学校暂行规程》和《专科学校暂行规程》,对高等学校的任务作如下规定:"运用正确的观点和方法,研究自然科学、社会科学、哲学、文学、艺术,以期有切合实际需要的发明、著作等成就。"对专科学校的任务规定如下:"根据中国人民政治协商会议共同纲领,进行革命的政治及思想教育,肃清封建的、买办的、法西斯主义思想,树立正确的观点和方法,发扬为人民服务的思想。"③这一时期高等教育得到迅速发展,1953 年底全国有高等学校 181 所,在校生 21.2 万人,到 1955 年高等学校发展到 194 所,1956

① 高奇:《新中国教育历程》,河北教育出版社 1999 年版,第 62 页。

② 何东昌:《中华人民共和国重要教育文献》(1949 ~ 1975),海南出版社 1998 年版,第 42 页。

③ 中国教育年鉴编辑部:《中国教育年鉴》(1949—1981),人民教育出版社 2007 年版,第 777—779 页。

年在校生人数增加到40.3万人。不难看出,经过院系调整、教学方法改革,高等学校发挥出潜力。

(2)学习凯洛夫《教育学》,请苏联专家指导课堂教学

1952年以后,开始全面学习苏联教学方法。凯洛夫的教学理论和方法又成为效仿的主要目标。苏联凯洛夫《教育学》的五个环节,即课的结构由组织教学、检查复习、讲授新课、巩固练习、布置作业组成,对教学方法改革影响极大。这种教学结构在一定程度上反映了学生学习知识的一般规律。其弊端一方面表现在"检查复习"这个环节上:一是时间拖得过长,往往占用了学生学习的最佳时间。二是检查复习的内容常常是上节课的重点,而不着眼于新课的需要。三是这种检查复习事实上成了昨天教学内容的补课,这样势必造成恶性循环。这种教学结构的另一个弊端,表现在讲授新课上,主要是采用讲授教学法,忽视了对学生学习积极性的调动。

请苏联专家指导课堂教学。1953年5月至6月,北京市教育局组织多次教学观摩活动,苏联教育专家多次参加指导评议,从理论与实际的结合上对教学过程进行分析和讲解,极大地激发了广大教师学习教育理论的热情。特别是北京师范大学中文系三年级实习生试教《红领巾》之后,普希金在观摩教学评议会上作总结发言,首先肯定了这节课的一些优点,随后着重提出:课文各节的分量分配不得当。这篇文学作品共7页,已讲授了四小时,看情形至少还要讲两小时。为什么会产生这样的现象呢?是由于没有正确地估计学生的生活经验。对儿童过低的估计是严重的错误。应当用高的速度和充实的内容来教学。这节课中的语言和文学因素太少。朗读、复述、分析课文等都应由学生去做,但都由教师做了。把语文课变成了政治课等。在《红领巾》观摩教学的第二天,北师大中文系三年级学生根据专家的意见在女附中又进行试教,把《红领巾》一课分为4节课进行教学。

不久,《人民教育》7月号载文《从"红领巾"的教学谈到语文教学改革问题》记述了普希金的意见和北师大学生试教的经过,同时发表题为《稳步地改进我们的语文教学》的社论,对当时全国语文教学的改革和探索曾经产生了很大的影响,学习苏联语文教学法一时风行全国。在语文教学中启发学生积极思维,要求学生进行朗读、分析、复述等活动,一般采取以下的课堂结构:起始课——集中讲生字、熟悉课文大意;分析课——分段分析课文;总结课——着重讲写作方法。教学方法的改革对于长期以来语文教学中的串讲课文和咬

文嚼字的注入式教学方法是一次有力的冲击。但是由于对专家意见的精神实质理解不够和只单纯注意方法的改革，一些地方的学校一度也出现过机械套用《红领巾》的教学过程、人物分析和板书形式；教学过程侧重于思想内容、故事情节的分析与谈话，而忽视了语文基础知识教学和语文能力的训练；教师的教案写法雷同，缺乏个性；课堂教学的五个环节一成不变，形成固定模式等偏向。这对于语文教学改革的成效产生了一定的负面影响。总之，这一时期的教学方法的改革仍没有摆脱模仿的羁绊。有些教学方法的改革随意性很大，政治性很浓。

2. 反对注入式教学法，提倡启发式教学(1957~1965)

(1)反对注入式教学法

1957年到1965年，是我国开始全面建设社会主义的十年。根据1956年9月中国共产党第八次全国代表大会提出的将工作重点转移到发展国民经济和文化教育上来的目标，工农业生产都取得了很大的成就。但这十年也是曲折发展的十年。1957年反右派斗争被严重地扩大化。“左”倾错误严重泛滥，也波及教育。

1960年4月，在全国人大二届会议上，教育部部长杨秀峰作《积极进行教学改革，多快好省地发展教育事业》的发言。根据教育部党组的调查研究，认为我国中小学的教学水平同许多国家相比，存在着以下问题：教学内容陈腐落后，循环过多，繁琐重复，落后于青少年的智力发展；课程门类繁多；教学方法不甚得法；教学设备陈旧落后。据此，杨秀峰在发言中认为在普通教育方面存在较为严重的少、慢、差、费情况，必须迅速加以克服。关于教学改革的设想中，重点提到改进教学方法。

1964年，在人民大会堂召开教育工作座谈会，毛泽东在座谈会上说：“教育的方针路线是正确的，但是方法不对。我看教育要改变，现在这样还不行。”“学制可以缩短。”“课程多，压得太重是很摧残人的。学制、课程、考试方法都要改。”同年3月，毛泽东在对北京铁路三中校长的来信批示中，再次申明这个观点。他说：“现在学校课程太多，对学生压力太大。讲授又不甚得法。考试方法以学生为敌人，举行突然袭击。这三项都是不利于培养青年们在德、智、体诸方面生动活泼地主动地得到发展的。"①同年，高教部转发《毛主席与毛远新谈话纪要》提到："反对注入式教学法，连资产阶级教育家在'五四'时期早已提出来了，我们为什么不反?""教改的问题，主要是教员问题。"②

(2)教学方法改革实验

在毛泽东讲话的指引下，20世纪50年代后期至60年代初期，在改革陈旧落后的教学内容、教学方法，提高教学质量方面，取得了进展。在学制改革的同时，开展过一些关于教学方法改革的实验。如：

1958年辽宁北关小学(后改名为实验学校)开展集中识字教学实验。形成了以全面打好人才素质基础为指针；以"集中识字、大量阅读、分步习作"为内容；以读为基础，读、议、练相结合为方法；大幅度构建提高学生语文水平的小学语文教学新体系。

1960年春，中共中央宣传部创办景山学校，专门进行教改实验。景山学校把"教学科研、教改实验、教育教学工作结成一体"进行了从学校体制改革开始到课程、教材、教法、考试、课外活动等整个教育体系的改革。在这一时期教学方法改革中，毛泽东对于改革教育的论述和指示，起着主导的作用。但教学方法改革的道路也是很曲折的，存在着对实验学校要求过高过急，缺乏科学依据等问题。

(二)教学方法的改革研究被迫中断(1966～1976)

"文化大革命"的十年间，教育受到了极大的摧残，教学方法的研究工作也被迫中断。"文化大革命"中，以批判资产阶级教育路线、改革教育为名，否定教育科学，任意缩短学制、改变教学组织形式、教学计划及课程，取消考试、考核及学校的各种规章制度等，造成教育工作的全面混乱。

高等学校基础理论课被砍、减、改；实验室被破坏，实验停开；专业课成了以典型任务代教学，文科以"大批判"、"批林批孔"代教学。在专业上理科专业向工科靠拢，基础理论专业被削减或转向，取消了考试、毕业论文、毕业设计等。教学秩序混乱，教学质量严重下降。

---

① 中央教育科学研究所：《中华人民共和国教育大事记》(1949—1982)，教育科学出版社1984年版，第353—354页。

② 何东昌：《中华人民共和国重要教育文献(1949～1975)》，海南出版社1998年版，第1294页。

中小学在1967年10月复课后,搞各式各样的"改革",一般都是由学校自订课程,自编教材。如1969年《红旗》杂志第二期发表兰州市城市中学走工厂办学道路的调查报告。介绍兰州第五中学变全日制为半工半读的做法:将原来的17门课合并成5门,即毛泽东思想、工业基础、农业基础、革命文艺、军事体育。每周学习两天,另外4天半天劳动、半天学习。在此前后,河北、广东、四川、辽宁、湖北等地城镇中小学也由工厂接办,采取类似的教学方式。

"文化大革命"十年动乱给教育事业造成的损失是无法估量的,使我国整整一代人不能得到正常的、健康的成长。

(三)教学方法的改革形成热潮(1978~1991)

中共十一届三中全会召开以后,经过拨乱反正,中国社会进入了改革开放和迅猛发展的新时期。教育界解放了思想,迎来了一个教育事业大发展的黄金时期。1985年,《中共中央关于教育体制改革的决定》明确指出:"要改革同社会主义现代化不相适应的教育思想、教育内容、教育方法。"在教育体制改革的推动下,中小学教学改革得到了较快的发展。在改革实践中,教育理论工作者、教学研究人员和广大第一线的教师表现出了空前的热情和对教育事业的责任感,充分地展示了他们的聪明才智。

在这场教学改革中,由于教学方法的改革最具有群众性和实践性,它汇聚了教育战线的千军万马,成为教学改革中的一块最活跃的阵地。人们以满腔热忱进行大胆探索,教学方法的改革呈现出勃勃生机。不仅介绍、引进国外的教学新流派、新方法,同时在总结继承传统教学方法经验和借鉴国外教学方法精华的基础上,我国又涌现出十几种"新教学法"。如广州市现代教育科研中心的谢国生在十年教改实践的基础上总结出了"启发研究型教学法"、榆中县汉光科总结的"中学作文四段九步教学法"、吉林省舒兰县十七中实验总结的"导学单元教学法"、黑龙江肇洲县教科所裘一章总结的"中学理科层次性教学法"、中国科学院心理学研究所卢仲衡首创的"初中数学自学辅导"教学实验、全国语文特级教师颜振遥主持的"初中语文自学辅导实验"、辛培之率先在物理学科提出了"有序启动式教学改革"、董国福主持的"读启教学法"等。20世纪80年代在国内产生较大影响的有:北京景山学校创建的"知识结构单元教学方法";上海育才中学的"读读、议议、讲讲、练练"八字教学法;宁鸿彬的"比较式单元教学法";黎世法的"六课型单元教学法"等。

其中影响较大的"六课型单元教学法",也被称为六因素单元教学法(简称“双优法”）。这一方法的倡导者为湖北大学心理学教授黎世法。六课型单元教学法，即将教材分成若干教学单元，每单元均按“自学课→启发课→复习课→作业课→改错课→小结课”前后紧密联系的课型进行教学。六课型（因素）单元教学法，旨在从学生的学情出发，培养学生的自学能力。黎世法概括出学生学习书本知识的十条心理规律：内因律，学习是内因起作用的主动过程；基础律，从自己的实际起点上开始学习并逐步提高；理解律，掌握知识结论的推理过程；运用律，形成基本技能，将知识具体化；改错律，发现、分析错误并及时改正；结合律，脑和手、课内和课外、理论和实践相结合；精学律，重在掌握基本的事实、理论、技能和思维方法；能力律，概括知识、综合技能，培养自学能力；脑效律，遵循学习规律，提高学习效益；勤奋律，严格要求，克服困难。

回顾这一阶段走过的历程，千姿百态的教学方法改革实验呈现出的发展轨迹是：从一所学校的教学方法的改革发展到一个地区的教学方法的改革；从少数人分散的、自发的教学方法改革发展到有组织、有计划的群众性的教学方法改革；由单一教师进行的教学方法的改革发展到与教育科研人员、行政干部“三结合”的协作改革。在取得已有成就的同时，必须清醒地意识到，教学方法的改革仍面临许多困难和严峻的挑战。不适当的教学方法仍然是全面提高教育质量的内在障碍。

（四）在素质教育理论指导下的教学方法的改革（1992～2009）

1992年10月12日～18日，中国共产党第十四次全国代表大会在北京举行。江泽民作了题为《加快改革开放和现代化建设步伐，夺取有中国特色的社会主义事业的更大胜利》的报告。报告总结了中共十一届三中全会以来14年的实践经验，决定抓住机遇，加快发展；确定我国经济体制改革的目标是建立社会主义市场经济体制；提出用邓小平建设有中国特色社会主义理论武装全党。邓小平理论特别是邓小平教育思想，为教育的深化改革与健康发展提供了重要的理论基础。1999年6月13日，《中共中央国务院关于深化教育改革全面推进素质教育》更加明确了，教育的改革及素质教育的推进始终离不开教育方法的改革。培养学生的自主学习能力和自我发展能力是教育面临的重要任务。这一时期经教育部发文倡导的就有六种教学方法：除和谐教育、创造教育和主题教育外，影响较大的有愉快教育、成功教育和情境教育。近年来在小学语文教学影响比较大的是“韵语识字·尽早阅读·循序作文”教学法。

1. 愉快教育

愉快教育是上海市一师附小、北京市一师附小、沈阳铁路五小等七所学校创立的一种教育模式。它是针对"应试教育"对学生的束缚,使学生失去学习的兴趣和主动性而开展的教改实验。"愉快教育"的实质是在教师的引导下,激起学生的学习兴趣和学习的自觉性,使学生都能成为学习的主人,满怀信心地进取向上。愉快教育并不排斥刻苦精神,而是把刻苦精神更多地运用于愉快的学习过程中,使学生愿学、爱学、乐学。实施"愉快教育",减轻了中小学生过重的课业负担,促进了学生在德、智、体等方面生动活泼、主动地发展。"愉快教育"涉及教育思想、教学方法、原则、课程设置、教学、手段、评价等多方面的改革。

2. 成功教育

成功教育是苏联著名教育家苏霍姆林斯基重要的教育思想。它是通过教学活动中帮助学生不断取得一个个小小的"成功",使学生获得成就感,从而激发学生不断进取,不断获得更多的成功。率先实施"成功教育"的是上海市闸北区教育局。闸北八中经过几年的探索,为提高为数众多的"学习困难的学生"以及一定数量的"薄弱初中生"的成绩提出了这种教育思想,即"成功更是成功之母"。它使每一个学生经历成功的体验,扬长避短,人人成才。闸北八中的"成功教育",主要从教学的内部入手,具体以语文、数学、英语教学质量的提高和非智力因素的培养作为主要研究范围,并据此确定研究思路,以帮助学生不断获得学习上的成功为突破口,帮助他们建立起学习的内部动力机制,进而提高他们各方面的素质。

深圳新沙中学在实施成功教育实践中,改革课堂教学的模式,引导学生积极参与教学活动。根据数学学科后进生较多、学习成绩普遍较低的特点,数学课采用"低起点、小步子、多活动、快反馈"的教学模式,使众多的后进生能够参与教学活动,提高了他们的自信心。英语课根据实验班学生英语学习分化较大的特点,采用"复式教学法"的教学模式,实行分类施教,即对不同程度的学生按不同的教学要求、教学内容进行上课,既使后进生在课堂上不再感到无事可干,解决了课堂纪律问题,又使每个学生都能学有所得。语文课采用"问题教学法"的模式,在讨论与解决一个个问题的教学活动中,给学生提供了一次次成功的机会,极大地调动了学生参与课堂讨论的积极性,课堂气氛极为活跃。同时,在学生动脑、动口、动手的活动中,发展他们学习语文的能力。

3. 情境教育

情境教学法是江苏省南通师范第二附属小学语文特级教师李吉林经过多年实践，总结出的一系列行之有效的教育教学方法。所谓情境教学法，就是遵循反映论的原理，充分利用形象，创造生动具体的教学情境，激发学生的学习情绪、潜在智慧，从而引导学生从整体上理解和运用语言，促进儿童少年心理品质的和谐发展。1996 年，时任国家教委副主任的柳斌在南通召开的全国情境教育教学学术研讨会上对情境教学给予了高度的评价。他说："情境教学把教材教活了，把课堂教活了，把孩子教活了，把教学活动的育人功能充分体现出来了，是对素质教育的一种有效的探索。"

4. "韵语识字·尽早阅读·循序作文"教学法

辽宁省东岗市姜兆臣于1986 年在全国首创"韵语识字·尽早阅读·循序作文"小学语文教育新体系。这套完整的小学语文教育新体系，是以"韵语识字"为前提，以"尽早阅读"为核心，以"循序作文"为综合发展的"快速、高效"教学法。它可使入学一年的儿童识 1500 多个常用汉字，将识字效率提高三倍多；入学二年的儿童可独立读报，并可在 30 分钟内看图即兴写出 350 多字的想象作文；小学五年级的学生当场出题，在 20 分钟内可即兴写出 500 多字质量较高的作文。

韵语识字的突出特点就是从研究快速记忆着手，运用定位联想和奇特联想，把《小学语文教学大纲》要求的 1500 个常用汉字，先组成最常用的词，再用这些最常用的词，围绕一个中心意思和一个故事情节，编成符合儿童特点的大密度生字的韵文，使这些韵文句式整齐、合辙押韵、通俗有趣、易于理解、短小精练、文道结合……

这项"快速、高效"教学法于 1995 年 1 月 6 日一次性成功地通过了省级专家鉴定，1995 年 8 月由中央教科所组织向全国推广，现已遍及全国除台湾省外的各省份。2000 年 11 月该教学法被国家教育部确定为是一种成功的"快速、高效"教学法，并在当年 11 月 26 日召开的"全国小学语文识字教学交流研讨会"上正式向全国推广。现已正式成立了"全国韵语教学研究中心"，组织全国推广工作。

综上所述，在 20 世纪 80 年代产生较大影响的教学方法和在 20 世纪 90 年代形成的若干教改模式，都迁移、运用到了其他教学领域。广大教育工作者对好的教学方法兼收并蓄，取长补短，为我所用，让它们在其他教学领域进一步发扬光大,呈现异彩,促进了各科教学质量的提高。

二、教学方法改革的思考

教学方法是教学理论与教学实践的永恒主题,也是现代教学研究中的一个十分引人注目的研究领域。近些年来,随着教学管理改革的不断深入,探讨教学方法改革的特点,对于教育工作者更加有效地进行教学方法改革,推动教学管理科学化的进程,具有非常重要的意义。尽管改革开放后,教学方法的改革已经取得了瞩目的成就,但当前在我国基础教育领域里仍然存在的一些突出的问题,主要是:重知识传授,轻能力培养;重教材灌输,轻教法的改进和学法指导;重理论知识,轻实践环节;教学难度越来越大,学生作业越来越多;加重了教师和学生的负担,挫伤了学生学习的兴趣。以上诸多问题,必须通过教学方法的改革予以解决。

(一)为教学方法改革正名

1. 教学方法改革成功的标志

凡达到教学目的的方法都是成功的方法,没有达到教学目的的方法则是不适当的。教学方法是为教学目的服务的,不同的教学目的就会形成不同的教学方法。每一种教学方法总是以一定的教学目的为前提的。教师在教学活动中,首先根据教学目的选择一定的手段来开展师生的双边活动,最后又根据这种活动的成果来衡量教学方法是否成功。

2. 教学方法改革多种多样

制约教学活动的因素是多方面的,它既受不同的教学目的的制约,又受不同的教学内容、教学对象、教学条件等因素的制约,还要受教师自身素质特点的制约。这诸多因素的不同的有机结合,就构成了教学方法的千差万别、多种多样。认识教学方法的多样性特点,避免教学方法的单一性,为坚持教学方法综合优化奠定理论基础。

3. 对传统的教学方法不能“全盘否定”

这是由教学方法的继承性决定的。任何一种新的教学方法都不可能凭空产生,它必然要从多方面吸收和利用原有的传统教学方法中的一切精华。教学方法的继承性,不仅反映在现代教学方法是在传统教学方法的基础上发展而来的,而且反映在现代教学方法的体系中,仍包含着许多古代的教学方法。我们在研究、选择和推广教学方法时,不能对传统的教学方法“全盘否定”,而要以教学方法发展的历史长河为背景,坚持历史唯物主义的观点,使教学方法的改革能不断地吸收人类文化发展中一切有价值的东西。

4. 教学方法随着时代的发展而不断创新

一切事物都是在发展变化的，教学方法也是如此，它也要随着时代的发展而发展。当今科学技术迅猛发展，知识更新不断加快，时代要求培养的人才在德、智、体、美等方面都得到充分的发展。传统的教学方法已不能适应新的需要，必须创造出一些新的符合时代精神的教学方法。这就要求教育工作者要用积极发展的观点对待教学方法的改革。

（二）教学方法改革与教学思想观念更新相结合

教学方法是教师为完成一定教学任务所采用的方式、途径和手段，教学思想观念则是教师头脑中存在的对教学对象、教学活动、教学内容等的根本认识和看法。思想是相应方法的理论依据，方法是相应思想的技术实施。教学思想观念较之于教学方法具有本质性、概括性和指导性的意义。教师的教学思想观念是教师选择和使用教学方法过程中思维活动的导航器和调节器，所以，任何教学方法改革都不是单纯的“方法”变化，而首先是教学思想观念的变化。基于对方法与思想辩证统一性的认识，当前开展的教学方法的改革都注意紧抓教学思想、教学观念的更新改造，力求摒弃陈腐的落后的僵化的教学思想观念。

教学方法改革要实现五个转变：变单纯传授知识为在传授知识过程中重视能力培养；变单纯抓智育为德、智、体、美全面发展；变教师为中心为教师主导与学生主体的最佳结合；变平均发展为因材施教、发展个性；变重教法、轻学法为教法学法同步改革。

（三）教学方法改革需要进行可行性研究

从我国60年来的教学方法改革可以看出，我们在课程与教法的关系上长期摇摆不定，反复较大，还没有充分认识到教学方法改革与课程改革的密切关系。因此，无论变革教学方法，还是改革课程，都必须进行可行性研究，减少盲目性，增强科学性，使教学方法的改革与课程改革保持同步，达到和谐统一，共同促进教学质量的提高。

教学方法改革的历史表明，我国虽然引进了不少国外的教学理论和方法，由于没有进行可行性研究，以致有的收效甚微。我国的改革有不少是追随着外国走，而缺乏自身的独立性和创造性。因此，60年来很少具有中国特色和世界性影响的教学法专著，这不能不引起深思。

（四）教学相长，突出学生的主体作用

教师和学生是组成教学的两个最基本的要素。教学过程是在教师指导下学生的认识过程。学生既是教学的对象，又是认识活动的主体。正确认识教师和学生在教学中的地位、作用及其相互关系，是选择教学方法的理论依据。教师应发挥自己的主导作用，努力创造条件，让学生更充分地参与教学活动，发扬我国教学相长的优良传统。为此，教师必须了解学生的年龄特征、心理特点、智能水平、生活经验、学习习惯、知识基础等，这些都是选择教学方法的重要依据。教师必须在教学实践中，深入学生中去，调查研究学生的这些特点，掌握实际情况。只有知己知彼，方能有的放矢、取得最佳的教学效果。

（五）教学方法改革要注意个性化和多样化

实施素质教育，就是要使每个学生的个性特长得到充分发展。学生禀赋因人而异，无论是智力、健康、情绪、经验背景，还是特殊能力、社会适应能力等方面都是千差万别的。这些因素都在不同程度上直接或间接地对教学效果产生影响。认识并设法适应这些差异，是教学方法改革所面临的一个重要课题。传统教学方法虽然也承认学生之间的个性差异，但在如何进行适应性教学方面少有成功举措。传统的班级授课强调以教师为中心，具有很强的集中性，使得学生的个性发展目标形同虚设。

纵观世界教学方法的发展，教学方法体系呈现出的新的态势，主要表现在两个方面：一方面个体性活动已成为许多教学方法的重要组成部分；另一方面，现代教学技术手段的发展为教学方法提供了一个新的发展空间。师生相互作用的条件趋于多元化，使学生在知识、能力、兴趣、特长和个性品质的发展成为可能。为了顺应社会发展的需要，各发达国家在教育改革中，都强调教师不能用一种模式教学、用一个标准要求所有的学生。教学方法要注意个性化和多样化。要区别学生的具体情况，因材施教。要鼓励学生提出问题、讨论问题和研究问题，创造生动活泼的学习气氛。

（六）提高教师自身素质是教学方法改革的关键

在教学方法的改革中，新方法能否被成功地推广与应用，在很大程度上，取决于教师的知识水平和教学才能。因此，教学方法改革的一个关键问题是如何提高教师的素质水平。

1.“教学有法、教无定法”

“教学有法，但教无定法”，其中，前一个“法”是指教学的一般法则，也就是一般规律;后一个“法”是指教学方法。由于教学是一种有规律的活动,所以“教学有法”;因其又是一种复杂的创造性活动,所以“教无定法”。教学方法的优选是教师的一项基本功。教学方法是多种多样的,但是却没有一种是普遍适用的,这就是我们常说的“教学有法、教无定法”。不同的教学方法所适用的情况和取得的效果是不同的。为了达到最佳的教学效果,就必须以现代的教学思想为指导,从实际情况出发,根据各种教学方法的特征,选择一种或几种最优的教学方法,综合加以运用。

2. 掌握各种教学方法的特点

全面、深刻地了解各种教学方法的特点及其局限性,才能有的放矢地选择和运用教学方法。为此,教师必须在教学实践中广泛运用各种方法进行教学,积累丰富的实践经验,并且还要努力学习教育科学理论,提高自己的理论水平。只有在实践和理论的结合中,逐步掌握优选教学方法和综合运用教学方法的基本功,才能逐步形成具有自身个性特色和艺术风格的教学方法。

3. 加强教学基本功训练

教师在教学过程中的主导作用是贯穿始终的。教师自身的特长和风格,与优选教学方法有着密切关系。有的教师擅长语言表达,有的教师善于实验操作,只有扬长避短,选取有利于发挥自身特长的教学方法,才能真正地提高教学质量。但是,也应避免教学方法的单一化倾向,千篇一律地运用同一种方法。为此,教师要在教学实践中不断学习,注意提高自己的素质,加强教学基本功的训练。

4. 深谙教材和设备的特点

优选教学方法除了根据教师特长外,还要根据教材内容和教学设备的特点。这是因为,首先,教学方法与教材内容是相互制约、密切相关的。不同的教材内容要选用不同的教学方法,选用恰当的教学方法有利于学生理解教材内容。其次,学校的教学仪器、实验设施是选择教学方法的物质基础,制约着教学方法的选择与实施。教师必须充分利用学校现有的设备,发挥它的作用;同时,还要就地取材、因陋就简、自制教具,为实施最佳教学方法创造条件。这些均要求教师有较高的素质。

5. 以渊博的学识为基础

教学方法的改革需要教师以渊博的学识为基础。不仅要以教育学为基础,更要以心理学知识为依据。现代教学方法更多的是从受教育者的心理特征、心理发展的角度提出来的,因而心理学知识可以使教学方法具有更为牢固的科学基础。现代有关教学方法的众多新研究成果几乎都出自于心理学家。心理学研究成果的运用及心理学家的直接参与为教学方法的发展开辟了更为广阔的前景。这就需要教师不仅掌握专业知识,更要掌握教育学、心理学和教学法等多学科的知识。

第七章
教学工作管理的回顾与展望(下)

教学工作管理是现代学校管理的重要组成部分,其水平与质量的高低直接关系到学校的兴衰成败。教学工作管理同其他管理一样,也有其基本的规律。常规与创新是其最基本的特征,抓住了这两点就抓住了教学工作管理的关键。反思现行的学校教学工作管理体系和制度,不难发现存在的问题。突出表现在:教学工作管理面向少数学生;教学工作管理侧重于"管";教学工作管理注重分数,注重经验,注重传授知识,注重技能训练和答疑解惑。为此,必须正确处理教学工作管理的常规与创新。

教学检查是敦促教学过程优化的重要举措。教学检查是依据一定的教学管理目标与教学规范要求,对具体的教学情况进行相应的检测与考察,鉴定和评价其教学目标与教学效果的实现情况,以便采取相应的措施更好地改进教学的管理活动。教学检查是教学工作管理的一个重要方面,是教学管理的主要构成部分与基础。新中国成立后,继承老解放区教学管理的优良传统,各级各类学校始终把教学检查作为学校教学管理的一种重要手段和方法,鉴于当前教学检查中的误区,有必要为教学检查正名。

听课与评课是教学工作管理的重要一环。听课是了解教师和教学进展情况的一条重要的反馈通道。通过听课,换位思考、相互观摩、取长补短,使执教者与听课者都有所悟,都有所得。评课相对于上课和听课而言有着较高层次的要求。要求评课者不仅有丰富的实践经验,而且要有较高的教学理论水平,只有这样才能客观地评课。只有从听课与评课入手,才能发现问题,从而有效地进行教学内容、教材教法等一系列改革。

第一节　教学工作管理的常规与创新

古往今来,教学就是学校育人的主渠道,学校教育目标无论是培养品德、开启智能,还是强健体魄、发展个性,主要都是通过这个渠道实现的。新中国成立以来,我国学校教育培养了一批又一批的建设者和接班人,毋庸置疑,重视教学管理的常规起到了重要的作用。在现代学校中,教学已成为一个多环节、多层次的复杂系统,教学管理是一种整合教学资源的动态活动。教育思想观念的转变、教学内容的调整、课程体系的优化、教学方法的改进、教学手段的完善,必然要求为其服务的教学管理随之变革创新。

一、教学工作管理的常规

教学工作管理的常规,是指以教育方针、教学计划、课程标准、教科书为依据,通过规章制度对教学过程的管理。

(一)教学工作管理的依据

教育方针、教学计划、课程标准、教科书和教学工作规律是教师进行教学的主要依据,也是学校领导管理教学工作的依据。学校领导要管理好教学,必须认真研究教学计划,了解课程标准的要求,掌握一两门教材的内容,并能熟悉教学工作规律。这是管理教学的基本功,否则,教学工作管理就是盲目的,难免讲外行话,就不可能起到指导教学的作用。

1. 教学计划

教学计划是国家根据教育方针和不同类型学校的具体培养目标而制定的教学工作的指导性文件,是制定各类学校课程标准、编写教科书以及学校组织教育和教学工作的主要依据。教学计划中规定学校开设哪些课、开多少课、先开什么课、后开什么课,都是根据不同类型学校的任务、要求和学生身心发展特点而确定的,不可任意增减和随意改变。教学计划还规定了全年的教学时数、劳动时间和放假时间。具体安排了上课、自习和课外活动。除了有实验任务的学校以外,都应该严格执行教学计划,学校领导无权改变教学计划。

2. 课程标准

在新一轮基础教育课程改革中，沿用了几十年的教学大纲悄然隐退了，取而代之的是国家课程标准。课程标准是国家对学生接受一定教育阶段之后的结果所做的具体描述，是国家教育质量在特定教育阶段应达到的具体指标，它具有法定的性质。因此，它是国家管理和评价课程的基础，是教材编写、教学、评估和考试命题的依据。为此，课程标准是整个基础教育课程改革系统工程中的一个重要枢纽。新颁布的课程标准力图在"课程目标""内容标准"和"实施建议"等方面全面体现"知识与技能、过程与方法以及情感态度与价值观"三位一体的课程功能，从而促进学校教育重心的转移，使素质教育的理念切实体现到日常的教育教学过程中。

3. 教科书

教科书是根据课程标准的要求编写的，是课程标准的具体化。教科书在教学工作中具有重大作用，是教师教学的主要依据和学生学习的主要内容。学校领导要组织教师在钻研课程标准的基础上认真钻研并合理使用教科书。教师可以根据学科发展的情况，补充新的信息，以保持教材的先进性。

4. 教学规律

教学是一个实践过程，教学规律就是从教学实践中总结、概括并上升为理论的科学体系。它来自教学实践，又指导教学实践；通过教学实践，又不断认识新的教学规律。教学规律既指教的规律，又指学的规律，更指教和学相结合、相统一的规律。因为只有教或只有学的规律或者只是这两项规律简单地相加，没有什么"结合"或"统一"，这都不是我们所说的严格意义的教学规律。

(1)教与学互相依从，互相促进

教师教的过程同时也是学生学的过程。教师的教，不能离开学生的学；学生的学，也不能离开教师的教。教与学互相促进，教师把人类社会几千年积累的知识，通过讲授变成学生乐于接受的知识，把社会的要求转化为学生的政治立场、思想观点和道德品质，在此过程中又培养了学生的能力。教师的教对学生的学起着决定性的促进作用，另一方面学生的学也促进教师的教。学生到学校来，不仅向教师学知识，更重要的是向教师学做人。教师的德学才识、言行举止，都应该堪称学生的表率。学生知识上的长进，思想上的提高，能力上的发展，都促使着教师更加严格地要求自己，以适应学生的需要。

(2)教学与教育互相依存、互相促进

教学过程既是向学生传授知识、发展学生能力的过程,也是对学生进行思想品德教育的过程。因为各科教学本身都有丰富的教育因素,不论社会科学,还是自然科学,都是如此。至于政治课,更负有系统地向学生进行德育的任务。结合教学向学生进行德育,是学生乐于接受的一种教育形式,特别是有威信的教师,这种作用更为突出。学生通过学习,不仅获得了知识,而且思想觉悟得到了提高,学习的自觉性得到了增强。学生就处于这样一种良性循环之中。教育不能离开教学,教学之中有教育因素。

(3)知识与智力互相依存、互相促进

学生的知识是靠后天获得的。智力则是遗传素质与后天教育环境的影响以及个人努力的产物。学生的智力是在学习过程中发展起来的,知识是发展智力的基础,发展智力又促进知识的掌握。

(二)重视教学工作管理过程

教学工作管理就是要通过教学计划、教学组织、教学检查和教学总结等手段进行管理。

1. 制订计划

制订学校的教学计划是教学工作管理过程中的起始环节。教学计划有多种类型,按工作性质分,有常规性教学计划和临时性教学计划;按时间分,有学年教学计划、学期教学计划、月教学计划、周教学计划;按范围分,有整体教学计划和局部教学计划。按教学计划组织教学,才能使教学工作有条不紊地进行。教学计划要超前制订,目标要明确,针对性要强,要切实可行,要便于检查,要富有弹性。

2. 教学组织

教学组织是教学工作管理过程的中心环节,教学计划在执行之前只是一种设想,教学组织的实施,就是使教学计划变为行动,使设想成为现实。要想完成教学任务,达到教学目标,主要通过教学这个环节来实现。在大多数情况下,学校领导者的责任,不是埋头执行教学计划,而更重要的是做好组织工作,即做好统筹安排、指导、协调、激励等工作。

3. 教学检查

教学检查是教学工作管理过程中的重要环节。教学检查既是执行教学计划的保证,又是教学总结工作的前提。教学检查具有双重作用,一是监督和考核教师的工作;二是检验和考查校领导和教务处工作人员的管理水平。通常采用的方法有巡视观察、个别交谈、随堂听课和参加教研组活动等。教学检查的基本要求是要客观,要深入,要依靠群众。

4. 教学总结

教学总结是教学管理过程的终结环节。教学总结既要肯定成绩和经验,又要指出缺点和教训,从而发扬成绩,吸取教训。教学总结按时间分,有学年总结和学期总结;按性质分,有全校性的、学科性的、年级性的、专题性的和个人性的教学总结。教学总结的基本要求是,要靠平时积累资料,要与教学计划相对应,要突出中心,要立足于现实,又要着眼于未来。

(三)建立教学工作管理系统

"整体大于各个孤立部分的总和",这是现代系统论的一个重要观点。管理教学只靠校长个人的力量,孤掌难鸣;只靠教导主任的力量,也难以包打天下。唯有建立健全教学工作管理系统,充分发挥各层机构的作用,才能井然有序,指挥有方,才能组织好教学的全过程。

在教学指挥系统中,校长是总指挥和总决策者。教学指挥系统的建立,必须保证校长的指令、决策能迅速准确地下达,使指挥渠道畅通,并能及时获得反馈信息,从而保证指挥不断得到调整。这就需要建立在校长领导下的完整的教学工作管理系统。

建立教学工作管理系统的目的,在于把学校教学的机构、组织和有关人员,组织成为一个有机整体,使每个成员都能够积极负责、协调一致地为提高教学质量充分发挥作用。这个工作系统在校长的领导下按照教与学两个方面组成密切相关的两个系列,相互联系,紧密配合,把教学活动中的每个成员都组织起来动员起来,形成一个卓有成效的管理系统。在校长的领导下,全校教师、学生共同努力,提高教学效益。校长对整个学校的教学质量负责,从学校总任务总目标出发,把提高教学质量作为学校中心任务。教导主任是校长进行教学管理的主要助手,对各科教学实行管理并对其质量负责。教研组长对本学科教学质量负责,年级备课组、任课教师则要对本年级本科教学质量负责。这样,不同层次、不同岗位都有了明确的教学质量管理的责任,从上到下,构成了一个提高教学质量的管理系统。

二、教学工作管理中的问题

改革开放以来,我国经济和社会发展取得的巨大成就和教育是分不开的。

基础教育为培养人才奠定了良好的基础,高等教育的迅速发展为国家培养了大批的高素质人才。在肯定成绩的同时,也应看到,我们的教育还不适应培养现代人才的需要。反思教学工作管理常规,不难发现其存在的问题,突出表现在以下几个方面:

(一)教学管理面向少数学生

在我国教育事业蓬勃发展的同时,相当一部分地区和学校还不同程度地存在着"应试教育"的倾向。所谓"应试教育",是指在我国教育实践中客观存在的偏离受教育者群体和社会发展的实际需要,单纯为应付考试、争取高分和片面追求升学率的一种倾向。它主要面向少数学生,忽视大多数学生的发展;教育内容忽视德育、体育、美育和生产劳动教育,只重视知识传授,忽视能力与心理素质培养;学生课业负担过重,挫伤了学生学习的主动性、积极性和创造性,影响他们全面素质的提高。这里需要特别强调的是"应试教育"不是对现行基础教育的概括,只是对现行基础教育当中某些弊端的概括,否定"应试教育",不是否定现行基础教育。只有继承现行教育的优良传统,又否定现行教育的某些弊端,才可能真正实施素质教育。

(二)教学管理侧重于"管"

教学管理具有行政管理和学术管理的双重属性,既包括"管",也包括"理"。在教学管理中,"理"更为重要,即要理顺各种关系,遵循教育规律和事物发展的规律,采取有效措施,激励广大师生的积极性。但目前教学管理简单化为行政管理,把侧重点放在了"管"上,甚至把师生置于对立面。不仅不能激发广大师生的积极性,甚至引起师生的反感和对立。诚然,学校规章制度是学校办学经验的结晶和反映,它对于稳定学校秩序、提高教育教学质量起着保障和促进作用。每个人都必须接受规章制度的制约。遗憾的是,目前不少学校打着科学化管理的招牌,竟在规章制度上大做文章,把规章制度精细化、标准化,而且配合量化评分和经济制裁。这种管理严重扭曲了教学的本性,教学过程被程序化、机械化、标准化了。管理变成了检查(教案检查、作业批改检查最为典型),考核变成了考分,教师疲于应付。因此,要处理好"管"与"理"的关系,实施科学管理,才能适应新形势下对人才培养的需求。

(三)教学管理模式"五注重"

1. 注重分数管理

长期以来,我们的教学管理模式整齐划一,注重共性培养,忽视个性培养。

共性培养的标准就是以“分”为本，盛行分数管理。分数不仅是评定学生学业成绩的重要工具，而且成为考查教师教学质量的重要指标。在教学管理中，分数被绝对化了。分数从促进教师工作和学生学习的一种强有力手段，异化为控制教师工作和学生学习的一种极可怕的魔杖。其结果是见分不见人，重分不重人。分数管理严重扭曲了教学的价值取向，教学工作被蒙上了强烈的功利色彩，利益驱动代替了事业追求。以考试分数作为衡量教育教学成果的唯一标准，教学管理模式整齐划一，不利于学生创新精神、创业能力和实践能力的培养。

2. 注重凭经验指导教学

有些学校领导，往往只凭经验指导教学，满足于已有的教学成绩，缺乏对教学问题的深入研究。认为教师就是上课，只要学生考分高，教师就是好教师。因此，教师只是满足于上课下课，只是在教材、教参、练习上思考。搞研究被认为是理论工作者和教研员们的事情，更有领导视教师搞研究为不务正业。很多教师就是在这种缺乏研究的背景中不知不觉走向了“教书匠”这条路。长此以往，这种教学导致教学模式单一、教法呆板。这种只重实践、缺乏研究的模式成了教学管理上的怪圈，恶性循环，使教学越来越缺乏生机。

3. 注重传授知识

传统教学片面强调对学生进行知识传授。教师教什么，学生就学什么。虽然也讲以教师为主导、学生为主体，但学生还是被当做接受知识的容器，学生总是自觉或不自觉地按照教师设计的模式、计划和步骤去学习，以达到教师心目中的目标。

4. 注重技能训练

传统教学观念认为：教师的作用就是把知识或技能传授给学生，解决学生学习中产生的疑难问题。因此，长期以来课堂变为强迫训练学生的阵地，学生的知识、技能的形成也就成为“拷贝”、“复印”过程。

5. 注重答疑解惑

“疑”是一切发现和创造的基础。学生的质疑是学生创造灵感的闪现，教师应及时给予肯定，并正确加以引导，以此带动学生积极参与，促进学生主动学习。传统的学科教学，教师总是预先在教案中设计出许多问题，学生只有回答问题的义务，而没有提出问题的权利。

三、教学工作管理的创新

创新是一个国家不断前进的动力。一个国家的创新能力,决定了其在国际竞争中的地位。学校是培养创新精神和创造型人才的重要摇篮。培养创造型人才,弘扬民族创新精神应当从学校教学工作管理抓起。

(一)更新教学管理观念,树立正确的人才观和学生观

教学管理观念的创新是教学管理创新的前提和基础。教学管理观念规范着教学工作全过程,制约着教学管理的行为模式、实施手段和运行效果。只有思想观念真正创新,才能突破旧观念、旧思想、旧规范的束缚,才能在教学管理上大胆创新,形成一种教学思想活跃、教学对象主动、管理方式灵活的新的教学管理机制。

更新教学管理观念,首先树立正确的人才观和学生观。实现社会主义现代化,需要大量人才。而人才不仅包括掌握了科技、文化知识的高层次专家、学者,而且还包括工作在各行各业中数以亿计的有道德、能敬业、有一技之长的劳动者。行行都光荣,行行出状元。没有这两支高素质的队伍形成合力,国家就不会有希望。在我们的教育中,究竟什么样的学生是"好学生"?学校培养什么样的人才才能满足社会的需求?曾有学者把人才分为五种类型,即"工具型"、"书生型"、"全面型"、"智能型"、"创新型"。面对知识经济对创新人才所提出的新要求,显然,学校应该重点培养创新型人才。

(二)建立和健全教学管理系统

校长领导教学,不外两种方式。一是建立和健全教学管理系统,充分发挥有关机构的作用。二是亲自参加教学实践,深入教学第一线。

1. 充分发挥教导处的职能

教导处是学校管理教育、教学工作的主要行政机构,这个机构是否健全,关键在于教导主任。教导主任(包括副职)是校长管理教育教学工作的主要助手。校长所管的工作,绝大部分与教导主任有关。因此,校长应当认真挑选教导主任,充分信任和依靠教导主任;教导主任也应主动协助校长工作,经常向校长请示汇报。这样,双方步调一致,配合默契,是管好教育教学的关键。

2. 加强教研组建设

教研组是通过教学研究工作提高教师思想、业务水平的教学研究组织。在教师中,要建立良好的教师集体,形成良好的教风,必须抓好教研组的建设。

教研组是在校长、教导主任领导下开展工作的。因此,校长、教导主任要

明确教研组的性质和任务,加强对教研组的领导与管理,充分发挥教研组的作用。一般说来,教研组可采用下列方式开展教研活动,提高教师的教学水平。

组织专题讨论会。教材中哪些是重点、难点？重点如何突出？难点如何突破？这些往往是教师最困惑、最需要解决的问题,也是教师最感兴趣的问题。针对这样的问题,组织专题讨论会,有意识地让教学经验比较丰富、业务水平比较高的教师事先作好准备,开展讨论,使大家受益。这不仅对年轻的教师有很大帮助,还能促进有经验的教师总结提高。

组织教学观摩。专题讨论的结果是否正确,要用实践来检验;专题讨论中的争论,也要通过实践来解决。有目的地组织观摩课,发动全组教师共同研究观摩课的教材和教法,是提高教师水平的一个重要方式。

组织教师相互听课。其目的在于取长补短,共同提高,同时也有互相了解、互相促进之意。要在教研组内培养这样的风气:欢迎别人听课,不怕别人听课,敢于公开自己的教学态度、教学水平。相互听课是提高教师教学水平的有效途径,应有具体要求,并使它形成制度。一般说来,应规定教师每周至少听课一节,要做听课笔记,听课后要同讲课人谈听课体会和意见,讲课人要热情欢迎听课人提意见。

定期座谈教学经验。要使教师养成总结教学经验的习惯,平时重视积累资料。要提倡写教学后记,即根据教学目的要求和教学原则,自我分析教学中的优缺点。勤写教学后记能够筑起任何书籍难以替代的知识宝库。教研组在此基础上举行经验交流会,内容具体、丰富,能收互相启迪之效。

校长、教导主任要帮助教研组长经常运用这些行之有效的方法开展教学研究,并不断创新,把教学研究搞活。

3. 充分发挥教科室和教研组的作用

教科室和教研组,都要研究教学,但它们有很多不同之处。首先,它们研究的范围不同。教研组主要研究本学科的教学问题,教科室不仅研究教学问题,还研究教育问题,其范围要广泛得多。其次,它们研究的重点不同。教研组偏重于研究教学中的实际问题,教科室则偏重于从实际问题中研究理论问题。再次,它们研究的目的不同。教研组开展教学研究,主要在于如何更好地完成本学科的教学任务,教科室则着重考虑如何领导教学和改革教学。为了充分发挥教科室的作用,设有教科室的规模较大的中学,应配备三至五名专职研究人员,还要有若干兼职研究人员。无论是专职研究人员还是兼职研究人员，都必须有丰富的教学经验，有一定的研究能力，并且身体健康。

（三）根据教学规律和育人特点强化教学过程管理

1. 遵循教学规律和原则实行科学管理

教学过程是有规律的，随着教学实践的不断深入，人们对其规律性的认识也在不断地深化。人们已经普遍认识到由浅入深，由易到难，由简到繁，由具体到抽象是基本的教学规律。根据这个规律，应该遵循循序渐进原则，即要求教师按照知识本身的科学体系和学生认识发展的规律，也就是所谓科学性、系统性来进行教学。遵循因材施教原则，教师首先必须了解学生，熟悉学生的兴趣、爱好、性格特点和知识基础，然后有的放矢地进行教学工作。遵循教学相长原则，教师要教好功课，不仅自己要努力进修，还要向学生学习。遵循启发诱导原则，教师必须启发学生的能动性，引导学生尽可能自己去探索。遵循教书育人原则，教师不仅要教好功课，还要以身作则，教师的一言一行，都要成为学生的表率。

2. 根据教学过程自身阶段和特点实行目标管理

教学过程是教师教与学相统一的双边对应活动过程。教学过程有它自身阶段和特点：教学是教师引导学生学习前人在实践中总结出来的已知知识和已知理论；教师向学生传授书本知识，主要在课堂上进行；教学过程对学生来说，既是认识过程，也是受教育的过程。管理教学应将各个阶段的目的和任务转化成目标实施管理。

3. 根据育人特点强化常规管理

在教学管理工作中，除了依据教学规律、教学阶段和特点进行教学管理外，还必须抓好常规管理。很多教学常规管理，诸如教师“教”的常规、学生“学”的常规和课堂常规，是多年来教学管理经验的积淀，是客观规律的反映，因此不能随便放弃。时代的发展对教学管理提出了很多新课题，学校管理者必须高度重视学校本身的教学常规管理，并以此来推动教学改革的深入发展和教学质量的提高。

（四）加大教学管理创新力度，突破教学管理难点

为满足社会对创新人才的需求，必须在目前的教育改革转型时期，从以下若干要素着手，加大教学管理创新力度，以教学管理的创新促进教学的创新。

1. 教学内容的创新

创新的一个重要特点就是超前性和新颖性。这就要求在教学内容安排上

要将最新的科学研究成果和科学概念及时地编进教材，帮助学生建立一个发展的而不是孤立静止的客观物质世界的概念，引导他们去探索新的知识，培养他们的创新精神。同时，要求在教学内容上要体现全面性的特点，还需要在教学内容中增加一些有关创新能力培养的内容，使学生了解创新能力的形成过程及特点，进而有意识地加强这方面的训练。

2. 教学方法与手段的创新

学生的创新思维是一项自主性的活动，只有通过教师启发式的教学，才能调动学生的主动性、自觉性，激发学生积极的思维，培养其分析问题和解决问题的能力。教学是一门科学，因为教学是有客观规律可循的，教学必须以科学的理论为指导。同时，教学也是一种创造性的劳动，教学理论应用于实际，必须因人、因地、因时制宜，不能囿于一个程式。任何一种旨在启发和引导学生创新能力形成和发展的方法都可以使用。另外，积极地利用现代化的教学手段也是推动学生创新能力发展的有效途径。

3. 教学评价体系和方法的创新

传统教学评价是用统一和标准化的方式来进行的评价，因而过分强调学生学习和思维方式的统一性；传统教学评价只用单一的统一的一次性的纸笔检测方式评价学生，容易忽略每个学生知识结构的独特性。因此，在教学评价形式上，倡导通过学生自评、学生互评、小组评价、教师评价等多种形式进行。在评价内容上，不仅要检测属于知识记忆性和技能技巧性的内容，还应包括一定比例的没有标准、可以让学生充分发挥想象，以表现学生自己创见的题目，以激发学生的创新思路。在检测方式上，要采取多种检测形式，如笔试、口试、开卷和实践能力考查等。这些丰富多样的教学评价，可促使学生开放性个性和创新意识的形成。

4. 教学管理体制的创新

创新教育的发展需要有适宜的环境和条件，而这种环境和条件能否具备，很大程度上与教学管理体制有直接关系。在创新教育的实施中，教育行政部门应保证学校一定的办学自主权，以利于学校按自身的实际情况进行创造性的教学活动，为培养创新人才提供前提条件。在对教师的管理过程中，也要改变对教师集中过多、统得过死的现象，使教师的教学活动真正成为名副其实的创造性劳动。需要特别强调的是，对学生进行创造性管理更为关键和重要。在管理过程中，要尊重学生的个性发展，鼓励学生形成自己独特的品质和风格，逐渐形成自己的个性和某种特长，这对学生以后在某个领域的创新能力的培养大有裨益。

第二节　教学检查的误区与正名

教学检查，指的是依据一定的教学管理目标与教学规范要求，对具体的教学情况进行相应的检测与考查，鉴定和评价其教学目标与教学效果的实现情况，以便采取相应的措施更好地改进教学的管理活动。教学检查是教学管理的一个重要方面，是教学管理的主要构成部分与基础。新中国成立以来，我国始终重视教学检查，在很长一段时期频繁地检查评比成为一些地方教学管理的基本方式，加重了学校和教师的负担。近些年来，教学检查过分量化在某种程度上捆住了教师的手脚，束缚了教师教改积极性的发挥，因此有必要为教学检查正名。

一、教学检查的历史回顾

（一）教学检查侧重思想的提高和知识的传授时期（1949～1965）

新中国成立初期，在对旧有学校接管和改造之后的主要工作，就是有计划有步骤地对师生进行革命的政治和思想教育，反对封建的、买办的、法西斯主义思想，以逐步建立为人民服务的思想和革命的人生观。在小学阶段，教学检查的重点是，检查是否结合儿童的年龄特征，通过各科教学和各种课外活动来进行，是否达到使儿童具有爱国思想、国民公德和诚实、勇敢、团结、互助、遵守纪律等优良品德。在中学阶段，教学检查的重点是，除了各科教学和课外活动都要贯彻政治思想教育之外，根据教育部的指示，中学设置政治这门崭新的学科后，重点检查政治课教学情况，检查理论学习与学生思想实际结合情况。在检查中，不求面面俱到，重点看解决学生思想认识问题是否注意抓住重点，在教学中是否提倡学生自由思考，是否注意启发自觉，是否对不同年龄阶段的学生采取不同的方法等。

1953 年 11 月 26 日，《政务院关于整顿和改进小学教育的指示》规定，校长和教师的主要任务是教学，学生的主要任务是学习。这一阶段教学检查的重点侧重于是否认真执行教学计划和教学进度，课堂教学是否重视知识的传授。通过教学检查，纠正教师、学生过多地参加社会活动和校内非教学活动的偏向，克服当时学校中的混乱现象。

1954 年 4 月 8 日，《政务院关于改进和发展中学教育的指示》指出，中学必须贯彻全面发展的教育方针。政治思想教育的任务是树立社会主义的政治方向，培养辩证唯物主义世界观的基础和共产主义的道德。改进教学工作，必须学习和吸收苏联的先进教育理论与教育经验，注意领会其精神实质，并善于把它和我国的实际结合起来。这一阶段教学检查的重点侧重于，既要加强政治思想教育，又要重视系统的科学知识教学，并要注意学习苏联教学经验、教学方法的改革等，还要检查《政务院关于改善各级学校学生健康状况的决定》的执行情况，督促和指导学校采取有效措施改善师生健康。

1958 年至 1960 年的"教育革命"提出，中小学必须实施教育与生产劳动相结合，把生产劳动列为正式课程。这一阶段教学检查的重点是师生是否根据教学计划规定的时间参加一定的劳动，但不能用劳动冲击或代替教学，降低教学质量。

1963 年以后，教学检查以 1963 年 7 月 31 日颁布的《教育部关于实行全日制中小学新教学计划（草案）的通知》和 1964 年 7 月 14 日发出的《教育部关于调整和精简中小学课程的通知》为依据。这一阶段小学教学检查侧重于语文、算术、周会（进行道德品质教育和时事政策教育）和生产常识课的教学；中学教学检查侧重于语文、数学、外语、政治课、生产知识课的教学。检查的目的是，通过各科教学，培养坚强的革命后代。

（二）教学检查名存实亡时期（1966～1977）

"文化大革命"一开始，中小学便停课"闹革命"，掀起了红卫兵运动，搞破四旧、大串联、揪斗领导干部和教师、夺权、打派仗、打砸抢、武斗等。1968 年军宣队、工宣队进驻城市学校，实行工人阶级管理学校；农宣队进驻农村学校，实行贫下中农管理学校。此后，各级各类学校相继"复课闹革命"，开展了"斗、批、改"，搞所谓的"教育革命"。1975 年 1 月，全国第四届人大一次会议召开之后，周总理病重，邓小平在毛主席的支持下主持中央日常工作，并开始对各条战线进行整顿。时任教育部部长的周荣鑫按照毛主席、周总理、邓小平副总理等中央领导同志的指示精神，积极着手整顿教育工作者。① 但"四人帮"大搞"批邓、反击右倾翻案风"，教育战线再度陷入混乱。这个时期，虽然也曾进行过教学检查，但真正意义上的教学检查不复存在。

---

① 中央教育科学研究所：《中华人民共和国教育大事记》（1949—1982），教育科学出版社 1984 年版，第 474 页。

(三)教学检查恢复和发展时期(1978～1991)

中共十一届三中全会确定全国工作重点转移以后,根据教育战线贯彻"调整、改革、整顿、提高"八字方针的总的部署和中小学教育的实际,教学检查工作开始恢复。

从1982年9月中共十二大的召开到1991年底,我国进入全面开创建设有中国特色的社会主义道路时期。中共中央召开了改革开放以后第一次全国教育工作会议,于1985年5月27日颁布了《中共中央关于教育体制改革的决定》;全国人大颁布了《中华人民共和国义务教育法》,这一阶段教学改革的特点是整体推进,教学检查侧重于教学指导思想、教学内容和教学方法。

(四)教学检查立足培养全面发展的人才时期(1992～2009)

1992年1月18日至2月21日,邓小平视察南方谈话,翻开了我国有中国特色社会主义建设史上新的一页,形成了20世纪90年代我国改革开放和社会主义现代化建设的新思路。为了适应新阶段的要求,国务院于1993年2月13日印发了《中国教育改革和发展纲要》。依据邓小平视察南方重要讲话和党中央文件精神,中小学教学改革和发展迈出了新的步伐。教学检查侧重于面向全体学生,全面提高学生的思想道德、文化科学、劳动技能和身体心理素质,促进学生生动活泼地发展。中小学德育教学的检查侧重于是否以爱国主义、集体主义、社会主义教育为主线,兼顾社会发展和青少年儿童自身成长的需要,形成由浅入深、由低到高、循序渐进的德育内容序列。

1999年1月13日,国务院批转了教育部实施《面向21世纪教育振兴行动计划》,同年6月13日,《中共中央国务院关于深化教育改革全面推进素质教育的决定》指出,全面推进素质教育,培养适应21世纪现代化建设需要的社会主义新人。教学检查强调课堂教学是实施素质教育的主渠道,必须把德育、智育、体育、美育等有机地统一在教学活动的各个环节中。

二、教学检查的误区

(一)教学检查的片面性

教学检查着重于对教学现状的确定,即进行事实判断。在当前教学检查中,由于片面的质量观导致了教学检查的片面性。一是由于长期以来教育管理部门对各级各类的学校没有提出具体的目标和要求,对于如何检查教学没有科学的、系统的、全面的措施和方法,致使管理者比较通用的"人均分"、"及格率"、"优秀率"、"升学率"之类的指标,成为表扬与批评、奖与惩、区分先进与落后的依据。二是受应试教育的影响，有些学校层层下达升学指标，分数成为衡量教师业绩的唯一标准。有的城市重点中学对教师的要求是，必须确保高考时有85%的学生达到本科一批院校的录取分数线；有的农村学校对教师的要求是，所教课程全县前三名者奖励，重奖第一名，全县四五名者不奖不罚，六名以后者依次处罚，有的教师因为高考成绩在全县排名稍后而受到学校的处罚。这种做法给学校教学工作带来极大的负面影响。许多地区和学校，教师教得死，教师的眼睛只盯着学生的分数，而不重视创新精神和实践能力的培养，忽视了人才素质的全面提高。教学内容为升学考虑较多，为就业考虑较少。教学检查步入了升学率高就是教学质量高的误区。

（二）教学检查中过分量化的倾向

教学检查标准量化确有好处，容易区分好坏，可比度大，但是，教学检查中很多要素不能用量来表示，如教师的教学能力、教学方法、教学风格等，都是很难用量来表示其优劣的，更不能简单地用打分的方法来给予评价。再如，教师的工作量虽然是客观的真实数字，但是教学工作量只能表示付出劳动的多少，而教学的"质"并不一定与"量"成正比，教学水平不能完全用量来表示。从哲学的角度来看，任何事物都存在着质和量，但能否准确地测出其质和量，需要一定的条件。限于人们的认识水平和科学发展的水平，即使自然科学自始至终和实验、测量联系在一起，但至今还有许多事物的质和量都测量不出来。何况教学这一极其复杂的社会现象，在现阶段要准确地测出其质和量是根本不可能的。基于上述认识，教学检查中过分量化的做法，肯定是不科学的。教学检查要给教师"松绑"，为教师创造一个宽松的教学环境。

（三）教学检查侧重于教师的教，忽视学生的学

受传统的"教师中心"、"教材中心"等观念的影响，在教学检查中存在着重教不重学的现象。教学检查只重视教师"教"的环节，而忽视了学生"学"的环节，长此以往，束缚了教师教改积极性的发挥。如，一位教师在教学中以学生为主体，让学生在合作交流中学习，恰恰是一节有新意的好课，却被认为教学语言不精彩、教学结构不严谨、教学功底展示不充分。还有的临近下课，学生提出一个很有价值的问题，教师因势利导组织讨论，学生发现了新的解题方法，获得极大满足，结果这节课因为拖堂而被扣分。如何评价一节好课，关系到当前教学改革的方向问题，是以学生的发展为本，还是追求教学环节的天衣无缝、教学艺术的完美无缺？这反映了两种完全不同的教育观念，实际上有些

课虽然很好看,很精彩,但学生只是配合教师在完成教学任务,完全是被动式地接受;而有些课学生思维活跃,充分参与讨论,表面看不那么有板有眼,教师也没有口若悬河的精彩演讲,能说这节课不成功吗?

三、为教学检查正名

教学检查包括与教学活动有关的各个方面,既可以是对教学过程中教师的教学态度、教学方法、教学技能情况的检查,也可以是对教与学双方情况的综合考察,还可以是对与教学有关的教学设备、教学设施等情况的检查。教学作为一种艺术,是一门综合的艺术,其中既包括运用教学方法的艺术,也包括遵循艺术的一般审美性原则进行的审美教育活动,还包括体现学生个性创造性的学习。一般来说,教学检查应该包括以下内容:

(一)教学态度检查

所谓教师的教学态度指的是关于教师对其所从事的教学活动本身的认识以及所表现出来的行为态度的检查。它主要包括教师的"敬业和乐业"两个方面的表现:教师的敬业与乐业精神既是一个层次分明、涵盖发展的系统,又是一个内部诸要素之间相互作用、相互联系的不可分割的有机整体。教学态度检查,就是检查敬业与乐业两个方面。所谓"敬业",就是要求教师具有良好的思想品德,能正确对待教师职业与教育教学工作,做到严于律己,以身作则,言行一致,自觉遵守社会公德、师德及劳动纪律,坚持谦虚谨慎、严以律己、宽以待人、平易近人和诲人不倦的品行。"敬业"要求教师通过唤醒、鼓舞与激励,给学生以积极向上的影响力。所谓"乐业"要求教师树立对工作的强烈的使命感、责任心和无私奉献精神。坚决贯彻执行党和国家的教育方针,认识教师工作的崇高性,忠诚教育工作,勤勤恳恳、兢兢业业地从事人民的教育事业,热爱学生,做到安贫乐教。"乐业"则要求教师像日本教育家斋藤喜博所说:"教师需要作家般的敏锐的眼光、追求心和创造力。从根本上来说,需要有一颗信任人、热爱人的心,用这颗心去率直谦逊地观察对象、研究对象,然后运用自己丰富的经验、智慧和创造力,就像作家在稿纸上或美术家在帆布上创作那样构思、塑造。这就是教师的实践,教师的研究。"①

(二)治学精神检查

所谓教师的治学精神主要指的是教师的"专业和创业"两个方面的表现:

---

① 转引自熊华生:《论教育是一门艺术》,载于《教育研究与实验》1991年第2期。

"专业"要求教师具有丰富扎实的专业知识、教育理论，这是教书育人的先决条件，又是教师完成教育教学工作的重要保证。因此，必须要求教师认真钻研和掌握课程标准，精通所教学科的全部知识内容，从全局上把握教材，同时，还应要求教师系统地掌握教育学、心理学的基本知识，运用好教学原则和教学方法。另外，还应具备钻研与组织教材的能力，了解和研究学生的能力，组织教育教学活动的能力，熟练驾驭教学语言能力和进行教育科研能力。我国古代著名的教育家孔子指出："三人行，必有我师焉。择其善者而从之，其不善者而改之。"（《论语·述而》）教师要善于放下架子，诚恳地接受学生中的某些正确的意见。面对改革开放和建立社会主义市场经济的需要，教师应不断更新教育教学观念，要以改革者的姿态投入教育教学工作的"创业"活动之中。所谓"创业"，即以自己的认识能力、设计能力、组织能力、交往能力和敏锐预见、灵活顽强、开放求实的思维品质，立足现实，结合校情、班情，积极主动地揭示探索新知识、技能和新的规律。

（三）教师教法检查

教学方法，由教法和学法两个相对独立而又相互联系统一的部分组成的。教师教法检查主要是指对教师完成一定的教学任务所采用的授课方法的检查。教法是教师为实现教学目的所采取的途径和程序。如果从教师的指导作用这个角度而言，教法可谓是对学生认识活动的组织方式和控制方式。教育科学研究表明：

$$\text{教法的价值}=\frac{\text{教学效果}}{\text{教师投入劳动量}+\text{学生投入劳动量}}$$

学生投入的劳动量与教师所采用的教法紧密联系。教法的价值又是通过教师的才能得以实现的。法国生理学家贝尔纳说过，良好的方法能使我们更好地发挥运用天赋的才能，而拙劣的方法可能阻碍才能的发展。显然，方法、才能与效果是息息相关的。对教师教法的检查，主要应从教师课堂教学的组织、导入、讲授、结课、启发、提问、语言、体态、板书等方面入手。

1. 教学组织

关于课堂教学的组织，一般可分为班级教学、分组教学、个别教学和复式教学。对于教学组织的检查，要注意以下几个方面：统筹安排，注意整体性；脉络清楚，体现层次性；灵活多样，动静相应；讲究艺术，注意审美性。侧重检查教师是否对课始、课中、课尾巧作安排。好课的开头，引人入胜；中间，波澜起伏;结尾,余音不绝,这应该成为每一位教师在组织、安排课堂教学时共同追求的境界。

2. 教学导入

良好的开头是成功的一半。教学导入的关键在于用最简洁的语言一下子调动起学生渴求新知的强烈的欲望。导入方法很多,常用的有温故导入、衔接导入、设疑导入、布障导入、迂回导入、引趣导入、激情导入、悬念导入、作业导入和提问导入等。设计导入语,要符合教学的目的性和必要性;符合教学内容本身的科学性;从学生的实际出发;从课型的需要出发;导语要精彩;形式要多种多样。

3. 教师讲授

讲授是课堂教学的主要形式。提高课堂教学的讲授艺术,是提高课堂教学效率的关键之一。教师的讲授既包括对教学内容的处理,也包括教学情境的创设,还包括教学方法的选择和教学语言的表达。对教师讲授的检查要侧重于:是否激发学生的主体意识,增强学生学习的内动力;设疑激趣相结合,增强讲授的吸引力;科学艺术两相顾,增强讲授的说服力;语言生动又精彩,增强讲授的感染力。

4. 教师结课

科学、成功的课堂教学的结束语,能取得“课虽尽而趣无穷、思未尽”的效果。一般来说,课堂教学的结课有梳理内容式、归纳总结式、首尾呼应式、左右沟通式、指明规律式、画龙点睛式、概括中心式、含蓄暗示式、存疑探索式等。不论采用哪种结课的方法,都应遵循下述基本原则:水到渠成,过渡自然;照应开头,结构完整;语言精练,画龙点睛;梳理归纳,存疑开拓。

5. 教学启发

启发式教学,作为一种教学指导思想和总的教学方法,已为广大教师所熟悉并不断地在实践中运用。教学启发检查的关键看其是否遵循“不愤不启,不悱不发,举一隅不以三隅反,则不复也”(《论语·述而》)的原则。要努力在教学中创设“愤”、“悱”的情境。具体方法可采用导引法、激情法、创境法、设疑法、点拨法、对比法、明理法等。教师运用启发式必须把握好启发的时机,不要把“满堂问”误解为“启发式”,贯彻启发式要注意体现关键性、及时性、实效性。

6. 教师提问

如何在课堂教学中实现教师主导和学生主体的最佳结合，课堂提问起着很重要的作用。教师常用的提问方法有直问法、曲问法、范问法、反问法、设问法、激问法、追问法、特问法等。课堂提问要精心设计，注意目的性；难易适度，注意科学性；新颖别致，注意趣味性；因势利导，注意灵活性；循循善诱，注意启发性；正确评价，注意鼓励性；面向全体，注意广泛性；因材提问，注意针对性。为达到上述效果，教师在备课时，必须优选问题，问在关键处；选准时机，问在该问处；掌握分寸，问在难易适中处；注意对象，问在学生需要处。

7. 教学语言

语言是教师教学最重要的工具，语言是教师向学生传授知识，培养学生德、智、体、美全面发展的重要载体之一。正如苏霍姆林斯基所说："教师高度的语言修养，在极大程度上决定着学生在课堂上脑力劳动的效率。"①教学语言应体现教师自身独特的教学风格。教师的语言修养有素，能起到以声传情，以音动心的效果。为此，教学检查重点之一应强调教师的教学语言具有高效教育性、专业知识性、针对性、多样性。为提高课堂教学语言的表达效果，教学语言力求做到准、精、美、活，富有特色。教学中，还应适当地运用比喻、夸张、借代、对偶、双关等修辞方法，以提高语言的感染力；根据教材内容，语调和语速要富于变化，使语言有声有色，增强感染力；教学语言恰到好处的停顿，能起到叙述清晰、引起思考的作用；教学语言要富有节奏，注意抑扬顿挫；凡是关键字词皆应用重音表示，不仅可以使语言生动，而且可促使学生思考和重点记忆。教学词汇应比较丰富，适当地引用一些格言、警句、成语、典故，可以使讲授生动有趣，便于理解。

8. 教学体态语言

所谓体态语言，就是用手势、姿态和表情来表达某种意思的一种无声语言，也是师生沟通的一种手段，同样能为教学服务。教师的体态语言在教学时能起到帮助组织教学、增进师生感情、激活学习情绪、突出教学重点、调控教学进程和提高教学效果的作用。为此，教师在课堂上除了要经常以亲切的目光环视全体学生外，还可以适当地采取注视法和虚视法。尤其教师的面部表情作用更为突出。按中医观点，一个人的喜、怒、忧、思、悲、恐、惊，全都可以从面

---

① 转引自钱威：《教学语言艺术浅探》，载于《教育研究》1991年第8期。

部表情上反映出来。根据体态学者分析，以上七种“面部语言”，是具有特殊作用的非语言交流信号。著名作家罗曼·罗兰说：“面部表情是多少世纪培养成功的语言，是比嘴里讲的复杂千百倍的语言。”①国外研究者提出了一个交流效果公式：交流的总效果 = 7% 的有声语言 + 38% 的音调 + 55% 的面部表情。人在面对面交流中，有声部分低于 35%，而 65% 的交际信号是无声的。除此之外，教师还需运用好手势和举止。课堂教学中，如果教师举止得体、高雅大方，不仅能显示自己的修养、气质、风度、能力水平，而且可以增强教学的感染力，吸引学生注意。教学检查时，也要注意教师体态语要恰当准确、自然得体、协调一致和整体配合。

9. 教师板书

教师板书指的是教师讲课时在黑板上所写的文字、数理化公式以及所画的图表。板书是为教学服务的，板书设计得好，可以帮助学生突破难点，掌握重点，进而较好地提高教学效果。正如韩作黎先生所说，教师的板书应又快又好，这对引起学生的注意，加强教学的效果，形成学生对教师的敬仰，都有独特的作用。板书分为正板书和副板书。正板书展示的是一节课的主要内容，而副板书则是对某一主要内容的补充或注解。正板书设计要有计划性，注意科学性，做到系统性，突出启发性，体现直观性，强调艺术性。板书设计应根据教材内容和教师的风格而定。板书设计大体可以分为总分式、对比式、问题式、答案式、分析式、归纳式、递加式、网络式、表格式、对称式等。

（四）学生学法指导检查

我国著名教育家陶行知认为，好的先生不是教书，不是教学生，乃是教学生学。叶圣陶认为，教是为了不教。由此不难看出，教师教学中必须重视学法的指导。学生学法指导检查包括两个方面的内容：

1. 学习心理

学习心理包括学习动机、学习兴趣、学习习惯、意志力、注意力、观察力、记忆力、思维力、创造力等。

（1）学习动机的培养

学习动机是学生学习积极性的一个重要方面。著名作家高尔基说，伟大的力量来自伟大的目的。明确学习目的是形成和提高学习动机的重要保证。

① 转引自肖艺：《景克宁教授的讲演与态势语言艺术》，载于《教育艺术》1990 年第 4 期。

学习动机是将学习愿望变为学习行动的心理动力。它发动和维持学习活动，以达到学习目的。学习动机直接影响学习的方向和进程,同时也影响学习的效果。学习动机的培养,一是要使学生明确学习目的;二是要帮助学生确立自己的奋斗目标;三是要使每个学生坚信自己能够学好;四是要及时反馈,及时了解自己的学习效果;五是鼓励学生自我竞赛,由于这种竞赛不与别人相比较,每一个学生都有机会获得某种成功。

(2)学习兴趣的培养

教育心理学的研究表明,兴趣是最好的老师,高兴的记忆永不忘。如果一个学生对某一学科感兴趣,他(她)就会主动寻求,刻苦钻研,不知疲倦,不畏艰难,似乎很轻松地就能掌握这一领域的知识。一般来说,学生不擅长的学科往往也是不感兴趣的学科,学习兴趣也常常是由于喜欢上授课教师开始的,所以教师要善于激发学生的学习兴趣,要从努力上好第一节课,给学生留下良好的第一印象开始,教师要以真诚的爱心去关怀每一个学生,从而产生“亲其师而信其道”的效果。通过现有的兴趣发生转移,如对数学感兴趣,相信学生可以成功地将这种兴趣转移到物理、化学等学科中去。

(3)学习习惯的培养

学习习惯是学生的行为活动的一种固定化倾向,学习习惯对学习的影响甚大,良好的学习习惯,能促进学生学习,不良的学习习惯会妨碍学习进步。教师要善于运用满意的结果帮助学生建立新的习惯;鼓励学生要做到坚忍不拔,哪怕在疲劳到极点时,也一定要使自己振奋起来,挺过这一关,因为成功近在咫尺;教育学生有规律地学习,久而久之就会“习惯成自然”。

(4)意志力的培养

一个人能否取得事业上巨大的成功,在很大程度上并不取决于人的智力或客观环境,而是取决于是否有坚强的意志。一个在事业上锐意进取的人,就有可能开拓工作的新局面;一个在学业上持之以恒、刻苦努力的人,总有希望达到科学的顶峰。要想在学业上取得成功,就必须把自己培养成为一个意志坚强的人。教师的作用就在于:帮助学生树立远大的理想和明确的奋斗目标,目标始终如一,百折不回;培养学生良好的意志品质,即意志的独立性、果断性、坚定性和自制力。特别要在体育锻炼中培养学生的意志力,以迁移到其他学科学习。

(5)注意力的培养

注意是对事物的定向活动,是主体在一定时刻对某种客体的活动指向和集中。注意分无意注意和有意注意。无意注意是由事物的特点引起的,不需要特别去培养。需要培养的是有意注意,无论学习或者工作,都需要注意力集中、稳定,同时,又能适当地分配和转移。教师的作用就在于:要求学生在学习前准备好一切物品的前提下,培养学生采取积极的态度,把学习看做是获得知识的机会;限制注意力的转移,不理会周围的噪声;使用记号的方法,当注意力分散时,在纸上做一个记号,这样做的本身就是提醒自己回到学习中来;不要与饥饿作斗争,饥饿是一种基本而固执的生理状态,想克服它毫无意义,先吃饱饭,再来学习。

(6)观察力的培养

观察力是一个人智力发展的起点,观察是认识世界、增长知识以及发明创造的重要途径。一个人的观察力是在后天的实践活动中逐渐形成和发展起来的。教师要善于培养学生从小养成善于观察的习惯,要带着问题去观察,要坚持写观察日记,运用多种器官去观察。要教会学生采用自然情境中观察与实验室中观察、直接观察与间接观察、参与性观察与非参与性观察、结构式观察与非结构式观察等培养观察力。

(7)记忆力的培养

心理学实验表明,在提出明确的记忆任务时,80%的受试者能正确记住要记忆的材料;而不提出任务时,只有43%的受试者能够记住要记忆的材料。所以,培养学生的记忆力,教师要给学生提出明确的记忆任务;机械记忆与理解记忆相结合;培养学生多种感官并用能增强记忆效果;变换多种记忆方式,如朗读、默读、默写、背诵、回忆、复述、练习等,增强记忆效果;提出过渡学习,即使能百分之百地正确回忆之后,还要继续学习,以增强记忆效果;采用特殊记忆法,如最佳时间记忆法、系统记忆法、歌诀记忆法、兴趣记忆法、复习记忆法、联系记忆法、形象记忆法、比较记忆法等。

(8)思维力培养

心理学家发现,人的思维能力与使用哪一个脑半球来思维的倾向性密切相关。右脑半球基本上以一种总体认知的方式来处理信息,因而常用右脑半球思维者属于直觉者,表现出来的是直观实在的技能;左脑半球则以透视方式处理信息,因而多用左脑半球者属于推理型,表现出来的是语言逻辑技能。一般而言,人人都有综合运用两个脑半球进行思维的能力。但对大多数人而言,这种综合极不完善,因而总是某一脑半球占优势。教师在培养学生思维力时,要侧重让学生掌握语言工具,语言是思维的重要工具;一题多解能力的培养能训练思维能力;准备一本"错题集"经常进行错题改正,思维能力也能明显地提高。

(9)创造力的培养

创造力是未来人的基本特征。教师在培养学生创造力时,必须做到善于、敢于发现并提出问题。鼓励学生形成求异思维的最好的方法,就是坚持做到一题多解;还要唤起学生的好奇心;积极组织学生参加课外科技活动;尝试创造技能,如改一改现有物品有无其他用途等,都有利于学生创造力的培养。

2. 课堂学法的培养

课堂学法主要包括怎样听课、怎样记忆、怎样提高语言水平、怎样做好课堂笔记、怎样做作业、怎样对待错题、怎样复习等。

(1)听课方法

学生的学习活动主要在课堂,而课堂学习的基本形式是听课。听课是获取知识、培养能力极其重要的渠道。培养学生听课能力要从三个方面入手:一是认识课堂结构,抓住关键环节:抓导入,听出中心;抓新授,筛出重点、难点、最深感受点;抓练习,举一反三;抓小结,加强评点。二是以听为主,多种感官协同作战。听课的基本要求是听清楚、听明白、听完整,把听看、听想、听说、听答、听读、听记紧密结合起来。三是广开渠道,多搜集信息。读书、听讲是课堂学习的两个渠道,自学参考书、听学生答问和讨论等都是获取信息的渠道。摄取信息多,掌握信息精,库存信息牢,听课效率自然就高。

(2)记忆方法

记忆是由识记、保持、再忆和重现等几个基本环节组成的。其中"记"是外界信息在大脑中储存、编码的过程;"忆"是在大脑中提取信息的过程。在教学过程中,为了强化"记",以及有效地"忆",必须对学生进行科学方法的指导。指导学生记忆的方法很多:理解记忆法、机械记忆法、意义记忆法、联想记忆法、系统记忆法、归纳记忆法、分类记忆法、对比记忆法、形象记忆法、图表记忆法、整体记忆法、部分记忆法、集中记忆法、分散记忆法、特征记忆法、重点记忆法、尝试记忆法和趣味记忆法等。教师尤其要教会学生使用尝试回忆的方法。苏联心理学家伊凡诺娃做过一个实验:A 组学生连续重复阅读 4 次;B 组采取读一次，试背一次，再读一次，再试背一次的做法。结果 B 组成绩大大优于 A 组；不但当时记得多，而且经久不忘。相比之下，A 组学生不仅记得少，而且忘得也快。美国心理学家盖茨的实验也证明：当阅读时间占 40%，尝试回忆占 60% 时，效果最佳。

(3)课堂发言方法

课堂发言是学生积极获取知识的主动表现，是有声语言的基础训练。说比听和想更能刺激大脑，它使脑神经活动处于高度兴奋状态，因此，在脑中留下的痕迹要深，记忆保持时间也长。课堂发言方式有质疑式、答问式、辩论式、梳理式、评点式等几种常见类型。不论哪种类型，教师的目的是使学生口齿清楚、语句完整，声音洪亮、速度适中，中心明确、有条有理，简洁准确地表情达意。要提高学生课堂上的发言水平，除了掌握不同发言类型的要求外，还可以采取讲故事、演讲、"打电话"等方式进行训练。

(4)课堂笔记

课堂笔记有助于控制学生的注意力，提高听课效果。做好课堂笔记是分析理解、比较筛选、概括提炼、表达记忆等多种能力的综合训练。课堂笔记的基本要求是：纲目分明，条理清楚，简明扼要，重点突出。具体做笔记的方法是：听课带有目的性，课上根据自己所需，循着教师的讲课思路，将重点、难点或根据教学内容有选择地做笔记。掌握做课堂笔记的基本方法：纲目式、层次式、摘要式、补白式、要点式等。除此之外，对教师讲的重点、精辟的阐述、带启示性的提问，要尽量多记。对课堂上听不懂的或有疑问的内容，要用简短的语言记述下来，以便课后弄懂。

(5)做作业

一般来说，教师每一堂课都应留出一些时间来进行巩固与复习。要组织学生认真听好教师的小结；对照板书或提纲最好以"过电影"的方式重演一遍课的内容；针对重点、难点，以理解促巩固，然后再做作业。独立做作业是经过自己头脑的独立思考，将所学的新知识运用于实际，自觉、灵活地分析问题和解决问题，掌握知识，形成技能的过程。按照科学学习的规律做作业，对于优化学习效果，是很必要的。做作业要坚持由易到难，看书和做作业相结合，提高作业的创造性成分。做作业的程序是：重温有关知识，将教师课上讲的内容进行尝试性的回忆，在弄懂的基础上再做作业；认真审题，读懂题意，弄清已知、未知条件后，再解题；独立做作业是培养学生学习能力的关键；习题做完，要验证修改。在此基础上,再进一步研究做作业的技能技巧,最后达到速度快、思维活、思路宽、答案准。

(6)对错题的处理

做错题是常有的事,关键在于如何对待。聪明的学习者不会犯同样的错误。首先,要明辨错误类型及原因,是看题性错误、理解性错误、步骤运算性错误,还是验证性错误,对每一道错题都要认认真真地分析,反复思考,究根探源;其次,把错题独立认真地重新做一遍;再次,建立错题集写改错体会。针对错题类型的不同,教师及时加以指导。如属于看题性错误,就要教会学生审题的要点:通读全题;作图示意;注意限制性语言;挖掘隐含条件。这样就为准确、透彻理解题目和做题打好基础。

(7)复习方法

复习,是每一个学生都要经过的一个重要的学习环节。复习是对已学过知识的温习、巩固、系统和延伸,是进一步学习的基础。复习不是简单的机械重复,而是一个系统提高的过程,包括查漏补缺、巩固吸收、系统归纳、浓缩记忆。要教给学生分散复习和总复习两种方法。心理学家做过一个实验:让两组学生记同一首诗,但方法不同。A 组是让学生用集中的时间来熟记,直至记住为止;B 组采用 3 天内每天只读一遍的分散记忆法。20 天后,让他们回忆该首诗,结果分散记忆的效果远远高于集中记忆。从心理学的角度来看,集中复习容易引起疲劳,而且容易受到干扰,从而影响学习效果。而分散复习,每一次学习时间短且不易受干扰,这样当然学习效果好。在分散复习时,文理科要交错进行;有可能相互干扰的科目要岔开复习。偏于理解的学科和属于技能技巧的内容要适当提前安排,而记忆成分较多的科目可适当推后安排。清晨一般以记忆性科目为主,上午适宜复习分析综合性强的科目。像课上复习、课后复习、单元复习属于平时分散复习;期末复习、学段总复习是集中系统复习。在总复习阶段,可采取变换复习方式的方法,做复习笔记,利用阅读、复述、尝试回忆、练习、整理笔记、编写提纲等方式交替进行,以减少复习过于单调,提高复习效果。在学习过程中,不同环节中的复习任务、方法、作用各不相同,不能互相替代。只有抓好各个环节中的系列复习,才能从总体上提高复习效率。

第三节 听课评课的误区与对策

课堂教学是以课程为中介的师生双方教和学的共同活动,是学校实现教育目标的基本途径。抓住了课堂教学质量,就基本上把握住了整个教学工作的质量。如何管理好教学,应把听课和分析课作为学校领导最重要的工作。听课是一种具有现场知觉性的重要手段,听课是学校领导了解教师、了解学生、了解教学进展情况的最直接、最具体、最有效的方法,是帮助教师、指导教师改进教学的有效途径,也是学校领导管理教学的基本功。正如苏霍姆林斯基所说:"听课和分析课是校长最重要的工作。有许多东西——教师集体和学生集体的智力生活是否丰富,教师的教学技巧是否高明,学生的需要和兴趣是否多样和广泛——都取决于校长的听课和分析课是否有高度的科学水平。"①

一、听课的误区与对策

(一)听课的误区

1. 机械型听课

听课是教师互相学习、互相交流、共同提高的重要方式,也是了解教师教学情况的最直接方式。青年教师通过听课向老教师学习,老教师通过听课指导青年教师,也可以从青年教师身上吸取一些新思想、新理念。听课与被听课是由教师工作的性质决定的。教师之间的互相听课,可以创造好的教研氛围,对青年教师的成长和教学质量的提高起到一定的促进作用。几乎所有的学校都十分重视听课对教师的作用,都不同程度地给教师下达了听课任务。但许多学校领导和教师听课没有明确的动机与目标,"为了听课而听课",仅仅是为了完成学校所规定的听课任务。应实现的转变是从这种机械型听课转变为目标型听课。

2. 模仿型听课

这种听课方式最为"害"人,流毒很深。听课教师具有明确的听课动机——"照搬照抄"。一些新教师听课是为了"克隆",新教师容易把一些优秀教师的课作为"摹本"原封不动地移植到自己的课上。以"听课"代"备课",最大限度地"复制"了优秀教师的优质资源。这种速成式的上课风格,能赢得暂时的眼前利益,然而后果是什么呢?听课教师不能独立进行教学设计,只能"克隆式"传递知识;不能进行课堂即时点拨,只能解决既定的、准备好的问题;不能独立编制习题,只能借助互联网下载。应实现的转变是从模仿型听课转变为创新型听课。

---

① 苏霍姆林斯基:《和青年校长的谈话》,上海教育出版社1988年版,第208页。

3. 自省型听课

与前两种方式不同的是,采用这种听课模式的听课教师有着正确的动机与目标,将别人的课看做一面“镜子”。在观察别人上课的时候,进行深刻的自我反思,查找自身不足与缺点,这无疑是对的,是无可非议的。但是听课教师仅仅停留在“自省”这个阶段,而不与上课教师进行交流。应实现的转变是从自省型听课转变为互助型听课。

4. 评价型听课

这种听课方式以校领导及中层干部居多。其实“学术面前人人平等”。听课活动的最终目的是激励教师的学习热情,促进教师的发展,而不是对教师的教学水平进行等级排列,量化评价。应实现的转变是从评价型听课转变为研讨型听课。

只有听课活动走出误区,才能不断提升学校的教学质量,不断提高教师的专业化素质。

(二)听课的要求

听课应有计划、有目的、有准备、有记录、有交谈、有总结。学校领导的工作千头万绪,要使听课落到实处,必须制订一个听课计划。如开学初、学期中、学期末都准备听什么课,重点研究解决什么问题,推动哪些方面的改革,都应当作出计划,而后再根据工作的实际情况,逐月、逐周地作出具体安排。安排要落实,做到定听课时间、定听课对象、定听课内容,以避免听课活动陷于自流。

听课因目的不同,可分为了解性听课、指导性听课、研究性听课和总结性听课四种。如果为了广泛地了解教学情况,听课面就要广泛;如果为了指导教学改革,就要重点听教改实验班的课,再与平行班进行比较;如果为了研究怎样避免某年级学生大面积掉队问题,就要坚持听该年级各学科的课;如果为了总结经验,就要确定重点,跟踪听课。除了一般性的听课外,学校领导听课时,最好邀请教研组长或老教师一同听课。

听课事先要有充分的准备。首先要认真研究课程标准和教材,对所听课的教学内容要有深入、系统的了解。同时要了解任课教师及上课班级学生的情况,要了解教师的教学思路与教学设想,了解学生的学习基础和学本门学科的学习方法,确定听课的目的。听课要事先通知任课教师,向教师说明听课的目的,并了解教师本节课的安排和上一节课的情况。通知教师听课的时间最好要提前两三天,以避免教师心理紧张。如果属于指导性、研究性、总结性听课,最好要与主讲教师一同备课。

听课领导和教师,应当在上课前进入教室,座位安排以有利于观察师生上课情况又不影响师生教学活动为准则,一般以侧位或后位为宜。听课时精神要集中,观察要全面、细致,记录要准确。在听课过程中,听课人之间不要交换意见,不要做手势,避免干扰教学工作的进行和影响教师上课的情绪。

听课要记听课笔记。主要记录教学进展情况,重点记教师的讲课思路,还要记录自己听课时的想法或者疑问。校领导听课后要及时把听课笔记整理归纳提出听课的意见,作出评价,防止时间过长,印象淡忘,难于具体分析。对于自己不懂的学科要向与自己一同听课的教研组长或老教师请教。校领导听课后一般不要急于马上和任课教师交换意见,最好连续听几节课后再与教师交换意见,因为任何教师都有可能上好一节课,也有可能上砸一节课。正如苏霍姆林斯基所说,如果每学期没有听足每个教师 15 节至 20 节的课,那么,我对这个教师的工作就没有发言权。我国有的学校规模很大,教师很多,校领导不一定像苏霍姆斯林基那样每学期听那么多的课,但听课必须有计划还是能做到的,尽可能多听课还是能够做到的。

学校领导听课与教师之间互相听课不同。"校长的一项非常重要的任务是,要教会教师从学生是否积极地进行脑力劳动这个角度来观察和分析自己所上的课。"①学校领导听课后,要善于总结,因为学校领导听课要起传帮带的作用。要及时传播教改经验;要帮助青年教师缩短起步阶段时间,尽快适应教学;要带动暂时后进的教师,提高自身素质,积极参与教学改革。

二、评课的误区与对策

(一)评课的误区

1. 只听课不评课

许多学校制订了听课计划后,严格检查是否完成了听课任务。只听课不参加评课,这是听课的大忌,不评课,听课就没有意义了。

2. 评课无重点

有的学校领导和教师,听课前无准备,因此听课,只听大概,所以评课无重点,蜻蜓点水,不痛不痒,或事无巨细,面面俱到。

① 苏霍姆林斯基:《和青年校长的谈话》,上海教育出版社 1988 年版,第 29 页。

3. 评课高唱赞歌

评课时充当好好先生，这是最为普遍的做法。只拣好话说，使授课者和听评者没有充分认识不足和遗憾。

4. 评课专挑毛病

评课者盛气凌人，评课时专挑毛病，恶语相加。这与评课目的是背道而驰的，因为此种做法可能使授课者看不到希望，甚至可能产生"哀莫大于心死"的副作用。

5. 评课高谈阔论

评课者自诩知识渊博，评课时追赶时髦，脱离实际，套些时尚的理论和时髦的评语，没有多大的指导价值。

6. 评课者口是心非

这种现象最为可怕，要么评课时当面高唱赞歌，评课后恶语相加；要么评课时不语，只当听众，可课后却大加评论，评头论足，而且往往只说授课者不是之处，造成很不好的影响。

（二）评课的要求

评课应以教育科学理论为指导，一是分析这节课是否遵循了教学的适应性规律、发展性规律、教育性规律。二是分析这节课是不是创造性的教学。创造性的教学亦即有风格的教学。

课堂教学风格，是指教师个人教学态度、知识水平、组织教学能力、习惯化了的思维方式和行为方式等因素在课堂教学过程中的综合表现，是教师在课堂教学活动中的一种较稳定的心理特征。良好的教学风格是因人而异的，没有适用于任何人的一般模式。良好的教学风格要在学习中提高，在实践中锻炼，在总结中升华。良好的教学风格具体表现为有独特的内容处理，独特的教学方法的运用，独特的表达方式。良好的教学风格体现在紧紧抓住"积极探索提高课堂效益"这个中心；体现在教师主导与学生主体的最佳结合；体现在加强了基础知识和基本技能的训练；体现在这节课以"新课标"、"本"要求为基准。

通过评课，鼓励教师遵循教学规律进行创造性的高质量、高效率、高水平的课堂教学活动。通过评课，强化教师的"新课标"、"本"意识，让教师掌握新课标，吃透教材，根据新课标的要求施教。以此为依据，研究教学的特点、成绩及不足。通过评课，激励教师以改革的精神指导教学，使教师认识到，教学必须走改革之路，从而对照改革要求，找出教学差距，研究改革方案，引导教师沿着改革之路一步一步走下去。

（三）评价一节好课的标准

关于一节好课的标准，这既是学校领导评课的依据，也是对教师的基本要求。评课要遵循以下标准。

1. 教学目的要正确且准确

教学目的正确，从大的方面来说，教学要符合党的教育方针和新课标的要求，注意课程的思想政治方向，不要搞自由化教学。具体来说，就是讲课要符合新课标和本单元的要求。

教学目的准确，是指教学目的不要定得大而空，一般来说，每一节课都要力求实现教育、教学和发展三位一体的教学目的。当然，这三方面的要求也不能孤立起来进行考虑，应明确提出，这一节课要给学生传授哪些基本知识与技能，要讲清楚哪几个概念、法则、定义或事实，哪些需要理解并会应用，哪些属于一般了解等，应具体地说出质量标准和数量标准。同样，谈发展学生能力和培养优良的学习品质，也应具体明确。有的教师笼统地讲发展学生能力，就会走过场。能力是指一个人完成某种活动所具有的本领，能力包括特殊能力和一般能力两种。仅就一般能力来说，又包括观察力、注意力、记忆力、想象力、思维能力、创造力、意志力等。一节课到底要培养学生的哪种能力，必须准确。要形成良好的学习品质也是如此，是侧重于向上精神、自主精神、刻苦精神，还是独创精神，都应该力求准确。总之，教学目的的确定，要从本节课的教学内容和学生的实际水平出发，要求过高或过低，都不利于教学。要求过高，会挫伤大多数学生的积极性；要求过低，不能满足学生知识上的要求，会影响学生积极性的发挥。

2. 教学组织序、量、度科学

序，即教学程序和课程结构；量，即课堂教学容量和课堂延伸量；度，即教学的深难度和学生掌握知识的程度。教学组织序、量、度科学，是符合教师脑力劳动的特点的，是搞好课堂教学最重要的一环。讲课是教师的一种创造性和艺术性活动，是教师把书本上的概念、原理传授给学生。讲课是一项十分复杂的脑力劳动，讲课应充分发挥每一分钟的效能。因此，要设计好每一节课的导语，导语要求精，有概括性；要巧妙，有趣味性；要求准，有严密性。通过精彩的导语，激发起学生渴求新知的强烈的欲望。

新授概念是一节课中脑力劳动最紧张、最要求效率的时候。这一步教学的组织,在时间上要给予保证,使学生从容不迫地分析、概括、抽象、推理。教师的讲授应贯彻"启发式"教学原则:"不愤不启,不悱不发,举一隅不以三隅反,则不复也。"还应运用"少而精"原则:"其言也,约而达;微而藏;罕譬而喻。"做到讲授简练而通达;精微而妥善;举例子不多,但能说明问题。新授概念,要特别注意教师语言的准确性和灵活性。要做到理论阐述准确,概念清晰,条理分明,逻辑性强,绝不能讲授一些似是而非、似懂非懂的知识。讲授教材重点和难点时,要着重讲思路、讲概念的引入,讲理论形成的来龙去脉及其相应关系,讲清学科的内在联系和科学的方法,在传授知识的同时,将摄取知识的方法教给学生,为学生自学打下坚实的基础。在指导学生分析问题、解决问题时,丰富学生的想象力。正如爱因斯坦所说,想象力比知识更重要,因为知识是有限的,而想象力是无限的,想象力概括着世界的一切,推动着进步,并且是知识的源泉。新授知识完成后,马上进行练习巩固,因为心理学揭示的遗忘规律告诉我们,遗忘是从概念一弄懂就开始的。所以,学生在听明白的前提下,要通过有效的练习,把知识理解了掌握了熟练了,才算真正学到了知识。讲练结合恰到好处,这也是符合教学组织序、量、度科学的。

3. 要体现实验改革的精神

教学工作是一项创造性的工作,教学的对象是身心正处于迅速发育成长的各具独特心理特点和主观能动作用的青少年一代。所以,教学绝不是一种简单的灌输过程,而是一个创造性的过程。时代在前进,科学技术在发展,教学内容在不断丰富,学生也在变化。变化的时代,变化的教育内容,变化的教育对象,这就要求教师创造性地运用教育规律。学校里从来没有相同的一节课,教师每一节课的成功,都不是原有工作的重复,而是其劳动过程的新创造。每一节课都应该是一次实验和改革的活动。实验改革的重点,就是要破除传统的"三中心"的束缚。

突破"以教师为中心",不是否定教师的作用,而是实现教师主导和学生主体的最佳结合。教师提出探索目标,激励学生学习动机,师生心理同步;教师质疑问难,学生独立思考,使各类学生思维都呈现积极状态;教师精讲,学生动脑、动手、动口,使学生对知识能自求心得;教师鼓励创造,学生积极探究,把学习与创造结合起来。实现教师主导与学生主体最佳结合的关键是提高教师的素质,转变教师的教育思想,了解学生是实现最佳结合的重要条件,还要改变教师的知识结构,使之具有应变能力。

突破“以书本为中心”,不是否定知识,而是要加强基础知识和基本技能的训练。用那些适应性强的,反映人类社会发展基本规律的知识去发展学生的思考力。有的教育家认为,基础有两层含义,一是规律性,即体现世界发展的基本规律;二是工具性,即掌握了它能够形成能力。现在一些科技发达国家已经认识到,技术革新不论多么迅速,只要人们的基础知识和基本技能掌握得好,就有应变力,就能适应科学技术的变化。所以教师应加强双基教学,努力改变学生知识面太窄的情况。

突破“以课堂为中心”,不是否定课堂中心,而是要改革传统课堂教学的两个弊端:重理论,不重实践;重集体,不照顾个体。有的学校提出课堂教学改革的目标是:课内重基础,课外重特色。追求的目标是:学生的高合格率、高成才率。这些改革经验是值得推广的。

4. 教学效果良好

评价一节课的教学效果,一是看所取得的教学效果。一节好课,不仅使学生知识上有长进,思想上有提高,而且能力上有发展。二是看师生在这一节课上所花费的时间和精力。好课的标志应是,师生花费最小限度的时间和精力去取得最大限度的教学效果。此外,一门学科教学质量的提高,不能以牺牲其他学科教学质量为代价,更不能以牺牲德育、体育为代价。

5. 教态良好

教态是指教师在教学时的衣着打扮、仪表风度、行为举止和感情态度等方面的表现。教态可以说是一种直观神奇的力量。教育家乌申斯基指出,教态对儿童心灵是一缕非常有益的阳光,而这种阳光是没有任何东西能代替的。教师的教态良好,能引起学生愉快的心情并积极与教师相配合。好的教态要做到:一是教师的仪表大方、衣着整洁、举止典雅,只有这样,才能引起学生的尊重与好感。二是教师的感情要真挚,态度要诚恳。在教学中教师要紧扣教材内容,以鲜明真挚的感情来感染学生,促使学生产生相应的情绪体验,激发他们浓厚的学习兴趣,师生双方互相信赖,互相激励,实现教学效果的最优化。三是教师在课堂上要动静相应。教师在讲课时要经常以亲切的目光环视全体学生,使每个学生都感到教师在关心着他,期待着他,从而起到稳定课堂教学秩序和组织好教学的积极作用。

6.教学语言准、精、美、活，富有特色

"教师的语言修养在极大的程度上决定着学生在课堂上的脑力劳动的效率。我们深信，高度的语言修养是合理地利用时间的重要条件。"①教学语言既是科学，又是艺术。有的教师一语中的，讲课讲到点子上；有的教师言语辽阔，讲课讲不到点子上。有的教师要言不繁，讲课善于一语道破；有的教师言杂语碎，讲课总是不断重复。教师表达能力直接影响着教学效果，教师言语的感染力能陶冶学生的性格与情操，富有情感的语言能"以声传情，以音动心"。

教师的语言必须符合规范：准，是指发音准、语体准和达意准；精，是指精确、精练和精彩；美，是意境也是效果，美的语言要力求通俗、生动、幽默、风趣；活，是指善于穿插、恰当留空和善于变位。教师的语言要富有特色：或者擅长形象描绘，绘声绘色，让人听了情思并涌，沉浸在美的享受之中；或者讲起课来从容不迫，风趣幽默，让人听了兴趣盎然，于轻松愉快之中不知不觉学到了知识；或者口才虽不出众，但条理清楚，逻辑严谨，以理服人。总之，教师的语言表达能力不是天生的，但也不是朝夕可得的，需要千锤百炼。

7.板书端正，符合规范

教师的板书要字迹清楚，笔画端正，书写规范。要有正板书、副板书之分。正板书的设计要突出教材的重点、难点，要具有这样的几个特点：精练性，少而精；概括性，板书的字、词、句是章节、段落内容的概括，有代表性，起画龙点睛的作用；科学性，板书的精练与概括必须正确；逻辑性，从理论到实例，符合学生的认识规律；连续性，注意本课在教材体系中的位置，应考虑纵向与横向的联系，为学生理解教材筑路铺桥。

8.熟练运用现代教学媒体

熟练运用现代教学媒体的作用是：化空虚为充实、化抽象为具体、化远物为近景、化模糊为清晰、化静态为动态，帮助学生理解、掌握有关知识，激发学习兴趣，积极主动地去学习。

教学媒体使用原则是：符合教学的目的性和必要性；符合教学内容本身的科学性；从课型的需要出发；形式要多种多样。

总之，作为学校管理者应该懂得评价一节好课的标准，以此来评价课堂教学效果。衡量一节好课不仅要看教师教得如何，更主要的要看学生学得如何，

---

① 苏霍姆林斯基：《给教师的建议（下）》，教育科学出版社1981年版，第289页。

归根结底要看单位时间内学生的学习质量和学习效率。评价一节好课的标准也应成为教师苦练的基本功。学校管理者要认真培养和训练教师的这种基本功。

第八章
德育工作管理的传统与创新

中国是文明古国,素以“礼仪之邦”著称。中华民族在几千年的发展历程中,创造了丰富灿烂的古代文化。中国古代教育不仅是中国古代文化的一部分,而且是中国古代文化赖以延续和发展的基础。以儒家教育思想为代表的中国传统教育思想,对中华民族的历史与文化的发展产生了极为深远的影响。儒家教育思想以道德教育为轴心,强调“自强不息”;强调以群体为本位;强调在学校、家庭及日常生活中积累道德行为,加强自我修养;强调在现实生活中实现其“治国平天下”的理想。儒家教育思想的显著特点就是教人如何“做人”,它提出了一种“做人”的道理、“做人”的要求、“做人”的方法,并从中得到“做人”的乐趣,强调人活在世上,不仅与天地相参,而且顶天立地。

中国传统文化就其本质特征而言属于道德文化。道德是国家和民族文明进步的标志,青少年的道德教育是一个国家和民族精神文明建设的基础性工程。高度重视对下一代的教育培养,是我们党的优良传统,是党和国家事业后继有人的重要保证。新中国成立后至改革开放前,特别是“文化大革命”期间,由于受极“左”思潮的影响,中国社会伦理基础受到较大冲击。

改革开放后,社会变革既给道德教育带来一些机遇,也带来一些难题:第一，道德观、价值观的多元化使社会核心的道德准则受到冲击；第二，道德功能的弱化与讲道德吃亏的现象，动摇了几千年来形成的做人必须讲道德的古训。从主流宣传来看，做人要讲道德是毫无疑问的，以德治国的命题的提出更加确认了这一点。但是，现实生活对青少年的影响远远大于主流宣传与课堂教学的影响。现实生活中道德失范与讲道德吃亏的现象，极大地刺激着道德人格正在形成之中的青少年。在大力加强公民道德建设的今天，必须强化德育工作管理，把青少年的道德教育作为头等大事来抓。

针对当前我国青少年思想道德方面存在的问题，学校德育管理改革既要吸收传统德育的精华，又要不断进行创新。要以弘扬民族精神、增进爱国情感、提高道德素养为重点，增强德育的科学性、针对性和实效性。青少年思想道德建设要从增强爱国情感做起，弘扬和培育以爱国主义为核心的伟大民族精神；从确立远大志向做起，树立和培育正确的理想信念；从规范行为习惯做起，培养良好的道德品质和文明行为；从提高基本素质做起，促进青少年的全面发展。

第一节　德育工作管理的基础

新中国的德育管理是以老解放区教育经验为基础，同时吸收旧教育某些有用的经验作为奠基。新中国的德育管理之所以要以老解放区的德育经验为基础，是因为新中国的教育和老解放区的教育在性质上和指导思想上是一致的。新中国的新教育是老解放区教育的继承和发展。在老解放区开展教育改革的过程中，既积累了改革旧教育的经验，又积累了建设新教育的经验。这些经验是马克思列宁主义与中国教育实际相结合的最初产物。新中国的德育管理之所以要吸收旧教育某些有用的经验，是因为旧教育与新教育虽然在上层建筑的属性方面是完全不同的，但它们之间在社会发展进程中也存在着继承的关系。对于旧教育中有利于青少年思想道德建设的“做人教育”是应该吸收，并发扬光大的。

一、中华民族传统德育管理的积淀

由于社会历史条件的差异，中国形成了同西方完全不同的独具特色的东方人文主义文化传统。以儒家教育思想为代表的中国传统教育思想，最显著特点就是教人如何“做人”。“做人教育”本身是一个由浅入深的进程，它从最初主要包括社会公德教育、道德品质教育，进而进入到以树立道德信念为最终目标的道德修养教育。道德信念教育成为“做人教育”的重心。

(一)社会公德教育

社会公德是一个社会的全体成员在社会公共生活中必须遵守的最起码、最简单的行为准则。社会公德包括诚实守信、讲究礼仪、助人为乐、爱护公物、保护环境、遵纪守法等。

1. 诚实守信

诚实守信是人心灵的折光,不仅可以照亮自己,也能温暖他人。一个人拥有了诚信,也就拥有了生命的黄金。自古以来,信义是为人处世的根本原则,中国的传统伦理文化非常器重它,人们推崇诚恳待人、老实处世的品德。《礼记·儒行》上记载,“不宝金玉,而忠信以为宝”;孔子说,“言忠信,行笃敬”(《论语·卫灵公》),即说话要忠诚信实,做事要笃厚恭敬。孔子提倡“讷于言而敏于行”(《论语·里仁》),即对于言语要谨慎迟钝,做起事来要勤劳敏捷。提倡“君子耻其言而过其行”(《论语·宪问》),即君子是以说得多、做得少为耻辱的。西汉文学家韩婴说过:“与人以实,虽疏必密。与人以虚,虽戚必疏。”(韩婴《韩诗外传》卷九)南朝宋历史学家范晔指出:“精诚所至,金石为开。”(范晔《后汉书·广陵思王荆传》)宋代学者杨时也曾说:“诚无不动者,修身则身正,治事则事理。”(杨时《二程粹言·论德篇》)这些至理名言,无不把诚实看成是人的美德,并推崇备至。

2. 讲究礼仪

礼仪,是一个国家方方面面综合发展的体现,包括守规矩、讲礼节、懂礼貌、重视人际交往等。中国是礼仪之邦,讲究礼仪的传统源远流长。早在两千多年前我国最早的教育理论专著《学记》中说:“独学而无友,则孤陋寡闻。”晋代诗人陶渊明认为:“邻曲时来往,抚言谈往昔。奇文共欣赏,疑义相与析。”诗中字里行间体现了与人相互切磋学问的快乐。

要做到以礼待人,首先要正确对待自己。宋代大文学家苏轼少年时读了许多书,从小机敏聪明,听到许多人赞扬后,在自家门前写了一副对联:“识遍天下字,读尽人间书。”对联贴出后不久,一位老者拿着一本有许多难字、僻字的书,向苏轼请教,苏轼顿时窘得面红耳赤,深悔自己太骄傲狂妄了,于是他将对联修改成:“发奋识遍天下字,立志读尽人间书。”苏轼的教训,值得我们吸取。随着人际交往的深入,还应做到“己所不欲,勿施于人”。

（二）道德品质教育

道德品质教育包括个人道德意识教育和道德行为教育。中国传统道德教育非常强调道德的现实性和具体性的结合。

1. 孝敬父母

孝敬父母是中华民族的美德，是儿女应尽的义务。孝敬父母包括侍奉父母、赡养父母、尊敬父母和为父母争光等。

孔子说："孝弟也者，其为仁之本与！"他认为孝顺父母、敬爱兄长，这样的行为，就是仁道的根本。孔子说："弟子入则孝，出则弟，谨而信，泛爱众，而亲仁，行有余力，则以学文。"（《论语·学而》）由此不难看出，儒家认为孝顺父母、敬爱兄长，是一个人必须具备的最起码的品质。只有爱父母、爱兄长，才有可能拓展为爱国家、爱人民，才能为社会作出贡献。因此，做人要从"孝悌"开始。

2. 注重"忠恕"

孔子说，"己欲立而立人，己欲达而达人"，谓之"忠"（《论语·雍也》）。"己所不欲，勿施于人"，谓之"恕"（《论语·卫灵公》）。"忠"就是自己想要实现的愿望，同时也要设法让别人能够实现，尽己之才帮助别人。"恕"就是自己不喜欢的东西，不要强加给别人。也就是说，既要关心自己，又要关心别人。关心人、同情人、爱护人是做人的基本准则。

3. 分辨义利

孔子说："君子以义为上。"（《论语·阳货》）他把"义"看做是立身之本，主张重义轻利；但他并非完全排斥利，也不是以义来否定利，而是要求以义统利，要人们"见利思义"，"义然后取"，反对那种见利忘义、损人利己的行为。义利问题是人们经常要面临的抉择，也是学习做人必须解决的重要问题。

4. 艰苦朴素

孔子在教学时说："饭疏食饮水，曲肱而枕之，乐亦在其中矣。不义而富且贵，于我如浮云。"（《论语·述而》）孔子认为，吃粗粮饮冷水，弯着胳膊当枕头，乐在其中，用不正当的手段得到的富贵，对于我就像浮云一般。孟子提倡"养心莫善于寡欲"（《孟子·尽心下》），即修养心性的方法最好是减少欲望。这些道德箴言对当前道德修养教育仍然有借鉴意义。

5. 实事求是

孔子认为学习来不得任何虚伪和骄傲。他说："知之为知之，不知为不知，是知也。"（《论语·为政》）这是求学做学问起码的实事求是的态度。孔子倡导"敏而好学,不耻下问"(《论语·公冶长》)的精神,还说"三人行,必有吾师焉",教育学生虚心向他人学习。孟子教导学生勤学苦学,他说:"有为者譬若掘井,掘井九轫而不及泉,犹为弃井也。"(《孟子·尽心上》)他还教导学生说:"山径之蹊,间介然用之而成路;为间不用,则茅塞之矣。"(《孟子·尽心下》)意思是说,山坡的小路只一点点宽,经常去走它就会变成一条路;只要有一个时候不去走它,又会被茅草堵塞了。

6. 知识就是力量

孔子堪称是刻苦读书的典范。他的座右铭是"学而不厌"。据《史记》记载,孔子"与齐太师语乐,问《韶》音,学之,三月不知肉味,齐人称之"。孔子到了晚年,仍然孜孜不倦地读书。他在学习《周易》时,"韦编三绝"。孔子的刻苦读书精神,由此可见一斑。汉代著名教育家董仲舒继承儒家传统,非常重视国家教育事业,他自己也"以三年不窥园"的精神为后人所称道。董仲舒立志发奋钻研儒学,整整三年没有到家里的大花园中游玩。

《三国演义》中"三顾茅庐"的故事家喻户晓,诸葛亮凭什么让刘备三顾茅庐呢?是诸葛亮渊博的知识像磁石一样吸引了刘备。刘备三顾茅庐,请出诸葛亮。在诸葛亮的辅佐下,终于三分天下有其一。由此不难看出,素质的实质是知识和信息,知识就是力量,知识是人际交往的实力。

(三)道德信念教育

古今中外凡是对社会历史、军事政治、科学技术、文化艺术、教育等发展有贡献的人,几乎都是从青少年时期就有自己的追求。道德信念为他们一生发展打下了良好的基础。

1. 确立志向

孔子、孟子要求学生树立远大的理想和宏伟的目标,孔子把这称为"杀身成仁",孟子把这称为"舍生取义"。孔子认为人生活在社会上,不应该以个人现在的物质生活为满足,还应有精神上的更高追求。孔子说:"士志于道,而耻恶衣恶食者,未足与议也。"(《论语·里仁》)他认为一个学生总以吃穿不好为耻,心思都放在追求物质享受方面,就很难谈得上树立远大理想了。他还教导学生"谋道不谋食"、"忧道不忧贫"(《论语·卫灵公》),"见小利则大事不成"(《论语·子路》),他认为一个有远大抱负的人,不应迷恋和陶醉于眼前的物质享受,更不能为了追求一时享乐而去贪图不义之财,从而葬送了自己的终身前途。

2. 坚守志向

孔子认为只有经过艰苦的磨炼，志向才能坚守。他说："三军可夺帅也，匹夫不可夺志也。"(《论语·子罕》)意思是说，一个国家的军队可以靠武力夺取他的主帅，一个普通的百姓却不可能靠武力动摇他的意志，使他放弃主张。他教育学生应该像松柏一样经得起严寒的考验，"岁寒，然后知松柏之后凋也"(《论语·子罕》)。

立志是重要的起点，但要坚持和实现自己的理想，并非易事。孔子说："吾十有五而志于学，三十而立，四十而不惑，五十而知天命，六十而耳顺，七十而从心所欲，不逾矩。"(《论语·为政》)意思是说，少年有志，经过十余年的努力才略有建树，可见立志是一个人成长发展的关键。确立志向后，又经过长期不懈的学习、修养，使之思想、感情和行为达到道德的高度自觉与不逾矩的境界。孔子告诫学生："人无远虑，必有近忧。"(《论语·卫灵公》)意思是说，一个人没有长远打算，那么忧患一定近在眼前。孔子以此激励学生志向确立后，应持之以恒地将其作为自己努力的方向。

3. 锻炼意志

锻炼意志是立志过程的最后和最高阶段，意志是青少年必备的重要素质之一。孟子说："天将降大任于斯人也，必先苦其心志，劳其筋骨，饿其体肤，空乏其身，行拂乱其所为，所以动心忍性，曾益其所不能。人恒过，然后能改。困于心，衡于虑，而后作。"(《孟子·告子下》)在孟子看来，天将要把重大任务落到某人身上，一定先要苦恼他的心意，劳累他的筋骨，饥饿他的肠胃，穷困他的身体，他的每一行为总是不能如意，这样便可以震动他的心意，坚韧他的性情，增强他的能力。一个人错误常发生，才能改正；心意困苦，思虑阻塞，才能有所奋发而创造。孟子这段话是十分深刻的，这表明已经进入以树立道德信念为最终目标的道德修养教育阶段。

孟子还经常教育学生："富贵不能淫，贫贱不能移，威武不能屈，此之谓大丈夫。"(《孟子·滕文公下》)孟子再三强调，凡是要在社会上有所作为的人，一定要经得起富贵、贫贱、暴力的考验。历史上的人民英雄和民族英雄，一般来说都经历了这三个关口的考验。

4. 德才兼备

孔子的教育目的是培养"士"，而"士"的标准就是"君子"。根据《宪问》记载，子路曾经问孔子怎样才能成为君子，孔子说：修养自己，保持恭敬谦逊的态度;修养自己,使老百姓都得到安乐。由此不难看出孔子要求君子必须具备两个条件:第一,君子要注重自己的道德修养;第二,君子要使老百姓都得到安乐,即有治国安民之术。第一讲的是“德”,第二讲的是“才”,孔子要求德才兼备,而以德为主。

荀子对君子标准更加具体化了,他得出的结论是:权力再大也不能使你屈服,人再多也不能使你改变意志,任何事情也不能使你动摇。活着坚持这样去做,到死也不能改变它,这就叫做好的品德。有了好的品德,然后才能坚定,之后能够应付各种事变的人,这就是完美的人。

总之,新中国成立后,对中华民族传统德育管理的许多遗产进行改造、过滤、加工后,利用其先进的成分,丰富了青少年的德育内容和方法,不断推进社会的文明进步。

二、老解放区德育工作管理的经验

在严酷的土地革命、抗日战争和解放战争时期,中国共产党从革命根据地的经济、社会状况出发,坚持民族的、科学的、大众的新民主主义教育,为革命根据地的发展扩大和全国的解放在青少年思想中打下了必要的道德认识基础。如抗日战争时期晋察冀边区教育处发表了《新民主主义的文教方针政策》、《论文化统一战线》、《加强群众教育,全力支援自卫战争》、《教育与生产劳动结合》、《教师——在晋察冀解放区》等文章,推动了解放区教育事业的发展。为晋察冀抗日根据地、华北解放区的新民主主义教育的巩固和发展,为晋察冀抗日根据地和华北解放区的建设,为迎接全国的解放作出了重要贡献。战争年代革命根据地形成的德育工作管理传统主要表现在:

(一)重视儿童德育管理

革命战争年代要普及教育,必须树立平等的教育观,无论男女、长幼、贫富、贵贱,均有平等享受教育的权利,对儿童教育问题尤其特别关注。刘皑风在担任晋察冀边区教育处处长时,非常重视儿童教育工作。他多次在会议上反复强调,儿童是国家的未来,对儿童进行教育,提高其文化水准和民族意识对于进行革命战争和建设边区具有重要作用。在进行儿童教育时,刘皑风明确指出,一定要采取民主的方法,要尊重儿童的人格,绝对不能用体罚的办法来对待儿童。

在德育管理的具体实施中,曾出现许多较为系统的对青少年的道德要求。例如,晋西抗日儿童团的“五要五不要”信条(要努力学习,要活泼勇敢,要忠实坦白,要团结友爱,要积极工作;不要自高自大,不要胆小害怕,不要说空话假话,不要互相打骂,不要消极偷懒)。例如,晋察冀边区抗日少儿组织的规约(学习、服务、忠诚、勇敢、团结、活泼、清洁、勤俭、服从、礼节)。为了实践这些信条,少年儿童们严格自律,使道德品质和政治品质、民族气节、革命精神一并得到培养。晋察冀边区著名的“五不运动”(不进鬼子校,不听鬼子话,不要鬼子糖,不见鬼子面,不受鬼子骗)就是这一阶段道德教育的践履。

(二)教导小学生学会生活

所谓教导小学生学会生活,广义地说,应包括指导小学生的全部生活,即从小学生的日常饮食起居、学习,到小学生在学校、家庭和社会里的各种活动,教师都负有指导的责任。狭义地说,是指教师应指导小学生的课外活动、集体活动和有组织的社会活动。小学生生活指导的总目标是培养建设新中国的新公民。因为这个目标过于原则和抽象,小学教师执行起来比较困难,所以晋察冀边区教育处具体地提出了六项小学生生活指导目标:

培养整洁卫生习惯和愉快活泼的精神。这就要求教师指导学生注意清洁卫生,防止发生疾病。养成爱好运动和按时作息、有规律生活的习惯,并指导学生的文化娱乐活动,发扬学生天真活泼的精神。

培养正确的劳动观念和勤俭朴素的作风。在教育教学中,要求教师指导学生养成重视劳动和尊重劳动群众的习惯;指导学生参加生产,增进生产技能;养成爱惜物资、节俭朴实的作风。同时,还要指导学生发扬刻苦耐劳、克服困难的精神。

培养待人接物的优良习惯。这就要求指导学生养成尊重长辈、有礼有节的习惯,养成正确的男女观念和和蔼大方的态度。同时,还要指导学生养成对工作认真负责,对别人信实少欺的精神。

培养科学的、求实进取的精神。这就要求启发学生自由思考问题,养成勤学好问的习惯和研究科学的兴趣。培养学生明辨是非、追求真理的精神,指导学生反对封建迷信思想。

培养民主生活的习惯和大众化的作风。这就要求指导学生的团体活动,发展他们的自治能力,使小学生能够服从组织纪律,养成亲密团结互助友爱的精神。同时还应指导学生养成大公无私和反抗压迫的精神,养成关心群众和勇于为大众服务的精神。

培养正确的政治思想,加强民族意识。这就要求指导学生坚定爱国家爱民族的意志，发扬坚决勇敢的精神；增强学生爱护民主政府、拥护人民军队的观念；启发学生的民族自尊心和自信心，向学生指出为建立新中国而努力的方向。

为了实现上述生活指导目标，革命根据地提出各地小学除建立必要的生活制度（包括上晨操和课间操，开展课外活动和救亡日活动，领导学生参加生产劳动，召开周会和生活检讨会等），还可以举行中心训练周活动，如在教学秩序紊乱的学校，可举行"遵守纪律周"活动；在学生不太注意清洁卫生、生病学生太多的学校，可举行"清洁卫生周"活动。在不同的中心训练周里，可以提出不同的具体行动口号。例如，在"遵守纪律周"可以提出：每天按时到校、按时上课、专心听讲、集合站队时安静迅速、开会时遵守会场纪律等口号；在"清洁卫生周"可以提出：每天洗手洗脸、每天把教室和院子都打扫干净、衣服要常洗、被褥要常晒、饭前饭后不做激烈活动、大小便一定要到厕所里去、指甲要常剪等口号。刘皑风说："行动口号的提出，一次不可提得太多，估计绝大多数的同学都能做到才好。口号拟定后要在周会上向全体同学报告说明讨论通过。"①

老解放区关于对学生进行生活指导的思想体现了在教育教学过程中，教师必须既教书又育人，必须对学生全面负责的思想。这是缘于小学生正处在长身体、长知识、长本领的时期，具有很强的可塑性。因此，要求教师应指导学生养成良好的学习习惯、生活习惯和行为习惯，增强学生的自理能力、自治能力和独立生活能力。通过生活指导，学生能够自觉地抵制各种不良倾向，学会独立生活的本领。教师在进行生活指导时，还特别注意培养学生的创造能力，使学生愉快地学习，健康地成长。

很显然，老解放区关于对小学生进行生活指导的思想就是在当前也是有现实意义的。新中国成立后在对学生进行生活指导时，虽然要比革命根据地时提出的目标和内容丰富得多，增加了学习科学技术知识方面的内容，但是培养学生独立生活能力是根本，尤其是近年来重点培养青少年的独立、乐群、容忍和创造的精神。在这方面，教师必须争取家长、社区的配合，共同完成教会学生学会生活的任务。

---

① 刘皑风：《关于小学生生活指导问题的商榷》，《晋察冀日报》1943年9月17日第1版。

（三）教育与生产劳动相结合

老解放区在教育青少年爱护公物、自觉遵守纪律、尊敬师长、团结友爱、养成文明行为习惯的同时，教育青少年热爱劳动、自觉地反对教育与生产劳动的分离。学生接受教育无疑是为了求知识。知识不仅来源于书本，而且也来源于实践，特别是生产实践更是知识的重要来源。但是自从进入阶级社会以后，正式的教育开始与生产劳动分了家，也就是脱离了劳动群众。于是，在校读书的学生受教育的程度越高，就越鄙视生产劳动和劳动人民。就是农民的子弟读了几年书后，也会“鄙弃家庭如羊圈猪窝，无处站脚；诅咒父母是蠢婆笨汉，没话可说；视田间生活同牛马生活，于是溜之大吉”。很显然，这种把学生培养成鄙视生产劳动和劳动人民的人的学校教育，是不适合建设新中国需要的。

老解放区在恢复和发展学校教育的同时，也对其进行了改造。这种改造正如刘皑风所说，是重新创造出了一套更完整更正常的民族、民主、大众、科学的教育制度、教育内容与教育方法，而教育与生产劳动相结合，就是这种正规化的主要因素之一。这说明，革命根据地学校的特点之一，就是要开展生产教育，把教育与生产劳动结合起来。只有这样，才能使学生从小就树立起劳动观点，认识到劳动是光荣的，也才能使学生在学校学到生产知识和从事生产劳动的本领。尤其重要的是，只有开展生产教育，才能使根据地在极端困难的战争环境里坚持办学，并且使根据地教育有所发展。

在老解放区怎样实现教育与生产劳动相结合呢？晋察冀边区认真总结了从1943年以来开展生产教育的经验，在《加强边区儿童的生产教育》和《国民教育怎样和生产结合起来》这两篇文章中指出，首先，要通过各科教学和“精神讲话”启发学生重视生产，培养学生勇于为大众服务及互助合作的美德，指导学生参加实际的生产工作，把教学内容和生产结合起来，教会学生一些生产知识和生产技能，养成热爱劳动的习惯；其次，要按年龄、性别把学生组织起来，分为若干小组，让学生在“生产日”里集中起来进行生产，在生产过程中彼此观摩竞赛，互相帮助，这样既能增加学生的生产兴趣，也能提高生产效率，生产收入既可以补贴学校经费的不足，也可以给学生购买课本和学习用具，减轻学生家长的负担；最后，要求学生一定要参加家庭劳动，帮助家长从事生产工作。为了便于学生参加家庭的农业生产，学校应根据不同对象和不同季节，变更教学时间，随着农忙农闲灵活地采用整日制、半日制、早午制以及班级教学、小组教学和个别教学。事实证明，这种教育与生产劳动相结合的做法是贫困农村普及教育的先决条件。

晋察冀边区自1943年开始普遍实行小学生生产教育,经过几年的实践,证实了“生产教育是适合群众需要,为群众所拥护的”。由于开展生产教育,实行了教育与生产劳动的结合,就可以把更多的学龄儿童吸收进学校里来读书明理识字。学生在学校既长知识,又不脱离生产劳动;家长不需要花钱送孩子读书,孩子读书后还能多帮助家庭劳动。像这样的教育“是培养新公民新知识分子必由的途径”。

老解放区关于小学生生产教育的思想是从当时根据地的实际情况提出的,它完全符合毛泽东的新民主主义教育理论。当时倡导的生产教育思想和教育与生产结合的方法,对于新中国成立后贯彻教育与生产劳动相结合的方针有许多有益的启示。

(四)加强德育管理,关键是提高教师素质

在创办和发展老解放区教育的过程中,教师起着重要的作用,尤其是加强德育工作管理,更需要率先提高教师素质。抗日战争时期晋察冀边区的教师,“散处在边区的各个角落,看护着、教育着全边区人民的儿女,是很辛苦的”。特别是游击区的教师们,“从敌伪的刺刀下面,从敌伪奴化的氛围里,抢救着成百成千的儿童”,这种生活自然是很紧张、很残酷的。也正是由于有了广大教师的辛勤努力,才使根据地的教育能够开展起来和坚持下去。但是,从当时的情况看,小学教师在根据地的经济地位和社会地位还比较低。为了改变小学教师的经济地位,边区政府“在照顾人民负担能力的原则下,尽量改善教师的待遇”,不过因为当时是在战时,理应集中一切力量包括物质力量在内去消灭敌人,所以小学教师的生活还不能从根本上好转。因此,激励小学教师要“熬过这一段黎明前黑暗的路程,人民生活好转的时候,教师的生活是会得到进一步改善的”。晋察冀边区政府提出,教师今后可以实行“年功加俸”,并且一定要把抗战时期的工作年限折算进去。这里讲的“年功加俸”,也就是“教龄补贴”。在提高小学教师社会地位的问题上,除了政府大力号召群众尊重教师,号召儿童爱戴教师外,教师本人应该“在思想上、行动上作群众的模范。如果不能给群众解决任何困难问题,是没有人会尊敬我们的”。① 因此,教师为了提高自己的社会地位,必须认真求进步,把教育工作做得更好,帮助群众

① 刘皑风:《教师节寄语小学教师》,载于《教育阵地》1943年6月第1卷第6期。

解决更多的问题，这样才能在群众中树立起威信，真正地使教师的社会地位有所提高。

为了搞好老解放区的教育事业，教师必须提高自己的政治理论水平和文化业务水平。提高教师政治水平的基本办法是教师自身要加强理论学习。为此，建立了教师学习制度，至少要保证教师每天有两个小时的学习时间，要定期开学习讨论会，定期作学习总结和进行测验，使教师能够按照规定完成学习计划。至于提高教师文化业务水平，任务是更加艰巨的。这除了必须建立短期师范学校和短期师训班，抽调教师轮流受训外，更重要的是要求教师在实践中学习。正如刘皑风指出的"当前边区这个光明进步的社会，就是最好的学校。在一起工作的同志，广大的群众和儿童，都是很好的先生。'教育阵地'和其他的报纸刊物，都是很好的教材"。只要小学教师本着"教学相长"的精神，在和群众接触的过程中，在处理儿童问题的过程中虚心研讨，都会在文化知识和业务能力方面有所提高。应该说，把从工作中一点一滴积累起来的心得加以系统化，这是更实用的，也是更宝贵的。毫无疑问，革命根据地关于小学教师的这些认识都是很深刻的。

实践证明，老解放区的这些教育思想，不仅在当时是正确的，而且具有前瞻性，对于新中国成立后教育事业的发展，特别是德育工作管理，具有重要的指导意义。

第二节 德育工作管理起伏跌宕

少年强则中国强。今天的青少年将是祖国明天的栋梁。因此，成长中的青少年必须成为一个得天独厚的群体——一个蕴藏着无比能量、充满无限希望的群体。然而，这还是一个正在成长中的群体，成长中的青少年不仅需要巧克力，更需要优质的精神食粮。新中国成立后，党和国家非常重视青少年教育工作。一方面通过立法保护青少年利益，发展生产以保障民众及其子弟的物质生活，发展文教体育事业以保障青少年接受教育、强健体魄，建立青少年组织以团结教育新一代。另一方面强调青少年德育，用无产阶级思想道德风范熏陶祖国的花朵。

一、新中国成立初期德育工作管理

新中国成立初期，在对旧有学校接管和安顿之后，接下来的工作就是有计划有步骤地对师生进行革命的政治和思想教育，反对封建的、买办的、法西斯主义思想,以逐步建立为人民服务的思想和革命的人生观。这是人民教育事业迅速恢复和发展,并且为国家建设作出巨大贡献的重要原因。

(一)加强课堂教学管理,实施国民公德教育

1950 年 7 月 1 日,著名教育家徐特立在《人民教育》第一卷第三至五期上发表长篇文章《论国民公德教育》,对《中国人民政治协商会议共同纲领》(以下简称《共同纲领》)第 42 条规定的爱祖国、爱人民、爱劳动、爱科学、爱护公共财物五项国民公德,从理论上和实践上作了系统论述,对于全国各级各类学校实施国民公德教育起了积极作用。

1950 年 8 月 1 日,教育部颁布的第一个《中学暂行教学计划(草案)》规定,初、高级中学各年级均开设政治科目,并列于各学科之首位。1951 年 6 月 23 日,教育部发出的《关于改定中学政治课名称和教学时数及教材的通知》指出,为了有系统地通过各科教学进行爱国主义教育和政治思想教育,从 1951 年秋季起,取消中学教学计划中所列"政治"一科名称,并具体规定,初中三年级开设"中国革命常识",高中一、二年级和高中三年级上学期开设"共同纲领"。1951 年 11 月 29 日,教育部发出通知,从初中一年级至高中三年级均增设"时事政策"课,"共同纲领"和"时事政策"每周 1 课时,其他各年级政治课均为每周 2 课时。

为了开好"时事政策"课,教育部于 1953 年 2 月 13 日发出《关于中学时事政策课的教学如何改进的指示》,要求教学结合实际,了解国内外重大事件和问题,帮助学生正确认识当前政治形势和祖国前途,从而提高学生的思想觉悟,发展他们的爱国主义思想和国际主义思想。

(二)加强师资队伍建设,开好政治科目

为了解决中学政治课教师缺乏的问题,除了从大学抽调一部分适宜的学生任教和开办政治教育研究会培训政治课教师外,1952 年 9 月 1 日,中共中央发出《关于培养高等、中等学校马克思列宁主义理论师资的指示》,要求各地在高等学校的助教和高等、中等学校学生中选拔优秀的党员、团员,在本校担任政治理论课程助教或助理,经常地指导他们结合自己的实际工作,系统地学习马克思列宁主义的理论,逐步培养他们成为新的政治理论师资。并且指出这是当时培养政治理论师资最有效的方法之一,要求各级党委必须加以重视,并由宣传部门的负责干部领导他们的政治理论学习,帮助他们解决工作和学习中的各种问题。在当时政治理论课教师数量少、质量低的情况下,各地还

动员党委、政府、群众团体中政治理论水平较高的干部到学校兼课或设专题讲座,并帮助政治理论课教师备课。

(三)向学生进行党和国家的方针政策的教育

从1953年起,我国开始实行发展国民经济的第一个五年计划,于是从1952年下半年开始,中共中央开始酝酿提出过渡时期的总路线,以便逐步实现向社会主义的转变。1954年9月,第一届全国人民代表大会,把毛泽东亲自修改审定的过渡时期总路线作为全国人民在过渡时期的总任务,写入《中华人民共和国宪法》。过渡时期总路线的内容是:"从中华人民共和国成立,到社会主义改造基本完成,这是一个过渡时期。党在这个过渡时期的总路线和总任务,要在一个相当长的时期内,逐步实现国家的社会主义工业化,并逐步实现国家对农业、手工业和资本主义工商业的社会主义改造。这条路线是照耀我们各项工作的灯塔,各项工作离开它,就要犯右倾或'左'倾的错误。"①全国各级各类学校师生员工掀起了学习和贯彻过渡时期总路线的热潮。各地学校通过课堂教学和课外活动等多种渠道,把向学生进行过渡时期总路线教育和加强劳动教育、纪律教育、爱国主义教育和国际主义教育结合起来,不仅熟记总路线的内容,而且按总路线的要求鞭策自己。

1954年9月20日,第一届全国人民代表大会第一次会议通过了我国第一部社会主义类型的宪法《中华人民共和国宪法》。为使中学生和师范学生了解宪法的重大意义,教育部于同年10月25日发出的《关于对中学及师范学生进行宪法教育的通知》中规定,全国中学及师范学校,应将宪法学习纳入时事政策课或社团活动等时间内。

由于时事政策教育,注意结合实际,使学生了解国内外重大事件和问题,帮助学生正确认识当时政治形势和祖国前途,从而提高了学生的思想觉悟,培养了他们的爱国主义思想和国际主义思想。

(四)结合政治运动进行德育工作管理

结合政治运动对青少年进行思想政治教育是老解放区的光荣传统,新中国成立以后,沿袭了这种方法。正如毛泽东所说,新中国成立初期我们国家是"大难甫平,民生憔悴",帝国主义封锁我们,又发动侵朝战争;国内残余反动势力不甘心死亡,蠢蠢欲动。为巩固新政权,我们开展了土地改革、抗美援朝、

① 何沁:《中华人民共和国史》,高等教育出版社1997年版,第99页。

“三反”“五反”、镇压反革命等一系列伟大的运动。

1950 年 6 月 25 日，以美国为首的帝国主义国家不顾中国政府的严正警告，公然派兵侵略朝鲜，霸占台湾，并把战火引向我重工业基地东北地区。在忍无可忍的情况下，中共中央于 10 月 8 日作出“抗美援朝，保家卫国”的战略决策。毛泽东主席发出《给中国人民志愿军入朝作战的命令》，10 月 26 日，中共中央发出《关于在全国进行时事宣传的指示》，对于在全国范围内开展抗美援朝的宣传教育运动作出部署。12 月，教育部还分别发出指示，对在各级各类学校和农民业余教育中有计划地进行抗美援朝的时事教育作了部署。

各级各类学校领导将“抗美援朝”爱国主义教育运动和学校的经常性工作结合起来，贯彻到学校的教学工作和日常活动中去。通过政治课、历史课教学，揭露美帝国主义的侵华史，通过读报，举办墙报、黑板报等，认识美帝国主义的侵略本质，控诉美帝国主义的侵略罪行。广大师生还走出校门，深入工厂、农村开展宣传活动。广大师生满怀激情给中国人民志愿军寄去了千万封慰问信和慰问袋，极大地鼓舞了中国人民志愿军战士的英雄气概和革命斗志。师生们踊跃捐钱用于购买飞机、大炮，支援前线。捐献的飞机有“天津学生号”、“东北教育工作者号”、“上海教工号”、“皖北学生号”等。全国青年学生响应号召，积极参加国防建设。特别是随着向中国人民志愿军战斗英雄杨根思、罗盛教、杨连弟、邱少云、黄继光等学习活动的普遍开展，更把这个伟大的爱国主义教育运动步步引向深入。

1950 年 6 月 28 日，中央人民政府委员会第八次会议通过的 6 月 30 日中央人民政府公布施行的《中华人民共和国土地改革法》规定，从 1950 年冬天至 1953 年春天，在全国新解放区分期分批地开展了轰轰烈烈的土地改革运动。这个阶段，学校领导通过组织学生参加土地改革运动，使师生受到深刻的活生生的阶级斗争教育。各地中小学通过时事政策教育和广泛宣传，使师生了解土地改革的目的要求和方针政策，并把学校教育和农村现实阶级斗争大课堂结合起来，通过组织师生参加控诉会、斗争会、公审会和参观地主庄园及地主阶级剥削罪行展览等活动，使师生受到深刻的阶级斗争教育，对于他们逐步提高政治觉悟，站稳无产阶级立场和树立劳动光荣、剥削可耻的思想感情起了极为重要的作用。

1950 年 12 月起，镇压反革命运动在全国范围内开展起来。镇压反革命运动是 20 世纪 50 年代初中共中央和人民政府领导广大人民同旧社会的反动残余势力所进行的一场激烈的阶级斗争，是新生的人民共和国为巩固其政权而采取的一项强有力的措施。这场运动打击的重点是：土匪、特务、恶霸、反动党团骨干分子和反动会道门头子等5类反革命分子。1951年春夏，镇压反革命运动形成了全国性的高潮，广大人民群众纷纷起来控诉和检举反革命分子，积极投入这场斗争中。在镇压反革命运动中，各级各类学校把镇压反革命的思想教育和爱国主义结合起来，教育青少年学生要分清敌我，对特务、土匪、恶霸、反动会道门头子和反动党团骨干分子的反革命罪行深恶痛绝，并用热爱祖国、热爱新生活、热爱学习的实际行动来保卫革命先烈用鲜血换来的胜利果实。

由此不难看出，这阶段学校德育工作管理的特点是：第一，注重通过各种运动，教育青少年。在抗美援朝运动中，青少年同全民一道受到道德教育，无产阶级爱国主义和国际主义教育得到加强。在土地改革和国民经济恢复时期，集体主义教育与之同步进行。在镇压反革命运动中，教育学生以实际行动来保卫胜利果实。第二，通过组织多种多样的活动，教育青少年。在青少年中开展"三要三不要"活动，倡导"要爱护公物，要珍惜时间，要艰苦朴素；不要损人利己，不要浪费，不要贪小便宜和拿别人的东西"，道德要求具体化，使青少年受到新中国道德教育的第一次洗礼。

二、20世纪50年代中后期德育工作管理

（一）培养青少年共产主义道德，抵制资产阶级思想侵蚀

20世纪50年代中期，在京、津、沪三大城市，针对青少年偷盗罪一度上升，青少年流氓人数增加的趋势，引发了20世纪50年代中期的新中国成立后的第二次道德教育高潮。经党中央批转有关报告，青年团中央常委会认真研究，确定以加强对青少年的共产主义教育为团的二届二中全会的中心议题。会议要求提高团干部的认识，依靠党的领导，取得社会舆论及各方面的配合支持，运用典型，积极引导，采取正面教育的方针，在全国集中进行历时10个月的"培养青年共产主义道德，抵制资产阶级思想侵蚀"宣传教育活动。这一活动使135个大中城市70%～90%的青年受到教育，督促青少年以新的道德风貌迎来三大改造的胜利，顺利迈入社会主义社会的大门。

（二）各级各类学校加强和改进德育工作管理

1957年2月27日，毛泽东在《关于正确处理人民内部矛盾的问题》的讲话中提出："在知识分子和青年学生中间，最近一个时期，思想政治工作减弱

了,出现了一些偏向。在一些人的眼中,好像什么政治,什么祖国的前途、人类的理想,都没有关心的必要。好像马克思主义行时了一阵,现在不那么行时了。针对着这种情况,现在需要加强思想政治工作。不论是知识分子,还是青年学生,都应该努力学习。除了学习专业之外,在思想上要有所进步,政治上也要有所进步,这就需要学习马克思主义,学习时事政治。没有正确的政治观点,就等于没有灵魂……思想政治工作,各个部门都要负责任。共产党应该管,青年团应该管,政府主管部门应该管,学校的校长教师更应该管。"①

毛泽东的讲话,引起了各方面对中小学思想政治教育的高度重视。1958年9月,《中共中央国务院关于教育工作的指示》提出:在一切学校中,必须进行马克思列宁主义的政治教育和思想教育,培养教师和学生的阶级观点、群众观点、劳动观点和辩证唯物主义观点。并且尖锐地指出:"轻视政治思想工作,和拒绝在学校中设政治课,不论用什么借口,都是错误的。"根据这些指示精神,各地学校都把加强和改进德育工作管理作为一项重要内容列入工作日程,在改变以往德育工作管理脱离我国社会主义革命和社会主义建设的实际,脱离具体教育对象的教条主义的教学方法方面,做出了新的努力。

针对上述情况,1959年6月17日,中共中央批转《共青团中央关于对学生进行思想政治教育中几个问题的报告》(以下简称《报告》)。《报告》提出:要教育学校干部按照学校特点进行工作,懂得学生的知识积累和思想进步需要一个接受和消化的过程,不是依靠短期突击的简单办法所能解决的。对学生要有基本的共同的要求,也要承认学生之间的差别,因材施教,不能事事强求一律。学校工作必须以教学为中心,思想工作应当有利于在学生中营造认真读书、刻苦钻研的学习氛围。

三、20世纪60年代初期,掀起"向雷锋同志学习"热潮

新中国成立后第三次青少年道德教育高潮出现在20世纪60年代初期。由于经济困难,社会、家庭、学校教育受到"大跃进"冲击,思想教育被削弱,加之社会上腐朽势力的毒害,西安、杭州等城市青少年道德水准下降,违法犯罪人数显著增加,对此,党中央极为重视。邓小平同志指出:"现在的风气很值得注意。我们说调整,也要把这个调整好,把作风和思想调整一下……我们要

---

① 中央教育科学研究所:《中华人民共和国教育大事记》(1949—1982),教育科学出版社1984年版,第190页。

对青年进行共产主义教育……引导人们向光明的道路上走。要树立共产主义的远大理想。"并指示团中央要好好注意青少年中的道德风气问题。共青团中央经过调查研究,召开了十二省市青少年共产主义品德教育座谈会,做出"总的尚好,问题不少,一代人风,关系非小"的基本估计。中共中央批转了《共青团中央关于加强城市青少年共产主义道德教育的报告》。这一道德教育工作不久又得到"向雷锋同志学习"热潮的推动。青少年遵循党和国家的号召,学习雷锋同志平凡而伟大的共产主义精神、爱憎分明的阶级立场、言行一致的革命精神、公而忘私的共产主义风格、奋不顾身的无产阶级斗志。通过学习雷锋同志的品德和风格,青少年的思想道德达到一个新的水平。这一道德教育的成果直至"文化大革命"动乱初期还有所表现,在一个短时间内,在一定程度上对学校秩序、社会秩序的混乱起了某种遏制作用。

四、"文化大革命"期间德育工作管理完全瘫痪

十年"文化大革命",全国教育战线是重灾区,教育事业面临崩溃的边缘,造成了各条战线人才青黄不接、后继乏人的状况。"文化大革命"耽误和影响了几代人,阻碍了中华民族科学文化水平的提高,延缓了我国现代化建设的进程。

十年"文化大革命",学校德育工作管理完全瘫痪。20 世纪 50 年代末开始滋长起来的"左"的思想,侵入教育机体,"文化大革命"更使这种"左"的错误走到否定知识、否定教师、取消教育的极端。"文化大革命"以教育事业为"革命"对象,名义上是直接依靠群众,实际上脱离了党的正确领导,又脱离了广大群众。

"文化大革命"开始就把知识分子都划入资产阶级范畴,革命领导干部、教师惨遭迫害。林彪、"四人帮"断言学校为资产阶级知识分子所控制,抓党内走资本主义道路的当权派,批判所谓反动学术权威。随着各级党政领导机构的瘫痪,教育系统各党政机构、各级各类学校的领导机构,也大都瘫痪,学校校长被揪斗,教师被批判、批斗,学生则离校大串联,正常的教育教学活动被迫停止。动乱中无政府主义盛行一时,爱憎颠倒,真善美与假恶丑错位。新中国成立以来为青少年鄙弃的不良道德行为死灰复燃,动乱中盛行的"文盲加流氓"模式,影响到青少年一代的成长。

1968 年以后,军宣队、工宣队、贫宣队进驻学校,开始对教育战线全面专政。全国各地大中小学校普遍开展了"以清理阶级队伍"、"深挖阶级敌人"为中心的“斗、批、改”运动。运动中多以某些干部、教师及观点不同的学生为批斗对象,全国受迫害的人难以统计。一些有影响的专家教授也以莫须有的罪名被遣送回原籍。虽然党中央于 1972 年 10 月曾要求各级党委把青少年教育问题提到议事日程上来,但是在政治运动此起彼伏的社会环境下,正常的青少年德育管理根本无法进行。

五、学校德育工作管理的问题与思考

(一)学校德育工作管理的问题

新中国成立后的 30 年,在德育工作管理中,“文化大革命”以前的 17 年,德育工作管理成绩是主要的,但由于工作上形式主义和“左”的简单化的现象的滋长,也存在着一些问题:

1. 德育工作管理追求表面轰轰烈烈

新中国成立后,在历次思想政治教育运动中,一些学校为了造成所谓“热潮”,乱提口号、指标;事无大小都要搞运动,都要开动员会,写决心书,贴大字报。不注意了解师生的思想动向;不注意工作的实际效果。许多学校大搞项目繁多的评比竞赛活动,就德育而“德育”,造成德育轰轰烈烈,收效却微乎其微。这里一个很重要的原因就是缺乏“生活德育”,没有让德育回归到生活。例如,1958 年华中某中学在一个学期内就搞了优秀班集体、先进团支部、好团员、优秀团干部、三好团小组长、申请入团同学三主动(主动汇报思想、看青年修养书籍、为集体工作)、合格毕业生、优秀少先队员等多项竞赛活动。在竞赛中常常提出许多不切实际的要求和指标,如:规定“半年内无个人名利思想,无迷信自卑思想”;“一年内 100% 的青年入团,60% 的团员入党”;“大干 30 天,消灭一二三(指学习分数)”;等等。评比的次数频繁,月月评、周周评,甚至有的班级天天评。有的还评上、中、下游,插红、黄、黑、白旗等。结果,学校德育表面上轰轰烈烈,实际上却浪费了学生的时间和精力,使学生的精神过分紧张,影响了德育工作管理实效的提高。

2. 缺乏具体分析,滥用批判、斗争

在德育工作管理中,有的学校领导忽视学校工作的特点,硬搬工农业生产上的某些具体做法,有的学校领导存在着“宁‘左’勿右”的倾向,还有的学校领导滋长了虚夸的作风。从上级领导来看,其存在着指导不够、控制不严的情况,主要是其对某些工作要求过高过急,提出的某些口号不够准确;有时虽然发现了问题,但是怕“泼冷水”,未能及时加以引导。具体表现在对待学生中的问题，无论大小都要“提到原则高度”、“从政治上看”、“挖阶级根源”。这样势必导致在师生中批判面过宽。对于那些被插“白旗”的学生，有的学校还采取了一些“管制”的办法，比如不准参加民兵组织、科学研究活动，罚他们扫厕所、倒痰盂，或不准吃菜等。对剥削阶级出身的学生，有些学校采取了歧视态度，如限制他们参加某些政治活动、一律不准当团队干部等。有的还提出“依靠工农子弟，团结改造非工农子弟”的错误口号。个别学校甚至还发生过捆打学生的违法乱纪事件。这些做法在学生中造成了不良的影响。相当数量的学生表现得拘谨和沉闷，不愿敞开思想，不敢讲真心话，怕说错了话挨批判。

（二）学校德育工作管理的思考

1. 德育工作管理应遵循学校办学规律

学校德育工作管理是学校管理的重要组成部分，应遵循学校办学的三大规律，即教学为主、依靠教师、全面发展来进行。学校工作以教学为中心，德育管理应当有利于教学工作的进行，有利于在学生中营造认真读书、刻苦钻研的氛围。只追求表面上的轰轰烈烈，搞过多的活动，反而会影响学生的学习。在帮助学生思想进步方面，搞一些必要的政治思想活动是有益的，但不能事事搞活动，天天搞活动，而应当经常地进行深入细致的思想教育工作。同时，思想教育的方式也应当多样化：既要运用批评自我批评的武器，也要表扬先进和开展学习革命先辈和英雄模范人物的活动；既要有报告、讨论，也要有参观、访问等接触实际的活动；既要有集中的教育，也要有经常的适合学生年龄特征的个别的教育。总之，应当根据德育的内容，灵活地运用各种形式，不能把某一种形式绝对化。

德育工作管理是一项细致的工作，人的知识积累和思想进步需要一个接受和消化的过程，要有较宽裕的时间，不能依靠短期突击的简单办法来解决；对学生要有基本的共同的要求，但也要承认学生之间的差异性，因材施教。因此，学校工作鼓干劲、搞跃进必须按照学校办学规律去做，不能硬搬工农业生产的某些形式和做法。学校德育工作管理主要依靠长期、细致、耐心的教育工作，不断地启发学生的自觉性。那种不适当的评比竞赛活动，既不能真正调动学生的积极性，而且还会在学生中造成许多不良的影响。

2. 要严格区分人民内部矛盾和敌我矛盾

学校德育工作管理要严格区分人民内部矛盾和敌我矛盾。适当强调阶级分析是对的，但是不能把它绝对化、庸俗化，不能把一切问题都看成是阶级斗争问题。对于剥削阶级家庭出身的学生，要看到阶级对他们的影响，但主要的应当看他们本人的觉悟，只要他们愿意和家庭划清界限，愿意进步，都应当欢迎，不能加以歧视。不要在学生中插"白旗"，也不要划分什么"下游分子"等。对中学生来说，无论是对他们提出要求或是向他们进行教育，都应当照顾到他们的年龄特点和接受能力，忽视年龄特点，完全照搬大学中的做法，必然要犯主观主义的错误。要在民主集中制的指导原则下，在学校中形成民主的、自由争辩的风气。

第三节　教育改革全面展开阶段的德育工作管理

1976 年 10 月 6 日，粉碎"四人帮"后，学校德育工作管理普遍加强，特别是中国共产党十一届三中全会决定将全党工作的重心转向社会主义现代化建设，这是社会主义新中国历史上一次伟大的转折，是以邓小平为核心的中国共产党第二代领导集体作出的关系中国共产党和中国人民命运的战略决策。在提出转移工作重点的同时，邓小平鲜明地提出，在中国实现四个现代化，必须在思想政治上坚持四项基本原则，这是实现四个现代化的根本前提。他告诫全党，离开四项基本原则，就没有根，没有方向。《坚持四项基本原则》的讲话，为实现四化，培养出高素质的人才指明了方向，也促使学校德育工作管理进一步加强。

一、坚持四项基本原则，加强德育工作管理

在粉碎"四人帮"后，社会上和党内出现一些思想动向。一方面，在一部分人中仍然存在着思想僵化或半僵化状态，阻碍着中共十一届三中全会路线的贯彻；另一方面，极少数"四人帮"的党羽，利用中国共产党发扬民主的机会和"十年动乱"给党和国家造成的困难，宣扬无政府主义和资产阶级自由化的主张，反对社会主义制度，反对共产党的领导，反对无产阶级专政的政权，反对毛泽东思想的指导地位，从右的方面歪曲和反对中共十一届三中全会的路线。这样两种思想倾向对一部分青少年的思想造成了混乱。针对这种情况，1979 年 3 月 30 日，邓小平代表中共中央在北京召开的理论工作务虚会上作了题为《坚持四项基本原则》的重要报告。他说："我们要在中国实现四个现代化，必须在思想政治上坚持四项基本原则。这是实现四个现代化的根本前提。"这四项基本原则就是："第一，必须坚持社会主义道路；第二，必须坚持无产阶级专政；第三，必须坚持共产党的领导；第四，必须坚持马列主义、毛泽东思想。"

会后中共中央更加明确地提出，要在全体人民和青少年中进行坚持四项基本原则的教育。同年4月，教育部召开了全国中小学思想政治教育工作座谈会。会议提出，广泛深入地进行坚持四项基本原则的宣传教育活动。只有坚持四项基本原则，从理论上和实践上反对资产阶级自由化、全盘西化，社会主义的改革和发展才能够不迷失方向，才能取得成功。

1979年5月3日，伍绍祖在中华全国学生联合会第十九次全国代表大会上作了《继承"五四"传统，立志献身四化，做德智体全面发展的大学生》的报告，激励广大学生坚决拥护党中央的英明决策，为实现四个现代化贡献青春。1980年4月，教育部和共青团中央联合发出《关于加强高等学校学生思想政治工作的意见》(以下简称《意见》)。《意见》指出："四项基本原则是立国的根本，是今后长期对学生进行思想教育的重要内容。"对广大青少年学生进行坚持四项基本原则的教育是我们在思想工作上承前启后、继往开来的一项根本任务。

这阶段学校德育工作管理的突出特点是，以教育部的指示为指南，构建"三结合"，即政治理论课、时事政策教育、日常思想工作相结合的德育管理模式。各级学校深入持久地对青年学生进行坚持四项基本原则的教育，使它像春风一样吹进广大青年学生的心扉，拨开思想上的疑云，激励青少年为实现四化努力学习，奋发向上。

二、深入开展"五讲四美三热爱"活动

1981年2月25日，全国总工会、共青团中央、全国妇联等九个团体响应中共中央关于开展社会主义精神文明建设的号召，联合发出《关于开展精神文明礼貌活动的倡议》，提出开展"五讲四美"活动，即讲文明、讲礼貌、讲卫生、讲秩序、讲道德；心灵美、语言美、行为美、环境美。这项活动得到了党和政府的充分肯定和大力支持，成为社会主义精神文明建设的重要内容。1983年1月，中宣部、文化部、教育部等24个单位在《继续开展"五讲四美三热爱"活动的意见》中，又增加了"三热爱"的内容，即热爱祖国、热爱社会主义、热爱共产党。要求各地要把它和"五讲四美"活动融合起来，形成一个"五讲四美三热爱"的统一活动。中共中央成立"五讲四美三热爱活动委员会"，领导这项活动。1985年3月7日，邓小平在全国科技工作会议的讲话中指出："我们在建设具有中国特色的社会主义社会时，一定要坚持发展物质文明和精神文明，

坚持五讲四美三热爱，教育全国人民做到有理想、有道德、有文化、有纪律。”①

这期间，在党中央领导下，共青团中央等部门召开了十二城市青少年道德教育座谈会，倡导在青少年中开展“学雷锋、树新风”活动，推广“人人争戴新风尚小红花”和“红领巾卫生街”等活动经验。“文明礼貌月”和“五讲四美三热爱”活动成为全社会精神文明建设的突破口。这一阶段扎实的德育工作管理，使广大青少年回归到中华民族传统美德的阳光之下，为他们在全面改革条件下的健康成长打下了可靠的基础。

三、以课堂教学为主渠道，加强和改进学校德育工作

热爱祖国、热爱中国共产党、热爱社会主义制度，多年来一直是各级各类学校进行思想政治教育的内容。特别是中共十一届三中全会以后，由于党的领导的加强，新时期党的教育方针的贯彻执行，学校的德育工作管理有了很大的改观。

1982 年 10 月，《教育部关于高等学校逐步开设共产主义思想品德课的通知》指出，共产主义思想品德课的任务是对学生进行共产主义人生观和共产主义道德教育，针对学生普遍关心的有关人生、理想、道德等方面的问题，给予有说服力的回答，帮助学生逐步树立共产主义人生观，培养共产主义的道德品质。1984 年 9 月 22 日，《教育部关于改进和加强中专、中师政治理论课的意见》指出，政治理论课、时事政策教育、日常思想工作，既有明确分工，又相辅相成，两者只有密切配合，才能更好地发挥学校思想政治教育的威力。

上述指示颁行后，通过课堂教学主渠道进行的德育和结合各种社会实践活动进行的德育，都收到了极为显著的效果。如在小学推行“五爱”教育，在中学开设政治课，积累了宝贵的经验。通过“五爱”教育，使学生懂得爱祖国，就是要热爱祖国的大好山河、悠久的历史和灿烂的文化，学习和继承党的光荣革命传统，热爱社会主义制度；爱人民，就是要树立为人民服务的思想，从小培养革命人生观和集体主义精神，立志为人类多作贡献；爱劳动，就是要树立劳动观点，认识劳动光荣，不劳动可耻，祖国的富强和幸福生活，必须通过辛勤劳动去创造；爱科学，就是要从小培养学习文化科学知识的兴趣，为建设社会主义祖国而努力学习，敢于为真理而斗争；爱护公共财物，就是要爱护人民的劳动成果，既要爱护物质财富，也要爱护精神财富。与此同时，由佳木斯一中率

---

① 邓小平：《邓小平文选》（第 3 卷），人民出版社 1993 年版，第 110 页。

先开始“五心”教育，即把忠心献给祖国；把孝心献给父母；把爱心献给社会；把诚心献给朋友；把信心留给自己。“五心”教育收到了非常好的效果。

四、学校德育工作管理的问题与思考

这阶段中小学普遍开展了“五爱”教育、“五心”教育，取得了一定的成效。但由于在德育管理方法运用上，较多地采纳灌输、记诵、训练等对受教者进行教育，凭借纪律对学生的约束来实现其规范作用，使学生习惯性地遵守和服从规则，缺乏对学生情感上的认同。

做人的教育属于养成教育，应该贯穿人的一生。高等院校德育工作管理重点理应继续把做人教育放在首位，但根据德育教学大纲要求，这阶段德育管理的重点是帮助学生逐步树立共产主义人生观，培养共产主义的道德品质。这个方针是正确的，但在实际工作中有“拔高”、“贪大”的现象。当德育工作管理理念、德育工作管理方法得到完善之后，加之全社会的共同努力，我们相信，良好的社会道德氛围定会在不远的将来蔚然成风。

第四节　教育改革与发展新阶段的德育工作管理

1992 年 10 月 12 日至 18 日，中国共产党第十四次全国代表大会在北京举行。在建设有中国特色社会主义理论的指导下，确定了 20 世纪 90 年代我国改革和建设的主要任务，明确提出“必须把教育摆在优先发展的战略地位，努力提高全民族的思想道德和科学文化水平，这是实现我国现代化的根本大计”。为了实现中共十四大所确定的战略任务，使教育更好地为社会主义现代化建设服务，1993 年 2 月 26 日，中共中央国务院发布《中国教育改革和发展纲要》，1994 年 9 月 19 日，《中共中央关于进一步加强和改进学校德育工作的若干意见》公开发表。自此，学校德育工作管理进入了一个新阶段。

一、德育工作管理面临的形势和任务

1992 年 10 月，中国共产党第十四次全国代表大会召开后，我国改革开放和现代化建设事业进入了一个新阶段。建立社会主义市场经济体制，加快改革开放和现代化建设步伐，进一步解放和发展生产力，使国民经济整体水平和综合国力都迈上一个新台阶。这对教育工作既是难得的机遇，又提出了新的任务和要求。在新的形势下，1993 年 2 月 26 日，中共中央国务院发布《中国教育改革和发展纲要》（以下简称《纲要》）。《纲要》是 20 世纪 90 年代乃至 21 世纪初教育改革和发展的蓝图，是建设有中国特色社会主义教育体系的纲

领性文件。《纲要》明确提出教育工作的任务：遵循党的十四大精神，以建设有中国特色社会主义理论为指导，坚持党的基本路线，全面贯彻教育方针，面向现代化，面向世界，面向未来，加快教育的改革和发展，进一步提高劳动者素质，培养大批人才，建立适应社会主义市场经济体制和政治、科技体制改革需要的教育体制，更好地为社会主义现代化建设服务。1994 年 9 月 19 日，《中共中央关于进一步加强和改进学校德育工作的若干意见》(以下简称《意见》)公开发表。《意见》是新形势下学校德育工作的纲领，是加强和改进学校德育工作的指南。《意见》的下发和公布，为进一步加强和改进学校德育工作创造了有利条件；对加强和改进学校德育工作提出了指导性原则和一系列重要意见、措施。自此之后，学校德育工作者从培养跨世纪的德、智、体、美全面发展的社会主义事业建设者和接班人的高度，从保证我国社会主义现代化建设战略目标的实现和坚持党的基本路线一百年不动摇的高度，来认识新时期加强和改进学校德育工作的重要性和紧迫性。

二、深入开展公民道德教育

当我国进入全面建设小康社会、加快推进社会主义现代化建设新阶段之际，2001 年 9 月 20 日，中共中央印发了《公民道德建设实施纲要》(以下简称《纲要》)。《纲要》是党中央在总结古今中外治国经验基础上，提出了依法治国与以德治国紧密结合的重要思想，《纲要》提出二十字的基本道德规范：爱国守法、明礼诚信、团结友善、勤俭自强、敬业奉献。“爱国守法”主要是规范公民与国家的关系；“明礼诚信”主要是规范公共生活中的公共道德行为；“团结友善”主要是规范公民与公民之间的道德关系，强调公民之间的亲和力；“勤俭自强”主要是针对公民物质生活提高后勤俭不足、自强自立意识弱而提出来的道德要求；“敬业奉献”主要是规范公民与职业的关系。不难看出，《纲要》涵盖了公共生活、职业生活和家庭生活三大领域，既言简意赅易于背诵，又因以公民个体为落脚点易于接受；既符合人心、顺乎民意，又代表了全社会的共同需求。《纲要》颁布后，学校德育工作管理迈出新步伐，取得可喜进展。从总体上看，爱国主义、集体主义、社会主义思想、科学文明、开拓进取、健康向上等与改革开放和现代化建设相适应的思想观念、道德风尚，已经成为青少年精神世界的主流。

为加强和改进青少年思想道德教育，2004 年以来，中共中央、国务院发出了《关于进一步加强和改进未成年人思想道德建设的若干意见》和《关于进一步加强和改进大学生思想政治教育的意见》两个重要文件，召开了两次中央工作会议，胡锦涛同志在会议上发表了重要讲话。进一步加强和改进未成年人思想道德建设，是中央从推进新世纪新阶段党和国家事业发展、实现党和国家长治久安出发作出的一项重大决策。加强和改进大学生思想政治教育，提高他们的思想政治素质，把他们培养成中国特色社会主义事业的建设者和接班人，对于全面实施科教兴国和人才强国战略，确保我国在激烈的国际竞争中始终立于不败之地，确保实现全面建设小康社会、加快推进社会主义现代化的宏伟目标，确保中国特色社会主义事业兴旺发达、后继有人，具有重大而深远的战略意义。教育系统坚决贯彻中央的精神，会同中央有关部门拟订了一系列配套文件，整体规划了大中小学德育体系，推进了大中小学德育一体化的进程，切实推进了大中小学学生思想政治教育。

2006 年 3 月 4 日，胡锦涛同志在看望出席全国政协十届四次会议的委员时提出，要引导广大干部群众，特别是青少年树立"八荣八耻"的社会主义荣辱观。坚持以热爱祖国为荣、以危害祖国为耻，以服务人民为荣、以背离人民为耻，以崇尚科学为荣、以愚昧无知为耻，以辛勤劳动为荣、以好逸恶劳为耻，以团结互助为荣、以损人利己为耻，以诚实守信为荣、以见利忘义为耻，以遵纪守法为荣、以违法乱纪为耻，以艰苦奋斗为荣、以骄奢淫逸为耻。"八荣八耻"涵盖了爱国主义、集体主义和社会主义思想的丰富内容，是中国传统美德和时代精神的完美结合，是以爱国主义为核心的民族精神和以改革创新为核心的时代精神的鲜明表述，为公民道德建设树起了新的标杆。大中小学学生在学校党团组织的带领下，关注发展，心系社会进步，踊跃投身于"知荣辱，讲文明"教育实践活动，知荣明耻，明辨是非，努力树立正确的人生航标。

三、学校德育工作管理的问题

改革开放后，市场经济体制的确立及其导向促进了社会结构的多元化。社会道德正经历着从封闭到开放、从一元到多元的深刻变革。由此引发了人们道德观念的失序和混乱。当前青少年道德问题，从现象看主要表现在犯罪率上升，酗酒、抽烟现象在蔓延，校园暴力事件在增多，两性关系较为混乱，安于享乐，思想颓废等。但是从学校德育工作的管理来看，最直接的或者说根本的原因是什么，是需要认真探究的。

（一）德育观念的失范

社会变革是一个很大的概念，包括的内容很多，诸如社会制度的变革、经

济体制的变革等。从学校德育工作管理方面,人们感觉到的是德育管理观念的混乱,具体表现在以下一些方面:

1. 传统道德观念失去了意义

由于人们的生活方式和社会秩序的变化,对道德生活带来两个方面的影响。其一,各种道德观、价值观之间的冲突加剧;其二,道德的社会功能弱化,讲道德吃亏论盛行。

道德功能的弱化与讲道德吃亏的现象,动摇了几千年来形成的做人必须讲道德的古训。从主流宣传来看,做人要讲道德是毫无疑问的,以德治国命题的提出更加确认了这一点。但是现实生活对青少年的影响远远大于主流宣传与课堂教学的影响。现实生活中道德失范与讲道德吃亏的现象强烈地刺激着道德人格正在形成之中的青少年。

2. 法纪的相对松弛,加剧了社会生活的混乱

社会变革时期,各种社会控制变得相对松弛,占主导地位的社会法纪也不例外。在一定意义上讲,道德的社会功能的发挥是以相应的法纪的社会功能的发挥为前提条件的。在社会转型时期,违法乱纪的现象急剧增加,法纪的威信降低了。当法律的约束力弱化时,道德的约束力自然越来越小,道德的社会功能随之弱化。这种变化,对青少年产生了多方面的影响,既有积极的,也有消极的,颇为复杂。

3. 道德生活的混乱,引发青少年道德疑惑

社会变革,从道德方面讲,人们感觉到的首先是道德生活的混乱。在社会的变革时期,道德领域呈现出一种混乱的局面,对于道德正在形成过程之中的青少年来说,这种复杂的道德环境,实在是太为难他们了。若没有一种十分明确的强有力的权威导向,很可能对青少年道德规范的形成造成不良影响。

(二)德育工作管理的错位

1. 德育工作管理方法的错位

以往的德育工作管理无视受教者的主体性,凭借的是纪律对青少年的约束来实现其规范作用,较多地采纳灌输、记诵、训练等,使他们习惯性地遵守和服从规则,而不是求助于情感上的认同。很少正视青少年的内在需要,使得他们要么在监督和管束下机械和盲目地服从,要么在毫无监督和管束下肆意而为。

2. 德育评价机制的错位

德育水平是国家和民族文明进步的标志，青少年的德育水平是一个国家和民族精神文明建设的基础性工程。但现实的学校教育过程中，重点考核德育知识的背诵，而很少顾及现实生活中的实践，酿成知行背离的后果。在德育考试中，不少人政治思想得分很高，却对做好人、做善事缺乏基本的体验和感情，更谈不上形成文明礼貌习惯和强化道德行为修养。

3. 德育工作管理监控相对滞后

能否培养出复兴中华民族的合格的建设者和接班人，取决于管理者的引导是否得当。就目前我国的具体情况而言，绝大多数不道德行为归咎于管理监控的相对滞后。这种管理监控的滞后突出表现在两个方面：一是法律制度尚不完善或有令不行；二是法律制度约束力小或执行效果欠佳。难免会出现好人得不到好报、道德力量敌不过不道德势力的尴尬局面。雷锋的战友乔安山在助人时，曾多次被冤枉；济南某司机在河北帮助了一位车祸遇难者，竟被栽赃为肇事者……凡此种种，尽道德义务却享受不到道德的呵护，不能不说是社会的遗憾。

（三）互联网的普及给德育工作管理带来了一系列挑战

1. 网络的开放性和自由性，导致了道德观念的多样性

网络打破了传统的国家和地域的界限，青少年在网上可以自由选择、下载和发布信息。在这种不受任何时空限制的信息自由交换过程中，不同社会形态、不同国家、不同民族的思想观念、价值取向、宗教信仰、生活方式等丰富信息，使网上道德观念的来源呈现出多样化的特点。

2. 网络的交互性和复杂性，导致了德育工作管理易受干扰

网络是一个双向交流的大舞台，具有高度的交互性。在网络面前，每一位青少年用户既是信息的接受者，又是信息的传播者。同时由于网络信息量大、内容庞杂、更新速度快等因素，使德育工作管理易受干扰。

3. 网络的隐蔽性和虚拟性，导致了德育工作管理面临困难

青少年学生在现实交往中特别关注的一些特征，如年龄、性别、相貌、身份等，这些都可以借助网络技术进行隐匿和篡改。由于目前对信息网络还缺乏相应的审查核对系统，教育工作者一般很难确认信息的真正来源和本来面目，使德育工作管理和实施面临新的困难。

四、学校德育工作管理的改革

(一)明确现实社会的道德内核,走出"利己"的误区

在市场经济条件下,提倡民主政治最需要的道德观念是公平,公平成为新道德的核心和内涵。所谓公平,就是利益和权利的机会人人均等和利益分配上的合理。现代社会人与人之间关系的实质是权利平等,"公平"已悄然成为调解人与人关系最基本的准则。这也意味着权利和义务的完全对应。

长期以来,学校德育工作管理对"利己"抱着深深的疑虑,总觉得道德不应与"私"字牵连,利己和利人是对立的。事实上,无论从人的本性和本能的角度讲,还是从人的生存和发展的角度讲,利己都是相当正常、必要和无可厚非的。一旦道德失去了满足个人需要的功能,而成为一种纯粹束缚人的精神枷锁时,道德本身也就不复存在了。人们往往认为一个人要利己,就一定要损害他人的利益,一个人要利他,就一定要牺牲个人的应有利益,其实利己和利人并不总是矛盾的。一般说来,没有利己的需要,就难有利他的行为,也难有利己的实现。通过利他而合理利己,是道德的,也是公平的;通过损人而利己,才是不道德的,也是不公平的。如果一些人专享权利,另一些人只尽义务,就根本不可能有人与人之间的权利平等。这一点必须引起德育工作者的高度关注,也应当引起学校领导的重视。总之,现实条件下学校德育工作管理,明确社会道德的核心内涵、加强伦理道德的宣传教育、完善道德奉献和道德回报保障机制,不失为积极的良策。

(二)加强法制管理,提高青少年道德水平

法制管理对德育具有一定的维护作用,通过法制的威严来保障高尚行为的涌现,并遏制不道德行为,是提高社会道德水平的重要手段。目前,我国的法律尚不够健全,管理工作也没有及时到位。对社会影响广泛并为人们所深恶痛绝的"见死不救"、"见危不助"等严重不道德行为,法律没有明确的处置意见,只给予舆论谴责,其结果无异于隔靴搔痒。因此,必须将大量的社会公德问题纳入整个法律体系之中,使之成为法律的有机组成部分。如果对不尽社会公德义务的行为不予以制裁,也不将其与以后的升学、求职、晋级、评优等利益联系起来,那么,那些善于履行义务的人就难以享受权利并得到法律的保护,继续履行义务几乎是不可能的,权利与义务之间就只能恒久地维持着一种恶性循环的局面。因此,借鉴欧美国家的经验,应设立"道德立法委员会",并有专门的《道德法》规范人们的行为。例如,美国法律把"不救助危难"、"不报

告危难"的行为定为犯罪,把向慈善机构捐助不仅当做一种德行,而且当成可以免税的依据,鼓励更多的人参与其中。法国法律规定,面对处于危险中的任何人,能够采取行为或者能唤起救助行为而故意放弃的,处5年监禁并处以50万法郎罚金。这样不仅有助于青少年道德水平的提高,也将有助于社会道德水准的整体提高。

(三)构建网络时代所需要的德育管理模式

互联网上信息"瞬间万变"的特点要求广大德育工作者树立终身学习的观念,变传统的"控制式"为"参与式",努力通过自学、教育培训等多种渠道提高自身的网络教育和管理水平,不断调整德育内容,更新德育方式,积极探索新形势下网络道德建设的特点和规律,构建符合网络时代要求的道德教育模式。

1. 转变思维方式,辩证地认识网络

各级学校可以通过建立健全校园信息网,在加强对消极有害信息进行过滤的同时,利用网络的开放性、交互性、及时性等特点,打破课堂宣讲、个别面谈所受的时间、地点的限制,在网上开展丰富多彩、生动活泼、符合青少年兴趣特点的思想教育活动。

2. 对具有网络依赖症的学生进行心理干预

对于青少年上网问题,一味"堵"和"截"根本无济于事,应深入分析青少年迷恋上网的原因,据此给青少年提供有针对性的帮助和科学的疏导,德育管理才能真正发挥其育人作用。对于具有网络依赖症的青少年,可以采取趋利避害式、转移式、淡化式、强化式心理干预,培养和锻炼青少年的自我约束和自我控制能力。

(四)学校、社会、家庭通力合作,对青少年加强传统美德教育

对于青少年来说,学校德育工作管理的基本任务是打基础,即进行基本品德素质的培养。如果最基本的品德素质在他们的情感与行为中没有扎下根,那么,在社会变革时期,他们就难以把握自己的行为。因此,利用学校这个可控制的阵地,与家庭、社会通力合作加强思想品德素质教育,是社会变革中对青少年进行德育管理的一条出路。

学校德育工作管理中,传统美德的教育是永远都不能缺少的,社会稳定发展时期如此,社会变革时期更应当如此。因为它相对稳定,不会在短时期内变成过时的东西,具有最大的权威性,人们对它的价值争议较小。这些特点在多

种道德观念发生冲突的历史时期,显得尤其珍贵。

传统美德的基本精神,即做人要讲道德,做人要讲人格。但是,这个真理通过灌输、通过死记硬背无法真正掌握。要真正掌握它,必须通过长期实践。坚持传统美德的教育是社会变革时期对青少年进行道德教育的较好措施之一。不过就其教育过程而言,必须是学校、社会、家庭三方通力合作,必须是持之以恒,必须是反复地训练、纠正,直至形成习惯,而不是单纯当做知识来传授。在这三方之中,要以学校为基地、为核心。因为这三者之中,学校是最可靠的,国家可以通过课程标准这样具有一定的法律性质的文件,使这些做人的基本要求成为法定的教育内容。而家庭、社会的可控性要差得多,我们现在还无法保证家庭、社会对青少年的影响都能合乎基本品德素质要求。利用学校这个可控制的阵地,与家庭、社会通力合作加强思想品德教育,是社会变革中对青少年进行道德教育的重要途径。

下　篇

学校管理难点问题透视篇

第九章
基础教育阶段学校管理难点问题聚焦与解惑

1986年4月12日第六届全国人民代表大会第四次会议通过的7月1日起施行的《中华人民共和国义务教育法》规定,国家实行九年制义务教育。这是中华人民共和国成立以来最重要的一项教育法,标志着中国已确立了义务教育制度。在幅员辽阔、人口众多的我国实施高质量的义务教育困难重重。农村有农村学校的难题,城市有城市学校的困惑。

农村义务教育在全面建设社会主义新农村、构建社会主义和谐社会中具有基础性、先导性和全局性的重要作用。深化农村义务教育改革,是为建设社会主义新农村培养大量有知识的新型农民,促进教育公平和社会公平,提高全民族素质和促进农村发展的有力保证。让农村青少年能和城市青少年一样,接受到良好的义务教育,充分体现义务教育的公平性。针对农村贫困地区中小学内部管理问题,提出了调整学校布局,提高义务教育办学效益;改革农村义务教育内容,增强学校吸引力;造就一支高素质的教师队伍。

城镇义务教育阶段学校管理同样存在着亟待解决的问题,即中小学生择校问题。随着我国社会和经济的发展,人们物质文化生活水平的逐步提高,越来越多的城乡居民视教育为可以获得较高预期收益的投资,对接受教育特别是高质量教育的需求超过以往任何时期。为此,中小学学生择校问题已演变成一种普遍的社会现象。究其原因,主要有:义务教育优质教育资源不足;教育政策失调;长期存在的重点学校制度。择校热带来的负面影响:严重损害了国家政策、法规的严肃性;造成了义务教育非均衡发展;加重了家长的经济负担;直接影响学生的身心健康。解决择校热的根本途径是强化政府行为,加大对薄弱学校的改造力度。尽可能地削弱校际间不应有的巨大差距,以利于义务教育的公平。

为更好地实施义务教育,无论是城镇还是农村,中小学课程改革势在必行。而校本课程开发则是课程改革的重要突破口。这项工作任务艰巨、困难重重,各级政府和教育行政部门都要积极寻找对策,广大教育工作者要群策群力,促使课程改革顺利进行。

农村高中教育肩负着双重任务,即一方面要为高一级学校输送合格新生,另一方面要为社会主义现代化建设培养大批合格的劳动者。大力发展高中教育不仅仅能满足农村学生的升学,另外,在很大程度上是要为社会培养大批素质优良的劳动后备人才。因此,改变农村普通高中目前的现状,积极探索普通高中的办学模式,使学生更好地适应经济和社会发展的需要,是社会主义新农村建设中必须重视和解决的问题。

我国基础教育领域内大量薄弱学校的存在,制约着基础教育的现代化进程,其生成是内因和外因长期相互作用的结果。改造薄弱学校意义重大,政府、社会、学校应齐抓共管,采取切实有效对策,抓出成效。从学校内部来说,学校管理者要深入调查研究,查找薄弱学校问题的症结;遵循量力性原则,选准薄弱学校转变的突破口;抓住新课程改革契机,形成学校特色在课堂;努力探寻薄弱学校转变与发展的规律,实现薄弱校一标准校一示范校的转变与发展。

第一节 农村贫困地区义务教育学校管理问题与对策

1986 年和 1994 年,国家分两次确定了国家级贫困县 331 个和 592 个。确立国家级贫困县,其目的是为了集中力量保证供给,防止扶贫资金的分散使用。1986 年确定国家重点贫困县的标准是:以县为单位,1985 年年人均收入低于 150 元的县,对少数民族自治县标准有所放宽。1994 年基本上延续了这个标准,1993 年年人均纯收入低于 400 元的县,全部纳入国家级贫困县。经国务院批准,国家在中西部21个省(自治区、直辖市)的少数民族地区、革命老区、边疆地区和特困地区确定了592个县,作为新阶段国家扶贫开发工作重点县。如果说完善农村义务教育管理体制,是进一步落实地方政府举办义务教育的责任,而加强农村贫困地区义务教育阶段学校内部管理,则是学校领导者的职责。本节重点研究贫困县义务教育阶段学校管理问题。

一、农村贫困地区义务教育学校管理中的问题

(一)实现高质量"普九"困难重重

经过全党全社会的共同努力和不懈奋斗,2000年我国如期实现了"基本普及九年义务教育、基本扫除青壮年文盲"的目标,这是我国教育发展的里程碑。进入21世纪,我们把巩固、提高"两基"成果作为推进我国教育改革和发展的基础性工作。农村教育被摆到了重中之重的战略地位,得到了切实的加强。2003年,国务院作出了进一步加强农村教育工作的决定,召开了新中国成立以来第一次全国农村教育工作会议,出台了新增教育经费主要用于农村的重大决策,集中了更多的精力和财力,实施了一系列重大工程项目和政策,加强了农村教育特别是农村义务教育。2005年11月30日,时任教育部部长的周济在"以素质教育为主题着力完成普及发展提高三大任务"的讲话中指出:继续把普及和巩固农村义务教育作为教育工作的"重中之重",全力实施好发展中西部农村教育的重大工程项目,确保2007年完成西部"两基"攻坚任务,到2010年,全国"普九"人口覆盖率接近100%,初中毛入学率达到98%,初中三年保留率达95%以上。①

2006年是我国全面实施"十一五"规划的开局之年,在党中央、国务院的正确领导下,全国教育事业发展取得新进展,各级教育规模持续增长,入学机会进一步加大,教育资源配置水平有所提高,非义务民办教育发展尤为迅速。到2006年年底,实现"两基"验收的县(市、区)累计达到2973个(含其他县级行政区划单位205个),占全国总县数的96%,"两基"人口覆盖率达到98%。②

到2009年年底,实现"两基"验收的县(市、区)累计达到3052个(含其他

① 周济:《以素质教育为主题着力完成普及发展提高三大任务》,《中国教育报》2005年11月30日第1版。

② 教育部:《2006年全国教育事业发展统计公报》,《中国教育报》2007年6月8日第1版。

县级行政区划单位207个),占全国总县数的99.5%,“两基”人口覆盖率达到99.7%。①

从质量上看,即使“普九”达标的地区,“两基”基本上还是低水平的、低标准阶段,“双高普九”任务十分艰巨,“两基”的路还很漫长。基本上还是基础读写学习,对日后的生活生产的针对性不强,尚未进入功能性学习;在没有继续接受教育培训的情况下,有些人有可能转为文盲;由于“学了也没用”,导致农村尤其是贫困家庭的学生时有辍学现象发生;课程内容基本是针对城市的学生,农村学生学习困难较大。农村义务教育的普及程度及教育水平,直接影响着全国普及义务教育的实现程度。如果从教育民主化的要求来看,没有农村义务教育的普及和提高,就不可能实现中国教育的公平原则,更谈不上教育的现代化。

从分析比较的角度看,中部地区占据全国的中心地带,有深厚的文化底蕴,科教资源相对丰富,人口文化素质普遍较高,人才比较集中,教育基础较好,但在“东西夹击”中,基础教育的比较优势正在减少。近年来,通过调查了解到中部的一些贫困县在义务教育的某些方面,甚至不如重庆等西部地区的发展程度。由此看来,真正实现高质量的“普九”并巩固“普九”成果,不仅是我国西部农村而且也是中部农村贫困地区面临的一场攻坚战。

(二)农村贫困地区中小学内部管理问题

1.超大规模学校与微型学校并存

近年来我们对46个贫困县的362所小学和204所乡镇初中进行了调查。数据显示,362所农村小学校均规模为423人,远高于1999年年底教育部统计的全国农村小学校均规模232.7人,以251~550人规模的学校居多,占40.33%。204所乡镇中学校均规模为996人,稍高于1999年年底教育部统计的全国初中校均规模906.8人,以701~1100人规模的学校居多,占36.27%。但是农村中小学校规模差异大,15所小学在1500人以上,其中两所超大规模小学,学生在3000人以上,某县一所小学人数高达3890人;但也有微型小学,10人以下的学校有15所。40所乡镇初中在1500人以上,其中8所超大规模初中,在3000人以上,但也存在一些学生少、条件差的学校,300人以下的乡镇中学有8所。

---

① 教育部:《2009年全国教育事业发展统计公报》,《中国教育报》2010年8月3日第2版。

2. 大班教学不利于因材施教

调查显示,农村中小学班级容量差异比较大。小学平均班容量为 49 人,低于 51 人的小学大班标准。班级容量低于 51 人的占全部样本的 46.45%。班级容量高于 51 人的占全部样本的 53.55%。例如,某县一所小学班容量高达 92 人,但也有微型班,班容量最小的仅 8 人。乡镇初中大班呈增长趋势。204 所乡镇中学班容量平均为 61 人,高于 55 人的初中大班有 2351 个,占样本的 70.58%,高于全国平均比例(43.5%)27.08 个百分点;高于 66 人的初中超大班有 1316 个,占样本的 39.51%,高于全国平均比例(15.9%)的 23.61 个百分点。某县一所初中 24 个教学班,最小的班容量 84 人,最大的班容量 98 人。另一所乡镇初中班容量高达 105 人,教师因材施教无从谈起。而在偏远地区的乡镇中学各个班仅 13～20 人,虽然便于因材施教,但又是教育资源的浪费。

3. 小学生师比例低,教师负担重

"十五"末,河北省农村小学在校生 423.06 万人,其中县镇和乡村小学在校生分别是 97.65 万人和 325.41 万人。根据国务院办公厅国办发[2001]74 号文件和河北省人民政府办公厅冀政办[2003]5 号文件有关规定,中小学教职工编制标准是:县镇小学教职工与学生比为 1∶21,乡村小学教职工与学生比为 1∶23。按照上述标准测算,河北省县镇和乡村小学教职工理论值人数应分别为 4.65 万人和 14.15 万人。事实上,河北省县镇和乡村小学教职工人数分别是 6.55 万人和 22.98 万人,尽管超编 1.9 万人和 8.83 万人,但又聘请了大量的代课教师。"十五"末,河北省农村小学代课教师 9501 人,其中,县镇小学代课教师 1474 人,乡村小学代课教师 8027 人。

小学生师比例低的学校,除了部分规模小的村街小学外,更多的是偏远的贫困山区小学。如某革命老区县的 7 个乡镇,32 所小学各有一名教师,11 所学校各有两名教师,这 43 所小学生师比例为 16.04∶1。从统计数字上看,生师比例低,教师资源浪费;但事实上,由于复式班大量存在,不仅有二复式、三复式、四复式,甚至还有五复式,教师负担重。由于山区自然条件恶劣,十年九旱,还常伴有风沙霜冻灾害,制约着当地经济的发展,办学条件极差,这些小学从来没有分配一个大专毕业生来任教。由于教师长期得不到合理的补充,只能依靠当地的教师凭借其对农村教育事业的忠诚和不太高的文化知识素养,勉强支撑着贫困地区义务教育的大梁。复式班的教师一半以上的年龄在 40

岁以上,1/3 的教师体弱多病,严重影响了教学质量的提高。

4. 乡镇中学生师比例与教学质量双低

乡镇初中生师平均比例为 14.60∶1,低于全国平均比例(19.21∶1)4.61 个百分点,教师资源存在着较大的浪费。这些学校至今很少有大专毕业生,更没有大学本科生直接分配来任教,由于专业师资的短缺,不得不聘用一些素质较低的非专业代课教师。这些素质较低的教师,没有教育教学的系统知识,缺乏专业学习和专门训练,教师工资待遇低,教师工作积极性、创造性差,不能安心工作,对本地区的义务教育产生明显的不良影响。

5. 教师学历的提高与素质的提高不同步

20 世纪 90 年代,按照国家在 2000 年前一次性解决民办教师的规定,采取"转一批、退一批、辞一批"的办法,让民办教师告别历史舞台。贫困地区 362 所农村小学民办教师转公办教师比例为 11.44%,高于全国平均比例(4.73%)6.71 个百分点;乡镇初中民办教师转公办教师比例为 7.68%,高于全国平均比例(0.76%)6.92 个百分点。农村贫困地区中小学教师的初始学历较低,如某贫困县中小学校长总计 568 人,初始学历除本科 5 人、大专学历 10 人外,553 人是中师毕业。教师初始学历也与此大致相同。1992 年开展了中小学教师继续教育后,农村中小学教师学历合格率显著增长。所调查的农村小学教师学历合格率为 100%,高于全国小学教师合格率(96.9%)3.1 个百分点;初中教师学历合格率为 75.14%,低于全国初中教师合格率(87%)11.86 个百分点。近年来,由于中小学教师参加了小教大专自考和三沟通专升本考试,小学教师获得专科以上学历者占 46.70%,大大高于全国 20.04% 的小学专科教师比例。但是校际之间差异较大,教师学历全部在专科以上的学校有 5 所,占所调查学校的 1.38%;无专科学历的学校有 43 所,占所调查学校的 11.88%。乡镇中学获得本科学历的教师也显著地增加。由于这种自学考试,不同于社会大自考,尽管强调以自学为主,但因在本地区参加考试,考试监测的失控导致许多农村中小学教师有文凭无水平。

6. 教师工资待遇依然偏低

近年来,随着国家对义务教育特别是农村义务教育投入加大,教师工资保障制度进一步完善,从根本上解决了拖欠教师工资问题,确保了教师基本工资按时发放。但是,农村中小学教师工资仍然大大低于城市中小学教师工资水平,如 2008 年度感动中国候选人叶志平校长所在的四川安县桑枣中学教师的平均工资仅有1126.78元，人均工资不到城市中小学教师的1/2。迄今，有些地方的农村中小学教师只能领取基本工资，2008年8月对冀南某县教师调查显示，56.1%的初中教师工资收入低于900元。2008年国家教育督导团的抽样调查也显示，近50%的乡村教师和县镇教师反映没有按时或足额领到津贴补贴。① 教师工资低且不能按时兑现，不仅挫伤了教师教育教学的积极性，同时由于缺乏财力与时间接受继续教育，进而影响到教育教学质量的提高，乃至影响整个农村义务教育的发展。

7. 教师无序流动，补充高素质的青年教师很难

由于城乡经济和收入水平的差距持续拉大，农村教师主要是骨干教师大量流失，导致城乡之间的义务教育差距仍在扩大。大城市、中心城市、县城、乡镇之间以及不同地区之间教师的收入差距和工作、生活条件悬殊，同一地区城市的教师比乡镇教师的收入高出1/3或一半，造成教师逐级向上流动，中西部城市的教师向北京、上海、深圳等大城市流动，县城的向中心城市、乡镇的向县城流动，而流出的都是骨干教师，如四川省德阳市2001年已流出高中高级教师61人。有的国家级骨干教师在参加国家级培训时，就被沿海大城市挖走。再如，2007年河北省乡村小学教师总数减少了1477人，而县镇小学教师总量增加，增幅为3.47%。与此相对应，农村又大量增加了代课教师，因为一名公办教师的工资相当于五六名代课教师的报酬，由于教育经费短缺，地方政府和农村中小学宁愿用代课教师，而不用师范学校的毕业生，如果这种情况继续发展，农村教育仍将不断滑坡，将会失去持续发展的条件。

自20世纪90年代末以来，受教育体制和财政力量的限制，师范院校毕业生不再包分配，贫困地区中小学难以引进全日制师范院校毕业生。事实上师范院校毕业生大多来自农村，如河北师范大学每年的招生人数在4000人左右，再加上一些新升格的本科师范院校以及河北大学等其他教师培训机构的毕业生，河北省高素质教师人才资源的潜力还是非常巨大的。他们并非不愿意回家乡任教，改变家乡的贫困面貌，关键在于政策的导向。

8. 微机、图书达标率较高，但设施陈旧，利用率低

2006年，冀南某县农村小学平均每42个小学生拥有一台微机，乡镇初中平均每38人拥有一台微机，高于《人民日报》统计的2000年年底我国平均每

---

① 《国家教育督导报告2008(摘要)——关注义务教育教师》，《中国教育报》2008年12月5日第2版。

121 名中小学生才拥有一台微机的比例。但是与教育部“从 2001 年起用 5 ~ 10 年时间在全国中小学基本普及信息技术教育、全面实施‘校校通’工程,以信息化带动教育的现代化,努力实现基础教育跨越式发展”的目标还有很大距离。况且这些微机由于多是外单位淘汰后捐赠的,许多不能正常使用。被调查的学校仅 56 所小学拥有多媒体教室,占小学的 15.47%;仅 46 所乡镇初中拥有多媒体教室,占初中的 22.55%。学校的多媒体教室数量、人均微机数量等校际差异明显,不难看出学校危房解决后,学校教学设备建设的紧迫性。

调查显示,农村小学图书配备达标学校的比率为 71.83%,高于全国图书配备达标学校比率(65.22%)6.61 个百分点。农村小学生均图书为 13.6 册,远远超过全国小学生均图书不得少于 5 册的基本标准。乡镇初中图书配备达标学校的比率为 80.39%,高于全国图书配备达标学校比率(75.15%)5.24 个百分点。初中生均图书为 16.9 册,高于全国初中生均图书不得少于 10 册的基本标准。所调查的农村中小学生均图书校际间差异很大,如某县一乡镇中学生均图书 69 册,实验小学生均图书 41 册,但在深山区仍然有 40 所乡镇初中生均图书少于 10 册,最少的一所乡镇中学生均图书仅为 0.5 册;80 所小学生均图书少于 5 册,11 所小学学生没有图书。在微机、图书资料使用方面,也存在着浪费现象,有的学校为了评估,购进了微机和图书资料,但由于制度不健全,使用、流通速度较慢,发挥不了知识资源的效用。其他诸如多媒体教室等也存在着此类浪费问题。由于图书多是捐赠的,相当一部分图书不适合中小学生阅读。

9. 学校公用经费仍然短缺

进入 21 世纪后,国家促进教育公平的政策取向愈加明朗:从 2001 年中西部农村实行“两免一补”,到 2008 年全面实施城乡免除义务教育学杂费。毋庸置疑,一系列推进义务教育发展大提速的举措,让我国在总体上解决了每个孩子“有学上”的问题,同时也把另一个困扰义务教育发展的难题——使每个孩子“上好学”的需求,摆到了亟待解决的位置。为此,国家采取一系列重大措施和工程,出台了一系列惠民教育政策,使越来越多的孩子能在“好学校”读书,能拥有“好老师”。从 2005 年开始,国家对农村实行了义务教育经费保障体制改革,农村教育经费全部由各级政府财政承担。这项改革,惠及 40 多万所义务教育阶段学校,近 1.5 亿名农村中小学生享受了免除学杂费和免费教科书政策,近 1100 万名学生还享受了寄宿生生活补助。2007 年 11 月,调整完善新机制政策后,农民负担进一步减轻。据测算,从2008年春季学期开始,平均每个小学生减轻负担730~770元/年,初中生减轻1110~1160元/年。“中央给咱办实惠,农民种地不交税,娃娃上学不交费,真是和谐好社会。”这是老百姓发自肺腑的感慨。但是,调查显示,农村中小学公用经费严重不足,有相当一部分农村中小学勉强维持最基本的教育开支。

10. 教育负债严重

调查显示,农村中小学校负债现象严重。原本教育历史上欠债就较多,近年来“普九”建校、增添设备等又欠下大量的债务。如某半山区县15所乡镇中学校长反映,“普九”欠债总计126.88万元,校均欠债8.46万元。这些负债的债务人多数是中小学校长和教师,有的欠施工队款,有的以个人名义向他人借贷,甚至在购买图书时还向学生借款。

二、农村贫困地区义务教育学校管理的改革

(一)调整学校布局,提高义务教育办学效益

调整中小学布局,符合提高义务教育办学效益和质量效益的长远要求。据调查,贫困地区尤其是山区,地域面积大,人口稀少,居住分散,中小学规模小且分散。不少山区村庄的小学几个年级只有十几个学生,有的小学甚至只有四五个学生在一个教室里复式教学,一个教师承担所有课程的教学,加上教师素质参差不齐,校舍简陋,很难提高教学质量。为此,“十一五”期间,进行中小学布局结构调整,调整的重点是:减少小学办学点的数量,初中相对集中。这样不仅节约人力、物力、财力,有利于发挥有限资金的作用,还方便管理。对学生的智力发展、身心健康、综合能力及集体观念的培养等都大有好处,同时也是提高教育质量的有效途径。

学校布局调整是一个方向,但是学校布局调整一定要与农村产业结构调整、与城镇化建设的需要结合起来,一定要和学生受教育的需要结合起来。学校布局调整要有利于教育教学质量的提高;有利于促进贫困地区全民的科技文化素质的提高,进而促进其经济上的快速脱贫致富。集中办学必须切合实际,不能由此造成新的辍学现象。集中办学,确非易事。办学资金、场地、师资队伍、管理人员等都是需要认真考虑、统筹规划的。可由国家拨款、社会捐款、企事业单位赞助等形式筹集办学资金,采取国办、民办、社会办学等,其目的只有一个,有利于贫困地区义务教育的发展。

目前,部分初中大班额现象仍十分突出。大班额直接影响“普九”水平的

进一步提高，影响素质教育的实施和新课程改革，影响教学质量的提高和学生身心健康。对此，各学校要高度重视，把控制班额特别是初中班额作为“普九”巩固提高的重要内容，采取得力措施，控制初中班额在目标管理规定之内。

(二)改革农村义务教育内容，增强学校吸引力

对于贫困县的农民来说，脱贫是美好的梦想，致富是永久的话题。义务教育是利国利民的百年大计。只有为贫困地区发展经济提供充足的智力和人才支持，才能引导贫困地区人民脱贫致富奔小康。农村贫困地区的青少年，是升学与就业压力下的弱势群体。大部分学生毕业后既无法顺利升入高一级学校，又没有就业创业的心理准备和相应的知识技能。调查表明，目前农村初中大量存在的辍学现象，在很大程度上是教学内容脱离农村生活实际所致。陈旧、脱离学生生活的教育教学内容导致学生厌学、辍学，造成教育资源的极大浪费。

中共十六大报告明确指出：就业是民生之本。“千方百计扩大就业，不断改善人民生活”成为“本世纪头20年经济建设和改革的主要任务之一”，并明确要求我们“完善就业培训和服务体系，提高劳动者就业技能”。这些指示精神为农村贫困地区义务教育改革，使教育更好地同社会实践结合起来提供了重要的思想基础。

农村义务教育内容改革，尤其是初中阶段教育内容要为实施创业教育打基础。创业教育是在1989年11月北京召开的“面向21世纪教育国际研讨会”上首次提出的。创业教育被视为未来的人应掌握的“第三本教育护照”。我国作为联合国教科文组织“创业教育”课题的成员国，早在1991年就开展了基础教育阶段实施就业创业教育的项目活动。10多年来，创业教育在我国30多所学校的实验研究取得了一定的成绩，但是距离世界发达国家差距仍比较大。

美国是较早在学校中进行创业教育的国家，在小学、初中、高中、大学都开设有就业与创业教育课程。他们在基础教育中进行的创业教育是与职业教育紧密结合的，除了开设创业课程外，学生还按自己的兴趣选学某些职业技术技能。在日本，从1998年起，文部省就和通产省合作在小学开始实施“就业与创业教育”。日本小学有个“早起会”，敦促孩子们很早起来，利用早上上课前的两三个小时搞勤工俭学，给人送报纸、餐饮，这既是艰辛的创业教育，又是对将

来创业的一种准备和尝试，目的是培养学生从小养成就业创业心理意识和意志品质。法国一些地区近年来开展了诸如“在中学里办企业”、“教中学生办企业”等活动。目的并不一定是要学生办企业，而是让学生在继续学业的同时，做好职业选择与就业工作的心理准备，培养他们创业的兴趣和能力。

农村贫困地区乡镇中学实施创业教育，这样既为学生今后的学习打下坚实的基础，也使学生获得积极参加社会生活的基本能力。教学内容改革充分考虑到当地经济发展和个人致富的需要，教育就会增强吸引力，初中入学率、巩固率提高就有了可能。普通初中渗透职业技术教育内容，引进“绿色证书”制度，农村学生进得来，留得住，有助于逐步缩小农村和城市人力资源的差异，有助于维护广大农民最根本的利益。总之，通过教育内容的改革，让学生获得走向生活的通行证。

(三)造就一支高素质的教师队伍

教师队伍是农村教育持续发展的根本条件。城乡义务教育差距不可能在短期内解决，现在的问题是首先不要继续拉大这种差距，然后逐步创造条件力求缩小差距。跨地区的城乡义务教育差距有碍于全国经济的均衡发展，而现在需要努力的是不再人为地扩大县域义务教育的差距。为此，应加强城乡教育的交流与互助，逐步缩小城乡义务教育差距，造就一支高素质的教师队伍，为农村贫困地区义务教育持续发展创造条件。

1. 师范院校毕业生从事教育工作，先到农村学校任教

进入 21 世纪，我们面临着来自世界的四大挑战，除了信息化、世界化、市场化挑战外，我们更面临着教育现代化的挑战。教育现代化包括物质条件的现代化，教育制度、内容、方法的现代化，教育观念的现代化。农村教育的现代化不仅需要现代校舍和教学设施的建设，教学方法与教育模式的传播与实施，更需要的是教育观念的现代化，这是最高层次的现代化。因此，建设高素质的教师队伍，实现人才的交流在某种程度上更为重要。

2006 年，教育部、财政部、人事部、中央编办下发《关于实施农村义务教育阶段学校教师特设岗位计划的通知》，联合启动实施“特岗计划”，公开招聘高校毕业生到“两基”攻坚县农村义务教育阶段学校任教。特岗教师聘期 3 年。原则上安排在县以下农村初中，适当兼顾乡镇中心学校。建议扩大其范围，适当提高其服务期的待遇，让有志于从事教育的各类高校的本科毕业生、研究生到贫困地区的农村学校服务 2 ~3 年，除了让其从事教育工作外，还可以运用

其专业知识培训教师,提高教师业务水平。

2. 实行"积极差别待遇",解决贫困地区师资问题

建议政府和教育行政部门实行"积极差别待遇",即政府和教育行政部门实行向贫困地区倾斜的政策,到贫困地区任教的教师,在合同期内工资和大城市里一样,另外有津贴,提供标准住房,合同期满回城市后可以优先录用,条件越差的地区,待遇越好。充分利用经济杠杆的调节作用。自愿长期或终生在贫困地区任教的更要有其他鼓励政策。

3. 建立城市与农村教师定期轮换的制度

可以先从年轻教师做起,即规定城市年轻教师要有在农村学校任教的经历,才能晋升职务或职称。与此相适应,应在一个城市和县域范围内统一城乡教师工资标准(包括地方补贴),以便于城乡教师流动,有条件的地方,应实行城市教师到农村学校工作提高工资待遇,并计入退休工资之内的政策,只有这样才能逐步改变农村贫困地区教师素质低下的状况,为提高农村贫困地区义务教育的总体水平提供基本的条件。

此外,采取多种形式,鼓励城市学校与农村学校、发达地区的学校与欠发达地区的学校建立合作关系,包括校长、教师之间的交流任职,定期组织专题研讨,有条件的还可进行学生之间的交流,实际上这种做法不仅对农村学校而且对城市学校都会有帮助。这不仅是教育资源的合理使用,而且从现代化的进程而言,应该看做是现代教育与现代文明的传播过程。

第二节　城镇义务教育择校引发的问题与对策

义务教育,在整个国家的建设和发展中具有重要的战略地位。义务教育阶段是否应当允许学生择校,是不少国家遇到的一个有争议的问题。当优质教育资源不能充分满足公众需要时,发达国家也存在着义务教育的择校问题。我国是一个发展中国家,义务教育的整体水平不高,优质教育资源总体匮乏。尽管各级政府不主张择校,但是近年来,义务教育择校已经成为一股热潮。义务教育择校问题直接导致乱收费,导致滋生腐败,导致户口的大迁移……义务教育阶段按学区免试就近入学是趋势、是方向,其有效实施的前提是努力实现区域内学校均衡发展。为此,政府应加大对薄弱学校的投入,建立教师合理流动制度,缩小校际间差距,激励薄弱学校办出特色。

一、义务教育择校问题的由来

义务教育择校，是指义务教育阶段家长基于某种特殊需要为子女在官方所定的学区以外选择学校的现象。我国义务教育在城乡之间、地区之间、学校之间的差距是客观存在的，不同群体之间接受教育机会的差距也是客观存在的。形成这些差距有深刻的历史原因以及地区经济和社会发展的不平衡性原因。

（一）优质教育资源总体匮乏，义务教育发展不均衡

择校现象自古以来就存在，拜访名师，求学问道，聚众讲学，砥砺学问，是一种优良的传统社会风尚，著名的程门立雪、书院求学等，莫不有择师、择校的意味。但我国当今的择校现象，却是从 1986 年《中华人民共和国义务教育法》规定"就近入学"以来产生的新现象、新问题，是与改革开放以来的整个社会转型紧密联系在一起的一个复杂性问题。

希望接受良好的义务教育，进而考上重点高中和重点大学是每个学生及其家长的渴盼。《中华人民共和国义务教育法》明确指出："地方各级人民政府应当合理设置小学、初级中等学校，使儿童、少年就近入学。"但是由于学生及其家长对居住区附近中小学办学条件、教学质量等方面的不满，择校呼声越来越高。择校的普遍性表现在它已不限于发达地区和大中城市，而是基本上遍及全国大陆所有地区，就连最边远的乡村，都有向县镇等教育质量高的地方择校的现象。仅以河北省为例，174 个县区中，环境优美、设备先进、师资优良的小学每个县区仅 1～2 所。人人想上好学校，"择校"由此而产生！

在社会大变革、大发展时期，一些地方政府的决策层为了追求政绩，在考虑义务教育"均衡"与"效率"的问题上，更愿意在"效率"上做文章。他们关注的是办出几所示范的、样板的学校，或在配置教育资源时给予这种学校偏爱，或给予"改制"等一些特别优惠政策，以使其获取更多的教育资源。而对大多数人的受教育条件、受教育环境关注不够。正是由于学校之间存在比较大的差距，使得国家推行几年的义务教育阶段免试就近入学政策不能得到有效实施，相反，以缴费为主要手段的"择校生"现象愈演愈烈。

（二）国外择校风的影响

义务教育阶段是否应当允许学生择校，这是不少国家遇到的问题，也是一个有争议的问题。近年来，美、英、加、澳等西方国家，择校已经成为一股热潮。

美国分权制的教育管理体制，使得各州在推进择校方面所采取的措施以

及给公众提供的自由度不尽相同,同时派别之争也夹杂在其中。在美国有代表性的择校形式主要有:①开放招生制度:允许适龄儿童到居住地以外的公立学校去就读。②磁石学校:这类公立学校往往奉行某种特定教育理论或者在课程计划方面独具特色,这在当前是最为流行的择校形式。③特许学校或合同学校:这种学校由公共教育经费支持,由教育团体或个人开办并负责管理,在一定程度上独立于学区(美国公立学校系统的基层管理机构)。这种类似民办公助的实验学校,收费低于私立学校,而质量高于公立学校,因此受到欢迎。特许学校为学生家长提供了选择机会,也为家长参与学校管理提供了机会。④学券制(教育券制):就是给家长发放一种有价证券,家长可以使用该证券在政府批准的任何学校中支付其子女上学所需的学费或其他教育费用。

英国的教育旨在帮助学生尽量发展个人才能,进而贡献社会。尽管英国没有硬性规定学生就近入学,但是就英国整个社会而言,各阶层的阶级意识特别明显,学费昂贵的寄宿学校或公学,只有有钱人的子女才读得起;而一般经费紧张、设备不足的公立学校很难与其相比。家庭富裕者,也是千方百计为孩子择校。如某所学校的高考升学率提高了,学校附近的房地产价格就会提升。

加拿大的初级学校分为10级,包括小学和初中。初级学校又分为公立和私立两种。公立学校可享受国家免费教育的待遇,凡公立学校的学生,不仅不用缴纳学费,学生的课本文具等也都是由国家供给的。公立学校的入学是以“就近入学”为原则的,尽管它们并没有区分重点、非重点,但其教学设备及教学水平却有较大差异。绝大多数加拿大公民都会为孩子选择公立学校就读。家长为了孩子能进入好的学校,就把家搬到该校的招生区内;有的一时找不到房子,搬不了家,就千方百计到那个校区找朋友出具居住证明,以达到孩子入学的目的。

澳大利亚义务教育为十三年学制,幼儿园一年,小学课程六年,中学课程六年。近年来,澳大利亚的教育水平在不断提高,在经济合作与发展组织国家教育中属于最高档次一类。澳大利亚同时拥有公立和私立教育机构。大部分中小学由联邦政府拨款资助或由私人机构资助,由各州教育部或联邦政府负责管理。澳大利亚允许择校,适龄儿童可到州或地区政府所办的公办学校或到收费并获得政府资助的非公办学校就读。

综上所述,当优质教育资源不能充分满足公众需要时,发达国家也存在着义务教育的择校与收费问题。当然西方国家择校的原因比我国复杂得多,还涉及多元民族文化及消除种族隔离等因素。

二、义务教育择校引发的问题

(一)义务教育择校导致乱收费

教育乱收费,尤其是一些“明星学校”收取高额“择校费”,已经为公众深恶痛绝。近年来,各级政府都在对择校问题进行整治,但效果似乎并不明显。由于种种原因,择校导致教育乱收费不仅未得到有效控制,且有愈演愈烈之势。从每年6月份开始,无论是家长还是学生都面临着一场考验。学生是面临着对所学知识的检验,而家长则面对的是社会关系及资金实力的检验。如果学生不就近在9年义务制的公立学校上学,想选择一个好学校,几乎都要变相交“择校费”,也就是“捐资助学款”。这与教育部规定的公立小学、初中不能收“择校费”是相悖的。尽管有的城市宣布择校生除按规定收取“择校费”外,一律不准再收取任何费用。但是变相收费依然有之。择校带来的乱收费已引发了诸多社会问题,严重影响到普及义务教育的完成以及公民素质的提高。

(二)义务教育领域滋生腐败的黑洞

名校资源是有限的,家长的“名校热情”是无限的,这种非理性的教育消费热情成了名校高收费的砝码。价涨得越高,拼抢得越凶,竞争就越激烈,一些名校因此获取的暴利也就越多。对此,有的校长居然振振有词,说这就是“市场经济”:“周瑜打黄盖——一个愿打,一个愿挨。”为小团体和极少数人牟取不正当利益,才是某些人对刺激择校需求、额外高收费乐此不疲的真正原因和内在动力。

名校收取数额不菲的“择校费”,实质是优质教育资源在经营活动中产生的收益。由于名校的教育资源属于国有,这笔“择校费”也就是国有资产的收益。因而,这笔收益的处置权应该属于政府。但现在广泛存在的情况是,名校在“择校费”的数额收取和处置上的自由裁量权过大,“择校费”的收取和开支甚至成了教育腐败的一个黑洞。很多家长为了让孩子能考上名牌大学,“攀名校、挤重点”之风发展到了极点。不仅要缴纳高昂的“择校费”,还要使尽浑身解数找关系,请客送礼。择校也是义务教育领域滋生腐败的温床。

(三)改制后的民办公助学校牟取暴利

现在许多省市的重点中学取消了初中部,但随后又与区内一些生源不足的三类学校联合办了分校招收初中生。重点学校与这种三类学校合作办分校,摇身一变成了民办公助的学校,使得差校的生源有了保障,原学校的教师培训后考核上岗,对于教学质量的提高是有好处的。正是这些改制后的学校成为学生家长竞相选择的学校,家长们望子成龙心切,不自觉地为民办公助学校牟取暴利起了推波助澜作用。

民办公助学校是一种过渡时期的做法。按照《中华人民共和国民办教育促进法实施条例》和《教育部关于加强基础教育办学管理若干问题的通知》要求进行规范,实行彻底独立办学的学校才可以继续按民办学校资格招生;不能彻底独立办学的学校要恢复公办学校性质,实行"按学区招生、就近入学"的招生办法。如2005年沈阳市有民办公助学校35所。按照规定,2006年以前,沈阳市所有民办公助学校进行转制。符合民办条件的转成民办,不符合民办条件的转成公立。这样,民办公助学校收取的赞助费、学费等,彻底取消了。

(四)义务教育择校导致户口的大迁移

义务教育阶段的入学是以"就近入学"为原则的,但校际间教学设备及教学水平却有较大差异。家长为了孩子能进入好的学校,有经济能力的就在名校附近购买商品房,把家搬到该校的招生区内;有的一时找不到房子,搬不了家,就千方百计到那个校区找朋友出具居住证明,以达到孩子入学的目的,造假户口屡见不鲜。因此,根治义务教育择校导致的各种问题,已成为时下迫切需要解决的重点。期待通过全社会的共同努力,从源头上实现义务教育均衡发展,还教育一方神圣、洁净的空间。

三、实施新义务教育法,积极促进义务教育均衡发展

促进义务教育均衡发展,应当本着积极进取、实事求是、分区规划、分类指导的原则,坚持在积极发展中促进和实现义务教育均衡发展。

(一)努力实现区域内义务教育均衡发展

发展是教育事业的主题,是我们始终应该高扬的主旋律。基础薄弱地区的教育需要发展,基础相对发达的地区教育同样需要发展。办学水平较低和办学水平相对较高的学校同样需要发展。在发展中互帮互助,实现均衡。我们不能限制和削弱已经有较好基础的地区和学校发展,而是以更有力的措施扶持基础薄弱的地区和学校加快发展,从而,缩小区域之间、学校之间的发展差距。

现在我国的东西部差距还相当大,城乡差距也很大,要在整个国家范围内实现义务教育均衡发展、实现教育公平,确实还是一个比较长远的任务。借鉴一些发达国家促进义务教育均衡发展的经验,在目前的条件下,在一个区域范围内实现义务教育均衡发展是可以实现的。像一个中心城市、一个县(区),实现义务教育均衡发展不仅是非常现实的,而且是可能的。现阶段要做的工作应该是,在国家不断采取有力措施逐步缩小地区、城乡之间差距的同时,重点要努力实现区域内义务教育的均衡发展。如可以通过建立统一的义务教育办学标准,通过学校建设标准的法律规定,约束政府合理分配教育资源,既不追求超标,也不允许不达标。在帮助和支持薄弱学校达到法定标准的同时,对原来基础很强的学校硬件建设也应有个上限,以遏制少数学校在办学条件上高投资的攀比现象,制止追求"奢华"的不良风气,从而严禁在一个地区内学校的差距拉得太大。同时,也坚决反对把由政府长期扶持起来的优质公立学校转让或改制,用获得的资金进行所谓的基础薄弱学校改造的做法。

(二)政府应加大对薄弱学校的投入

2006 年 6 月 29 日,第十届全国人大常委会第二十二次会议通过修改的《中华人民共和国义务教育法》,9 月 1 日起开始实施。修改后的义务教育法是我国义务教育发展史上新的里程碑,标志着我国义务教育进入了崭新的发展时期。义务教育法更好地体现了义务教育的本质要求。如规定了要合理配置教育资源,促进义务教育均衡发展,缩小学校之间办学条件的差距,不得将学校分为重点学校和非重点学校,学校不得设重点班和非重点班。地方政府对义务教育的投入重点应该放在薄弱学校上,提倡对薄弱学校经常"雪中送炭",反对给办学条件已经相当不错的学校不断"锦上添花",以使每一个合乎条件的未成年人享受到合格的义务教育。政府应该回收对"择校费"的管理权,在科学制定"择校费"收取标准的前提下,保证将其中的相当部分用于薄弱学校的投入,改善其办学条件和提高教职工待遇,从而在政府投入有限的情况下,扩大全社会的优质教育资源,从根本上解决"择校"和乱收费的问题。

(三)办出特色,激发学校活力

强调区域内学校要均衡发展,并不是说每所学校都是同一个模式、同一发展水平,而是给学校提供了一个比较公平的竞争环境。学校在比较公平的环境下,激发教育的活力,追求质量,激励学校办出特色。特色是学校的灵魂和生命。一所学校如果在教学和管理上无任何特色,那么就会被社会无情淘汰。把握社会需求,确定切实可行的培养目标是学校办学特色的前提条件。

（四）实施“示范性学校带动工程”

示范性学校都是靠国家多年的扶持发展起来的，有责任有义务也有能力帮助薄弱学校。如果政府出台政策，引导国家、省、市三级示范学校广泛开展学校之间的帮助活动，给每所示范学校下达带动1~3所薄弱学校的指标，由其输出好的管理经验、教学人员，把帮带情况作为考核评估示范学校、校长业绩的一个重要指标，一定能起到很好的效果。教育部在全国评选示范高中时，如果也在评估标准中增加“帮带1~3所薄弱学校并取得显著效果”作为一个条件，很多名校就会主动带活一大批薄弱学校。居住在原来薄弱学校学区的学生在不缴纳择校费的同时，也能享受到优质教育。石家庄二中是河北省首批示范性中学，该校2002年成立了教育集团，吸纳了一所厂办学校、一所大学附属中学，二中派出校长、骨干教师，让这两所学校与二中实行教学内容、教学计划、教学研究等方面的五统一，资源共享，经验共用，一年后，原来每班只有20来人的情况不见了，取而代之的是生源充足，社会和家长的认可，两校都成为各自所在辖区发展势头很好的学校。如果教育部在全国倡导1000所这样的示范性学校，通过帮带，就会再产生2000~3000所优秀学校，几年下来，全国普遍存在的中学水平悬殊的现状就会大大改观，“择校”和乱收费问题就会从根本上得到解决。

实施新义务教育法，在发挥已有“示范性学校”的作用上，不应当造成新的教育发展不平衡，而应当使处于各个层次的学校在动态发展过程中谋求更高水平的平衡和发展。发挥辐射带动作用是示范性中小学的主要标志。示范性中小学要带动一个区域、一定范围内义务教育的发展。坚决克服以“示范学校”、“窗口学校”及“教育现代化实验学校”为名，行“重点学校”之实的现象，防止继续拉大学校之间的差距，产生一批新的薄弱学校。

（五）建立教师合理流动制度，缩小校际间差距

优化教育资源共享，其中重点是优秀教师资源共享。政府对义务教育均衡发展的有效调控，除表现在教育经费方面，还应体现在对各校的校长和骨干教师进行统筹调配、教师定期轮换等方面。政府在教师流动等方面要创造出一种比较公平的竞争环境，规范各项制度。这样，在市场经济的大背景下，既承认有市场竞争，又通过制度化建设，才能保证教育有序的均衡发展。如果地方政府真正落实教育经费统筹政策，公平分配教育资源，许多优秀教师就会愿意到基础较差的学校教书育人。学校的教育质量普遍提高了，就没有那么多

的择校生,也自然没有"择校费"了,学校想乱收费也无处可收了。

(六)政府应大力推进民间资本进入优质教育市场

在市场经济条件下,对不同教学质量的民办学校在收费上硬性统一是不明智的。因此,政府在下大力气办好公立学校的同时,应该允许民间资本进入优质教育市场,以满足部分有支付愿望和支付能力的家庭让孩子享受优质教育的需要。这类学校的收费应主要由市场调节,政府重点负责对教育方针、教学质量评估、师生权益等方面的管理。

总之,"择校费"的治理需要政府动用"有形的手",并让"有形的手"和市场这只"无形的手"整体联动,共同形成教育事业健康蓬勃发展的强大动力。

第三节　义务教育校本课程开发的问题与思考

校本课程自20世纪70年代在英美等国实施后,短短20多年,"校本课程"的思想便波及世界上众多的国家,不仅发达国家,而且不少发展中国家也都纷纷出台了把课程权力部分乃至全部下放到学校的课程政策。我国《基础教育课程改革纲要(试行)》明确指出要"改变课程管理过于集中的状况,实行国家、地方、学校三级课程管理,增强课程对地方、学校及学生的适应性"。这就意味着校本课程在我国有了存在的法律依据,同时三级课程管理体制也给我国长期以来中央集权的课程体系提出了一个新的课题,即如何进行课程权力的再分配问题,而这一问题的核心就是如何进行校本课程的开发。校本课程开发是一个动态的不断完善的过程,校本课程开发具有不同于国家课程和地方课程开发的独特内涵与特点。校本课程开发内容可分为基础性课程、丰富性课程和发展性课程。在学校、教师和支持系统等方面开发校本课程过程中还存在一定的问题,需要逐步解决。

一、校本课程开发的内涵

"校本课程开发"是近年来从西方教育文献中引进的一个新概念。校本课程开发(school-based curriculum development),又称学校中心课程规划(school-focused curriculum planning)或学校中心课程革新(school-centered curriculum innovation),英文缩写为SBCD。校本课程开发是20世纪70年代在英美等发达国家开始受到广泛重视的一种与国家课程开发相对应的课程开发模式,其实质是国家课程权力的下放。它最早是由菲鲁马克(Furumark)和麦克墨伦(Mcmull)等人于1973年在英国召开的教育研究革新中心(CERI)国际研讨会上正式提出并加以阐释,认为校本课程开发就是学校的教师对课程的计划、设计和实施。1974 年,在日本东京的国际课程研讨会上,校本课程开发作为一项重要的内容又被提出来。1985 年,在以色列召开的校本课程开发国际研讨会上,校本课程开发再次成为讨论的热点,会上学者们就校本课程开发这一概念的界定进行了广泛的讨论,但最终没有达成完全一致的看法。近年来,我国大陆和港台的一些学者也对校本课程开发的概念进行了界定,反映了校本课程开发的不同侧面。综合国内外有关的课程文献,专家们对校本课程开发的含义的理解见仁见智:

华东师范大学钟启泉教授则认为,校本课程开发是以学校作为课程开发的基地,通过学校、教师的日常教学实践推进课程开发的一种主张。① 这就是说"学校本位的课程开发"不是单纯的设计教育活动的计划和编写教案,而是指通过该计划实施教学过程,并且评价实施结果,再将评价结果作为反馈信息用于改进最初计划的一连串活动。

首都师范大学徐玉珍教授对校本课程开发的界定是:在学校现场发生并展开,以国家或地方制定的课程纲要和课程标准为指导,依据学校自身的性质、特点及可利用的资源等条件,由学校成员志愿、自主、独立或与校外团体或个人合作开展的旨在满足本校所有学生学习需求的一切形式的课程开发活动,是一个持续和动态的课程改进过程。②

本章对校本课程开发的含义界定为:校本课程开发就是全面贯彻党的教育方针,以社会需要为前提,以学校特色为基础,以教师为主导、学生为主体,以提高学生素质为根本宗旨,以培养学生的创新精神和实践能力为重点,以充分发挥学生个性潜能优势、促进学生全面发展为目标,由课程专家、家长、社区人士等共同参与,对课程(包括国家课程、地方课程)进行选择、改编或全面创新的过程。具体看来,校本课程开发可以理解为:一个依据,党的教育方针;一个根本宗旨,提高学生素质;一个重点,培养学生的创新精神和实践能力;一个最终目标,充分挖掘学生的个性潜能优势,促进学生的全面发展;四个立足点,立足社会需要、学校特色、教师主导和学生主体。

---

① 钟启泉,崔允漷,张华著:《为了中华民族的复兴 为了每位学生的发展——基础教育课程改革纲要解读》,华东师范大学出版社 2001 年版,第 258 页。

② 全国教育科学规划领导小组办公室:《"初中阶段校本课程开发与校本化实施行动研究"研究成果述评》,载于《当代教育论坛》2006 年第 2 期,第 5 页。

二、校本课程开发的特点

校本课程开发是一种与国家课程开发相对应的课程开发策略，因而具有许多不同于国家课程开发的特点，主要表现在以下几个方面：

1. 课程目标的针对性

校本课程开发，顾名思义是以满足本校学生学习需求为目标，以进一步提高学校的教育教学质量为导向。校本课程开发不同于国家课程，它所关注的不是宏观层面的一般问题，而是充分发挥学生各种潜能优势并促进学生全面发展的具体的课程理论、经验、知识、方法和技术等；另外，它不囿于一般的笼统决策和解决问题的课程模式，而会在这种模式的基础上分析学校的实际，探寻出解决具体问题的具体对策。与国家课程注重基础性和统一性的特点相比较，校本课程具有明确的针对性和适应性。

2. 课程决策的民主性

众所周知，国家课程的决策权主要掌握在学科专家手中，是一种高度集权的课程决策模式。很显然，这种决策模式有许多缺点和不足，比如说内容和标准太讲求整齐划一，过于僵硬，缺乏灵活性，不符合各种类型学校的需要。而校本课程开发则强调校长、教师、家长等对课程决策的参与权，强调学校对当地社区课程资源的利用，以及与校外专家的交流与合作。因此，校本课程实质上是以学校为基地进行课程开发的开放、民主的决策过程。

3. 课程开发的主体性

主体性是人所具有的本质特性，它一方面表现为人对世界客观规律能动的自觉掌握；另一方面表现为人的自觉能动的创造。校本课程开发，在"以人为本"的理念下，注重学生的个性差异，立足于让每一个学生都成为与众不同的主体。也就是说，学生充分的主体性发展是校本课程开发的着眼点和目标，校本课程开发的根本宗旨就是最大限度地满足不同学生的学习需求。因而校本课程开发不是以学科为本位，也不是以教师为本位，而是在学生原有的生活和学习经验的基础上，能够获得主体性、主动性和可持续性的发展。学生主体性发展要求教师必须了解每个学生的需要及其发展的可能性，注意学生的差异性，从学生的经验出发提供差异性教育。中小学阶段是人生发展的重要时期，因此这一阶段尤其需要"学校本位的课程关怀"。

4. 课程内容的开放性

课程内容是由课程计划、课程标准和教科书组成的。随着时代的发展与科技的进步,许多新的观念、新的科研成就、新的技术、新的研究思路,对课程内容的选择均产生了极大影响。这就要求国家从统一的培养目标出发制订出一套灵活的课程计划,然后按课程适应性要求,制订出具体的有关学科成果的实施方案,这些课程方案的内容必须给学校、学生等留有余地,以便他们遇到具体情境时灵活地作出课程决策。就这一点而言,校本课程开发更适合当今教育的现实发展状况。校本课程内容的开放性是针对学科而言的,它的特点是淡化课程的学科性,使课程内容呈现非学科性。其策略是用学科知识而不唯学科论,搞学科交叉、学科渗透、学科边缘、学科综合、学科活动……教师引导和组织学生利用一切可利用的课程资源(馆藏书、报刊资料、影视和其他媒体信息、民俗文化等)启发他们发现问题,并力求运用已有的知识、能力和智慧来解决问题,从而提升自己的综合素质与能力。

5. 校本课程实施的特色性

特色是学校的立身之本。一个学校有无特色,首先要看它有没有明确的办学目标。由于国家对于各级各类学校的培养目标和规格都有最基本的、普遍性的、原则性的规定,不可能照顾到每一所学校的特殊性,所以学校很难表现出自己的特色。而校本课程开发则尊重地方差异和学校差异,促使学校在国家课程政策的指导下,依托自身的客观现实和师生的特点,以及学校传统和课程资源等方面,实施校本课程,并以此来突出自己独特的发展方向。校本课程开发,成为学校形成特色的源头活水,使学校能够体现人无我有,人有我优的独特个性。从国内校本课程开发的成功案例中可以发现,学校特色是在校本课程开发中体现的,是通过学校课外活动、活动课、选修课表现出来的。如石家庄六中在校本课程开发中真正从学生的角度出发,对活动课、选修课等课程进行全面的筛选,克服课程设置的随意性和应付性,从学校的发展来进行课程开发和设置,注重其艺术教育特色,使其真正成为学校特色形成的载体。

三、校本课程开发的内容

校本课程开发的内容是校本课程开发的关键,它直接体现着校本课程开发的理念和目标。依据各学校不同的资源条件,校本课程开发的内容表现出多样性和差异性。根据课程的发展功能,校本课程开发的内容可分为:基础性课程、丰富性课程和发展性课程。

1. 基础性课程

基础性课程是指给学生可再生长的基本知识和可再发展的基本技能的课

程。它和国家课程的范围大体一致,包括语文、数学、物理、化学、英语、政治、生物、体育、美术等。如石家庄六中是河北省艺术特色高中,建构了具有学校特点的校本课程体系。教师编写的校本课程教材有:速写、设计、色彩、素描、基本乐理和试唱练耳。校本课程开发拓展了学生的知识与技能,使该校成为河北省艺术教育的摇篮。再如,保定一中能开一门拓展课的教师有70人,申报开设两门以上校本课程的老师有28人。每学期高一、高二年级都能开设30多门的校本课程,构成了学校课程文化的一道亮丽的风景线。

2. 丰富性课程

丰富性课程是指丰富学生生活、促进学生全面发展、提高学生综合素质和生活质量的课程。它包括健身、博知、怡情、励志、广行五类。我国中小学在以往开设"活动课"的过程中积累了不少成功的经验,这可以说是为校本课程开发观念的生长准备了良好的土壤条件。如唐山市路南区实验小学校长陈东利认为德育内容既要具有稳定性,又需要随时代发展而不断充实更新。改革的深入要求我们必须根据时代和学生的新要求来选择、完善德育思想,以使其能贴近学生,贴近时代,易于被学生接受和认同。该校德育校本课程的开发立足于弘扬民族精神,增进爱国情感,提高道德修养,让爱国主义主旋律在学校常奏常新。再如泰安市师范附属小学开设养成教育校本课程的指导思想是:小学姓小,由小及大,注重养成,形成习惯。这些学校校本课程的开发,均收到了良好的教育效果。

3. 发展性课程

发展性课程是指拓展学生能力、激发学生创造力的课程。它在基础性课程上提高要求,增加难度,以培养研究型、创造型人才为目的,重视学科的前沿性、学术性和学习的探究性。这类课程包括两方面内容:一是加深学科知识的深度,旨在拓宽学生学科知识和能力的课程,二是着重培养学生的问题意识、创新意识、科学精神、创造能力的课程。如中学物理校本课程开发可引导学生观察自然界中的物理现象:在夏季的早晨对露珠进行观察;在秋季的早晨观察雾;在冬季的早晨观察霜。引导学生观察生活、生产中物理知识的应用,如轮胎外表面、手握把套、车座表面和脚蹬表面都有凹凸不平的花纹,用于增大摩擦力。还可以鼓励和指导学生利用身边的物体或自制仪器进行课外小实验,探究物理规律,如用纸锅烧水,对盛有水的纸锅加热至水沸腾,纸锅却安然无恙,使学生懂得了水在沸腾时温度保持100℃不变。邯郸春晖中学在校本课程开发中形成了"五利用",即利用传统优势,利用地区优势,利用人才优势,利用资源优势,利用他人优势创造优势。石家庄二中开设发明创造课、信息技术课等,举行一年一度的"创造节"、"体育节"等特色教育活动,促进学生的全面发展。2006年,石家庄二中105人次因在全国学科奥赛和科技创新大赛中获得一等奖以上奖项而获得免试保送全国名牌大学资格,这些成绩的取得与校本课程的开发不无联系。

四、校本课程开发的问题

校本课程开发虽然取得了一些成绩,但发展并不平衡。探究起来,其障碍有校内的,也有校外的;有认识观念上的问题,也有实际运作上的困难。

1. 评价制度的制约

校本课程开发是一个复杂的、动态的系统工程,是以学校为基地,进行课程开发的开放民主决策过程,它不仅仅需要国家课程政策的支持,而且需要评价制度的变革。事实上,中考、高考已经成为初中、高中的生命线,升学率、重点率的高低理所当然地成为社会关注的焦点。中考、高考成绩的排名几乎成为评价学校领导政绩的唯一标准。学校在评价教师时,教学成绩的高低也几乎成了唯一标准。教育教学目标也就变得直接而单纯——一切为了中考、高考。"三天一大考,两天一小考",一些操作有些难度、短期内不容易见到实效的改革措施也就难以落实。在这种背景之下,学校领导、教师根本无心、无暇、无力顾及校本课程开发。即使有的学校开设了校本课程,也是为了升学考试服务的,并以此为价值尺度评价、取舍课程,有的甚至把校本课程开发变成考试科目辅导的第二课堂,与校本课程开发的初衷背道而驰。

2. 教育观念的滞后

在校本课程开发中,许多学校领导为了完成上级教给的任务,对教师强行"摊派",要求每一名教师必须开发一门或两门校本课程。实际上,许多教师根本不知道何谓"校本课程",更不用说让其开发了,从而出现粗制滥造、滥竽充数的现象。即使勉强开发了,也只能在现行学科上"打转转",归根到底也只能是学科类课程在"应试"上的深化,根本不可能体现学校的特色和学生的特长。还有一些学校对"校本课程"的理解出现了偏差,课程开发不是按照学生的兴趣特长而开设,而是按照教师的"特长"来开设,教材编写往往是"以师为本"——谁有特长谁来编,谁有特长谁来开,从而出现"学生围绕教师转,教师围绕领导转,领导围绕政策转"的现象。

教育观念的滞后还表现在家长对校本课程的不理解。有的家长由于自身素质的原因,无法对校本课程作出正确的评价与建议。有的家长仅从应试的角度来看待孩子的前程,对校本课程持排斥态度,更不用说合作探索;有的家长对学校的改革与创新持怀疑的态度,不敢相信这样不会影响孩子的成绩;有的家长对改革采取隔岸观火的姿态。

3. 教育经费的紧缺

校本课程的开发需要大量的财力、物力,需要一定的专用经费和物质保障,与校本课程相关的图书、仪器与设备等都需要大量的添置,这一切皆需要强大的经费做后盾。而目前,我国许多中小学经费严重不足,有些学校连正常运转所需的办公经费也难以保证,学校陷入难以为继的困境。特别是一些贫困地区的学校更是苦不堪言,教师外出学习进修的机会少之又少;校舍破旧或不足;图书匮乏或不对口;实验仪器落伍或不足;现代化设备不齐备。这些,都阻碍和制约着校本课程的开发。

4. 教师素质准备不足

课程开发不仅是一个理论性问题,更是一个操作性的问题。在理论层面上,它要求教师有一定的课程论知识和课程意识;在操作层面上,教师应拥有一定的课程开发能力。我国中小学教师在课程论知识及课程开发能力方面明显“先天不足,后天失调”。在我国的师范教育中,常常通过开设“教育学”这门课程来传授有关的教学理论。这种教学理论受苏联影响较大,把课程看做是教学内容的一部分。它所关注的是怎么教,注重教学方法、教学原则等。因此,在教师心目中往往形成这样的定式,作为教师的根本任务就是怎么教、怎么把知识传授给学生,至于教什么,那是国家和教育专家的事情,与自己无关。加之,我国长期以来实行单一的课程管理体制,专家学者是课程开发者,学校及广大的教师只是国家课程计划的被动执行者,职责就是依照计划好的课程方案加以呈现,极少参与课程开发活动。与校本课程开发相比,教师更习惯于执行指令性的课程计划,课程意识逐渐淡漠,课程开发能力也无从发展。总之,教师是校本课程开发的主体,其能力素养的高低及开发的热情是校本课程开发的最大障碍。

五、校本课程开发的思考

校本课程开发的目的是为了体现学校的办学特色,发展并培养学生的个性特长,同时也充分地开发和展现教师教学的个性特长。

1. 改革评价制度

改革现行教育评价体制,确立正确的人才观和质量观。在基础教育改革过程中,要积极探索中小学评价与考试制度的改革,逐步形成促进学生发展的评价体系;积极探索新的评价体制,尝试建立以教师自评为主,校长、教师、学生、家长共同参与,促进教师不断提高的教师评价制度和促进学校课程不断发展的机制。我们要改变课程评价过分强调甄别与选拔的功能,发挥评价制度在促进学生发展、提高教师素质和改进教学实践方面的功能。评价一所学校不要只看学校的升学率,而要关注其培养适合本地经济建设和社会发展的人才的数量和质量,尤其对于农村中小学,除了向高一级学校输送生源外,更重要的是培养适合农村经济发展的人才。

2. 树立新的课程观

课程的变革,从某种意义上说,不仅是变革教学内容和方法,而且也是变革人。对人的变革其实就是教育观念的变革,而校本课程的开发过程实质上就是一种观念的变革过程。一是要树立统一性与多样性相结合的课程制度观;二是要树立促进学生全面发展的课程价值观;三是要树立国家、地方、校本三种课程并存的课程类型观;四是要树立教师既是知识的传授者同时在一定程度上又是课程的开发者的课程开发观。唯有如此,学校才能通过校本课程开发,建立起学校内外课程资源的转化机制,合理发掘和利用校内、社区以及兄弟学校的课程资源,使之成为学生学习和发展的财富,同时使学校特色建设与校本课程协调发展。

3. 提供课程开发资源保障

校本课程开发作为一项系统工程,涉及大量的教育物资和相关人员,无论是开发计划制订还是教材建设,都需要相应的经费做基础。在多数的中小学校,经费不足是困扰其进行校本课程开发的重要因素。一方面在保证教育经费按时足额到位的基础上争取教育主管部门对校本课程开发的专项经费支持,另一方面也要努力争取社会各界的援助,以获得校本课程开发所需的资金,从而为教师进修、培训提供充足的费用,为学校购置必需的教学设备和有关的图书资料等,以建立丰富的校本课程资源网。

4. 加强教师校本培训

国外课程研究与实践已证明,要保证校本课程开发的顺利进行,建立课程开发队伍是关键,这支队伍的主体是教师,因此,必须加强对教师的培训。对教师的培训要立足于校本培训。所谓校本培训，是以教育专家为指导，以教师任职的学校为基本的培训单位，以教师的教学能力提高为主要目标的一种培训方式。通过这种培训，在校外专家的指导下，使教师加深对课程理论和自身角色的认识，明确自己在校本课程开发中的地位和作用，使之成为校本课程开发的主体，这种转变对提高中小学教师角色的认识具有重要的意义和价值。

综上所述，中小学课程改革势在必行。中小学校本课程开发是课程改革的重要突破口，这项工作任务艰巨、困难重重，各级政府和教育行政部门都要积极寻找对策，广大教育工作者要群策群力，促使这项工作顺利进行。

第四节　破解普及农村高中教育的难点

高中教育是义务教育与劳动力市场以及高等教育之间的枢纽，事关我国建设人力资源强国大计。从中共十六大报告首次提出2020年“基本普及高中阶段教育”，到中共十七大报告进一步提出，“加强教师队伍建设，重点提高农村教师素质”。一以贯之，集中体现了普及农村高中教育的关键。本研究以河北省农村高中为个案，破解普及农村高中教育的难题。

一、农村高中教师队伍现状

农村高中包括县镇高中和乡村高中。县镇高中是指在县(市、区)政府所在地城区范围内的学校，乡村高中是指所在地在乡镇、村的学校。

(一)数量结构及分析

充足的教师队伍是扩大高中教育规模、提高教学质量的保证。在注重教育资源均衡配置的今天，足够数量的农村高中优质教师资源的合理配置仍将是需要长期努力的重点所在。

2009年年底，河北省普通高中专任教师81765人，城市、县镇和乡村普通高中专任教师分别是24135人、50875人和6755人。在普通高中专任教师中，城市、县镇、乡村高中专任教师所占比例分别为29.52%、62.22%和8.26%，也就是说70.48%的高中教师在农村。

(二)年龄结构及分析

年龄结构是指教师队伍的年龄构成，它既是保证教育工作连续性的前提，又能反映出教师队伍的活力与发展前景。教师年龄结构是否合理，不仅关系到教育发展的潜力，也关系到总体教育教学质量的提高。

2009年年底，河北省农村高中专任教师中，25岁以下的年龄段中，县镇高中和乡村高中的专任教师分别是 4057 人和 283 人,占教师总人数的7.97%和4.20%。26~30 岁年龄段中,县镇高中和乡村高中的专任教师分别是 14186 人和 1816 人,占教师总人数的 27.88% 和 26.89%。31~35 岁年龄段中,县镇高中和乡村高中的专任教师分别是 12725 人和 2088 人,占教师总人数的 25.01% 和30.91%。36~40 岁年龄段中,县镇高中和乡村高中的专任教师分别是 9600 人和 1247 人,占教师总人数的 18.87% 和18.46%。41~45 岁年龄段中,县镇高中和乡村高中的专任教师分别是 6681 人和 732 人,占教师总人数的 13.14% 和10.83%。46~50 岁年龄段中,县镇高中和乡村高中的专任教师分别是 2198 人和 274 人,占教师总人数的 4.33% 和 4.05%。51~55 岁年龄段中,县镇高中和乡村高中的专任教师分别是 1013 人和 176 人,占教师总人数的 1.99% 和 2.60%。56 岁以上的年龄段中,县镇高中和乡村高中的专任教师分别是 415 人和 139 人,占教师总人数的 0.81% 和 2.06%。

数据显示,县镇高中 35 岁以下的教师占 60.86%,乡村高中 35 岁以下的教师占 62%。如某革命老区县一中,5 年新进教师 156 名,教师总量由 10 年前的 165 人猛增到现在的 372 人,35 岁以下教师占教师总数的比例一直维持在 70% 以上。教师队伍年龄结构严重不合理,中老年教师的带动效应逐渐减弱。

(三)性别结构及分析

性别结构是指教师群体中男女教师的比例构成。由于男女性别的不同,教师的思维模式、表达方式、行为方式、教育技能技巧、心态和性格都有明显的差别。这种差别对于教师群体的教学和生活都有着重要的影响。因此,性别结构是考察教师群体状况与质量的重要指标之一。

2009 年年底,河北省县镇高中专任教师 50875 人,其中女教师 29732 人,女教师比例达 58.44%;乡村高中专任教师 6755 人,其中女教师 3679 人,女教师比例达 54.46%。女教师比例高,学校经常会有数位女教师孕期、产假赶在一起,对正常的教学秩序产生不利影响。女教师多,极易造成教学过程中阴柔有余而阳刚不足,对学生性格的养成有很大影响。

(四)职称结构及分析

职称结构在一定程度上反映了教师队伍的学识水平和胜任教育教学工作的能力层次,也是衡量学科层次和人才培养层次的重要尺度。教师队伍合理的职称结构对农村高中教师队伍建设具有极其重要的意义。

2009 年年底,河北省县镇高中专任教师 50875 人,其中有高级专业技术职称(中学高级)的 7380 人,中级专业技术职称(中学一级)的 18684 人,初级专业技术职称(包括中学二级、中学三级和未评职称)的 24811 人。县镇高中高级、中级和初级职称教师人数所占比例分别为 14.51%、36.73% 和 48.76%。同年年底,河北省乡村高中专任教师 6755 人,其中高级专业技术职称(中学高级)的 692 人,中级专业技术职称(中学一级)的 2591 人,初级专业技术职称(包括中学二级、中学三级和未评职称)的 3472 人。乡村高中高级、中级和初级职称教师人数所占比例分别为 10.24%、38.36% 和 51.40%。数据表明,农村高中以初级职称的教师为主体,影响教学质量的提高。

(五)学历结构及分析

学历结构是指教师群体中每个成员接受不同层次专业教育的比例。学历结构反映了教师的业务素质及发展的可能,是衡量教师队伍水平的一个重要标志。《中华人民共和国教师法》规定,在高中任教须达到本科以上学历。《中共中央国务院关于深化教育改革全面推进素质教育的决定》要求:2010 年前后,经济发达地区高中阶段教育的专任教师和校长中获硕士学位者应达到一定比例。

调查显示,2009 年年底,河北省县镇高中专任教师 50875 人,其中研究生毕业的 803 人,占 1.58%;本科毕业的 45398 人,占 89.23%;专科及专科以下毕业的 4674 人,占 9.19%。同年年底,乡村高中专任教师 6755 人,其中研究生毕业的 59 人,占 0.87%;本科毕业的 5751 人,占 85.14%;专科及专科以下毕业的 945 人,占 13.99%。数据显示,农村高中教师队伍的主要组成部分是本科毕业教师,农村高中普遍缺乏研究生毕业的高学历教师。

二、农村高中教师队伍中存在的问题

(一)教师数量不足,教师队伍不稳定

农村高中教师数量问题是高中教育发展的关键。充足的教师队伍是推进高中教育规模、提高教学质量的保证。在注重教育资源均衡配置的今天,足够数量的优质教师资源的合理配置仍将是需要长期努力的重点所在。由于高校扩招的吸引和国家、社会及家庭对高中教育的重视,各地高中纷纷扩招,高中在校生数量近几年来迅速增加。2009 年年底,河北省县镇高中专任教师 50875 人,在校高中生 802932 人,专任教师与学生的比例为 1∶15.79;乡村高中专任教师 6755 人,在校高中生 98085 人,专任教师与学生的比例为

1∶14.52。我国要在2020年普及高中阶段教育，随着入学人数的增加，农村高中教师数量不足将成为影响高中教育发展的瓶颈。

农村高中教师队伍不稳定主要表现为两种类型：一是显性流动，具体又可以分为外流型和内流型。外流型即由教育系统流向非教育系统。内流型即由教学一线流向教育系统内部的其他岗位；从乡村学校流入县镇学校、城市学校；从经济落后地区流入经济发达地区；从物质待遇底的学校流向物质待遇高的学校；从农村初中流入农村高中。二是隐性流动，是指有“外流”或“内流”的意向和情绪表现，但未构成现实的流动行为。以显性流动为例，2009年河北省县镇高中外流教师1469人，乡村高中外流教师386人。如，某县高中四年内有23名骨干教师“跑了”，占教师总数的20%。走掉的大多是优秀的骨干教师，其负面影响不言而喻。

（二）教师队伍趋于年轻化，经验丰富的中年教师不足

科学研究表明，脑力劳动者的能力转折点是45岁，因此，教师队伍合理的年龄结构不仅应以中年教师为主体，而且要保持老、中、青年教师有一定比例，发挥教师群体的最佳效能。河北省县镇高中35岁以下的教师占60.86%，乡村高中35岁以下的教师占62%。但是，由于年轻教师经验不足，不熟悉教育教学规律，不能很好地调动学生学习积极性，在短期内制约了农村高中教育教学质量的提高。

36～45岁年龄段的教师是学校教育教学工作的中流砥柱，承担着学校大量的教学工作，支撑着学校的正常运转。他们授课经验丰富，善于把握学生心理，能够引导学生学知识，学做人。令人遗憾的是在这个年龄段的县镇和乡村高中的教师分别有16281人和1979人，分别占全部教师的32.01%和29.29%。由于农村高中生活环境艰苦，待遇较低，许多中年教师在生活上产生了诸如住房、工资待遇、子女上学和就业等问题，导致许多优秀的中年教师不断外流，影响了农村高中的教学质量。

（三）男女教师比例失衡，阴盛阳衰愈来越烈

如前所述，2009年年底，河北省县镇高中和乡村高中的女教师比例分别达到58.44%和54.46%，且阴盛阳衰将愈来愈严重。如2009年县镇高中录用新教师2005人，其中女教师1357人，占67.68%；乡村高中录用新教师183人，其中女教师126人，占68.85%。调查显示，1/4农村高中学校男教师比例甚至不到40%，这与发达国家相差甚远（日本高中男教师占70%），与我国高

中男教师的比例为57.01%也有较大的差距。农村高中教师队伍的女性化不利于学校的发展。男教师过少,会影响学校教育教学活动的正常开展。农村高中教师队伍女性化也不利于学生的认知发展,对于培养学生的意志品质和性格气质都有一定的影响,尤其不利于培养学生的创新精神和实践能力。

(四)教师职称,城乡差异较大

教师的职称与其工资待遇、收入水平和社会地位密切相关。早在2007年年底,全国高中高级职称教师的比例已经达到19.29%。时至2009年年底,河北省高中高级职称教师的比例仅为17.42%。县镇和乡村高中专任教师高级职称所占比例分别为14.51%和10.24%,分别低于全省平均比例2.91和7.18个百分点。城市高中以中级职称教师为主,农村高中则以初级职称教师为多。因此,要尽快提高农村高中的整体师资力量和教学水平的同时,提高农村高中教师职称水平。

(五)教师素质水平偏低,高学历教师匮乏

目前,虽然河北省农村高中教师大多学历已经达标,但是依然缺乏高学历的教师。据对参加省级农村高中教师培训班学员调查,初始学历不达标的占1/3。虽然通过"三沟通"等在职进修或短期培训等方式,在短时间内迅速使学历达标,但是虚假的学历繁荣带来的后果是非常严重的。许多农村高中教师由于没有接受过严格的系统的高等教育,其业务素质与实现自身专业化发展的需求还存在一定差距。而且由于高素质教师不足,不仅拖高中教育发展的后腿,而且大批低素质教师占了教师的编制,成为高中教育发展的沉重负担,阻碍了高校优秀毕业生的就业分配。

三、农村高中教师队伍建设的思考

(一)"进"与"养"结合,创新和完善农村教师补充机制

普及农村高中教育,提高农村高中教育质量,要从本源即教师队伍建设抓起。编制问题不解决,高校优秀毕业生无法献身农村高中教育事业,教师队伍建设就是空谈。强教必先强师,除了要逐步实行城乡统一的中小学编制标准外,还要尽快地将"进"与"养"结合起来。所谓"进"是指不受编制限制,将高校优秀毕业生引进学校。在冀南某县高中青年教师素质大赛中,河北师大顶岗实习的师范生荣获第一名,但是由于编制受限,优秀师范生渴望献身农村教育的愿望未能实现。如实施不受编制限制的"进"的改革举措,不仅解决了高校毕业生就业难的问题,更重要的是可以尽快地提高农村高中教育质量。

“养”是指养起一批任教水平低，即使经过进修，教学质量也难于提高的有编制的教师。因为历史的原因，初始学历不达标的农村高中教师大约占1/3。不能因为这部分教师占着编制，就贻误农村教育事业。为了社会的安定，在教师队伍中不宜采用企业下岗的方式，可以在学校内部建立教育服务集团，使这部分人的聪明才智充分得到发挥。

（二）按照“按劳取酬”的原则，实施待遇优惠制

提高农村高中教师工资、待遇和津贴，吸引优秀教师和优秀师范毕业生终生从教。为了鼓励大学毕业生当教师，英国政府采取了不少措施，包括为每位新教师提供6000英镑的培训薪酬，年轻教师可以获得低息买房贷款，对教育成绩突出的教师额外加薪等。据此，我国也可以建立相应的鼓励机制：一是通过发放补贴、减免在校助学贷款等，吸引优秀高校毕业生到农村高中任教。二是建立、落实农村高中教师的地区性补贴。到边远地区、经济文化落后地区工作的农村高中教师，享受地区性补贴，并在评定职称等方面予以政策优惠。三是建立完善农村高中教师社会保障制度，住房公积金、社保、医保等福利得到保障。四是解决农村高中教师性别失衡，从男性师范生这个源头抓起。师范大学招生时应该对男女生的比例作一定要求，中小学教师队伍性别比例有望得到调整。

（三）倡导重视贡献的原则，满足教师精神需要的优先性

在改善农村高中教师的物质生活条件的同时，还要进一步提升其精神地位。要倡导重视贡献原则，建立健全教师表彰奖励制度。

重视贡献，意味着农村高中教职工有分工，能力有大小，唯有对教育事业作出贡献这一点是共同的。重视贡献，使职务、资历、学识以及其他“个人资本”都降低价值，使农村高中各项工作的价值明朗化。重视贡献，将贡献作为衡量人的标准：教书育人是贡献；人际关系的改善是贡献；服务周到是贡献；提供了好信息，出了好主意等，都是贡献。在一所重视贡献的农村高中，舆论上给有贡献者以赞誉，组织上依贡献决定人的奖惩和晋升，这样能极大地激发教职工的积极性。这种需要给教职工以强大而持久的动力，可以抑制对物质需要的追求，从而把精力引导到学习和事业的发展上，成为人才成长的巨大动力。重视贡献，使教职工感到有“用武之地”，并能受到人们的尊重，从而增强归属感、荣誉感、责任感和义务感。教师会竭尽全力致力于一项工作、一个领域，发展一个方面的才能，乃至达到卓越的程度，从工作的成就中获得精神需

要的满足。

(四)坚持多样化的培训原则,提升教师专业素质

加强农村高中教师培训,对于提高教师队伍整体素质和教师工作水平,具有重要的战略意义。在选用培训内容时,坚持多样化,即农村高中教师培训教材的多方出版,培训内容的多向开拓。按照农村高中教师应履行的职责来确定培训的主要内容,侧重于新课程改革中教师工作的新特点、新要求和工作中遇到的实际问题。在选用培训模式时,坚持多样化,即农村高中教师培训模式有专题式的、菜单式的和积木式的,允许教师按自己的需求选择学习内容和模式,进行自主学习。在选择培训形式上,坚持多样化的原则,即将常规的课堂培训形式与以参观考察为主的培训形式、以教师互帮互学为主的培训形式和以专题研讨为主的培训形式有机结合起来。在培训时间上,坚持多样化,即教师培训宜长则长,宜短则短,或者长短结合。最短的培训项目可以是一次专题讲座仅用两三个课时,最长的培训项目可以是攻读硕士、博士学位。

(五)重点培养青年教师,鼓励其争当教育家

21世纪是呼唤教育家,产生教育家的年代。教师工作意愿跟教师年龄有关。调查显示,35岁以下年龄组的教师精力比较旺盛,因而更愿意担任班主任或承担教学改革的重任。45岁以上的教师可能更多地要照顾家庭,容易遭遇生活压力与工作需要的冲突或者工作期望与现实的矛盾,所以担任班主任或者参与教学改革的积极性会明显降低。因此,应鼓励青年教师争做教育家,在教书育人的过程中研究教书育人。

第五节 探寻薄弱学校的转变与发展

薄弱学校在我国教育体系中所占的比例较大,这类学校的共同特点是办学条件差、办学水平不高、社会声誉较差,在发展的过程中举步维艰。因此,薄弱学校的转变既是我国基础教育发展的一个重点,也是一个难点。薄弱学校办出学校特色是一项创新性工作,没有现成的操作模式,不可能一蹴而就,需要艰苦探索,需要校长、教师几年、十几年甚至更长时间的共同努力。本研究以三所薄弱学校发展为例,查找薄弱学校的症结,找准改革的突破口,坚持以人为本,强化特色在课堂,薄弱学校同样能够办出特色。

一、查找薄弱学校问题的症结

保定市中华路小学原是保定市区基础条件最薄弱的学校。在2001年中

小学布局调整过程中，由东关小学、椿树胡同小学、中华路小学三所濒临关闭的小学合并而成，而这三所学校均是当时保定市基础条件很差的学校。合校之初，好学生能转走的都转走了，优秀教师几乎一个没留住，薄弱学校面临的诸多问题在这里集中凸现。

石家庄市第三十二中学地处闹市区，毗邻北方地区最大的小商品集散地和物流中心之一的南三条小商品批发市场。由于历史原因，学校长期戴着薄弱学校的帽子。校园狭小，校舍陈旧，资金短缺，设施不足。初中在校生有85%以上是流动务工人员子女，学生家庭租住的是狭小的平房，在家没有独立的学习空间，还要做家务，连正常的学习时间都难以保证。学生成绩长期低迷，恶性循环严重。特别是2007年以来学校面临拆迁改造，教师队伍不稳定、学生生源质量差、师生流失严重等问题凸显。

石家庄市第四十五中学原是一所默默无闻的落后的农村普通高中——正定县第二中学。该校位于石家庄市长安区西兆通村，地处城乡接合部，由于地理条件和其他因素的限制，学校办学条件简陋，生源渠道狭窄，20世纪90年代新生报到率不足70%，流失率却高达25%，高考升学率一直徘徊在10%左右。学生悲观厌学，教师情绪低落，学校面临着难以生存的尴尬困境。

在与上述三所学校教师的交谈中，教师使用频率最高的一句话就是“我们学校的学生不行”，他们已经习惯于将失败归咎于学生。教师对学生的低期望，又影响到学生对自我的判断，导致学生自信心不足。这种消极情绪就像传染病一样扩散开来，致使一些本来干劲十足的年轻教师也丧失了信心。由此观之，薄弱学校的“病根”在于精神方面的薄弱。

二、薄弱学校转变要选准突破口

2003年10月11日~14日，中共十六届三中全会在京召开。全会通过的《中共中央关于完善市场经济体制若干问题的决定》提出“科学发展观”。中共十七大再次强调要坚持科学发展观，即以人为本，全面、协调、可持续发展。坚持科学发展观不仅对经济发展、社会发展有重大指导意义，同样也对薄弱学校进行转变有重大指导意义。坚持科学发展观，薄弱学校转变要立足于发展。如何发展？薄弱学校首先要选准改革的突破口。

薄弱学校要面对的问题很多，办出特色就更难。薄弱学校转变的关键是选准突破口。突破口选择得好，能牵一发而动全局；突破口选得不当，只能解决些小问题，无法从根本上扭转学校局面。一般来说，薄弱学校的发展涉及四个方面的问题,即用人体制方面的问题、资金投入方面的问题、社会舆论方面的问题和学校文化建设方面的问题。选准突破口,应遵循量力性原则。这里所说的量力性原则,是指薄弱学校在选择改革的突破口时,要以学校现有的条件(物质条件、师资水平等)为依据,适合学生的身心发展水平和特点,既能充分调动教职员工的积极性,又能有效地促进学生最充分的学习和发展。遵循量力性原则,显然用人体制方面的问题、资金投入方面的问题的解决,不是校长力所能及的。要提升薄弱学校的社会舆论,必须提高办学质量,树立学校品牌,这恰恰是薄弱学校的软肋。因此,薄弱学校的转变必须以学校文化建设方面的问题作为改革的突破口。

在基础教育课程改革的实施过程中,校本课程和综合实践活动课程是应运而生的新型课程。与保定市各个小学在教师队伍、学生来源和办学条件等方面进行比较,中华路小学显然处于劣势,因此,上述三方面不能作为中华路小学改革的突破口。但在校本课程和综合实践活动课程的建设上,中华路小学与保定市所有小学均站在同一起跑线上。校本课程和综合实践活动课程既是新课程的亮点,也是新课程实施的难点。在保定市大多数小学校本课程和综合实践活动课程多年没有实质性进展的情况下,中华路小学从课程改革的最薄弱环节也是制高点——校本课程和综合实践活动课程开发上,寻找到了改革的突破口。集中优势力量把校本课程和综合实践活动做强,把学校办出特色。

面对困境,石家庄市第三十二中校领导认识到,坚持科学发展观,学校特色形成的决定因素是人。学校的特色绝不是出了一个或几个"中考状元"或"高考状元",而应该是在整体推进、和谐发展的基础上形成的集合亮点。这个集合亮点就是"星光满天",而不是"月如银盘"。了解人、尊重人、信任人、欣赏人和关爱人,是以人为本,调动人的积极性、挖掘人的潜能的前提。通过认真分析学校的现状,学校领导班子达成共识:学校所有的工作必须以人为本;必须有利于师生身心健康和全面发展;有利于教育教学质量的不断提高;有利于学校的良性发展。为此,学校将近期目标定位为:稳定人心,苦练内功,内强素质,为今后的发展积蓄力量;中期目标定位为:改变学校面貌,提高师生素质,营造科学、民主、人文、开放、和谐校园。

作为一所薄弱高中,石家庄市第四十五中校领导意识到,不顾学校自身实力与重点高中比拼升学率,就难以走出失败的困境,只有全力改革办学模式,探索新的办学思路,用心构建自己的办学特色,精心打造自己的教育品牌,才能使学校焕发新的生机。进行广泛的社会调查后校领导发现,随着市场经济的快速发展,建筑装饰业、服装设计业、工艺美术业、商标广告业悄然兴起,可社会上与之配套的美术人才却相当缺乏,加之高等美术院校招生规模在逐年扩大。在这种情况下,考虑到四十五中学原是河北师范大学美术系实习基地的优势,在全面考察、综合分析的基础上,学校领导提出了“改革办学模式,创办特色学校,培养特长人才”的发展思路,将突出“美术教育”确立为办学模式改革的切入点。

三、形成学校特色在课堂

坚持科学发展观,学校教育的最大的特色是在课程统领下的课堂教学的组织和生成,课堂教学是实施素质教育最重要的载体,一切背离或淡化课堂教学的所谓特色都是与素质教育背道而驰的。只有课堂教学有特色,才能满足学生近期和长远发展的需求,才能满足学生的需要与社会发展需要的结合。薄弱学校要办出特色,必须最大限度地挖掘教育资源潜力,彰显课堂教学的魅力。

(一)校本课程进课堂,师生共同成长

保定市中华路小学借课程改革的东风,从校本课程开发这一薄弱环节上入手,抢占课程改革制高点。基础教育要强化根基教育,强化民族意识,强化我是中国人的教育。于是学校领导决定将国学作为校本课程开发重点。通过国学教育弥补学生传统给养不足的缺憾,促进学生良好习惯的养成,为学生未来的发展夯实人生基础。中华路小学把《国学》课本分成四个单元,第一单元是蒙学经典内容,主要包括德育启蒙、识字启蒙、声律启蒙三方面内容;第二单元是经史子集单元,主要包括经典名著中的精选佳句、经史子集内容概况等内容;第三单元是古文字单元,主要是汉古文字、民族古文字的演化内容;第四单元是国粹初览单元,主要了解中医、书画、戏曲、武术、民族舞蹈、名胜古迹等中国传统文化中的代表内容。校本课程开发的过程是提高教师队伍素质的有效途径。通过学国学、教国学,教师视野开阔了,看问题的角度起点高了,思考问题更深刻了,处理问题多样化了,进而师生关系更和谐了。教师从课程改革的高度关注教学,除了积极参加教材编写外,还从学科发展的角度,从学生终身发展角度认识教学。教师教育观念的变革,带动了学校相关学科的发展,学校实现了跨越式发展,从此走出了办学低谷。

石家庄市三十二中学以课程的改革拉动学校整体办学水平的提高。在校本课程开发中，不是局限于某个独立的方面，而是以“抓基础、修仪表、强素质、促发展”为主题，把诸如文明礼仪、法律法规、防灾自救、艺术欣赏、国学等方面知识，分成一个个模块，然后串成一条清晰的主线，在不同的年级、不同的时段，有针对性地开设不同的课程，使之系统化、多元化、层次化。例如，七年级开设中学生礼仪教育、安全教育、自救知识和汽车文化等；八年级开设安全教育、自然科学、传统文化等。从 2008 年 3 月起，每学期进行校本课程教学 80 余节，学生满意率达 99%。校本课程已经成为三十二中教育教学的一个亮点。校本课程的开发受到了上级主管部门的肯定，河北省教科所授予该校为“校本课程开发与实施实验学校”。

（二）综合实践活动课，校内外、理论与实践相结合

综合实践活动包括信息技术教育、研究性学习、社区服务与社会实践以及劳动与技术教育。基于学校的实际情况，保定市中华路小学决定从综合实践活动的四大领域中选取两个方面，即重点开展研究性学习以及劳动与技术教育。

综合实践活动开展，需要氛围，需要平台。在校园资源最大化思想指导下，校内建设了综合实践活动基地。校园内原有一小块空闲地，堆放着建筑垃圾。这些砖头瓦块清运出去光运费就需要 8000 多元。综合实践活动课上，师生把它顺势堆起来，将低处挖成池塘，产生高峡出平湖的效果。现在这里已经成为校园一景。

综合实践活动开展，需要师资。中华路小学率先将科学、信息技术、劳动、品德与社会师资整合，确定了研究课题与综合实践活动课程计划。组成以主打学科牵头，其他学科全员参与的综合实践活动指导教师小组。综合实践活动课程的设计上突出层次，以提高教师的课程意识为目标，通过课程设计，引导教师从整体上把握教材，注意知识的贯穿和联系，引导教师从学生的终身发展和教师的终身发展着眼考虑课程。

开设综合实践活动课后，保定市中华路小学注重让学生主动参与学习过程，重视培养学生的创新精神、实践能力和社会生活适应能力，注重学生在活动过程中获得的认识和体验。教师观念更新后，已不满足预设好的活动设计和规划好的研究课题，提出要立足生活，强调学习内容与现实的联系。教师从学生需要出发，以人为本考虑问题。校内基地小了，学校就与占地 300 余亩

的、拥有一批农林科研人员的苗圃合作，建立了第一个校外综合实践活动基地。苗圃场地大，有暖棚，具备学校达不到的条件，充分满足了综合实践活动课程的需要。

综合实践活动开展，注重问题探究，学生说："从蝌蚪到青蛙的变化过程，以前都是从书上看到的，都是图画，现在感觉更真实了，能亲眼看到了。"教科书中有一课《落花生》，学生说："原来我不知道花生长在哪里，现在种了花生，观察后知道，花生是先开花，花慢慢扎到地里去，开花的地方长果实，难怪叫落花生。""为什么要将快成熟的大白菜捆起来？到苗圃学习后才知道，捆白菜的目的是让白菜憋芯，憋芯后的白菜口感好且利于储藏和运输。"

综合实践活动开展，更需要激励。让学生享受成功是最好的激励方式。学校池塘里面养殖了水生动植物，便于学生观察理解水生动植物的生长生活习性。利用平整的空地开辟出劳动基地，分给每班一块种植园，师生在这个园地里育苗、浇水、施肥、观察、记录、探究，培养劳动技能，分享收获的喜悦。把小路修到花园里去，修到果树下去，拉近学生与植物的距离，了解植物的生长过程，感受四季的轮回，让学生贴近大自然。师生利用废旧管材焊制了鸟笼，供学生寄养鸟禽。开辟出劳技教室，学生有了自己的加工场地，可以进行多种小制作。学生们纷纷反映："在生活中学习是很有意思的事，我们可以不依赖书本，老师设计的活动都是我们最熟悉的，大家学习兴趣增加了。"

在历经七年的综合实践活动课的实施过程中，中华路小学师生的感悟是：学然后知不足，教然后知困。知不足，然后能自反也；知困，然后能自强也。故曰：教学相长也。

校本课程和综合实践活动课的开发，调动了教师参与教研的积极性，从而带动了学校整体办学水平的提高。中华路小学从此摆脱了落后的帽子，先后获得首批市级教育科研型学校、全国网络教育系统示范单位、全国科普教育先进单位、保定市素质教育先进小学。武文革校长当选为保定市优秀教育科研型校长，保定市新世纪学术和技术带头人，保定市十大杰出青年。

(三)美术特色融入课堂，创建美术教育示范校

教学改革之初，石家庄市第四十五中学一无美术设备，二无专业师资，三是生源素质差，没有美术基础。但学校抱定了"没有条件，创造条件也要上"的决心，硬是从一支笔、一张纸、一间小小的画室开始，走上了漫长而曲折的探索之路。没有画室，学校就把堆放杂物的仓库腾出来；没有经费聘模特，领导、

老师、食堂师傅就义务充当；没有写生静物，教师家里的锅碗瓢盆、蔬菜水果就又多了一处用武之地。

为了实现美术教育目标，完成美术教学任务，在教学课程设置、教学时间安排、专业文化师资配备等方面做了精心安排。每周除文化课外安排两天专业课。学生既学普高文科课程，又学素描、水粉、速写、工艺四门美术基础课。本着边发展边调整的指导思想，学校又先后开设了装饰、工业设计、广告和服装设计等选修课，并增加了实践性教学内容，如色彩构成、色彩头像写生、风景写生、环境艺术设计等美术实践课。

备好课是上好课的前提。学校美术教研组探索出了设计、模拟、评价、反思、实践"五步备课法"；在课堂教学中总结出了讲、练、辅、评、思"五步教学法"。学校既强调课堂奠基，又重视实践强化，探索出了一抓"起步"、二抓"提高"、三抓"实践"的教学路子。抓"起步"就是抓新生入班前的培训；抓"提高"就是抓平时系统的专业课堂教学；抓"实践"就是抓校内、校外的专业基地"操练"。

开展丰富多彩的专业实践活动是对美术课堂教学的有益补充。为美化校园，彰显美术特色，学校采取班级包片儿的方式，让学生在校园四面墙壁上挥毫泼墨，创作出了近千米的墙体彩绘画卷，建起了一条既有审美价值又极富教育意义的室外艺术长廊。到工艺美术厂实习，为附近的机关、企业、学校提供制作广告、绘制壁画、装饰设计等专业服务。每年组织学生到河南石板岩、石家庄赞皇嶂石岩、邢台杨庄等基地写生，组织"师生写生作品展"，让实践性教学环节得到充分落实，为专业教学注入了新的活力。

经过全体美术老师长期不懈的努力，现在学校已经拥有了多本较为成熟的校本美术教材，如《水粉静物》、《素描头像》、《师生优秀作品集》等。这些建立在长期美术教学实践基础之上的具有较高专业水准的教材，不仅为学校美术教育的可持续发展打下了坚实的理论基础，也为社会上众多的美术学子提供了有益的借鉴。

"让美术特色融入文化课堂"是学校文化课教师不断探索的一个课题。在这方面学校做了一些有益的尝试：语文课鉴赏诗词，"诗画"结合，以诗绘画，以画忆诗，赏诗评画，并举办"学生书画作品展"，让学生在"诗中有画，画中有诗"的氛围中得到美的熏陶。学习戏剧单元时，组织"话剧表演大赛"，学生自制道具、设计服装，在巩固语文知识的同时，表演能力、绘画能力、设计能力也得到了锻炼。

经过多年的探索与实践,石家庄市第四十五中学以"美术特色教育"为切入点的办学模式改革取得了辉煌成果,得到了中央教科所专家、省市领导及新闻媒体等社会各界的充分肯定,学校被中央教科所确定为"素质教育实验学校"、"全国百所特色学校"、"走向新世纪特色学校";被河北省政府授予"河北省文明单位"称号。

四、薄弱学校转变与发展的规律

上述三所学校历经了从薄弱学校到标准化学校,从标准化学校到示范性学校的过程。薄弱学校转变与发展是一项复杂的社会实践活动,必须对其进行规律性的认识。

(一)坚持科学发展观,薄弱学校才能转变与发展

薄弱学校转变与发展既有个性又有共性。其共性就是坚持科学发展观,学校的特色必须满足学生近期和长远发展的需求。学校办学特色的形成不是一日之功,它是在学校发展过程中由模糊到清晰、由尝试到自觉的文化积淀,凝聚了学校一代又一代师生的智慧和汗水。它的成长和成熟是在常态的发展进程中实现的,是经过学校这个"园丁"精心培育后的"瓜熟蒂落",而不是"揠苗助长"。

坚持科学发展观,薄弱学校发展要充分认识学校的优势所在,找准改革的突破口,要自力更生,不等不靠,遵循量力性原则,走内涵发展之路,才能在基础条件比较艰苦的条件下,缩小与先进学校的差距,形成有独特办学特色的学校。

坚持科学发展观,薄弱学校发展要以人为本,就应该把握一个"度",即一个不漏,以充分体现教育服务的全面性。也就是说所有的学生都能无偿地、平等地享受到相同的教育资源,使具有不同潜能的学生都能全面发展。

(二)薄弱学校转变与发展不能机械地模仿名校

薄弱学校转变与发展应像保定市中华路小学、石家庄市第三十二中学和石家庄市第四十五中学那样,更新教育观念,树立正确的学校管理思想。这是薄弱学校走出低谷、办出特色的先导性因素。这是因为,在教育教学改革如火如荼的今天,在薄弱学校走出低谷的探索中,悄然兴起一股现象,即"向名校学习",如"洋思现象"、"杜郎口现象"、"安丘四中现象"、"衡水现象"等。俗话说,"他山之石,可以攻玉"。诚然,借鉴依托名校的先进办学理念和经验,

对于加强和促进学校的管理能起很大的作用。但是,在感叹“向名校学习”的同时,有的学校不根据学校实际而照搬名校经验,忽视了教育教学中最根本的规律性的东西;有的学校一年学习推广一所名校的经验,使老师们感到无所适从,成了“四不像”;有的学校因有名校现成的经验而变得懒惰,不再去思考实践属于自己的教育。

列宁指出:“人的意识不仅能反映客观世界,而且创造客观世界。”学校管理思想的先导性表现在对学校管理实践有着巨大的作用,它改变着学校的面貌,决定着教育的成败。如果学校管理思想不改革,一切改革很难取得实质性进展。学校管理思想是学校管理风格、办学特色得以形成的精神内核,是学校得以实现教育思想领导的精神动力。

（三）薄弱学校在转变与发展中要形成特色

办学特色,是学校主体在办学过程中所显示出来的优质而又相对稳定、个性鲜明的育人风格。它有以下几层具体含义:首先,它是指在同类学校中,表现出的办学育人的高品位,是办学成果的优质规定性。其次,是这种优质规定性所显示出来的鲜明个性,同是优质学校,其优质表现出来的个性,才是其特色。再次,办学过程中所显示出来的个性特征,具体表现为个性丰富的群体素质特征,或不断优化而相对稳定的育人风格,是学校内部让人体验到的一种精神风尚和文化品格。

办学特色的形成过程,是办学主体实践自己办学思想,按照学校管理规律办学的过程。可见,办学特色既是精神的,又是物质的,是物质和精神的和谐统一。其表现可以是学校整体,又可以是学校某个方面。无论表现为整体或者某个方面,可称为学校特色的,都应是学校整体素质或精神的典型表征,都应是以学校管理思想为其内核的。校长独特的学校管理思想是办学特色赖以产生的思想基础,是办学特色的灵魂。

保定市中华路小学、石家庄市第三十二中学和石家庄市第四十五中学,在薄弱学校的转变中,没有沿袭其他学校的现成经验,而是依据校情,直面现实,走出一条校本课程开发、综合实践活动课和美术教育的探索改革之路。这些学校最宝贵的经验,即立足基础,由小及大,注重养成,形成习惯。

第十章 中等职业学校的生存与发展

中等职业教育包括中等专业学校、技工学校和职业高中。中等职业教育是教育的重要组成部分。新中国成立初期，随着大规模工业建设对技术人才和管理人员的需求增加，我国学习当时苏联的经验，大力兴办和发展中等专业学校和技工学校。20 世纪 60 年代前期，农村职业中学迅速发展，形成了中专、技校和农职高中三足鼎立，迅速发展时期。1965 年，中专、技校和农职高中在校生达 143.5 万人，占高中阶段教育在校生的 52.3%。“文化大革命”期间，中专、技校和职业中学几乎全部停办。改革开放后，沉寂了多年的中等职业教育再次恢复了勃勃生机。特别是在 1985 年的《中共中央关于教育体制改革的决定》和 1993 年中共中央、国务院发布的《中国教育改革和发展纲要》的政策方针指导下，在政府主导、学校与社会共同努力下，我国中等职业教育得到了前所未有的快速发展。近几年来，由于多方面的原因，中等职业教育的发展面临着许多的困难和问题。为此，2004 年 9 月 24 日，经国务院同意，教育部等七部委联合发出《关于进一步加强职业教育的若干意见》。随着我国教育改革的不断深化，中等职业教育被推向了市场经济的前沿。面对激烈的市场竞争，要牢固地树立社会主义市场经济下的中等职业教育观，只有从中央到地方，从教育部长到每位教育局长（也包括校长），从适应计划经济体制下形成的教育观念、教育体制、育人模式、教学内容、评价标准，彻底转到适应市场经济体制下的教育观念、教育体制、育人模式、教学内容、评价标准上来，像抓普通教育那样抓职业技术教育，才能在本地区构建起科学完善的教育结构。有了完善合理的教育结构，才有培养各类人才的场所和载体；有了培养各类人才的场所和载体，市场所需要的多层次多规格的人才，才能从教育结构上得到保障。当然，这要有一个艰难的工作过程，但必须刻不容缓地去落实。中等职业学校自身改革的举措是：第一，中等职业学校摆脱困境的前提是更新教育观念；第二，中等职业学校的目标是培养高素质创业者；第三，中等职业学校教育教学改革的难点是确定人才模式；第四，中等职业学校发展的关键是形成学校特色；第五，中等职业学校的办学之路，产、学、研相结合；第六，中等职业学校教学改革的方向是校本课程的开发；第七，中等职业学校管理模式是城乡结合，优化教育资源共享。总之，在政府主导、学校与社会共同努力下，中等职业教育的改革之路将会越走越宽广。

第一节　中等职业教育发展的历史与现状

20 世纪 50 年代，我国中等职业教育发展迅速，"文化大革命"期间，中等职业学校几乎全部停办。改革开放以来，我国的职前中等职业教育呈现波浪式发展，在校生规模总体上是先升后降再回升。

一、中等职业教育初步发展阶段（1949～1965）

新中国成立初期，随着大规模工业建设对技术人才和管理人员的需求增加，我国学习当时苏联的经验，大力兴办和发展中等专业学校和技工学校。1957 年，中专（含中师）和技校的在校学生有 84.48 万人，占高中阶段教育在校生比例的 48.5%。进入 20 世纪 60 年代前期，在原有中专和技校的基础上，农村职业中学迅速发展。1965 年，中专、技校和农职高中在校生达143.5万人，占高中阶段教育在校生的 52.3%。

（"文化大革命"期间，中专、技校和职业中学几乎全部停办，1976 年，各种中等职业技术教育在校生人数只占高中阶段在校生的 1.16%。）

二、中等职业教育快速发展阶段（1978～1999）

职业高中是改革开放以来发展最为迅速的就业前正规职业教育，一直具有直接面向劳动力市场、反映社会多样化需求的特色。1980 年，中等职业教育在校生226万人。在1985年的《中共中央关于教育体制改革的决定》和1993年中共中央、国务院发布的《中国教育改革和发展纲要》的政策方针指导下，在政府主导、学校与社会共同努力下，我国中等职业教育进入快速发展阶段。到1996年中等职业教育在校生开始超过1000万人，其中中专在校生在1996年超过400万人。这是因为在整个中等职业教育发展过程中，由于许多地方的劳动就业政策将中专毕业生作为技术人员甚至干部对待，在实际招聘员工中，中专比其他类型的职业学校的毕业生具有一定的相对优势。1998年10月，国务院批准实施的《面向21世纪教育振兴行动计划》指出："继续实施初中后教育的分流，从各地实际出发，积极发展中等职业教育。"1998年年底，中等职业学校在校生人数达到1146万人的历史峰值，占就业前高中阶段教育在校生的比例由1980年的18.9%上升到1995年、1996年的56.8%的峰值。这一时期，涌现了一大批办学方向明确、教育教学质量较高、毕业生就业适应性好的中等职业学校，在很大程度上满足了我国现代化建设和广大人民群众的实际需求，在人力资源开发中发挥着不可替代的重要作用。其中中专在校生人数在1999年突破500万人大关，技工学校在20世纪90年代中期曾经接近200万人规模，各县最漂亮的校舍是职业高中。

三、中等职业教育暂时回落阶段(2000~2003)

由于多方面因素的影响，2000年以来，就业前中等职业教育的在校生人数与比例相继逐年下降。若从宽口径的中等职业教育在校生人数(含职业高中、普通中专、成人中专和技工学校)占高中阶段在校生人数的比例来看，从1995年的62%降至2000年的49.6%。① 2001年，就业前中职在校生数一度跌到1000万人以下。中等专业学校在校生人数减少的原因是，随着1996年后的高等学校合并，逐渐波及中等专业学校合并后升格。2000年后，部分优质中专资源被整合为高等职业教育资源，一批中专升格或者合并到高等职业教育院校，还有某些地区教师学历标准提升，中等师范学校被合并或者转为其他教育培训机构，中专学校数量大幅度减少。而且，随着劳动人事制度改革，以往体制下的中专学生户籍管理、干部身份和统一分配等政策陆续被取消，影响了一部分农村生源的积极性。到2002年，中专在校生数已经减少到456.4

---

① 2000年，全国宽口径高中阶段教育在校生(除宽口径中职外，还包括普通高中和成人高中在校生)为2447.2万人，宽口径中职在校生总数为1213.5万人。

万人,但仍保持在中等职业教育中基数最大的优势。除少数地区外,各省区市中专发展的态势没有显著的差异。技校萎缩的原因是,由于技校原有地区布局与各地工业化进程和国有企业格局有较大关系,近年来受国有企业改革和企业技术升级等影响,在校生回落到20世纪90年代初期的规模,而占高中阶段在校生比例则降为20世纪80年代中期的水平。职业高中在校生人数的减少,则主要由于就业问题所致。

2002年,就业前中等职业教育的在校生数有所回升,达到1043万人(接近2000年的水平),但是由于普通高中在校生增加十分迅速,就业前中职在校生所占比例下降为38.3%,是1990年以来的最低水平。其中,中专在校生从2000年开始减少,规模一直在缩小;而技校与职业高中的在校生从1999年开始减少。在国务院1994年拟定的2000年全国教育发展规划中,职业教育在校生及招生比例是为数很少的未能实现和巩固住的目标之一。[①] 而且,2002年宽口径中职在校生为1196.52万人,虽然比2001年增加31.58万人,但仍然不及2000年的规模,占宽口径高中阶段在校生数的比例降到41.06%,比1996年的峰值下降了20多个百分点。

职业教育的滑坡问题引起了党中央、国务院的高度重视。2002年国务院召开的全国职业教育工作会议,对职业教育的改革和发展产生了重大影响。把发展职业教育摆在突出的位置,不断明确职业教育改革发展的思路,出台了一系列旨在通过改革加快职业教育发展的政策措施。职业教育办学思想实现了重大转变,明确了"以服务为宗旨、以就业为导向"的办学方针,实现了从计划培养向市场驱动的转变、从政府直接管理向宏观引导的转变、从传统的以升学为导向向以就业为导向的转变。紧密围绕走新型工业化道路和解决"三农"问题的需要,大力实施了"职业院校制造业与现代服务业技能型紧缺人才培养培训计划"和"农村劳动力转移培训计划",进一步优化职业教育资源配置和布局结构。职业教育管理体制进一步明确,初步形成了在国务院领导下,分级管理、地方为主、政府统筹、社会参与的职业教育管理新体制。各级职业学校根据市场和社会需要,切实转变教育观念和办学模式,密切与企业、人才、

① 《国务院关于中国教育改革和发展纲要的实施意见》(1994年7月3日)指出,到2000年各类中等职业学校招生数和在校生数占高中阶段学生数的比例,全国平均保持在60%左右;普及高中阶段教育的城市可达到70%。

劳务市场的合作,不断更新教学内容,改进教学方法,调整专业结构,积极开展订单培养,加快培养新兴产业和现代服务业急需的各类人才。

四、中等职业教育再度发展阶段(2004~2009)

2004年9月24日,经国务院同意,教育部等七部委联合发出《关于进一步加强职业教育的若干意见》,规定了8条政策:第一,中职招生和普通高中招生比例要保持相当;第二,县级中职建设要与普通高中建设放在同等重要位置;第三,中职不再升格为高职或并入高校;第四,中职学制以三年为主;第五,高职招生比例应占每年高校招生总数的50%以上;第六,高职学制以二年为主;第七,专科层次的职业技术学院不再升格为本科;第八,民办职业教育应成为职教体系中的重要组成部分。上述规定,显示了像抓普通教育那样抓职业技术教育。中等职业教育有了新的发展,2005年中等职业学校招生规模达到650万人,实现了年初提出的比2004年增加招生100万人的目标。中等职业学校毕业生就业率稳步提高,2005年达90%以上。职业教育的发展,体现了教育系统结构调整的战略意图,体现了各级各类教育的统筹和协调。

针对中等职业教育的现状,2005年11月7日召开了全国职业教育工作会议,温家宝总理在会上发表了重要讲话,强调:各级政府要把发展职业教育作为关系全局的大事来抓。提出要把职业教育作为经济社会发展的重要基础和教育工作的战略重点,进一步明确了职业教育改革发展的指导思想、目标任务和政策措施,对我国职业教育的改革发展将产生重大影响,成为我国职业教育发展史上新的里程碑。

近年来,我国职业教育的快速发展为国家经济社会的发展、为我国成为制造业大国作出了很大贡献。但随着国际产业转移和我国产业结构不断升级换代,我国技能型人才特别是制造业所需要的技术工人还是供不应求。严格地说,技术工人的短缺是一个综合性的社会问题,随着今后我国调整经济结构,走新型工业化道路和推进城镇化等宏观形势的变化,随着劳动力市场规范化和社会用人单位招聘员工的理性化,以及高等教育毕业生就业压力的增大,就业前中等职业教育可能进入一个新的发展时期,在校生数的逐步回升应该是一个发展趋势。

第二节　中等职业教育改革的思考与展望

近十多年来,在由计划经济向市场经济体制转型、产业结构调整、城镇化步伐加快等宏观环境因素的影响下,各类就业前中等职业教育发展也很不平衡,地区之间也存在着不少差异。党和国家的许多法令法规,多次强调要统筹兼顾、全面安排,但在实际工作中,重视普通教育、忽视职业教育的情况仍然严重。目前,不少中等职业学校毕业生面对广阔的人才市场找不到适合自己的工作岗位,许多岗位急需要人才又无人去应聘。这种人才与岗位需求上的错位,不仅制约了经济与社会的发展,也造成了人力资源的浪费。

一、中等职业学校改革的前提:更新教育观念

随着我国教育改革的不断深化,中等职业学校被推向了市场经济的前沿。在机遇与挑战面前,新的教育教学观念已经形成。长期以来受计划经济体制办学的固有模式的影响,传统的教育教学观念仍旧在一定程度上影响着许多师生的思想,从而使中等职业学校得不到充分重视。这不但影响学生的就业,同时也影响到中等职业学校的生存和发展。面对激烈的市场竞争,要牢固地树立社会主义市场经济下的中等职业教育观,中等职业学校的一切改革均要有助于培养学生的创新精神和实践能力,有助于毕业生取得合法的相对稳定的工作。这样中等职业教育的大门才会越走越宽广。

应该看到,现代化的中等职业教育在我国刚刚兴起,还没有形成完善的学科体系。中等职业教育与社会经济、生产劳动关系密切,实践性强。中等职业教育处于重大的改革和发展的关键时期。因此,中等职业学校教育教学改革,必须密切结合改革的实践,汲取传统教育精华,在此基础上进行创新。历史的经验告诉我们,教育教学改革,如果不总结发扬过去的成功经验,如果不经过充分论证、长期实验和反复试点,就一哄而起,则成功的可能性不大,而消极影响往往是长久的。因此,中等职业教育的改革,必须努力实践"三个代表"重要思想,坚持"发展是硬道理",主动适应社会经济发展和中等职业教育管理体制改革的新形势,走产、学、研相结合的办学之路,不断调整专业结构,拓宽服务口径,加快学校发展。

二、中等职业学校的培养目标:培养高素质创业者

中等职业学校要培养市场需要的人才,就必须使学生具备适应市场变化的全面素质。因此,办学的终极目标不能仅仅只是培养就业者,而是培养更多的具有创造力的创业者。

尽管中等职业学校的学生入学时分数比较低,但每个教育工作者应坚信:"人人有才,人无全才,扬长避短,人人成才。"要创造一个以学生为主体的探索式学习模式。根据学生学习基础、学习能力的差异,提出不同难度要求的作业,形成严谨、直观、引导、发散的教学特色。

三、中等职业学校发展的关键:形成学校特色

中等职业学校的教育教学改革是一种以学校为本位的活动,它的性能与实施受到学校内部组织的影响。由于每一所学校所处的文化历史背景不同,外部条件和内部条件的差异性,就决定了中等职业学校必须走立足于学校现实的特色化道路,做质量文章,使毕业生走俏。因此,需要重新界定中等职业学校的办学方针。

据对河北省中等职业学校的调查表明,办学卓有成效的学校在办学方针方面形成的共识是:构建成才模式,立足人人成才。办有特色的学校,设有特色的专业,培养有特长的学生。即培养"直接面向经济建设主战场、面向基层的中等实用型人才"。培养出来的学生"踏实、肯干、能吃苦,适应性强,既有专业知识又懂管理",是具有综合素质的复合型人才。需要明确的是并不是就业市场大,毕业生就一定走俏,关键是要看人才质量,看毕业生素质。河北省职业学校确定的人才素质要求是:思想品质好,专业思想稳固,专业基础扎实,动手和创新能力强。学校在育人模式上进行深入改革,从拓宽专业口径入手,不断调整课程结构,加强基础教学,注重实践环节,努力提高学生综合素质。

学校的特色在谁身上?最重要的在学生身上,学生是主人翁,为此,中等职业学校要敦促学生学会独立思考,要有主见,要相信自己,不要什么事情都问老师或权威,鼓励学生自己动手解决问题,但同时要虚心听取别人的意见。这样培养出来的学生有鲜明的个性。教师应给学生创造条件,使学生有机会走上讲台,充分发挥其主体作用;督促其自发地参与校园文化的建设;主动参与对学校的管理,参与对教师的评价。

河北省徐水县职教中心管理者认识到,城市人民生活水平提高了,需要绿化、美化生活;徐水县农民致富了,也需要提高生活质量,对美的追求强烈了;特别是北京市2008年举办奥运会又加大了这一需求。于是该校充分利用与北京、天津、保定等城市近在咫尺的地理优势,在专业设置上确定以花卉种植、树种的培育为拳头课程,迅速带领一批农民致富,学校的办学特色也形成了。

四、中等职业学校改革的难点:确定人才模式

中等职业学校教育教学改革的难点就在于探索一种不同于普通高中和综

合高中的人才培养模式。借鉴一些高职高专成功的改革经验，中等职业学校校本课程开发应立足于培养"一主两辅"、"一精多能"的人才。"一主"以应用型为主，"两辅"同时具备外向型和复合型特征；"一精"在应用能力上要具有某一方面的实际工作能力；"多能"，即要求学生除在应用能力上有某一特长外，还应具备从事其他应用性工作的能力。校本课程的开发应立足于学生在校期间，获得四证，即学历证书、技术等级证书、计算机等级证书、外语等级证书。学校要设立奖励基金，凡在校期间获得两门以上技术等级证书的学生都应获得奖励。课程设置应增加实验课，学校要舍得投资建立大型实验基地。为确保学生进入岗位后能胜任工作，学校在培养学生创新能力和实践能力上要狠下工夫，要舍得投资装备实验室，改善实验条件，为学生在校实习培训创造优越的条件。同时，注意减少验证性实验，增加设计实验，增强学生的创新意识。

五、中等职业学校的办学之路：产、学、研相结合

中等职业学校如何发展，不妨借鉴印度培养软件人才的经验。印度培养人才的方略，除了普及计算机教育从娃娃抓起，通过高等学校培养出类拔萃的软件工程师外，还通过职业教育构建产、学、研一体化的教育模式，培养大批软件人才。

印度的软件人才主要是通过职业教育而不是高等教育来培养的，从而大大降低培养成本和使用成本，缩短了培养周期。究其原因，对软件市场开发来说，最重要的是拥有大量的、能够实际开发出具有广阔市场前景的软件应用型人才；对大多数软件人才来说，主要的能力是"做"，而不是掌握系统的计算机理论，进行计算机科学研究。职业教育以应用性、标准性和针对性为主，通常是将最新的国际软件使用方法教给学生。在接受了IT职业教育后，学生成为合格的软件技术人员，就可以负责任何一个大型软件的某个具体环节的工作。

六、中等职业学校教学改革的方向：校本课程的开发

中等职业教育课程改革是教育改革的重要组成部分，是职业教育改革的必然要求，是国内外政治、经济、劳务市场发展竞争的必然结果。大力加强校本课程开发是中等职业学校教学改革的方向。

（一）校本课程开发的意义

1. 校本课程的开发，是深化教育改革实施素质教育的需要

我国教育事业当前存在的最主要的问题是约束太多，束缚了学生的创新

精神和实践能力。针对这一问题,1999 年 6 月 13 日《中共中央国务院关于深化教育改革全面推进素质教育的决定》中指出:"实施素质教育就是全面贯彻党的教育方针,以提高国民素质为根本宗旨,以培养学生的创新精神和实践能力为重点,造就有理想、有道德、有文化、有纪律的德智体美等全面发展的社会主义事业建设者和接班人。"实施素质教育是一项综合改革,牵涉课程设置、教育思想、教育内容、教育管理、教育评价等各个方面,其中课程设置是核心。为了贯彻党中央、国务院关于实施素质教育的决定,中等职业学校必须开发校本课程。

中等职业学校校本课程开发,是实施素质教育的重要载体;是培养学生的创新精神和实践能力的关键。校本课程开发有助于张扬学生的个性,使学生的强点、特点、闪光点都得到发挥。校本课程开发,不仅是中等职业学校教育方法的改革,而且是教育功能的重新定位,是带有全局性、结构性的教育革新和教育发展的追求。中等职业学校校本课程开发的实质是解决"高分低能"、"重知轻能"的问题,不仅是对传统教育弊端的矫正,也是对教育本意的回归。中等职业学校是否重视校本课程的开发,是新旧教育观和人才观的根本区别。

2. 校本课程的开发,是建设社会主义现代化强国的需要

21 世纪学校教育的重要任务就是为迎接世界新科技革命的挑战,培养出能实现第三步战略目标、在本世纪中期把我国建成中等发达国家的各级各类人才。建设社会主义现代化强国就要增强包括经济实力、军事实力和民族凝聚力在内的综合国力。因此必须使教育的功能、作用及地位发生新的变化,而这一切的基础在于教育必须使人的个性才能得到充分的发挥,学生的创新精神和实践能力得到增强。据调查,21 世纪最受欢迎的是创新型人才、复合型人才、协作型人才和信息敏感型人才。所谓创新型人才是指在科研、经营、文学、艺术等领域不断提供新创意、新设想的人;复合型人才是指多才多艺,能在很多领域大显身手的人;协作型人才是指有协作精神、人际关系好的人;信息敏感型人才是指对社会需求比较敏感、社会意识强的人。无论是创新型、复合型、协作型还是信息敏感型人才,其素质的核心都是创新精神和实践能力。中等职业学校校本课程开发,有助于培养学生的创新精神和实践能力,以满足建设社会主义现代化强国的需要。

3. 校本课程的开发是迎接世界挑战、顺应时代发展的需要

当人类进入 21 世纪的时候,一场人类发展史上意义深远的信息化、世界

化、市场化和教育现代化四大趋势正在我们身边声势浩大地展开。

信息化是指对社会发展产生了重大影响的现代信息技术革命。具体内容有四个方面：通信技术，包括一般意义的通信技术和跨时间地域传递信息的存储技术；智能技术，包括电子计算机技术、人工智能专家系统和人工神经网络系统；控制技术以及包括遥感、遥控的感测技术。信息化大趋势对人的素质的要求是智能化、高速化、多样化、综合化、最优化和民主化。

世界化是指世界各国已经成为一个不可分离的整体。和平与发展是21世纪的世界主题。国家、民族和地区之间，不只强调差异和矛盾，更强调全球的共同命运。强调一致性，求同存异，取长补短，发扬自身的优势，融合他人的长处。世界化大趋势对人的素质的要求是学会学习，学会合作，学会创新。学会学习是指在态度上谦虚、诚恳、认真、开放；在方式上由被动变主动，积极主动地学习；在内容上全方位地学习。学会合作是指加强国际合作，合作得越广泛，越有成效。学会创新是指学习是创新的准备，学习的目的在于超越。

市场化是指市场经济体制的建立，使得习惯了计划经济生活的中国人必须抓住机遇，迎接挑战。市场化大趋势对人的素质的要求：由被动服从转向自己做主；由注重投入与规模转向注重效益；由求同思维转向求异思维；由习惯模仿转向勇于并善于创新。

教育现代化是指更新教育观念，在现有教育基础上汲取传统教育的精华，利用一切现代化的教育手段，从而达到最先进的教育效果。教育现代化包括三个层次的现代化，即物质条件的现代化，教育制度、内容和方法的现代化，教育思想、观念和目标的现代化。教育现代化大趋势对人的素质的要求：更新观念，努力学习，提高素质；勇于创新，形成自己的特色和风格。

面对当今时代发展的四大趋势，中等职业学校的选择是：开发校本课程，培养学生的创新精神和实践能力，积极主动地迎接世界挑战，顺应时代发展的需要。现在急需的是尽快普及信息技术；尽快研究与创造出应用新技术进行教育教学的模式，使中等职业学校适应全球化和多样化的统一、共性与个性的结合这一发展趋势。不久，中等职业教育将诞生一种新的教育模式，其基础与催化剂是信息技术。电脑、网络的出现，使教育工作既普及又实现个性化，从而实现以学生为主体并使个性特长得以充分发展的个性化教育，彻底改变产生于工业社会的传统的标准化、同步化的教育模式。与此同时，教师也将改变角色。

（二）校本课程开发的原则是理论联系实际

在我国,中等职业学校人数众多,而大部分在农村。因此农村的职业教育有特殊重要的地位和意义。我国农村地区间的各方面差异很大,很难把一种思路、一种经验、一种模式视为具有普遍应用性的思路、经验、模式。因此,还需要大量进行区域性的研究,然后逐步上升到有普遍意义的科学理论。同时,要开展对农村产业结构变化中职业教育的地位、作用的研究,以促进转化。校本课程开发必须坚持理论联系实际的原则,加强校本课程的实用性。

有了知识会种田,掌握技术能赚钱。在市场经济的大潮中,农民盼的是致富,缺的是技术。"农业科技快快下乡来"是广大农民的共同渴望。根据我国是农业大国,广大农民知识水平还普遍不高、思想观念不新、市场意识不强的现状,农村中等职业学校要把校本课程开发作为"科教兴农"的一项重要内容。河北南宫等职教中心,面向农村主战场,打好科技牌,紧紧围绕"农"字设置校本课程,先后开设了蔬菜种植、林果管理、食用菌栽培、农村经营等"农"字号的课程。这种理论联系实际、发挥校本课程优势的做法,不失为一种好的举措。培养出来的学生既具有较高的文化素质,又能掌握一定的专业技能,成为科技兴农的生力军,许多毕业生成了"科技致富能手"。

农民最讲实际,只有看到职业学校的办学效益,得到了实惠,才会积极主动地把孩子送到学校来。为此,校本课程开发要找准经济增长点,有了明显的经济效益和社会效益,中等职业学校才可能长足发展。

(三)校本课程开发的关键是建立由高素质人员组成的研究室

一个好校长,带领一批好教师,才能办出一所好学校。开发校本课程必须组建一个由校长任主任的名师、双师、专家荟萃的高水平的研究室。校本课程开发,校长必须具备勇于创新的能力、素质。

开发校本课程必须拥有同行、学生、家长都认可的"名师"坐镇,名师则属于既能教学,又会科研,还懂管理的"全能型"或一专多能的教师。学校要拨出专项经费为名师提供个人实验室和先进的仪器设备,并配备助手,为他们开发校本课程创造良好的工作环境。开发校本课程要有一批"双师"制的教师。"双师"是指既有教师职称,又有工程师职称的教师。校本课程的开发还要有数量相当的对市场需求保持密切关注的具有超前意识的信息敏感型教师的参与。除此之外,校本课程开发要吸纳热心中等职业教育校本课程开发的学生、家长和有关领域的专家的参与。

种下梧桐树,引来金凤凰。人才培养靠教育,教育发展靠教师。事业是留住人才的关键,感情是留住人才的纽带,待遇是留住人才的保障。中等职业学校在财力有限的情况下,应通过制定优惠政策,引进、聘请和在职培养,建立一支数量相当、结构合理、素质较高的专兼结合的校本课程开发研究队伍。

(四)校本课程开发的基础是对教师进行"校本培训"

"学校的重要性到处都等于学校教师的重要性",19世纪德国教育家第斯多惠的这句名言凝练地道出了教师在开发校本课程中的重要性。校本课程的开发对教师的素质提出了前所未有的高要求,所以必须对教师进行"校本培训"。校本课程要培养学生"实践能力",就要求教师能用自己富于创造的双手引领学生逐步接触社会、正确认识社会、勇于参与社会改革,培养他们发现问题、研究问题和解决问题的能力,强化他们将自我完善与社会发展紧密结合的观念,把学生锻炼成为将来能够用双手支撑生活并创造生活的栋梁之才。

校本课程要培养学生的"创新精神",就要求教师具有创新精神。中等职业学校通过对教师进行"校本培训",使教师具有了创新精神和实践能力。校本课程讲解中出现的是有个性的教师。他们以研究教学、研究学生为乐;以发挥自己的创造性,创造生动、活泼的课堂教学气氛为荣。为鼓励学生创新,教师内部形成一种相互学习、相互研究的风气。不仅从书本上学习,从实践中学习,而且重视从学生那里学习。尊重每个学生,欣赏每个学生,与学生共同成长,成为每个教师的共识。

七、中等职业学校管理模式:城乡结合,教育资源共享

天津市涉外工业学校和天津市轻工业学校是两所为天津市的企业特别是为地处天津开发区的三资企业培养技术工人的学校,师资力量强,教学设施完备,办学水平较高,但由于种种原因,两所学校均出现生源不足、教育资源严重闲置浪费的情况。这不仅影响了学校自身的发展,还对地方经济产生了消极影响,影响到天津市一些企业的发展。地处太行深山区的河北易县职教中心虽然生源充足,但由于该县经济欠发达,毕业生就业难,严重影响了农村孩子报考职业学校的积极性,职教中心同样出现了办学难、招生难的问题。

在城市、农村职业学校都已经出现办学难的今天,天津市涉外工业学校、天津市轻工业技术学校与河北易县职教中心实行联合办学,为职业学校走出困境闯出了一条新路。在天津的两所学校、河北易县职教中心联合办学过程中,河北易县职教中心负责在当地招生,保证生源的数量和质量。天津市涉外工业学校和天津市轻工业技术学校负责面试、承办学生注册和管理,对合格毕业生颁发国家承认的中专和中技双重学历毕业证书、职业资格证书、计算机等级证书,并负责毕业生安置就业。学生入学时,天津的两所学校即与学生(或家长)签订劳动就业合同。学生被录取后,首先在易县职教中心学习一年半或两年的基础课,易县职教中心负责按天津两所学校制订的教学计划和内容完成教学任务。然后转入天津的两所学校学习专业课并进行强化实习培训。联合办学既激活了城市的职业学校,也激活了农村的职业学校,还使天津市开发区的三资企业有了可靠的技术工人来源,同时搭建了一所农村剩余劳动力向城市转移的桥梁,开通了农村青年到城市就业的"直通车"。城乡职业教育联合办学,有利于国家经济和社会的健康发展,河北易县职教中心已成为当地初中毕业生报考的热点学校。

第三节 外国中等职业教育透视

进入21世纪,世界上许多国家认识到,经济的发展、国家的竞争力的提升,需要先进的技术与装备,但更需要的是人才,一是开发技术和装备的知识型人才,二是掌握技术和装备的技能型人才。如果说,前者主要依靠高等教育来培养的话,那么后者则主要依靠职业教育来培养。为适应21世纪信息社会对中等教育的挑战,日本、韩国、印度和泰国不约而同地对中等职业教育进行了改革。日本改革的重点是一切为了学生成才与就业;韩国改革重在培养职业责任感和力争世界一流的意识;印度则将实践视为培养应用型人才的主要模式;泰国是政府重视、全民支持、优先发展职业教育。汲取日本、韩国、印度和泰国职业教育改革的经验,以期对我国的中等职业教育改革提供可资借鉴的意见。

一、日本:一切为了学生成才与就业

在国家现代化进程中,一个资源短缺的国家除了开发人力资源别无选择。因此,提高国民教育水平,努力使全体人民从少年到成人都掌握职业技术能力,是日本的优先战略。日本中等职业技术教育,主要在初中和高中阶段进行。

日本中等职业教育的主体学校是技术高中,相当于我国的中等专业学校或职业高中。日本职业教育界始终认为职业教育的根本任务是:培养能适应社会发展变化、具有正确的劳动观和职业观、丰富的情操和创造能力、对未来充满信心的学生。在这种思想指导下,日本技术高中的定位是"一切为了学

生成才与就业”，实行的是为学生就业和升学两种方向作准备的教育。因为学生毕业去向不同、需要不同，技术高中课程设置和教学计划有较高的灵活性，课程设置分为升学型和就业型两种。无论是升学型，还是就业型，课程均分为必修课和选修课两大类。基础课与专业课平行设置；实践教学和理论教学同时开设。专业课与基础课持续三年开设，即专业课和基础课自始至终贯穿教学全过程。在为就业准备的选修课中，考虑到学生对某专业某一方面的特殊兴趣、专业潜能和优势，学校开设了为数较多的各种选修科目，充分体现了满足学生个性发展需要的多样性。

日本技术高中专业实践教学自成体系，通过做中学，培养学生的实践能力。学生从一年级开始即接触与职业相关的实践，并一直持续到毕业。如对于一种技术设备，学生先学操作，再学结构与维修，最后学习工作原理；或者边学操作，边学原理，为他们具备良好的职业技能提供了坚实的基础。

技术高中极其重视学生职业资格的取得，创造条件让学生参加各种资格审定机构组织的考试。日本职业资格鉴定比较发达，门类多，实行“教考分离”，学生获得的证书越多，就业渠道越宽，以机动车整备专业为例，技师由高到低有一级、二级、三级、四级，其中三级以下为常规技能，可通过中等职业学校的学习而获得。日本社会很尊重技术能人，一旦获取职业资格就很荣耀。在日本，只要有上进心，只要技术过硬，技术员、技术工人都可以成为专业工程师，取得工程师资格也是学生的动力之源。这一措施有效地调动了学生学习的积极性。

职业资格考核通过率高，是以学校内部的严格考核为条件的。学校首先培养职业学习的自主性和进取心。无论是住校的还是走读的，学生往往每晚要自学几个小时，整理笔记，完成家庭作业，温习一天所学，通过查阅资料来强化重点难点，并准备第二天所学。其次，重视学习结果的检查与考核，包括平时的检查、期末考核和毕业考核。如有的学校平时的学习检查，除了家庭作业之外，最有特色的是“每日一讲”，即每天都有几个学生当众讲演，或展示探究结果，或谈学习心得，或解答疑难问题等。针对演讲，老师和其他同学可以进行质疑或发表自己的见解。因为是轮流进行，每个学生都有机会。这种演讲是一种综合的考查，老师也可以借此直接而快捷地了解学生的学习过程与结果，并免去了一部分批阅作业的负担。各个学校都重视期末与毕业考试。每学期末的考核一点也马虎不得。假如通不过，就得交费重学（他们叫“留年"),再通不过就得退学。尽管实际留年或退学的很少,但考核标准始终是很严格的。这样,从目标定向到教育过程,再到结果考核,构成了全方位的保障系统,保证了职业精神的充分强化。学生毕业时不仅能拿到毕业证书,一般都能取得几种技能等级证书。近年来日本技术高中的改革趋势:一是通过合并职业学科和削减职业科目的学分数,增加普通基础科目的教学时数,与普通高中日趋整合;二是职业教育重心上移,中等职业技术教育与高等职业教育接轨,最后达到能升学的升学、能就业的就业这一目标。

二、韩国:重在培养职业责任感和力争世界一流的意识

韩国是亚洲经济发展最快的国家之一,被誉为创造了江汉边上的奇迹。其基本经验就是实施"教育——人力开发"战略,特别是通过发展职教,培养大量高素质、适应性强的应用型人才。西方人士评价韩国经济起飞的经验是:廉价劳动力+高水平的职业教育。

韩国高中阶段职业教育的任务是就业和升学。各职业学校把提高学生的素质作为学校教育目标。学校通过多种途径,潜移默化地对学生进行忧患意识教育。教师强调国土狭小,人口稠密(9.9万平方公里的土地上,拥有4300多万人口),资源贫乏,只有努力工作,提高产品质量,参与国际竞争才能立国生存。所以韩国学生的职业责任感和力争世界一流的意识十分强烈。

韩国实施中等职业教育的学校主要是职业高中、综合高中和高级技术学校等。职业高中:主要是培养社会和经济发展需要的各类劳动人才,又可分为工业高中、农业高中、商业高中、水产海运高中等多种类型。综合高中:即在同一所学校,既有人文教育,也有职业教育。综合高中的课程分为必修课和选修课,选修课又分为工业课程、农业课程和升学课程,学生可根据自己的意愿和需要选择课程,在学科运营管理上实行学分制。除上述正规性的中等职业教育外,韩国还设高级技术学校:学制一般为1~3年,招收未在正规学校学习的青少年,或为正规高中学校毕业生设一年以上的专业课程,均接受职业教育,学生毕业时可获得技术人员资格证书。韩国中等职业学校注重以技能培养为重点实施教学,在学时的分配上,实践操作与理论学习达到1:1,高年级的学生在教师的指导下,参与职业开发设计方案。学校以市场为导向设置课程,选修课与必修课并重,凸现专业特色。

为了提高中等职业学校办学效益,培养出世界一流的高素质人才,韩国政府采取多种优惠措施,鼓励、支持职教发展。首先,政府对职教的财政拨款和财政奖励多于普高。其次,采取优惠政策,吸引学生报考职高。职业高中学费较普通高中低,职高学生奖学金额高于普通高中。职高学生报考同专业、同学科专门大学(相当我国高职),可优先录取,优秀学生可免试入学。优先推荐职高毕业生就业,就业后即获熟练工人证书。提高高中阶段职业学校学生的比例,积极发展职业教育,采取多种措施,提高职高在校生比例。在招生计划上,减少公立普高招生人数,扩大职高招生人数,积极发展高等职业教育,给职业高中毕业生提供更多深造机会。韩国职业学校设施、条件很好,利用世界银行贷款是一个重要原因。韩国利用世界银行贷款扶持职业教育,主要贷给职业高中及少数专门大学,其中公立学校获贷居多,私立学校较少。贷款主要由政府负责还本息。

韩国劳动部颁行的国家职业技术资格鉴定体系规定:中等职业学校毕业生技能鉴定或晋升职称的途径有两条:一是中级—高级—技师　高级技师;二是中级—工程师—高级工程师。由此看来,韩国技术资格体系的优点是,将技能鉴定体系和专业技术职务评聘体系视为一个相互联系的体系。只要素质高,技术过硬,完全可以享受大学本科以上毕业生同等的待遇,使得学业证书和职业资格证书并重的国策真正得以贯彻落实。这也是韩国职业教育长足发展的又一有效的激励机制。

由于韩国政府对中等职业教育的高度重视,由于学校对学生进行全面素质教育,重视学生创造、创新能力培养,使得培养职业责任感和力争世界一流的意识在教育教学中得到了强化。

三、印度:实践是培养应用型人才的主要模式

印度现行教育体制基本为 10 +2 +3 学制。普通教育 10 年:初小 5 年,高小 3 年,初中 2 年;高中阶段 2 年;高等教育本科阶段 3 年。印度为了适应社会与经济发展的需要,十分重视职业教育。印度的职业教育主要集中在中等教育阶段,实施职业技术教育的学校除了中等医科学校、兽医学校、商业学校、农业学校、林业学校、矿业学校、家政学校外,主要的是工业训练学校、综合技术学校和数量繁多的公办、民办的计算机职业教育培训中心。

工业训练学校:主要培养熟练工人和手艺工人。招收10 年级以上到大学入学资格的学生,学制 2 年。工业训练学校设置工业技艺类专业 100 多种,课程范围限于受训者未来的特定专业。由于实际操作对熟练工人极为重要,工业训练学校的课程组成和时间安排中,实际操作占总学时的 54%,理论课占

36%;绘图课占5%,车间计算与科学学程占5%。

综合技术学校:主要培养技术员,毕业后可在工业企业从事技术指导或监工工作,也可在政府部门或经济部门任初级技师。综合技术学校招收10年级或11年级的毕业生,学制2~4年,一般为3年。一般实行全日制,部分学校半工半读。技术员教育主要是使学生将来能在工程师和工人之间起桥梁作用,并协助工程师制订计划,因此在课程结构和学时分配中,专业学科占总学时的一半,其他分别是:语言占5%,基础科学占10%,应用科学占10%,专门技能占15%,人文与管理学科占10%。

计算机职业教育培训中心:主要培养软件应用型人才。招收10年级的毕业生,学制一般为2~3年。在教学方面,学员实践是主要模式。对软件市场开发来说,最重要的是拥有大量的、能够实际开发出具有广阔市场前景的软件应用型人才;对大多数软件人才来说,主要的能力是"做",而不是掌握系统的计算机理论,进行计算机科学研究。因此,计算机教育以应用性、标准性和针对性为主,教学不是按从基础理论到专业理论,再到实习的路径,而是把顺序颠倒过来,先从"做"开始,在做的过程中,学生如遇到问题,再以此问题为基点去学习专业理论。教师通常是将最新的国际软件使用方法教给学生。学生一入学,便要做项目,学校把所承接的大项目分解成一个个小项目,然后要求每个学生完成一个小项目,让学生在完成项目的过程中学习。学生在最后一年都在公司实习,积累工作经验,同时也给企业提供深入了解雇员的机会。学生毕业后接受资格证书考试,考试合格者就成为合格的软件技术人员,就可以负责任何一个大型软件的某个具体环节的工作。如此这般,软件项目可以交给几千人同时工作,一个大型软件也就会在短时期内开发出来。在印度的计算机从业人员中,90%以上是基础技术人才,都是由各种形式的计算机职业教育机构培养出来的。这种培训体系也培养出大量能够编程的"软件蓝领",为印度软件业的繁荣提供了坚实的基础。

在印度几乎是每一个中等城市都有100家左右的计算机职业教育培训中心,每个中心大约有800名学生。大规模的IT职业教育,已经为印度培养了大量的基础软件人才。印度的父母以前最希望孩子将来当医生、律师,而现在,如果你问一位家长,希望孩子将来做什么,答案毫无疑问是"软件工程师"。

由于印度的软件人才主要是通过职业教育而不是高等教育来培养的,从而大大降低培养成本和使用成本，缩短了培养周期。目前，印度每年约有50万新生软件人才，其中大学毕业的只有7万多人，剩下的几乎全是通过职业教育与培训的模式培养的。在整个国民经济并非十分发达的印度，软件业的突飞猛进，除了政府的支持外，其成功的重要因素在于印度的IT职业教育培养了大批高素质的实用型人才。

四、泰国：政府重视，全民支持，优先发展

泰国的资源有限，但泰国政府从历年来经济改革的实践中认识到，最宝贵的资源是人力资源。提高劳动者的文化素质和技术水平是工业、农业现代化的关键要素。为此，泰国政府把职教作为“战略发展产业”和关系国家生存发展的关键武器。近些年来，政府不仅在经费上加大投资，比普通教育和师范教育的投资都高，并大力发动社会各界、厂矿企业都给予支持，而且还动员海外捐赠和外资银行的资助。泰国职业技术教育成为经济发展的强大推动力，在振国兴邦中发挥了重要作用。

根据泰国政府教育部门的规定，职业学校对招收的学生的文化程度和结业时应获得的学位证书都有具体要求。正规职业教育是泰国职业教育的一种类型。正规职业教育包括证书水平（相当于高中水平）、文凭水平（相当于高中后水平）和学位水平（相当于大学水平）三个层次。每一层次均与上一层次相沟通。这里的证书水平即中等职业教育。按照规定，对具有初中毕业文化程度的人经过3年培养，结业时发给“职业培训”毕业证书。证书水平职业教育有五种专业：贸易与工业、家庭经济、商业、手工艺和农业。证书水平职业学校教育目标的范围比较广泛，既包括使学生掌握职业知识、职业技术和职业经验，又包括培养他们的责任感和敬业精神，还包括培养学生良好的个性和人格，培养他们诚实、平等的精神等内容。要达到这种目标，学生必须学习普通科目（包括泰语、英语、社会科学、物理等科目）、职业科目（包括基础职业科目、职业选科）和实习科目。正因为有高一级深造机会，激发了下一级的学习，使不同的人才都获得积极的发展机会。泰国职业技术教育能得到社会的广泛支持，且学校开办得很红火，另一重大原因是它能根据泰国的产业实际出发，培养经济发展中急需的人才。泰国不盲目照搬发达国家办学模式，而是从泰国产业水平和产业结构的实际出发，始终抓住泰国80%人口在农村，农业是泰国最大产业的实际，重视发展农业技术教育，把职教推广到农村。由于把动手能力和技能培养放在首位，学校不仅开设了将近一半的实习课程，而且在校内设置系统完备的实验室或实习基地,如有的学校内设有农场、奶牛场、家畜和水产养殖场,还有椰子园、橡胶园等果木区作为实习基地。用人单位普遍反映,职教毕业生实用。尽管泰国失业的人不少,但职教毕业生失业率很低。

第十一章
高等院校管理改革的酝酿与实施

高等院校是以知识的传授、传播、储存、研究、发展和应用为主要职能。20世纪80年代以来，在经济体制改革的宏观背景下，高等学校管理改革的力度不断加大，效果也是明显的。进入21世纪后，我国的高等教育实现了又快又好发展。2005年高等教育在学总人数超过2300万人，毛入学率达到21%以上，其中普通本专科在校生接近1500万人，在学研究生超过90万人。① 高等教育快速发展，较好地满足了人民群众接受高等教育的愿望，适应了经济社会发展对专门人才的需求。"十五"期间，高等学校向社会输送了1000余万毕业生，为经济社会发展提供了有力的人才支撑。"十一五"期间，高等教育继续又快又好发展，改革取得新的进展，为现代化建设服务的能力增强。2009年，高等教育总规模达到2979万人，高等教育毛入学率达到24.2%。② 高等学校的办学水平不断提高，无论是在人事管理、师资管理方面，还是在财务管

① 周济：《学习贯彻科学发展观 总结"十五"教育工作 推进"十一五"教育发展》，《中国教育报》2005年12月24日第1版。

② 教育部：《2009年全国教育事业发展统计公报》，《中国教育报》2010年8月3日第2版。

理、后勤管理方面,改革的效果都是显著的。但是,仅有这些是远远不够的,在当今以网络信息技术为依托的学习型社会中,传统的教育体制、教育观念、办学形式、教学内容、考试评估标准等已经日渐陈旧,甚至常常在社会关注的焦点中被当做众矢之的,教育改革的呼声此起彼伏。作为一项巨大的社会系统工程,教育改革千头万绪,其难度和复杂性是显而易见的。面对积弊沉重、牵带众多的教育改革,不妨率先从学校内部的德育管理、教学管理和课程管理的改革做起。

第一节　高等院校管理改革的现状与展望

大学生是十分宝贵的人才资源,是民族的希望,是祖国的未来。随着我国社会经济成分、组织形式、就业方式、利益关系和分配方式的日益多样化,他们的自强意识、创新意识、成才意识、创业意识越发自觉,但同时也在一些学生身上不同程度地存在着理想信念模糊、价值取向扭曲、诚信意识淡薄、社会责任感缺乏、艰苦奋斗精神淡化、团结协作观念较差、心理素质欠佳等问题。大学生思想政治教育关系中华民族的整体素质,关系国家前途和民族命运,提高大学生的思想政治素质是当务之急。借鉴整合的理论,构建大学生思想政治教育的整合新模式。"整合"一词,有综合之意,即将相关内容"集成"为一个有机整体,既可解决思想政治教育理论部分浅薄问题,又可增强思想政治教育内容的操作性。

一、德育管理:三三整合教会学生做人

(一)生理知识教育、心理知识教育与伦理道德教育"三理"整合

1.生理知识教育

人的素质结构是一个由生理素质、心理素质和社会素质组成的有序、分层、开放的身心系统。它们之间相互区别,相互联系,相辅相成,构成一个有机的整体。生理素质处于素质结构中的最底层次,是最基础的因素,但又具有巨大的发展潜能性。目前,在大学生中,不同程度地存在着生理知识欠缺的问题。生理知识教育的薄弱,造成部分大学生未能养成良好的卫生习惯,身体健康素质偏低。对大学生进行生理知识教育,除了进行青春期生理卫生知识和疾病(特别是传染病、艾滋病、结核病等传染病)预防知识教育外,还要进行珍惜生命的教育,加强婚姻恋爱、计划生育及两性知识的教育,引导他们树立正确的人生观、婚姻恋爱观。

2. 心理知识教育

心理素质处于素质结构的中间层次。心理素质包括两方面内容：一是人对客观世界的认识；二是对客观事物的意向和态度。心理素质涉及一个人的精神风貌、能力、气质、性格和情绪等要素，是社会素质形成和发展的基础。对大学生进行心理知识教育，应侧重在人的心力、人的潜能、人的德行三方面施教。心力是指心理的能量、心理的效力，表明了心理的动力特征及其心理发展的现实性。潜能是指缊藏在遗传素质之中的尚待开发的心理能力。人之潜能带来了人之创新、人之发展的可能，也赋予了人的自立、自信、自强的精神以及顽强的毅力和坚强的意志。德行是人性的核心内容，表现为个人依据社会善恶的规范支配自己的行为而形成的一种人格倾向。对大学生进行心理知识教育，要改变单纯被动的"心理咨询"模式，要优化心理教育的环境，既要面向全体，也要对特殊群体予以"心理关照"。要注意思想政治教育与心理教育的整合，不能用心理知识教育取代思想政治教育，也不能把学生的心理问题简单归结为思想品德问题。通过心理知识教育，培养学生具备求上心态、自主意识、健全人格；学会控制自己的生活，把握自己的命运；全面地了解自己，正确地协调人际关系；具有同情心、正义感、社会责任感、使命感及自我成就感，能较好地适应社会生活。

3. 伦理道德教育

伦理道德素质是社会素质的重要组成部分。对大学生进行伦理道德教育，源于我国德育的传统。伦理道德是我国历史上学校、社会、家庭教育的基本内容。对大学生进行伦理道德教育的重点：一是大力弘扬以爱国主义为核心的民族精神，培育大学生的爱国情感和民族自尊心、自信心和自豪感。二是进行理想信念教育，把个人的成长进步同中国特色社会主义伟大事业、同祖国的繁荣富强紧密联系在一起，确立走中国特色社会主义道路、实现中华民族伟大复兴的共同理想和坚定信念。三是大力倡导和实践"爱国守法、明礼诚信、团结友善、勤俭自强、敬业奉献"的公民基本道德规范教育，培养其良好的道德品质和文明行为。四是进行诚信教育，树立守信为荣、失信可耻的良好社会风尚。

（二）必修课、选修课和活动课"三课"整合

大学思想政治教育的主渠道是课堂教学，要将必修课、选修课和活动课"三课"整合，培养学生良好的道德品质、处理问题解决问题的能力和政治参

与能力。

1. 必修课

必修课是指开设的专门讲授基本规范和准则的思想政治教育课程。大学思想政治教育必修课,应该加强其新颖性、趣味性、时事性、知识性。倡导教师应以个性化的授课方式、贴近学生的教学理念和新颖的教学手段打出“品牌”。在教学实践中应加强理论与实际的结合,既要谈国家大事,更要与身边的小事密切结合,使课堂思想政治教育走进生活实际,力求在贴近实际、贴近学生、贴近国情等方面有可喜的改观。

2. 选修课

选修课是按照培养目标的要求,开阔学生视野,扩大知识面,贯彻因材施教原则,完善学生知识结构而开设的供学生选读的课程。大学思想政治教育选修课的改革:一是不可急功近利,不能局限于就业、考研等短期目标上。应把选修课当做提高学生综合修养的“大舞台”,很多知识从长远看不但实用而且有趣,像经典名著选读、《论语》、《孟子》之类,不少同学选修以后迷上这些课程,从中学到很多有益的知识。二是选修课内容具体化,如把礼仪教育作为选修课的重要内容,从最基本的礼仪规范入手,引导大学生在约束和规范自身行为的同时,培养高尚的道德情操,进而形成正确的道德观、价值观、世界观,可以有效地加强德育的实践性和可操作性,解决知与行不统一,学与做两张皮的问题。在选修课安排的密度、运用的时间上要恰当、适时,要避免单调和重复。

3. 活动课

活动课旨在教师的指导下,通过学生自主活动,以获得直接经验和培养实践能力的课程,体现了新课程理念所倡导的自主、探究、合作、交流的学习方式。综观大学思想政治教育活动课,高校党团组织、学生会、社团倡导组织的社会实践、志愿服务、素质拓展等影响力强、形式新颖、联系实际的活动吸引了大学生的广泛参与,为思想政治建设开辟了现实途径。但学生的参与面多限于学生干部和多才多艺者,普通大学生难以有机会涉猎其中。大学思想政治教育活动课的改革应立足于普及性、多样性和恒长性。普及性,即面向全体学生。多样性,即活动课的形式、内容多种多样。恒长性,即活动课应当持之以恒,经典型的活动课应成为学校德育的传统课程。

(三)学校教育、家庭教育、社会教育“三教”整合

1. 学校教育

在学校、家庭、社会教育中,学校教育是主渠道。要充分发挥课堂教学在学生生理、心理、伦理“三理”教育中的重要作用。要开设适应不同年龄段学生的“三理”教育课程,使学科教学成为思想政治教育工作的主要渠道。把爱国主义、革命传统、中华传统美德和民主法制教育体现在课程和教材之中,贯穿和渗透在课程改革、课堂教学的各个环节。

2. 家庭教育

家庭是人生的第一所学校,也是永不毕业的学校。如果说思想政治教育像一条绵延不断的长河,贯穿人生的始终,而家庭教育则是这一长河的源头。由于家庭教育具有基础性、先入性、导向性、权威性、渐进性、持续性、感染性、陶冶性等特点,有利于大学生思想政治素质的提高,但也要看到家庭教育存在着随意性、强制性和迁就性等不足的方面,影响了孩子的健康成长。学校可开展从“亲子教育”到“家长学校”的系列教育活动,揭示家庭教育重在“德育”和“心理”两个过程,使家长懂得,亲近是家庭的根本教育特征,父母要千方百计增进与子女的沟通,为子女解决心理上的困惑。家庭教育必须解决的一个重要的难题是家长心态问题和切合子女实际和社会需要的目标选定。只有解决好这个问题,才能实现父母与子女的心理沟通,才能在相对宽松的环境中,辅之以适宜的教育督促,把子女的自主教育的潜力发挥出来。

3. 社会教育

社会教育阵地的建设和发展是大学生思想政治教育的一个重要渠道。反思大学生社会教育,网络已经成为大学生了解世界、接受信息的一个十分重要的渠道。大学生社会教育,面对信息网络的开放性,面对不同的意识形态、政治制度和文化思想,如何教育引导大学生学会认知,学会比较、分析与鉴别,成了当前急需解决的课题。一是要积极面对网络的挑战;二是在社会教育中,普及网络技术;三是必须净化德育环境;四是主动占领网络思想政治教育阵地。

二、教学管理:设置通选课和实行学分制

当今世界,知识经济方兴未艾,谁占领了知识经济的制高点——知识创新,谁就掌握了21世纪的主动权。高校作为人才的培养基地,处于非常重要的地位;高校担负传播、产生新知识的重任,具有不可替代的作用。

(一)评价标准的界定是衡量教学质量的关键

教书育人是高等院校永恒的主题,教学是高校育人的主要途径。衡量一所学校的教学质量应该看这所学校培养出来的学生升入高一级学校学习或者走上工作岗位以后社会适应能力的强弱。怎样将这种广义的教学质量和狭义的每一节课的教学质量结合起来?评价标准的界定是衡量教学质量的关键。华南师大将“基础要厚、知识面要宽、能力要强”作为衡量教学质量的基本标准。所谓“基础要厚”是指给学生提供最基本的理论、知识和方法,如规律性的知识,一般不会过时,只会发展、加深。“知识面要宽”是指学生不仅学习本专业的有关知识,而且要跨学科、跨专业学习。“能力要强”,正如爱因斯坦所说,发展独立思考和独立判断的一般能力,应当始终放在首位。评价教学质量时,除了看学生的整体水平,很重要的一条就是要看培养出拔尖的杰出人才的数量和质量如何。发达国家的经验是:在科学发展上可以得到最大收获的领域是各种已经建立起来的学科之间的无人区。因此,大力开展跨学科的研究和集中优势兵力实现课程的综合化、培养目标的整体化,在综合自然科学、技术科学和社会科学的基础上,改善对拔尖的杰出人才的培养等经验是值得我国高等院校借鉴的。

(二)设置通选课,文科和理工科相互渗透

高等院校设置通选课的目的,除了满足学生的学习兴趣外,更重要的是引导学生广泛涉猎不同的学科领域,拓宽知识面,学习不同学科的思想和方法,进一步打通专业,提高素质,为适应21世纪对高素质人才的需求打下基础。通选课的标准要有利于学生了解人类最基本的知识领域和思维方法,加强学生的人文素质、创新能力和基础知识,促进不同学科的交叉渗透,培养学生的思维能力,引导学生了解学科前沿新成果、新趋势、新信息等。一般通选课划分为自然科学、社会科学、哲学和心理学、历史学、语言学、文学与艺术六个领域。北京大学参照哈佛大学的办学模式,试办实验班。实验班不属于任何院系。大一、大二不分专业,由学校统筹培养。文理科的界限完全淡化了,这样有利于拓宽基础,真正做到文理兼容。文科和理科相互渗透,更容易产生重大科研成果。国外高校通常把大学学习头两年列入基础教育范围。针对高等院校普遍存在选修课课源严重不足、学生选择有限的矛盾,解决办法可以学习北京大学拨专款,实施通选课建设三年计划,并根据形势的发展每年更新其中的10%~20%。

（三）本科生实行学分制和弹性学制

为了更好地贯彻落实《中共中央国务院关于深化教育改革全面推进素质教育的决定》和《面向21世纪教育振兴行动计划》，许多高等院校相继开始在本科生中实行学分制和弹性学制。

1. 教学计划先行改革

学分制的实行源于教学计划的改革。在教学计划的改革中，以突出基础性、培养出高素质的人才为目的。教学计划不能再沿袭旧制，用统一的课程表、统一的模式塑造人。教学计划的改革要给个性发展以宽松的时空，有利于培养学生创新精神和实践能力。如河北师大从2000级本科生开始，实行弹性学制。本科学生基本学制为4年，但在校学习时间可为3～8年，即学生修满规定的课程和学分，可以提前1年毕业。根据教育部学籍管理规定，为适应当前学生的创业，允许学生总休学时间不超过4年（一般情况，连续休学时间不超过1年）。按照学分制的规定，本科学生修满本专业教学计划规定的155学分即可申请毕业，其中公共必修课53学分，专业必修课程50学分，专业选修课程32学分，公共选修课程10学分，教育实习6学分，毕业论文（设计）4学分。学校鼓励学生多选课程，取得更多学分。

2. 强化学生选择意识

实行学分制有助于强化学生的选择意识，有利于调整与优化学生在知识、能力等方面的素质结构。学生可以根据自己的特长，在导师指导下进行自我发展设计，例如，在读本专业课程的同时，有计划地选择某个适合自己发展的辅修专业的课程，或者选修第二专业专科课程，或者选修第二专业本科课程，修满规定的课程和学分后获得相应的结业证书和学位。其中，选修第二专业专科或者本科教学计划课程时，可以免修公共必修、公共选修课程及其学分。学生选修第二专业时，必须保证能够完成本专业学业。按照学分制管理规定，学生未取得本专业毕业资格者，不得发放第二专业学位证书和学历证明。提前3年完成学业的学生，可以申请毕业，或报考研究生，或免试推荐本校相关专业的硕士研究生。

3. 实行学分制后学费必须调整

为充分利用教育教学资源，最大限度满足学生的选修愿望，同时考虑教师超出正常工作量的劳动补偿，对现行学费管理办法作出适当调整，基本思想是“按学分收费，随学生选课流动”。如果学生仍然是仅在本专业4年修满学分毕业，学生缴纳费用不变。如果学生在4年内除了修满本专业学分申请毕业外，同时还选修了其他专业课程，则应按照相应的学分收费标准缴纳学费。改革学费收取管理办法后，学生可以按照自己选修课程的情况，注册缴纳本学期选修课程的学费，从而使学费的管理更加方便。

4. 实行学分制必须提倡名师效应

实行学分制必须允许学生既选课又择师。根据学分制运行机制，为真正实现因材施教，便于指导学生根据自身特点制订学习计划，实行“辅导员加导师制”的学生管理模式。各学院（系）按照1:15的比例选拔具有副高以上职称的教师作为学生导师，认真指导学生选课。学校采取激励机制，鼓励政治素质好、业务水平高、学术层次高的学术带头人和骨干教师多上课、上好课。为此，在实行学分制的基础上，教师挂牌上课，学生网上挑选，以真正实行优胜劣汰的竞争机制，优化师资配置，提高教学质量和教书育人水平。这项改革收到两个方面成效：一是优秀教师多上课、上好课，学生受益面广，有利于提高办学效益，缓解扩招之后师资紧缺的矛盾；二是通过对“人选”和“落选”情况的具体分析，调整课程设置和师资配置，使其更加优化。

三、课程改革：整合型基础理论课程的构建

（一）课程改革的指导思想

课程是高等教育的核心，中外高等教育改革，无不是把课程改革作为提高人才培养质量的核心。随着我国高等教育体制的改革，高等教育统一包分配的局面正在被打破。高等院校为了增强自身“产品”——学生的竞争力，必须坚持两条腿走路：一方面要坚持提升自身的学术水平；另一方面要充分利用已拥有的教育资源优势，突出各学校办学特色。

（二）课程设置和教学活动必须改革

进入21世纪，高等院校的课程设置和教学活动仍然缺乏时代气息与生命活力，紧贴基础理论课程与教学改革前沿的学科研究几乎是一片空白。陈旧而单薄的课程体系早已不适应现代人才培养的要求，必须尽快地进行改革。如高等师范院校原有的“师范性”并不乐观，体现在课程设置上为持续多年的公共教育学、心理学和学科教学法这“老三样”再加上一个“教育实习”。作为教育科学体系中的核心学科“教育学”，游离于生机勃勃的教育改革实践之外，理论性不强，实践性也较差，非但不能成为教育改革的助力，而且还往往成为一种阻力。在2001年召开的第三届教育政策分析高级研讨会上教育专家

就谈道:"当前的教育科学研究要么严重'老化',要么与教育改革实践脱节,亟待进一步改造和发展。现行的教育学研究重思辨,轻实证;重宏观,轻微观;重高教,轻基教。教育学教材基本还是苏联凯洛夫那一套,50年来没有发生根本变化。"与会专家们还指出:"高教研究也是重总体规划、行政体制的研究,轻专业课程、学科建设的探讨。这种研究模式造成的后果是,400本教育学教材大部分乏善可陈。"时至今日,改革力度仍不大。直面教育改革实践,构建整合型的公共教育理论课程体系就成为历史之必然。

(三)整合型基础理论课程的构建

课程的综合化趋势在20世纪二三十年代初露端倪,进入八九十年代后成为世界范围内高等教育改革的一股洪流。联合国教科文组织在其著名的报告《从现在到2000年教育内容发展的全球展望》中指出,"面对复杂的需要,为了避免使得课程超载,解决的办法不是在现行内容中增添新的因素,考虑到有关各种学科的补充性和计划中的教育目的,而应把所有因素有机地构成一个新的复合的整体",适应形势的需要,对基础理论课程的改革不能再搞简单的修修补补,必须突破困于一门学科的狭隘观念,对其进行脱胎换骨的变革。

整合型基础理论课程的构建不是对原有"单行道"式的课程体系的修改与增删,而是在素质教育理论的指导下,以提高大学生的素质为根本宗旨,以培养大学生的创新精神和实践能力为重点,整合多门基础学科分支的"营养"材料,破除每一门学科的"单行道",构建由基础学科中的多元素为原材料的"立交桥"式的多维复合型基础理论综合课程。这种形式的教材建设符合世界范围内高等教育课程综合化改革趋向。

整合型基础理论课程的构建中"整合"一词,有综合之意,但绝不是包罗万象。如整合型高师公共教育理论课程的构建,要从教育科学众多分支学科,诸如教育概论、教育社会学、中外教育史、教育科研方法、教育统计测量与评价、学校管理学中进行筛选。根据实际需要,本着少而精的原则,将所选的内容进行重新组合与构建,并非搞成一个各学科浓缩版的大杂烩,而是将相关内容"集成"为一个有机整体。这样,一方面有助于解决理论部分浅薄的问题,另一方面又可增强这门学科部分内容的操作性。整合型高师公共教育理论课程具有两大特点,它体现的是一个大教育观,内容是综合的,涵盖面广;同时它不是封闭的,是一个开放式的结构。体例是理论本质的一种表现,这项课程改革,将为师范院校教育学科教师、全体师范生以及教师进修培训提供一部紧贴基础教育课程与教育改革前沿的突出“师范性”的示范性教材。

第二节 高等院校校园文化管理的误区与建设

校园文化是校园生活的重要组成部分，作为一种文化现象，校园文化由来已久，它随着学校的产生而成为一种客观存在，并且在整个人类文化建设和社会生活中发挥作用。教育发展史表明，校园文化一经创立，便处于学校整体活动的核心地位，在其发展过程中凝结成一个独特的结构体系，极大地影响社会文化。与学校规章制度相比，尽管校园文化作为一种学校组织文化，对学校管理的影响更多地带有隐性和间接的性质，但还是能使师生领悟到“学校精神”的。遗憾的是由于对校园文化概念界定不清，当前校园文化建设在某些方面步入了误区。学校管理者的重要使命就是带领全校师生员工走出校园文化建设的误区。如何走出校园文化管理的误区，即明确校园文化的内涵；树立校园文化的全员参与意识；培养优良校风，弘扬校园文化精神；营造校园环境，使之成为一本催人奋进、奋发向上的教科书；树立良好的学校形象，发挥校园文化的辐射作用。

一、校园文化建设的误区

（一）校园文化等同于学生的业余文化活动

目前，由于对校园文化概念认识不清，将校园文化等同于学生的业余文化活动成为一些学校的通病。虽然学校校园文化活动繁多，但很少有学校把这类文化活动纳入学校长远规划。长此以往，势必使校园文化建设缺乏系统性和长远眼光，削弱校园文化在学校完成其培养目标过程中的作用。我们认为要把校园文化建设放在完成学校培养目标的大背景下切实建设好，就要把校园文化建设纳入学校发展的总体规划。树立校园文化全员共建意识，校园文化不仅仅是学生的文化活动，而应广泛地把全校师生员工都吸引到校园文化阵地上来。校园文化建设在内容上要为人才成长全方位服务。学校要培养全面发展的人才，就必须使培养对象在知识和理性、情感和意志、兴趣和特长、品质和体魄等各方面都得到健康发展。只有操场、舞场、录像厅的文化是远远不够的，把校园文化当做学生业余时间的消遣娱乐活动是违背了校园文化的初衷的。

（二）单纯注重校园物质文化建设

校园物质文化是校园文化建设的物质基础，是整个校园文化的外在标志。

校园物质文化的建设必须成为精神文化的载体。但是,有些校长在谈校园文化建设时,对单纯的物质文化建设津津乐道。我们认为建设物质文化不是目的,而是手段。离开了校园精神文化建设,单纯的物质文化建设就失去了文化建设的意义。精神文化建设隐含在物质文化建设中,它是校园文化建设中实质性的根本性的组成部分,是校园文化建设的根本目的。忽视精神文化建设,校园文化建设就只能流于形式。

(三)校园文化建设隶属于学生管理

目前,大多数学校都把校园文化建设附属于学生管理部门,把校园文化建设等同于对学生的思想政治教育。这种认为校园文化建设只是学生管理部门的责任的狭隘意识,正是目前校园文化建设整体上普遍不尽如人意的重要原因,也是阻碍校园文化建设进一步发展的最大障碍。校园文化建设应强调其整体性,应将其置于整体办学方向和培养目标的大背景下来操作实施。那种把校园文化建设与学校的专业设置、师资配备、课程开设等割裂开来,使校园文化建设局限在学生管理和思想政治教育的层次上的做法,极大地限制了校园文化功能的发挥,实质上是对校园文化没有全面、正确认识的表现。校园文化建设在范围上应当涉及和渗透到各个领域,这是因为学校本身就是文化的产物,学校的教学、科研实际上就是一种文化活动。校园文化建设在这方面的任务是运用文化的力量推动教学科研向更高水平、更高层次发展。即使是行政管理和后勤服务,也要强调文化建设,促进其科学化、规范化、现代化,并与教学、科研相协调,形成有利于人才成长和创造活动的文化氛围。

(四)校园文化主体仅仅是学生

目前,多数学校校园文化的主体都是学生。我们认为,校园文化活动应当是学校所有人都参与的文化活动。学校中的教学人员、管理人员、后勤服务人员等,都是校园文化活动的主体,都应积极参与学校的文化活动,特别是学校中的领导、教师,只有他们的广泛参与,才能引导校园文化建设沿着正确方向向更高层次发展,把校园文化建设引向健康发展的轨道。

(五)校园文化评价标准不标

当前学校评价校园文化建设时,往往着眼于是否建设了漂亮的校舍、宽敞的操场、舞场、录像厅,学生业余文化生活是否丰富多彩等。殊不知,这样评价,引导校长从实用的功利主义的角度来理解和实施校园文化建设,渐渐地使校园文化建设偏离了校园文化的主旨,这也是导致校园文化总体处于低水平状态的重要原因。久而久之,校园文化热潮在虚假的繁荣中渐渐透出苍白,师生对校园文化活动渐渐失去热情,而校园文化建设的主要管理者,即从事学生管理和思想教育的教师也逐渐觉得校园文化对学生的教育所起的作用微乎其微。校园文化建设之所以出现这种状况,根本原因是对校园文化评价标准的界定,忽视校园文化建设对于学生发展成长的主题意义,从而也就不能按照校园文化的内在要求去搞好校园文化建设。

(六)校园文化建设千校一面

校园文化作为附属于学校的一种社会亚文化,在不同的学校应该显示不同的特色,这一点在目前我国众多的学校中大都未能具备。实践表明,校园文化实际上起到了一种社会黏合剂的作用,它通过为组织成员提供共同的语言和相似的爱好而把整个组织聚合起来。凡是具有强势校园文化的学校,其校园文化活动往往就会形式多样,既有高雅的活动,也有普及性的活动,参与者也往往涵盖面广,既有学生也有教师和学校领导者。反之,在只有弱势校园文化的学校,类似的文化活动就很难开展,人们彼此间缺乏共同语言,使校园文化不能形成与学校特色相一致的特征。

二、校园文化建设的重点

(一)校园文化的内涵

学校以传授人类文化为己任,学校的发展离不开校园文化的建设。校园文化建设是学校管理的重要组成部分,目的在于通过一定的物质环境和精神氛围使生活在其中的每个成员都有意无意地在思想观念、心理因素、行为准则、价值取向等方面与现实文化发生认同,从而实现对人的精神、心灵、性格的塑造。与学校规章制度相比,尽管校园文化作为一种学校组织文化,对学校管理的影响更多地带有隐性和间接的性质,但还是能使师生领悟到"学校精神"的。这是因为,校园文化是学校全体员工在学习、工作和生活的过程中所共同拥有的价值观、信仰、态度、作风和行为准则。

校园文化作为一种长期积淀而形成的特定群体文化,其宗旨是塑造高尚的精神。一般来讲,校园文化包括三个层次,即物质文化层次、制度文化层次和精神文化层次,其中,物质文化、制度文化处于较低层次,精神文化属于较高层次。浓郁的校园文化精神需要一定的物质设施和严格科学的制度来保证,但物质设施和规章制度层次的建设要体现精神文化意义。校园精神是校园文化建设的灵魂和核心,是学校师生精神面貌的总体现。爱国主义、集体主义、社会主义是校园文化建设的主旋律;培养爱国爱校的家园感情,增强师生职工的凝聚力是校园文化建设的立足之点;树立远大理想、强化成才意识、共建文明校风、共创学校美好未来是校园文化建设的着力点。通过努力,力求形成“求实创新、奋发向上、爱国爱校,以国以校为荣,为国为校增光”的校园精神。弘扬校园文化精神的基础,首先在于培养优良校风。

校园文化建设的作用:首先是沟通学校与社会之间的联系,促进青年学生社会化程度的不断提高;其次是在人文科学与自然科学间建立沟通,促进人文精神与科学精神的融合;再次是在知与行之间建立沟通,以培养学生运用学得的知识进行创造性活动的能力。这就要求校园文化建设在为人才全面发展的大目标下,开展丰富多彩的活动,满足学生多方面需求。

(二)培养优良的校风

校风,是一所学校特有的风气和作风,是学校全体师生员工在共同目标和共同认识的基础上,经过集体的长期努力所形成的为大多数师生员工所共同具有的比较突出的一贯的行为和作风,是长期养成的优良传统习惯,又是领导作风、教师教风、学生学风的集中表现。培养优良的校风,是校园文化建设的重要内容,是学校精神文明建设的一项重要任务。因此,学校领导应该把培养良好的校风提高到弘扬校园文化精神,培养合格的建设者和接班人的高度来认识。

校风具有教育作用,校风不仅是引导学生走成才之路的必要保证,也是抵制各种腐朽思想侵蚀的有力武器。优良的校风像春风化雨一样,滋润着人们的心田,陶冶着人们的心灵。校风具有同化作用和向心能力。一所学校一旦形成了良好校风,就会潜移默化地影响着生活在这个环境中的师生。它还会使新进入这个环境的师生,很快受到同化,自觉或不自觉地接受熏陶或感染,并能较快地适应新环境的要求,自然地克制和改变自己的一些不符合规范的行为和作风。校风好的学校,必然受到社会舆论的赞扬,师生必有一种光荣感、自豪感,促使全体师生员工产生一种积极向上的力量,形成一股巨大的凝聚力、向心力。

校风具有约束作用。优良校风一旦形成,广大师生就会产生对学校优良传统的光荣感和自豪感,从而成为巨大的精神力量。生活在这样环境中的师生就会自觉地约束自己,自觉地维护学校的荣誉,谴责破坏校风的行为。

校风具有衡量作用。校风似乎是抽象的,然而又是具体的,一所学校风气好不好,一进校门就可以感觉到。或是令人清新悦目,心情舒畅,积极向上;或是给人脏、乱、差的感觉。教师的言谈举止、学生的衣着打扮,以及花木长势、课外活动、宿舍内务、食堂秩序,也无不同校风有关。校风反映着学校的个性、精神面貌和教育效果。好的校风表现在学生身上,就是勤奋学习,遵守纪律,尊敬老师,助人为乐,热爱劳动,爱护公物,关心集体,谦虚诚实等。这些不仅对学生在校时有着重要的作用,而且当学生毕业离校走上社会以后,对他们的学习、工作、生活,仍然产生重要影响。甚至通过他们影响周围和社会上的更多的人,从而影响社会风气和精神文明建设。校风的建设作用体现了学校教育的社会效益。

优良校风的培养,必须通过一系列工作:

一是提出目标,宣传教育。学校领导要根据党和国家对学校的要求、学校的传统与实际,明确提出本校的校风,作为全校师生的共同努力目标。通过讨论,全体师生接受校风,确认校风的正确性,并愿在各自的言行中表现出来。

二是领导示范,骨干带头。校风的主要组成部分就是学风、教风和领导的作风。学风和教风是校风的核心,领导的作风则是形成校风的关键。校长首先要有实事求是的作风;其次要有平易近人的作风;再次要有办事公道的作风;最后要有身体力行的作风。教师的教风则主要表现为忠于职守,事业心强,团结合作,为人师表,对工作兢兢业业、一丝不苟,以培养德、智、体、美全面发展的人为己任。教风是学风的基础,在好的教风的影响下,要先培养团员、干部和学生骨干起带头作用,形成校风的起点。这样从上到下,层层带头,就能形成良好的校风。

三是反复宣传,形成舆论。校风要有坚实的群众基础,要形成以校风为是非的标准,以校风作为衡量言行尺度的舆论。为此,要通过各种途径,反复教育,使校风在全校师生思想上生根。由于各个学校的基础、条件以及所处的社会环境不同,校风应立足于发扬本校的优良传统,具有自己的特色,使学校全体成员认可。要运用校歌、校训等形式,表述本校校风的基本特征,或以简洁、明快、寓意深刻的文字概括本校校风的特点,成为大家的"座右铭"。高唱校歌,铭记校训,久而久之,成为大家的行为习惯,成为学校的风气。

四是抓好校容、校貌、校纪。校容、校貌、校纪是校风的一个组成部分,又是校风较明显的表现。它直接影响着师生的情绪和精神状态。因此,校长要抓好校风建设,就要时时处处注意校容、校貌、校纪的建设,使学校环境幽雅,整洁安静，有教育气氛；师生文明礼貌，团结活泼；全校秩序井然，工作配合默契。适时提倡，不断强化。校风是在长期活动中不断提倡而逐渐形成的，良好的校风已经形成，并已被校内外所承认，如果不坚持，也会逐渐淡薄，乃至消逝。因此，校风需要不断地强化。强化的办法是经常抓，反复抓，抓具体，一抓到底。结合日常的、集中的教育活动，进行校风教育；根据校风的要求，从具体事情抓起；通过抵制不良风气来培养，强化校风。以上几个方面常抓不懈，必能使校风长盛不衰。

（三）营造校园环境，使之成为一本催人奋进、生动活泼的教科书

校园环境是校园文化建设的重要组成部分。学校管理者要保证学校建筑布局合理；要重视校园绿化美化，创建优美校园环境；要保证教学场所和教学设备符合卫生要求。自学校建成之日起，学校就是教书育人的场所。因此，古人对建构校园文化景观十分重视，我们能从至今还留存的书院建构中，解读出其中的教育意义。如当人们踏进岳麓山下岳麓书院的山门，浓郁的文化气息就会迎面扑来，院内的一切物质文化景观都在直接影响你的思想观念，起到了制约行为习惯，发挥隐性课程的作用。一种庄严的求知向上的精神愿望很自然地从心底里油然而生，这即是校园环境所产生的魅力。作为一所学校，也只有构建一个美好的与教育密切相关的物质环境与人文环境，才能使青少年在校园物质文化景观潜移默化的影响下，身心得以健康成长，从这种意义上说，校园环境确实是一本催人奋进、生动活泼的教科书。

校园环境建设，包括校园布局、房屋建筑、绿化美化和管理规章等项，它的前提是使之富有生命，能引起、激发学校及其成员崇高的情感和进取心，也就是说要使学习、生活和工作在校园里的每一个人都得到精神上的满足和升华，因此校园布局要根据周边环境、学校条件作出科学合理的规划。

校园建筑要体现学校自身特点。校园建筑要有教育建筑的共性，又要体现学校自身风格，这是教育教学工作和学生健康成长的需要。校园里，力求安静、安全，建筑通道要有利疏散，但校园道路不宜太宽、太直，不要给汽车创造快速行驶的条件。教学用房，力求简洁、朴实、宽敞、明亮，讲究朝向、采光，栋与栋之间要留足距离。教学楼因为人流拥挤，所以建筑物要牢固，楼梯、扶手、栏杆和楼板要做得结实，不仅防事故，而且防损坏；走廊、楼梯通道要宽一些，便于休息、活动与疏散。教学用房以及运动场所附近要有数量足够的、远近适宜的厕所设施。学生经常需要老师的关心与呵护，教学楼里要安排学科教师

和班主任的办公室。房屋外部装饰与周围环境要协调，颜色要庄重、典雅、朴实，给人以开放、明朗、健康向上的感觉。学校建筑要避"商业气味"，不宜搞豪华、花哨之作。

校园里栽树也要注意与建筑物的特点相协调。譬如，苍松翠柏就不太适宜在校园里栽种，尤其不宜成行成对栽种，因为气氛肃穆、沉闷，与健康活泼的青年特点不相合，靠近教学楼，可栽落叶树，冬天好采光；学生经常活动的地方，则栽"占天不占地"的树为好，如樟树，一把伞似的，绿树底下仍可自由活动，不像雪松那样"占地不占天"。

校园里的坐凳，有的学校用水泥做些类似树墩子形状，一眼望去到处是被吹掉的树；还有的用水泥塑一些假石头，假的容不得真看，正如陶行知所说："千教万教教人求真，千学万学学做真人。"假树、假花、假石头都不应该进入校园。此外，建筑物墙上的标语也要注意，譬如"时间就是金钱"和"效益就是生命"之类的商业常见用语，不进入校园为好。如此种种，都是与育人环境气氛不相合的。校园建筑处处要从育人着想才是正确的。

为了突出思想审美，重视德育潜移默化，用雕塑来提高育人品位也是很有必要的。雕塑的创意应当既有民族历史渊源又有强烈的文化气氛，还要有"面向未来"的现代教育气息的体现，表现手法应该是传统文化与现代文明的有机结合，有助于学生健康成长，前途远大之意蕴含其中。

校园绿化要营造健康向上的文化氛围。教书育人，校园的"树木"亦育人。校园绿化不比其他地方的绿化，它是一种生态之绿、观赏之绿，还应当是一种教育文化之绿，即在校园绿化建设中要努力创造一种育人的文化氛围。校园环境，是育人文化的一种物质载体；校园绿化，是办学历史的一种文化积淀。树因校存，校以树名，一棵经久、古老的大树，一块静默、朴实的巨石，都可以成为一种学校人文精神的象征。校园绿化的文化氛围，更表现在植物栽种的选择和园艺布局的构思上。"崇尚自然，含蓄为美"，不故作人为雕饰；草木含情，石头"说话"，让生命之绿成为学生健康成长的良师益友，是校园绿化建设的宗旨。

第三节　高等院校贫困生的产生、问题与对策

在我国的每一所高校，都有一个特殊的群体，他们被称为贫困生。他们除了紧张地学习，还得为学费、为养活自己操心、奔波。戴上校徽，他们是大学

生;走出校园,他们是打工族。他们挣回了养活自己的钞票,也积攒着别人不曾有的经历和经验。近年来贫困大学生人数和比例不断增加,成为带有普遍性的社会问题。积极、稳妥、有效地解决贫困生问题事关我国高校健康发展的大局。

经济因素是产生高校贫困生的根本原因。改革开放以来,虽然我国经济发展迅速,人民生活水平得到了很大的提高,但经济发展的不平衡性加剧了城乡贫富的差距。我国从1997年全面实施高等教育收费制度以来,大学学费的高低、涨跌也成了千家万户关心的大事。高校的扩招、高校收费与居民家庭支付能力的不协调、高校资助体系的不健全、学生自助和创业意识薄弱等原因,使得高校贫困生问题日益成为引发社会矛盾的症结,成为社会各界共同关注的话题。高校贫困生主要来自农村贫困地区,认真抓好高校贫困生问题,完善勤工助学体系,引导弱势群体走出困境是构建和谐社会、建设社会主义新农村的重要举措。

目前,国家的学生资助政策在实现高等教育公平和平等方面作出了积极的贡献。高校贫困生问题,得到了党中央、国务院和各级教育部门的重视,各高校在认真落实国家"奖、贷、助、补、减"资助政策的同时,在实践中逐步建立起一套适合本校的贫困生资助体系。但高等教育并非义务教育,解困不能完全依靠国家,必须培养学生的自我解困意识和能力。授之以鱼,不如授之以渔。奖学金、国家助学贷款以及减免学费只能解决贫困生的一时之需,保障其顺利入学,入学之后的经济问题如何解决,这是摆在贫困生面前的大问题。勤工助学才是解决个人经济问题的重要途径,是真正的"自助性资助"。勤工助学的收入比较稳定、持久,并且,在此过程中,贫困生既可以缓解经济困难,又可以建立自信,增强独立意识,以一种积极乐观的心态融入社会。

一、高等院校贫困生群体的产生

高校贫困学生是指那些在校期间因家庭经济贫困而难以交付学杂费及购置必要学习用品,日常生活缺乏经济保障的学生,按其贫困程度分为困难生和特困生。新中国成立后很长一段时间,我国高等教育费用全部由国家承担,国家统包了学费与生活费,贫困生问题尽管事实存在,但贫困生群体并未显现。1992年以前,高等学校不收学费。师范院校不但不收学费,而且给每个学生发放的助学金和专业奖学金,足以每个学生维持其基本生活费,这也是家庭贫困的高中毕业生踊跃报考师范院校的一个重要原因。1992年大学生入学开始缴纳学费。

1994 年 4 月,国家教委下发的《关于进一步改革普通高等学校招生和毕业生就业制度的试点意见》主要内容是:根据《中国教育改革和发展纲要》精神,从招生开始,通过建立收费制度,改变学生上大学由国家包下来、毕业时国家包安排工作的做法,同时,建立相应的奖学金、贷学金制度,鼓励学生努力学习。这样,逐步建立起"学生上学自己缴纳部分培养费用、毕业生多数人自主择业"的机制。收费标准可因地因校因专业而异,既要考虑到实际培养费用,又要考虑到学生家庭的承受能力。国家教委虽然下发了文件,并未立即正式实施,1994 年至 1995 年为两年的过渡期。

1996 年,随着社会主义市场经济体制的逐步确立,特别是实行高等教育成本分担制度改革后,高等教育部分费用由个人、家庭负担,高等教育试行并轨招生。

从 1999 年开始,全国高校开始连续大规模扩招。1999 年,普通高等教育在校生 413.42 万人,比上年增加 72.55 万人。高等教育毛入学率达到 10.5%,比上年提高 0.7 个百分点。[①] 2002 年,高等教育的招生和在校生规模继续快速增加。普通高等教育招生 320.50 万人,比上年增加 52.22 万人,增长 19.46%。[②] 2003 年,高等教育的招生和在校生规模继续快速增加。全国各类高等教育总规模达到 1900 多万人,高等教育毛入学率达到 17%。[③] 2005 年,我国高等教育的招生和在校生规模持续增加。全国各类高等教育总规模超过 2300 万人,高等教育毛入学率达到 21%。[④] 2006 年,我国高等教育毛入学率为 22%。2008 年,我国高等教育毛入学率进一步提高到 23.3%。2009 年,高等教育稳步发展,高等教育招生数和在校生规模持续增加。全国各类高等教育总规模达到 2979 万人,高等教育毛入学率达到 24.2%。[⑤] 扩招的同时,学杂费也大幅提高。1999 年师范类院校开始真正意义上的缴费上大学,华南师大文科学费每年 1950 元/生,理科 2400 元/生;2000 级理科调到每年 2580 元/生。2001 年开始按专业成本不同收取学费。2001 级、2002 级师范类

---

① 教育部:《1999 年全国教育事业发展统计公报》,《中国教育报》2000 年 5 月 29 日第 1 版。
② 教育部:《2002 年全国教育事业发展统计公报》,《中国教育报》2003 年 5 月 13 日第 1 版。
③ 教育部:《2003 年全国教育事业发展统计公报》,《中国教育报》2004 年 5 月 27 日第 1 版。
④ 教育部:《2005 年全国教育事业发展统计公报》,《中国教育报》2006 年 7 月 4 日第 1 版。
⑤ 教育部:《2009 年全国教育事业发展统计公报》,《中国教育报》2010 年 8 月 3 日第 2 版。

文史财经 2280 元/生;师范类理工 2580 元/生;师范类艺术 5200 元/生;非师范类文史财经 4560 元/生;非师范类理工 5160 元/生;非师范类艺术 8000 元/生。2003 级、2004 级文史、财经、管理专业本科 4560 元/生;理工、外语、体育专业本科 5160 元/生;艺术专业本科 10000 元/生。河北师大 2004 级学费标准是:普通专业 3500 元/生;数学类、中国语言文学类、英语、俄语专业 4500 元/生;音体美艺术设计专业 6000 元/生;二级分院不论专业一律是 10000 元/生。河北理工大学 2004 级学费:普通专业 3500 元/生;金融学、英语、日语、信息与计算机科学等专业 4500 元/生;绘画、艺术设计、工业设计专业 6000 元/生。据调查,一个普通专业的大学生一年的学费、住宿费、书费,再加上吃饭、穿衣等,平均费用在万元左右,特殊专业远远超过万元。据报载,2004 年我国城镇居民年平均纯收入和农民年平均纯收入分别为 9422 元和 2936 元,以此计算,供养一个普通专业的大学生从入学到毕业,需要一个城镇居民 4.2 年纯收入,需要一个农民 13.6 年纯收入。由此不难看出,一方面高校学费持续增加;另一方面随着市场经济体制转型,城市职工失业和下岗、农村和城市"剪刀差"的增大,一些家庭的收入降低,这些导致高校贫困生群体日呈上升趋势。

二、聚焦高等院校贫困生问题

1. 贫困生比例高,绝对数量大

尽管由于我国南北方经济文化发展的不平衡性及消费水平的不同,对于贫困生的界定,南北方院校存在着差异,但是无论是南方院校,还是北方院校,贫困生均成了高校相对比例较高、绝对数量较大的特殊人群。据统计,贫困生在高校的平均比例已高达 25%。高校贫困生主要来自:一是城市下岗职工家庭或工薪低的家庭;二是地区经济不发达,特别是老、少、边、穷地区,经济发展缓慢;三是由于天灾人祸或家庭发生意外事故,而导致家人重病、致残、伤亡等,家庭负债重;四是农村多子女家庭,生活困难。

河北省内院校,学生大多数来自农村,困难学生比例相对偏高。河北省关于贫困生的界定,有下列情况之一者为一般经济困难学生(平均月生活费在 150 元以下):单亲家庭,人均年收入在 1500 元以下者;父母均为下岗职工,人均年收入在 1500 元以下者;家庭处于贫困落后地区,人均年收入在 1500 元以下者;家庭因多子女在学、父母年老体弱等原因导致经济负担过重者。河北省关于特困生的界定,有下列情况之一者为特困学生(平均月生活费在 120 元以下)：孤儿，无任何经济来源者；单亲家庭，人均年收入在1000元以下者；父母亲因身体等原因丧失劳动能力，无固定收入者；家庭因遭天灾人祸无法缴纳学杂费者；家庭被当地政府列为特困户者。据2005年4月调查，河北理工大学本、专科学生18000余人，大部分学生来自农村。贫困生3240人，占学生总数的18%；其中特困生1440人，占学生总数的8%。河北师范大学本、专科学生24977人，多数学生来自农村。贫困生6243人，占学生总数的25%；其中特困生2489人，占学生总数的10%。

广东城镇常住人口占全省常住人口的55%，超过了农村人口。根据广东省规定，贫困生平均月生活费在300元以下，特困生平均月生活费在200元以下。华南师大的贫困生多来自农村和城市下岗职工的困难家庭。根据2005年4月调查，华南师范大学全日制在校本科生总数15105人，贫困生4460人，占学生总数的29.53%；其中特困生1230人，占学生总数的8.14%。①

2. 经济拮据是困扰贫困生的最大问题

长期以来，对于贫困地区的农民来说，脱贫是美好的梦想，致富是永久的话题。孩子有能力通过考大学走出去，是令农村家庭感到自豪的改变命运的方式，因此，也成为许多农村家庭最大的希冀。然而，目前这种希冀里增加了越来越多担忧的成分。因上大学，家里债台高筑而致贫，已成为横压在贫困生及其家长心中的最大难题之一。调查数据显示，河北理工大学贫困生月生活费在200元以下；河北师大贫困生在校生活费每月在150元以下，特困生在100元以下；华南师大贫困生月生活费在250元以下。这种生活标准甚至低于政府规定的月人均250元的贫困线。对贫困生来说，经济拮据是困扰他们的最大问题。我们看到有的特困生每餐只吃主食，很少吃蔬菜；为了省下几角钱，有的三餐并为两餐；有的入大学学习几年，在盛夏高温40℃持续多日的情况下，把吃一支冰激凌都视为奢侈……

3. 贫困生精神贫困源于物质贫困

贫困大学生与非贫困大学生作为同龄人，有着共同的个性特征，许多学生乐观外向、富有才华、坦白直率、沉着自信、独立性强。但贫困大学生间也存在着差异，由于经济拮据，由于家庭过高的期望，造成了自身过重的精神压力，导致部分贫困生的精神贫困。

---

① 刘茗，姚冰，王鑫：《关注高校贫困生》，载于《红旗文稿》2006年第4期，第30—32页。

精神贫困是指面对来自诸方面的压力和各方面的困扰，由于人生观、价值观、意志品质、挫折感等的不同，产生这样或那样的心理障碍或精神空虚等现象。精神贫困源于物质贫困，是物质贫困的客观结果。在其他学生尽情地享受丰富多彩的大学生活时，贫困生们却要为筹集学费和生活费而发愁，钱成了他们心头的一把"刀"，沉重的心理负担，阻挡了他们追求快乐的脚步。

经济的贫困，导致许多贫困生心理的不平衡及自卑感。在访谈中有的贫困生说："中学时，大家的经济条件都差不多，上大学以后，差距太大了，有钱的学生买得起电脑、手机，能大方地请吃请喝，没钱的却连饭也吃不起，换了是你，你能心理平衡吗？"一个女生说："入校后不久，作为大学生的自豪感就荡然无存了，我的智商并不比城市学生差，我的学习成绩一直名列前茅，可是我却没有他们的优越感。因为物质的羞涩，我常常感到低人一等，只好把全部精力都投入学习中，以此来找回一点平衡。"有的贫困生说："只要一有同学说自己丢了东西，我就觉得所有人的眼光都在看着我。我觉得老天不公，为什么要把我生下来，生下来又不生在一个好人家？"……

希望孩子上大学，转变家庭经济拮据的重担就寄托在孩子的成才上。父母殷切的期望在不知不觉中变成了无形的压力，沉甸甸地压在他们的心头。一位大四男生无奈地说："如今就业压力这么大，找一份好工作真不容易，现在我都不愿意回家，怕面对家人期待的眼光，怕最终会让他们失望。"

来自家庭的压力，导致贫困生产生抑郁心理。应对方式上的不正确，导致了贫困生抑郁心理加剧。由于家庭条件差，他们遇到的困难相对要多，这些困难往往需要通过求助才能得到解决，但由于他们的自尊心较强，戒备心较重，有时候不愿意接受来自学校或他人的帮助。有的学生明明家里很困难，却因为爱面子而不愿意填写困难申请。

也许贫困生的感觉只是他们自己的想象，也许他们的话不无偏颇之处。但是，高校贫困生作为一个弱势群体，他们在生活和学习中确实遇到了我们没有想到的种种艰难和困惑。

三、关注贫困生是仅次于教学的一个重要任务

贫困生需要经济上的资助，更需要社会的理解，需要属于自我的空间和青春的快乐。解决这一问题，需要国家、社会、学校、家庭和个人长期的共同努力，在根本上有赖于生产力的高度发展和共同富裕的全面实现。在党中央、国务院的高度重视和关心下，经过教育部、财政部等有关部门十几年的共同努力，我国已经初步建立起以奖学金（含国家奖学金）、学生贷款（含国家助学贷款）、勤工助学、困难补助和学费减免为主体的、多元化的资助经济困难学生的政策体系。目前，需要继续完善帮困机制，包括在经济上建立和完善各项扶助制度，在思想上坚持“扶贫先扶志”，在心理上加强引导。

（一）完善“奖、贷、助、补、减”五位一体的帮困助学体系

1. 以助学贷款为主要方式，解决困难学生学费问题

解决贫困生上大学难的问题，首先要落实国家助学贷款政策。为此，要认真调查学生家庭经济状况，实事求是地执行国家及本校有关国家贷款的政策，最大限度满足贫困生的贷款要求。2004 年，河北理工大学为 1364 名贫困生办理了贷款。河北师大助学贷款工作克服了重重困难，落实了 183.9 万元学生贷款，共有 638 名学生与银行签订了贷款合同，贷款总额为 597.7 万元。华南师范大学有 520 名贫困生签订了贷款合同，贷款合同总额为 624 万元，实际发放金额 312 万元。

2007 年，我国高校 240 万经济困难的学生中还有 160 万特别困难的学生，需要通过获得国家助学贷款来完成学业。但现在实际获得国家助学贷款的人数仅占经济困难、需要贷款学生的 30% 左右。目前国家助学贷款需求量大，实际放贷金额很小，两者之间还存在较大缺口。

在 2007 年“两会”上，温家宝总理作出加大家庭经济困难学生资助力度的庄严承诺。5 月 9 日，国务院常务会议通过《国务院关于建立健全普通本科高校高等职业学校和中等职业学校家庭经济困难学生资助政策体系的意见》。5 月 15 日，国务院在京专门召开全国家庭经济困难学生资助工作会议。建立健全家庭经济困难学生资助政策的体系是国务院从全局出发，高瞻远瞩，根据新形势、新任务要求，及时作出的一项造福当代，惠及子孙，影响深远的重大决策；是继农村义务教育保障机制改革以后，以科学发展观为统领，促进教育公平的又一件大好事；是构建社会主义和谐社会的基本要求；是保证教育事业持续协调健康发展的重要举措；是落实科教兴国战略，为建设创新型国家提供人才支撑的客观要求；是履行政府公共财政职能的重要措施。“教育公平是社会公平的基础”，贫困家庭子女的就学得不到基本保障，不仅会影响我国国民素质的整体提高，也不利于缩小城乡差距、贫富差距，不利于社会主义和谐社会的建设。因此，党和政府高度重视贫困家庭子女就学的保障工作，把“不让孩子因为经济贫困而失去上学机会”作为教育工作的一个重要任务和

目标。

2. 采取多种辅助方式，使帮困助学体系更趋完善

采取以困难补助、减免学费、临时困难补贴、奖学金为辅助方式，使帮困助学体系更趋完善。2004 年，华南师范大学为 360 名学生减免学费合计 166.5 万元，发放各类奖学金 136.75 万元，发放经济困难补助金 10.9 万元，发放经济特别困难补助金 7 万元，解决了贫困生的部分实际问题。河北师大发放困难补助金 51.55 万元，勤工助学补贴 113.9 万元，减免 415 人学费合计 60.7227 万元，为占在校生总数 10% 的特困生发放伙食补贴近 200 万元。除此之外，在开展冬季"送温暖"、夏季"送清凉"活动中，共计为特困生发放了近 30 万元的冬季和夏季用品。河北理工大学为 1800 名贫困生发放困难补助金 100 多万元。

3. 以勤工助学为手段，解决困难学生的生活问题

对贫困生，通过发放爱心基金、特困生救助金、减免学费、协议缓缴学费等形式，解决了一部分人的难题，但单一的经济补助，无法锻炼特困生解决困难的勇气和能力，弄不好反而会伤其自尊心。比起各种"扶贫"政策，大学里的贫困学生更愿意通过勤工俭学的方式来找到尊严，自食其力挣出部分学费和生活费用。华南师大、河北师大和河北理工大学积极开辟了校内外勤工助学岗位，使部分学有余力的贫困生能够借助自己的劳动，获得经济报酬，缓解部分经济压力。华南师范大学设立学校内部固定岗位为 2468 个，学校内临时岗位 5050 个，勤工助学 7510 人次，发放勤工助学补贴金额 126 万元。河北师大设立学校内部固定岗位 1429 个，学校内临时岗位 5000 多人次，学生收入 100 余万元。勤工助学协调中心派出家教、家政、促销、报刊征订、编辑、翻译、促销、导购等岗位 1500 个，其中家教 800 个，学生收入约 200 余万元。2004 年河北理工大学为 1300 名贫困生安排了诸如卫生清扫、微机操作、治安保卫、图书管理、自行车摆放、档案管理、信件发放、餐厅的文明监督、公寓管理等固定的勤工助学岗位，每人每月可获 150 元的补助，为贫困生发放补助 130 万元。协助 500 名贫困生找到了家教岗位。组织部分贫困生为厂矿、企业、社会团体进行市场调研、产品供销、产品宣传等活动，使一批贫困生在社会上找到了施展自己才华的机会。

（二）在思想上坚持"扶贫先扶志"

引导贫困生树立正确的世界观、人生观、价值观，不失时机地对他们进行思想教育是十分必要的。针对贫困生的种种压力，河北理工大学、河北师范大

学和华南师范大学在思想上坚持"扶贫先扶志"。首先,对他们进行正确认识贫穷的教育,使他们认识到,贫困并不是与生俱来的耻辱,耻辱的是在困难面前退缩。人穷志不短,自己虽然贫穷,但人格是高尚的。其次,进行信心教育、思想教育,使他们认识到贫困是暂时的。在政府、学校和社会的关心支持下,他们一定能战胜困难,完成学业,在困境中奋起,在困难中成长。再次,正确对待各种资助,要打消和减少依赖心理,树立自强自立意识,把国家、学校、社会的爱心转为动力。最后,经常组织贫困生参加社会实践活动,培养他们吃苦耐劳、服务社会、回报社会的意识。

(三)提高贫困生的心理素质,解决精神上的"难题"

健康的一半是心理健康。贫穷,成为贫困生心中挥之不去的阴影。有不少贫困生以坚强和乐观面对人生,但是,他们的抑郁状态高于非贫困生也是不争的事实。来自经济上、学习上、世俗观念和就业等多方面的压力,成为贫困大学生心理问题的主要原因。贫困生需要更多的理解和支持,在为他们提供物质帮助的同时,提高他们的心理素质,解决他们精神上的"难题"同样重要。鉴于这种情况,河北理工大学、河北师大、华南师大在新生一入学,就开展专门的集体心理辅导,增强贫困生的心理适应性。在学校中建立规范的心理咨询室,培训专业化的心理教师,帮助大学生特别是贫困生了解自身的心理健康状况,使他们学会如何改变自己的不良情绪,完善应对的方式,早日走出抑郁的天空。

四、政府相关政策调控,从根本上解决贫困生问题

从根本上解决贫困生问题,国家应实施相关政策调控,主要包括:高校收费能够稳中有降;国家助学贷款,解决学费和住宿费困难;国家助学金,向特殊学科专业倾斜;国家奖学金,激励学生勤奋学习全面发展;勤工助学,规定最低小时工资标准;学费减免,对特殊困难群体特殊照顾。

(一)期待高校收费能够稳中有降

尽管各个学校在勤工助学方面做了大量的工作,要从根本上解决贫困生问题,有待于政府层面的工作。我国的高校教育收费改革是必需的。学校发展了,政府就要加大投入,但不能使高等教育的发展以教育收费为基础,收费只是对政府投入教育的财政资金不足部分的补充。我国现在的国情是:农民的孩子占的比重还很大,下岗工人供养孩子也很困难,因此在高校教育收费上再也不能在现在的基础上提高了。为此,为保证贫困学生接受大学教育,更期待高校收费能够稳中有降,让更多贫困的学生有机会上大学、拥有改变命运的机会!

(二)解决学费和住宿费困难,依靠国家助学贷款

高等学校由于贫困生较多,尽管学校采取了一些有效措施,也只能解决贫困生的日常生活困难,学费问题仍是贫困生感到压力最大的问题。河北理工大学贫困生欠学费600万元;河北师大贫困生欠学费1200万元;华南师范大学3850个贫困生欠学费达1686.67万元。解决学费问题只能靠贷款。目前银行的助学贷款已经远远不能满足学生贷款的需求,政府应从政策层面激励银行加大贷款力度,以缓解学生缴费难的局面。从以往的经验来看,各个商业银行在落实助学贷款方面的态度不是很积极。主要原因是在我国个人信用制度不很完善的情况下,助学贷款存在着风险。助学贷款最好是在生源地办理,提高学生获得贷款的成功率。一方面,银行对学生家庭情况比较了解,便于决定贷款家庭;另一方面,一旦出现学生个人还贷困难,学生家庭可以承担还贷责任,有效避免贷款风险,同时不断完善还贷的约束机制。

(三)创新和完善农村教师补充机制,解决贫困生的就业难和还贷难

2004年夏天,湖北省教育厅率先实施了"农村教师资助行动计划",效果很好,教育部应将其作为经验在全国推广。凡全日制普通高等学校应届毕业生,获本科以上学历学位;身体健康;思想政治素质好,热爱教育工作;志愿到农村乡镇学校任教,且服从组织安排者,均可报名。品学兼优的贫困毕业生和来自贫困县(市)的毕业生优先录用。服务期限和范围:每批到农村任教的毕业生服务期为三年,服务期内全部安排在农村乡镇学校任教。服务期内享受的优惠政策:第一,年度考核合格者,省教育厅对每人每年奖励5000元,按年发放。对借有国家助学贷款的毕业生,此奖励优先用于偿还贷款。第二,毕业生工资可提前定级,不实行试用期。其工资由县(市)按照国家规定的标准列入财政预算,按月足额发放。第三,毕业生来自具有推荐免试研究生资格的高等学校、符合推荐免试资格的,可先取得研究生入学资格、办理注册手续,服务期满后再回校攻读硕士研究生。第四,服务期满,经考试合格的,可选拔攻读教育硕士专业学位。第五,根据自愿的原则,毕业生的户口档案关系可保留在原就读高等学校或省高等学校毕业生就业指导服务中心,也可直接转入县(市),免收户口档案托管服务费。第六,对非师范专业的毕业生,免收教师资格申请认定费。服务期满后,毕业生可自主择业,也可选择继续留在农村乡镇

学校任教。一是自主择业。服务期满后，本人找到工作，其户口档案关系已经转到县（市）的办理改派手续；其户口档案关系没有转到县（市）的办理派遣手续。二是留在基层。愿意继续在农村乡镇学校任教的毕业生，县（市）同意接收的，按照规定办理派遣手续，其人事档案由县（市）教育行政部门统一管理。

为吸引更多优秀高校毕业生到农村学校任教，2006 年，教育部、财政部、人事部、中央编办联合启动实施“农村义务教育阶段学校教师特设岗位计划”，简称“特岗计划”。“特岗计划”是中央财政采取特殊措施招聘大学毕业生到农村学校任教的计划。“特岗计划”是中央实施的一项对西部地区农村义务教育的特殊政策。招聘对象以本科为主，专科为辅；以应届毕业生为主，往届毕业生为辅；以师范类专业为主，非师范类为辅。特岗教师聘期三年。

“特岗计划”实施以来，各部门对特岗教师的生活、工作条件非常关心，早在 2006 年，特岗教师中央补助的工资标准是 15000 元，随着教师待遇的提高，2007 年及时调整，每月增加了 300 元，随着绩效工资制度的实施，中小学教师的平均工资标准均有所提高。2009 年 11 月，对特岗教师的工资补贴标准进行调整、提高，年人均工资提高至 20540 元。同时特岗教师与当地正式教师一样享受同等待遇，绩效工资不足的部分由地方财政解决。各地为特岗教师创造必要的工作生活条件，其中很重要的一条就是周转住房。国家鼓励特岗教师三年聘期结束后，继续扎根基层从事农村教师事业，对自愿留在本地学校的，各地负责落实工作岗位。

“特岗计划”实施以来，工作成效明显，有力缓解了农村地区教师紧缺和结构性矛盾，促进农村学校面貌发生新变化。建议在继续实施国家“特岗计划”的同时，启动实施地方“特岗计划”。

无论是湖北省的农村教师资助行动计划，还是国家的“特岗计划”，其意义在于创新和完善了农村教师补充机制。这些举措有助于促进城乡教育公平；有助于优化农村教师结构，促进师资力量均衡分布，提高农村教师整体素质；有助于为中小学培养校长后备队伍；有助于新时期对大学生进行思想政治教育提供生动范例；有助于推动人事制度深化改革，为基层政权建设储备一批人才；同时，更有助于促进高校毕业生就业，有助于资助经济困难学生献身教育事业。

第十二章 民办学校管理的问题与对策

民办学校在我国古已有之，随着改革步伐的加快和社会主义市场经济体制的建立，民办学校再度崛起，使得我国办学体制呈现出多元化的发展特点。关于“民办学校”的范畴，教育理论界较为流行的界定有以下四种：以教育经费的来源界定民办学校；根据学校所有权和管理权的分割界定民办学校；以学校产权的归属界定民办学校；从办学主体和经费来源两方面界定民办学校。我们比较赞同从办学经费主要来源、办学主体的构成以及学校的运行机制等三个方面对民办学校进行界定。“民办学校是指由非政府组织或个人，利用非财政性教育经费、自主经营与管理的面向社会提供选择性教育服务的学校或教育机构。”[①]我国兴办民办学校的主体既包括各种财团法人或社团法人办学，也包括私人办学，甚至包括各种法人与私人的混合办学。创办民办学校的动机各不相同，有的是以非营利性为目的，有的是以营利性为目的，有的是二者兼而有之。民办学校财产所有权安排并非一定是私有学校，它既包括公有的民办学校，也包括私有的民办学校。由此看来，我国的民办学校并不完全等

① 宁本涛：《论民办学校的范畴与性质》，载于《教育理论与实践》2002年第10期。

同于国外主要由慈善性的财团法人举办的一般的私立学校。

改革开放以来,我国各级各类民办学校的恢复与发展不仅打破了传统的单一办学体制,提供了现行公立学校可以参考和借鉴的实践经验和范例,还拓宽了社会各方面投资办学的渠道,并有效地分解了政府的财政负担。这些都昭示着我国的教育正在迈向一个新的台阶。2002 年 12 月,全国人大通过了《中华人民共和国民办教育促进法》。这项法律的颁布为我国民办教育的发展提供了更加有力的法律保障,推进我国民办教育迈向一个新的发展阶段。正如《中华人民共和国民办教育促进法》中所强调的,民办教育是我国社会主义教育事业的组成部分,在今后全面建设小康社会和全民终身学习过程中,民办教育将发挥积极的作用。因此,以《中华人民共和国民办教育促进法》的颁布和实施为契机,全面推进民办教育发展,是新形势下我国教育发展与改革的重要内容。现行民办学校在发展中还存在着比较普遍的高收费、师资队伍缺乏活力、教育质量参差不齐等方面的问题。应进一步把民办学校纳入法制轨道,争取政府财政支持,改善民办学校的办学条件,建立董事会领导下的校长负责制来解决上述问题。

第一节 民办学校的历史沿革

民办学校的发展既与国家的政治经济形势密切相关,也与国家的方针政策和社会需求密切相关。新中国成立后,我国民办学校 60 年来的发展大约经历了民办学校由整顿、接办到沉寂以及民办学校的崛起与规范两个发展阶段。

一、民办学校由整顿、接办到沉寂(1949～1976)

旧中国的学校分为公立和私立两种类型。私立学校在旧中国的各级各类学校中占有很大的比重。在私立学校中,一种是由中国人办的,大多数集中在城镇,在农村还有很多私塾。另一种是由外资津贴办的学校,外资津贴学校几乎都隶属于各个外国教会,这些学校在当时统称为“旧学校”。

(一)整顿和接办私立学校

新中国成立后,1949 年 12 月召开的第一次全国教育工作会议上提出:“对中国人办的私立学校,一般采取保护维持、加强领导、逐步改造的方针。”这是最早的关于私立学校的政策。1950 年 7 月 5 日,《政务院关于救济失业教师与处理学生失学问题的指示》中,要求各地人民政府“除尽可能维持公立学校外,应本着公私兼顾的原则,积极维持各地城市中现有的私立学校,并领导其进行必要的和可能的改革，减低学费，多收学生”，“私立学校中，办理成绩较好，经多方设法而仍无法维持者，政府应予以适当的经费补助。少数办理太坏而确实无法维持和改造者，可劝导其和其他学校合并，其学生及教职员，均应予以适当的安置”。这样，从1949年到1952年6月以前，由于政务院、教育部对中国人举办的私立学校采取的是公私兼顾、积极扶持、加强领导、逐步改造的政策，在城市奖励私人办学，在农村鼓励群众办学，对办理有成绩而经费确实困难者，予以适当补助。这些举措实施后，基本上维持了私立学校。对于改造旧教育和建设新教育，对于安定社会秩序，都起到了积极的作用。

(二)处理和接受外资津贴学校

新中国成立初期，由于百废待兴，人民政府对于外资津贴学校一时并未处理。1950年6月，美帝国主义发动侵略朝鲜战争后，悍然宣布冻结我国在美国辖区内的公私财产。为了回击美帝国主义对中国的侵略和敌视行动，政务院总理周恩来发布命令，管制和清查美国在华财产，冻结美国在华的公私存款。1951年1月11日，教育部发出了《关于处理接受美国津贴的教会学校及其他教育机关的指示》，以处理接受美国津贴学校为起点，很快发展成为处理和接办所有的外资津贴学校。到1951年年底，基本完成了处理和接受外资津贴学校的任务，共计处理接受外资津贴的高等学校20所，其中由人民政府接办改为公立的11所，改由中国人自办仍维持私立、由政府给予补助的9所；处理外资津贴的中等学校268所，其中由政府接办改为公立的51所，由中国人自办仍维持私立的217所；处理外资津贴的初等学校465所和全部幼稚园。①

(三)全部接管私立大中小学

随着土地改革、农业合作化和私人资本主义工商业社会主义改造的展开，私立学校办学经费紧张，难以为继。在这种情况下，根据毛泽东《关于北京中小学校学生负担及生活情况的报告》上的批示：“如有可能，应全部接管私立中小学。”②1952年，在学习苏联高等院校院系调整中，所有的私立高等学校全部由政府接办，改为公立高等学校。同年底，华北、东北两地区全部完成了中小学接办任务，其他地区部分完成了接办任务。1956年，在对私人资本主义工商业进行社会主义改造高潮中，全国所有地区私立中小学和私立幼儿园

---

① 方晓东等:《中华人民共和国教育史纲》，海南出版社2002年版，第35页。

② 毛泽东:《毛泽东书信选集》，人民出版社1983年版，第437页。

都相应地改为公立。农村中大量存在的私塾,大部分改为民办小学,少部分成为公立初级小学。这样,又经过对学校行政组织的调整、整顿和加强领导以及教学组织的规范,不久,全国的1467所私立中学和8925所私立小学已经全部由政府接办,改为公立。① 至此,历史上遗留下来的私立学校从根本上得到了改造。中国教育史上长达2000多年的私学制度,暂告结束。由此不难看出,私学的沉寂是与我国当时的政治、经济体制相适应的,与我国学校管理体制改革是同步的。

二、民办学校的崛起与规范(1978~2009)

改革开放后,沉寂了20多年的民办教育重新崛起。民办学校的崛起主要有三个因素:一是我国人口多底子薄,政府无力包揽教育;二是随着以公有制为主体的多种经济成分共存的经济新格局的形成,人们的富裕程度拉开了档次,消费观念和消费水平分化,出现了不同层次的教育需求;三是随着经济、文化、科技和教育方面改革的不断深入,市场经济体制逐步建立,打破了计划经济体制,突破了国家单一办学的模式。所以,民办学校在我国崛起有其必然性,也有其合理性和可行性。30多年来,我国民办学校的发展大约经历了四个阶段:

(一)复苏起步阶段(1978~1986)

1978年,中国共产党第十一届三中全会召开,确立实事求是的思想路线,为迎接信息革命的浪潮,提出了"百年大计,教育为本"的方针。这以后,我国的私立学校又悄然兴起。这是因为粉碎"四人帮"后,百废待兴,各行各业急需人才。而"十年动乱",少为国家培养了100万名以上的大专以上毕业生,少为国家培养了200万名以上的中专以上毕业生。国家要发展,教育必须先行。然而中国是一个人口众多的大国,经济又相对落后,政府无力包揽教育,必须改变单一依靠国家办学培养人才的模式。

1982年,全国人大五届五次会议修订通过的《中华人民共和国宪法》第十九条第四款规定:"国家鼓励集体经济组织、国家企业事业组织和其他社会力量依照法律规定举办各种教育事业。"这表明,国家已经用宪法的形式肯定了社会力量办学的合法地位。1985年5月,《中共中央关于教育体制改革的决定》进一步指出:地方要鼓励和指导国营企业、社会团体和个人办学,并在自愿的基

① 方晓东等:《中华人民共和国教育史纲》,海南出版社2002年版,第38页。

础上鼓励单位集体和个人捐资助学，但不得强行摊派。1986年颁布的《中华人民共和国义务教育法》第九条第三款又进一步重申："国家鼓励企业、事业单位和其他社会力量，在当地人民政府统一管理下，按照国家规定的基本要求举办本法律规定的各类学校。"国家与政府对社会力量办学的支持和舆论导向，引起了社会的广泛关注，民办学校悄然兴起。

（二）探索求进阶段（1987～1991）

1987年，国家教委颁布了《关于社会力量办学的若干暂行规定》。同年，国家教委和财政部联合颁发的《社会力量办学财务管理暂行规定》指出："各级人民政府及教育行政部门应鼓励和支持社会力量举办各种教育事业，维护学校正当权益，保护办学积极性，在条件允许的情况下，尽力帮助解决办学中存在的困难，对办学成绩卓著者给予表彰和奖励。"这些法律性文件的实施，标志着民办学校被纳入国家正常管理体系。各地还根据国家教委有关文件精神并结合本地区实际情况，制定了关于社会力量办学的管理办法和一系列鼓励政策，使民办教育事业在探索中进一步发展。

我国民办教育的发展成为增强国家竞争实力的一个必要举措。这是因为当今世界，知识已成为最重要的生产要素。一个国家如果没有规模较大的高等教育，就缺乏发展的基础，缺乏国际竞争力。据1991年的统计数字，美国大学生的入学率为74%，俄罗斯为52%，日本为29%，印度为6%。1991年，我国普通高等学校招收本专科生61.99万人，比上年增加1.1万人，在校本专科生达到204.4万人；招收研究生2.97万人，与上年持平，在校生达到8.81万人。[①] 许多国家的实践证明：经济腾飞在相当程度上得益于高等教育的普及。日本，从20世纪70年代起开始普及高等教育，20世纪80年代人均受高等教育的年限，仅次于美国，而高于欧洲。韩国的经济复兴也是教育先行，20世纪80年代后期高等教育入学率为40%，目前已达到60%，远远超过英、法、德等西欧发达国家。印度在20世纪80年代中期，高等教育的规模就跃居世界第三位（仅次于当时的美国和苏联），凭借世界上第二大规模能熟练运用英语的专业队伍，较早地抓住信息技术革命带来的机遇，发展信息产业，在世界上软件出口第一，成为印度经济近年来保持高增长率的重要因素之一。我国高等学校毛入学率1978年只有1.4%，1990年升为3.7%。要实现2010年达到

① 教育部：《1991年全国教育事业发展统计公报》，《中国教育报》1992年8月25日第1版。

15%左右这样的目标,单靠国家办学是不现实的。因为教育经费紧张,高等学校办得少,高等院校的入学率低,高考依然是千军万马过独木桥。很多合格的中学毕业生无法进入大学深造,这就使人才培养的质量、数量和速度不能适应社会主义经济发展的需求。民办大学的创办,不仅解决了升学的问题,缓解了就业的矛盾,更重要的还在于提高了我国大学的普及率,提高了全民族的文化素质,这是增强国家竞争实力的一个必要举措。

(三)规范完善阶段(1992~1996)

1992年10月,中共十四大提出了实行社会主义市场经济体制的重大决策,从政治、思想、理论上为民办教育的继续发展奠定了坚实的基础。1993年颁布的《中国教育改革和发展纲要》首次明确表述了国家关于发展民办教育的"积极鼓励、大力支持、正确引导、加强管理"十六字方针;此后颁布的《中华人民共和国教育法》及《中华人民共和国教师法》等一系列重要政策法规,进一步明确指出了中国民办教育的性质、地位及国家对发展民办教育的基本政策,有效地推进了民办教育事业的发展。在中央领导和教育行政部门的支持和法律的保障下,调动了我国各民主党派、人民团体、社会组织、集体经济单位、离退休干部和知识分子中的有识之士白手起家办学的积极性。民办学校和民办教育机构开始复兴,且有春风化雨、气象万千之势。据国家教委1996年6月统计:我国有民办教育机构约6万个,其中民办幼儿园2.07万所,民办中小学3159所,民办中等专业学校672所,具有颁发学历文凭资格的民办高校21所,不具有颁发学历文凭资格的民办高等教育机构1209个,其他短期培训和社会文化生活类民办教育机构3.5万个。各类民办学校在校生680万人。[①] 民办学校已成为我国社会主义教育事业不可忽视而又必不可少的组成部分。

(四)持续发展阶段(1997~2009)

1997年10月,国务院颁布了《社会力量办学条例》(以下简称《条例》),这是我国第一部专门规范民办教育的行政法规。《条例》颁布以来,我国民办教育稳步发展,无论是数量规模还是办学质量都取得了很大的发展,民办教育在我国教育体系中的地位和作用也有所提高。

1999年6月22日,党中央、国务院召开了改革开放以来第三次全国教育

---

① 教育部:《1996年全国教育事业发展统计公报》,《中国教育报》1997年6月8日第1版。

工作会议（以下简称“全教会”），全教会从现代化建设全局和战略的高度，对我国跨世纪教育改革和发展作出了重要部署。全教会上颁发的《中共中央国务院关于深化教育改革全面推进素质教育的决定》明确提出，“进一步解放思想，转变观念，积极鼓励和支持社会力量以多种形式办学”，“在发展民办教育方面迈出更大的步伐”，“形成以政府办学为主体，公办学校和民办学校共同发展的格局”。这一重大决策，使人们对民办教育的认识得到空前的提高。进入21世纪，国家加强对民办教育的研究，积极推进民办教育促进法的研究与制定。2002年12月，全国人大通过的《中华人民共和国民办教育促进法》的实施，促进了民办教育的快速发展。2004年各级各类民办教育学校（机构）达到7.85万所，在校生达到1769万人。民办普通高校从2000年的32所增加到226所，独立学院249所，总计在校生达到140万人。以政府办学为主体、社会各界共同办学、公办学校和民办学校共同发展的格局进一步形成。①

据教育部2009年统计：全国共有各级各类民办学校（教育机构）10.65万所，比上年增加0.56万所，各类学历教育在校生达3065.39万人，比上年增加240.99万人。其中：民办幼儿园89304所，在园儿童1134.17万人；民办普通小学5496所，在校生502.88万人；民办普通初中4331所，在校生433.89万人；民办职业初中4所，在校生0.1万人；民办普通高中2670所，在校生230.13万人；民办中等职业学校3198所，在校生318.1万人，另有非学历中等职业教育学生40.08万人；民办高校658所（含独立学院322所），在校生446.14万人，其中本科生252.48万人，专科生193.66万人，另有自考助学班学生、预科生、进修及培训学生19.39万人；民办的非学历高等教育机构812所，各类注册学生85.22万人。另外，还有其他民办培训机构19395所，844.93万人次接受了培训。② 民办学校作为公办教育的重要补充，步入了持续发展的健康轨道。

第二节　民办学校管理中的问题

民办学校作为一项古老而又新兴的事业，近几年来在我国得到迅速的发

① 周济：《学习贯彻科学发展观 总结“十五”教育工作 推进“十一五”教育发展》，《中国教育报》2005年12月24日第1版。

② 教育部：《2009年全国教育事业发展统计公报》，《中国教育报》2010年8月3日第2版。

展,现正方兴未艾。民办学校一般享有比公立学校更多的自治权,在与公立学校竞争中促进了教育事业的发展和繁荣,促进了学校教育质量的提高。由于民办学校在新中国的发展历史还不长,各项法规措施尚不健全,由于主办者的办学宗旨各异,所以在民办学校管理中还存在着许多不容忽视和亟待解决的问题。

一、办学的指导思想有分歧

学校主办者中有两种指导思想。一种是热爱教育事业,把教书育人看做是毕生追求的事业。这类民办学校考虑到了普通百姓的实际承受能力,基本上能够采取"以支定收"的标准,同时,又参照国家的有关规定,把剩余的钱用于学校的发展上。另一种人觉得办学能挣钱,把办学与经商等同起来,他们沿着先炒股票,再炒房地产,最后"炒"学生和家长的路子,最终目标是使自己发更大的财。他们为了"商业目的",工作方法会遵循商业的要求,以最小成本、最短时间获取最大的利润。这些民办学校收费之高,令一般家庭不敢问津。这样做的结果,背离了国家对民办学校最基本的要求,改变了教育的属性。一方面造成了教育机会的不均等,另一方面也使一部分人中饱私囊,把学校办成了"学店",一切以经济利益为目的,忽视学校管理,教学质量低劣,严重影响民办学校的声誉。

二、办学经费和办学场地困难

近年来,民办学校,普遍存在经费来源单一的问题。由于目前的经济状况,太高的学费学生承担不起,学费太低学校又难以维持发展。随着物价的上涨,以致"以学养学、以学建校"的方针难以实现。特别是有一部分学校,由于没有固定的校舍,靠租房办学,学校难以从长计划,给管理工作带来很多困难,影响学校稳定,成为长期压在学校身上一个很沉重的包袱,束缚着学校的发展。

三、教育质量参差不齐

在办学指导思想、教学设施大体相当的情况下,学校教育质量的提高就取决于学生来源和教师素质。与同类公立学校相比较,民办学校生源质量较差,教育难度较大。尽管不少民办学校充分认识到质量就是生命,采取切实措施提高办学质量。然而,也有部分民办学校在办学中缺乏正确的教育思想和有效的教育措施及方法。为了提高教学质量,有些民办中小学校实行全寄宿制,多采取封闭式管理,使学生不接触社会,不熟悉生活,缺乏对社会的了解,也缺乏对现实社会的适应性，不利于学生的全面发展。有些民办中小学校配有专门的生活教师，专门管理学生的饮食起居。学生们饭菜不用自己盛，碗筷不用自己洗；衣服脏了，脱下来一扔，不用自己动手去洗；被褥也不用自己叠放，如此等等，致使学生劳动观念非常淡薄，劳动习惯也无从培养。

四、师资队伍建设困难

民办学校的最大问题就是教师质量与稳定问题。特别是一些民办学校的教师老龄化现象严重，师资队伍缺乏活力。这些学校为了保证较高的教学水平和教育质量，吸引更多的家长送其子女进入民办学校就读，相继聘请了一批教学经验丰富、教学艺术精湛的教师，但他们大多是高校或重点中小学的退休者或接近退休者，年纪偏大，很难承担繁重的教学任务，很难适应青少年学生的特殊心理要求。此外，民办学校虽然以高薪吸引优秀教师，但因民办学校难以为教师解除职称、住房、医疗保险、退休金等后顾之忧，在办学过程中很难使优秀的中青年骨干教师加盟其中，从而导致民办学校教师队伍严重老化，后继乏人，这在很大程度上困扰着民办学校的发展。为提高教学质量，许多民办中小学校多采取封闭式全天候的管理方式，教师的工作量大，生活显得单调、乏味。长期的疲劳战，使得大部分教师体质明显下降，加之所有考核变成一个“罚”字，造成教师身心疲惫，对学校产生厌倦情绪，因此教师流动性大、稳定性差，也是民办学校不争的事实。人才的合理流动能激励竞争，激发员工的潜能。但“走马灯”式的流动不利于教师队伍的稳定，会给教师以不安全感。民办学校教师队伍建设应强调“任人唯贤”，而实际情况仍摆脱不了家族式管理模式，“任人唯亲”大量存在。事业留人、感情留人、待遇留人的政策具有吸引力，但在操作上，事业难留人、感情难留人、待遇难落实。

第三节　民办学校的发展策略

随着我国经济体制改革的不断深化，民办学校迅猛发展，取得了良好的社会效益。但在办学过程中也存在一些不可忽视的困难和问题。我们认为，只要正确引导，我国民办教育事业的前景会越来越好；只要加强管理，民办学校的生命力会越来越强大；只要采取切实有效的对策，民办学校一定会健康而有序地发展。

一、探索构建优质学校的办学理念和目标

实践证明，办得较好的民办学校都有明确的办学理念和目标。它们不唯

财，不唯利，真心实意为国分忧办教育。一般来说，在办学之前，都要进行广泛的调查研究，了解人才需求情况和当地的教育情况。在调查研究的基础上，认真学习有关教育的法律法规及政策，经过反复推敲，再确定办学理念和办学目标。民办学校一定要面向社会需要，扬长避短，以培养人才为目标，为当地经济建设服务。以良好的社会声誉，赢得经济利益。要不断改善办学环境，搞好教学管理、提高教学质量、提高学员就业率，发挥“短、平、快”的优势，更加有效地为发展社会主义市场经济培养急需的各类实用技术人才。

二、增加经费投入，改善办学条件

民办学校要发展，就必须注重改善办学条件，不断增加经费投入。经费来源首先是收费。对于收费标准，政府规定一定的限额，高低有标准。学校在规定范围内可自行调节，避免各校之间因吸引生源相互压价，造成收费标准混乱，同时鼓励各校适当延长学期，提高学校收入，增强学生动手能力。对于办学场地，现在有许多单位房屋闲置，希望政府起到桥梁作用，通过行政手段，用比较低的价格租赁给民办学校。或有适合单位也可以联合办学，以给予办学单位实际扶持。

其次，各级政府应提供财政支持，改善民办学校的办学条件。现在社会上存在一种比较普遍的认识，即民办学校的办学经费应该全部由办学者负责筹措，如收取学费和社会募捐等，而没有资格申请政府的援助，政府也没有义务向民办学校提供资金乃至设备上的扶持。这种认识是极为荒谬的，也是极为有害的。根据我国的国情，对于民办学校，地方政府应在财政上适当给予支持，这样不仅可以有效降低民办学校的收费标准，扩大民办学校的生源，而且也能有效减轻办学者的经费压力，鼓励更多的人投资兴学，为国育才。此外，由于政府对民办学校在财政上给予了适当的支持，就更便于对民办学校的办学方向、办学质量等进行指导、监督和控制。至于支持的形式，可拨经费、可划地皮，可提供设备，不一而足。①

三、以质量求生存，靠特色促发展

市场经济的一大特点就是平等竞争，没有竞争就不可能出现市场经济的繁荣。教育要适应市场经济的需要，也必须开展这种竞争。民办学校凭借什么与公立学校竞争？民办学校无论是在办学历史还是在办学规模上，都与公

---

① 蒋作斌：《理性认识和多方化解高校负债问题的思考》，载于《中国高等教育》2010年第2期。

立学校无可比拟。现实决定了只能以质量求生存,以特色争取社会的认可。质量是民办学校的灵魂和生命。一所民办学校如果在教学和管理上无任何特色,那么就会被社会无情淘汰。然而,目前绝大多数民办中小学校并未把"特色"放在相当重要的位置,他们除了"学费高""封闭式办学"的所谓特色外,走的还是与公立学校相同的路子,追求升学率,与公立学校竞争生源,抬高知名度,有的还是外行办教育,缺乏对教育的深层次理解,缺乏以科学的教育思想做指导,难免做出一些与教育规律相违背的行为。因此,民办学校必须把握社会需求,确定切实可行的培养目标,这是民办学校办学特色的前提条件。教育体制改革呼唤有特色的民办学校,社会的需求也呼唤着不同层次、不同特色的民办学校。竞争意味着优胜劣汰。愿我们的民办学校经过竞争的洗礼,成为中国教育的后起之秀。

四、加强领导班子和教师队伍的建设

民办学校在激烈的市场竞争中必须以质量求生存、求发展,提高办学效益,提高知名度,才能站稳脚跟。对家长来说,择校最大的吸引力不是一流的大楼而是一流的校长和一流的师资。民办学校要办得好,要有一个高素质的领导班子和教师队伍。董事会由聘请的德高望重的知名人士或教育专家组成,校领导则由熟悉业务、事业心强的人担任。这就保证了按教育规律办学校。为了保证学校的教学质量,应招聘一批知名度较高、有真才实学的行家里手担任专职或兼职教师。对于学校来说,稳定的教师队伍是学校最大的资本。只有经过整合磨炼、具有统一教育思想的教师队伍才能形成教育合力、产生好的教育效果,形成良好的教风、校风,培育出良好的学风。没有一流的待遇不会吸引来一流的教师,一流的教师必须拥有一流的待遇,这是对人才的尊重与关怀,这也是民办学校师资队伍建设的关键。

确保教师队伍主体稳定是确保教育质量的关键,而确保教师队伍主体稳定的第一步是把好引进关。严格把关,越是把关严格的学校越是对好教师有吸引力。如中华职业学校在选择教师时,首先是考虑教学效果,受学生欢迎的长期聘用,不受学生欢迎的,哪怕只上了一个星期的课,也要解聘。民办学校的教师和管理人员实行聘任制,能够调动教师、员工的积极性。对于优秀教职员工,学校实行优质优酬,而对于不胜任的教职员工,学校可以随时解聘。这样既打破了"大锅饭",又打破了"铁饭碗"。

五、实行董事会领导下的校长负责制

学校内部领导体制是学校管理体制中最根本而又最重要的制度,它直接关系到校内运行机制、管理效率、办学效益及学校的发展。从我国国情出发,民办学校应该实行董事会领导下的校长负责制,也可以称其为集体领导下的个人负责制或集体间接管理制。

民办学校的董事会既是学校最高决策机构,又是学校的监督检查机构。董事会由私人投资者、教育专家和具有社会影响的人士等组成,通过民主选举或负责人推荐的方式产生。董事长由主要投资创办者担任。董事会成员应该是热心教育事业、能为学校发展作出一定贡献的人员,所以董事一律不领取工薪,其工作纯属义务奉献性质。董事会不能作为一种荣誉或照顾来安排董事,与董事长有亲属关系的人员不得超过董事总数的1/3,以保证决策的公正性与客观性,使董事会的决策能符合学校发展这一根本利益。

民办学校应该根据国家的教育政策法规,从各校实际出发,制定董事会章程,董事会严格按照章程的规定进行活动并开展工作。董事会要有明确的董事名额、任期和换届的规定。为保证学校发展的连续性,董事可以连选连任,为了增强办学的活力,防止弊端产生,也要规定每次换届应有一定比例的新董事。国家公务员和教育行政部门工作人员不应担任民办学校的董事,以免影响国家工作人员履行自己的职责。

民办学校董事会的工作任务主要有以下几项:一是筹措办学经费(包括创办与发展的投资、经营存续期内的事业支出等),审议与批准学校提出的预算与决算;二是按照国家规定任免学校校长;三是讨论决定学校中的重大问题(如办学方针、发展方向、规划、基本建设、学制、学段、收费标准、工资标准、国际交流与合作事宜等)。

民办学校董事会领导下的校长负责制,与公办学校相比,呈现以下两个特征:第一,校长"负责"的本质反映了两种不同性质的关系。公办学校校长负责制体现的是一种行政隶属关系,强调下对上的负责,以行政绩效为考核标准;民办学校的校长负责制本质上反映了雇佣关系,校长只对董事会负责,其绩效是以与董事会签订的合同承诺或契约为准,责任分担也由此来衡量。从整个市场的宏观角度来看,这种责任与分工往往是一种博弈的结果。第二,政校关系不同。公办学校的校长直接面对的是政府或上级行政机构,政校关系是一种直接的监督与被监督、任免与被任免、命令与被命令的关系,校长应当履行由行政部门作出的规划、办学要求；而董事会领导下的校长负责制，则是在原有的政校之间，多了或隔了一层董事会与校长的关系。这样，政府面对的往往是两个主体，一是董事会，一是校长。实际上，由于民办学校本质上是自负盈亏，遵循市场经济的优胜劣汰机制，因此，政府面对的民办学校除依法监督其办学基本标准和行为外，相比公办学校，似乎管得就非常少。即使没有董事会的民办学校的校长，政府与其关系也不像公办学校那样紧密。

参考文献

[1]国家教育发展研究中心.2000年中国教育绿皮书[M].北京:教育科学出版社,2000.

[2]国家教育发展研究中心.2001年中国教育绿皮书[M].北京:教育科学出版社,2001.

[3]国家教育发展研究中心.2002年中国教育绿皮书[M].北京:教育科学出版社,2002.

[4]国家教育发展研究中心.2003年中国教育绿皮书[M].北京:教育科学出版社,2003.

[5]国家教育发展研究中心.2004年中国教育绿皮书[M].北京:教育科学出版社,2004.

[6]国家教育发展研究中心.2005年中国教育绿皮书[M].北京:教育科学出版社,2005.

[7]国家教育发展研究中心.2006年中国教育绿皮书[M].北京:教育科学出版社,2006.

[8]国家教育发展研究中心.2007年中国教育绿皮书[M].北京:教育科学出版社,2007.

[9]国家教育发展研究中心.2008年中国教育绿皮书[M].北京:教育科学出版社,2008.

[10]国家教育发展研究中心.2009年中国教育绿皮书[M].北京:教育科学出版社,2009.

[11]何东昌.中华人民共和国重要教育文献(1949~1975)[Z].海口:海南出版社,1998.

[12]何东昌.中华人民共和国重要教育文献(1976~1990)[Z].海口:海南出版社,1998.

[13]何东昌.中华人民共和国重要教育文献(1991~1997)[Z].海口:海南出版社,1998.

[14]何东昌.中华人民共和国重要教育文献(1998~2002)[Z].海口:海

南出版社,2003.

[15]中央教育科学研究所. 中华人民共和国教育大事记(1949—1982)[Z]. 北京:教育科学出版社,1984.

[16]教育部新闻办公室,中央教育科学研究所. 对话教育热点2009[M]. 北京:教育科学出版社,2009.

[17]袁振国. 中国教育政策评论[M]. 北京:教育科学出版社,2008.

[18]田慧生. 综合实践活动课程的理论探索与实践反思[M]. 北京:教育科学出版社,2007.

[19]朱小蔓. 对策与建议:2005—2006年度教育热点、难点问题分析[M]. 北京:教育科学出版社,2006.

[20]曾天山. 教育科研的视野与方向[M]. 北京:教育科学出版社,2009.

[21]方晓东. 中华人民共和国教育60年[M]. 武汉:湖北教育出版社,2009.

[22]转型期中国重大教育政策案例研究课题组. 缩小差距——中国教育政策的重大命题[M]. 北京:人民教育出版社,2005.

[23]方晓东等. 中华人民共和国教育史纲[M]. 海口:海南出版社,2002.

[24]程方平. 新师说[M]. 长沙:湖南教育出版社,1999.

[25]国家教育委员会基础教育司. 面向21世纪开创基础教育的新局面[M]. 北京:北京师范大学出版社,1997.

[26]教育部计划财务司. 中国教育成就[M]. 北京:人民教育出版社,1984.

[27]郭齐家. 中国教育思想史[M]. 北京:教育科学出版社,1987.

[28]萧宗六. 学校管理学[M]. 北京:人民教育出版社,2001.

[29]北京教育行政学院. 学校管理学[M]. 北京:海军出版社,1988.

[30]曹剑英,周治华. 学校管理学[M]. 北京:北京师范大学出版社,1990.

[31]贺乐凡. 中小学校长的培训与管理[M]. 北京:北京师范大学出版社,1992.

[32]葛金国. 学校管理学[M]. 合肥:中国科学技术大学出版社,1996.

[33]萧宗六,贺乐凡. 中国教育行政学[M]. 北京:人民教育出版社,1997.

[34]季明明. 中国教育行政全书. 北京:经济日报出版社,1997.

[35]刘茗. 当代教学管理引论[M]. 北京:教育科学出版社,1997.

[36]陈孝彬. 教育管理学[M]. 北京: 北京师范大学出版社,1999.

[37]国家高级教育行政学院. 新中国教育行政管理五十年[M]. 北京:人民教育出版社,1999.

[38]孙绵涛. 教育管理原理[M]. 广州:广东高等教育出版社,1999.

[39]刘茗,姚冰,王大民. 河北教育 50 年[M]. 北京:文物出版社,2001.

[40]杨晓升. 中国教育还等什么? [M]. 北京:经济日报出版社,2001.

[41]吴志宏. 学校管理理论与实践[M]. 北京:北京师范大学出版社,2002.

[42]学校管理体制改革丛书编委会. 学校管理体制改革与课程改革[M]. 北京:北京教育出版社,2004.

[43]袁一安. 外国教育名著丛书:德国教师培养指南[M]. 北京:人民教育出版社,2005.

[44][美]约翰·杜威著,赵祥麟,任钟印,吴志宏译. 外国教育名著丛书:学校与社会·明日之学校[M]. 北京:人民教育出版社,2005.

[45]冯大鸣. 美、英、澳教育管理前沿图景[M]. 北京:教育科学出版社,2005.

[46]李希贵. 36 天,我的美国教育之旅[M]. 上海:华东师范大学出版社,2006.

[47]李剑阁. 中国新农村建设调查[M]. 上海:上海远东出版社,2007.

[48]牛长松. 英国高校创业教育研究[M]. 上海:学林出版社,2009.

[49]王鑫,刘茗. 社会主义新农村建设中教育改革与发展研究[M]. 北京:学苑出版社,2010.

后　记

“学习的目的在于引发对学习的渴望”。在浩渺的书海中,蕴藏着的真知灼见的确不少,如果此书能诱发学校管理者畅游书海的兴致,就是我的最大欣慰。毕竟如何在学校营造研究氛围,成功地解决学校管理中的问题,是大家都在求索的理想。这本书能否在其中起到作用,还需要在实践中检验,在实践中校正,而检验者、校正者正是您——每一位关心、实践此书的学校管理者。

书中有大量的统计资料,均引自《中华人民共和国重要教育文献》汇编、《中华人民共和国教育史纲》、《中华人民共和国教育60年》和《河北省志·大事记》,谨向上述四书的作者致谢。本书在撰写过程中,多次到河北省教育厅查阅资料,在此对河北省教育厅各处室的领导表示感谢。同时,借鉴了北京、上海、天津、湖北、江苏、广东、浙江、河南、山东、河北等省市的学校管理改革经验,还参阅了萧宗六等一些专家有关学校管理方面的专著,除在书中注明或在书末列出参阅书目外,在此一并致谢。

由于新中国成立以来学校管理发展业绩辉煌,本书仅为初步梳理,内容难免有疏漏之处,所作论述也较为肤浅,恳请读者批评指正。

在本书出版之际,我要特别感谢大象出版社对本书出版给予的大力支持。在此,一并向上述领导和专家致以最诚挚的谢意!

王　鑫

2010年8月